REN
WEN

DAXUE RENWEN JICHU

大学

人文基础

主编＼毛 健 李名奇

副主编＼刘鹏程 虞华燕
罗 珊 吴文珏

重庆大学出版社

图书在版编目（CIP）数据

大学人文基础 / 毛健，李名奇主编. -- 重庆：重
庆大学出版社，2017.8（2021.8重印）
ISBN 978-7-5689-0792-7

Ⅰ.①大… Ⅱ.①毛… ②李… Ⅲ.①人文科学—高
等学校—教材 Ⅳ.①C43

中国版本图书馆CIP数据核字（2017）第214215号

大学人文基础

主 编 毛 健 李名奇
策划编辑：朱明俊
责任编辑：杨 漫 版式设计：杨 漫
责任校对：关德强 责任印制：赵 晟

*

重庆大学出版社出版发行
出版人：饶帮华
社址：重庆市沙坪坝区大学城西路21号
邮编：401331
电话：（023）88617190 88617185（中小学）
传真：（023）88617186 88617166
网址：http://www.cqup.com.cn
邮箱：fxk@cqup.com.cn（营销中心）
全国新华书店经销
中雅（重庆）彩色印刷有限公司印刷

*

开本：787mm×1092mm 1/16 印张：18.5 字数：392千
2017年8月第1版 2021年8月第3次印刷
ISBN978-7-5689-0792-7 定价：40.00元

　　大学是人文精神的创造源和传播源。杨振宁先生说："中国大学的人文教育是个非常及时的课题"，因为它始终关乎着"中国大学能否担当中华民族的复兴，中国大学的人文教育能否唤起中国人的文化自觉"的问题。可见，大力加强和改进大学生人文教育，高校责无旁贷。

　　"人文"一词始见于《易经》，"关乎天文，以察时变；关乎人文，以化成天下"。人文精神在我国西周时期就已初见端倪，到春秋后期逐渐形成，先秦诸子百家的思想都具有人文精神的内核。自此以后，人文精神在中国社会和中国文化中经久不衰，成了中国文化的精神和灵魂。如儒家朴素的人道主义思想、道家对人生命的重视，蕴含着人文精神的轨迹；儒家为人之道和克己复礼的思想，道家上善若水和厚积薄发的思想对大学生人格培养、构建和谐人生有着重要的启示。

　　一本合适的《大学人文基础》教材，是加强大学生人文素质教育、全面提高人才培养质量的重要保障。创新精神和实践能力是教会学生如何"做事"，教学生学会如何"做人"，就要通过人文素质教育来实现。一本合适的《大学人文基础》教材，可以为上述目标的实现提供重要保障。

　　本书坚持"以人为本的改革理念，促进大学生综合素养的提高；淡化学科本位，彰显人文特色；务实求真，遵循人文素养教学规律"的指导思想。一是培养大学生综合文化素养，二是服务大学生专业需求；三是促进大学生的"终身发展"的整体功能定位。

本书分三个模块来展开，人文素养模块侧重于培养大学生勇于担当、珍爱生命、快乐生活的人文情怀；文学素养模块侧重于培养大学生了解客观现实，体悟心灵世界的文学情愫；职业素养模块侧重于培养大学生爱岗敬业、行为得体、自我推介等的职场应用技能。

本书的亮点，有如下四个，虽显粗糙，勉强梳理如下：一是项目式教学的形式；二是融入信息化教学的手段；三是贯彻翻转课堂的教学理念，四是着力重要知识点的挖掘，避免了内容过于宽泛而系统与学时有限，无法处处着力的矛盾和困扰，符合大学生，尤其是高职学生的学习实际。

限于编者水平、丛书篇幅、成书仓促等条件的制约，难免有挂一漏万、以偏概全等错漏之处，敬请专家学者和读者朋友批评指正。如有反馈意见，请发邮件至 616715755@qq.com。

编　者

2017 年 6 月

模块一 人文素养

项目一　儒家智慧

学习内容

　　作为中国传统文化主流的儒家文化，不仅是中华民族智慧的结晶，也是中华民族一般价值观念形成的理论依据。儒学是中国的传统国学，是东方文化的精髓，对当代大学生的思想政治文化水平教育具有十分重要的意义。"学而时习之""三省吾身""三人行，必有我师焉"等许多儒家经典名言警句，都可以时刻提醒大学生如何学习、修德、团结、节俭等，只有进行这样经常性的点滴培养，大学生的思想道德和学业成绩才会有进一步的提升。

学习目标

- 认识儒家思想的主要观点以及儒家思想的深远影响；
- 理解儒家的仁政思想和礼乐制度；
- 认识儒家文化在世界文化史上的地位和对后世的影响；
- 联系现实，引导大学生正确对待儒家传统文化，理解其在当代社会的积极意义。

案例导入

案例一　唐太宗仁爱治国

　　中国历史上的有道明君唐太宗李世民就以仁爱治国。贞观初年，唐太宗对大臣们说，将妇女幽禁在深宫中是浪费百姓的财力，因此他先后将 3 000 多名宫女遣送回家，任由其选择丈夫结婚。

　　贞观二年（公元 628 年），关中一带干旱，发生了大饥荒。唐太宗又对大臣们说："水旱不调，都是国君的罪过。我德行不好，上天应该责罚我，百姓有什么罪过，要遭受如此的艰难窘迫？听说有人卖儿卖女，我很可怜他们。"于是派御史大夫杜淹前去巡查，还拿出皇家府库的钱财赎回那些被卖的儿女，送还他们的父母。

　　贞观十九年（公元 645 年），唐太宗征伐高丽，驻扎在定州。太宗驾临城北门楼安抚慰劳将士。有一个士兵生病，不能觐见，唐太宗下诏派人到他床前，询问他的病痛，又敕令州县为他治疗。因此将士都愿意随从唐太宗出征。等大军回师，驻扎在柳城时，唐太宗又诏令收集阵亡将士的骸骨，设置牛、羊、猪三牲为他们祭祀。唐太宗亲自驾临，为死者哭泣尽哀，军中将士无不洒泪哭泣。观看祭祀的士兵回到家里说起这件事，他们的父母说：

"我们的儿子战死，天子为他哭泣，死而无憾了。"

正是因为唐太宗以仁爱治国，示范官吏，所以深得民心，这无疑为唐朝的繁荣富强奠定了基础。

案例二　张良拜师

张良年轻时，曾计划要刺杀暴君秦始皇，刺杀失败后，为躲避官府通缉，潜藏在下邳。有一天，张良闲游到一座桥上，遇见一位穿褐衣的老翁。那老翁见张良走近，便故意将鞋坠落桥下，让张良下桥去捡。张良很不高兴。等张良把鞋捡上来交给老翁时，老翁又让他帮着把鞋穿上。于是，张良跪着帮老翁穿上了鞋。老翁没客气，笑眯眯地离开了。临走时留下了一句话："小子可教矣！5天后黎明时分在这里等我。"张良按老翁的指示，5天后天刚亮，他就来到桥上，不料老翁早待在那里，见了张良便怒斥道："跟老人约会迟到，岂有此理。过5天再早些见我。"说完就离去了。又过5天后，鸡刚打鸣，张良便匆匆地赶到了桥上，可是不知怎么的，他还是比老翁来得晚。老翁这回更不高兴了，只是重复了一遍上回说的，就拂袖而去了。这下张良可有点急了，又过了5天，他索性觉也不睡了，在午夜之前便来到桥上等着。一会儿老翁来了，见着他便点头称是，并从袖中拿出一本书，很神秘地说："你读了这本王者之书，就可以做帝王的先生了。10年之后，兵事将起。再过13年，你到济北，可以与我重逢，谷城山下的那块黄石，便是我的化身。"说完飘扬而去。天一亮，张良打开书一看，原来是太公望兵法书。张良特别高兴。后来张良认真研读黄石老翁授给的那部兵法书，真的当上了汉高祖刘邦的高级参谋。

任务驱动

任务一　儒家仁爱思想对大学生人格培养的启示

中国儒家的道德思想内容博大，义理宏深，孔子"仁"的思想是儒家伦理规范之核心，是一种"从心所欲，不逾矩"的人生追求和精神境界，也是处理人际关系使之和谐、协调，达到社会和谐、个人幸福的最高道德理想和道德准则。"仁"的思想中包含的积极因素对当代大学生仁爱精神的培养和道德素质的全面提升具有重要价值。

一、孔子"仁爱"思想提出的背景

孔子生活在春秋末期的动荡时期，如果用一句话来说明当时的社会，那就是"礼坏乐崩"。这就意味着社会的整体结构，如经济、政治、道德、思想、行为等各个方面都处在大破坏、大崩溃之中。这一社会现象的出现有其自身的特殊原因，具体可以归纳为以下几个方面：

（1）周王室与各诸侯之间的矛盾日益加剧。春秋时期，名义上还存在一个"普天之下，莫非王臣"的周王朝，但事实上周王朝与各诸侯国之间、各诸侯国与诸侯国之间以及各诸侯国内部，都存在着深刻的权力和财产再分配的矛盾，主要就是王室与诸侯之间的土地分配的矛盾，产生资料分配的不公等。这种"公室"与"私室""公田"与"私田"的冲突，往往酿成战争和杀戮，以战争或杀戮的手段作为解决冲突的形式，结果给社会的发展和人民的生活带来无穷的痛苦和残酷的灾难。面对这样的形势，孔子出于"仁者爱人"的博大情怀和高度的社会责任意识，为避免战争和杀戮，拯救人民的灾难和痛苦，他企图寻求一种新的解决冲突的方法，这就是把外在战争与杀戮的手段，转化为主体人自身内在的道德意识的提升；以"己欲立而立人，己欲达而达人"的仁爱精神，把采取极端的战争等手段转变为推己及人的道德自律。这种转变的要旨是使暴力消融在道德之中，以道德的约束力来阻止战争暴力的发生，把权力财产的再分配的斗争，转变为道德主体的自限、自律的行为实践。孔子并不是主张取消春秋时期社会所需要的权力、财产再分配活动，而是希望这种权力、财产再分配活动能在道德理性的范围内进行，以使社会能够在比较正常的运作中，实行生产方式的变革。

（2）法规制度遭到全面的破坏，处于一个无政府状态。当时孔子所面临的客观社会形势是：一方面作为国家，其典章、制度、仪式和礼乐遭到破坏；另一方面作为一个国家，又不能没有一定的礼乐典章制度，否则人们就无所遵循。这就需要对旧的礼乐典章制度加以改造，寻求新的理论根据和心性道德的支撑，于是孔子担负了这个时代的任务，对礼乐作出新的解释和理解。孔子发出了："人而不仁，如礼何？人而不仁，如乐乎。"（人如果不从仁爱主旨出发，他的礼将如何？人如果不从仁爱主旨出发，它所崇尚的音乐将是什么样的呢？）"克己复礼，一日克己复礼，天下归仁焉。"（必须有内心的反复的修养，从自身的行为举止的方方面面来警示自己，观察自己与仁爱标准有多大的距离，长久下去，社会就是一个仁爱的社会了。）

（3）新的价值观念亟待调整解决。春秋时期，随着"礼坏乐崩"的形势，各种观念也受到激烈的冲击而面临危机。首当其冲的是旧有的、先在的价值观念，原来为了维护周天子、周王朝利益，而牺牲各诸侯国自我利益，为维护家国利益而牺牲个体利益的价值观受到严峻的挑战。各诸侯国的独立意识、个体意识以及为自我的功利意识大大增强，这种意识的增强和扩大，有其合理的方面。因此，一些诸侯国在争霸过程中取得了盟主的地位。这种功利的价值导向，自然很快被各诸侯国所接受，而不断严重地损害着周王朝的利益以及其他诸侯国的共同利益，并由于上行下效，诸侯国内部的大夫亦不断损益诸侯国的共同利益，这样层层扩大，"利"变成社会的较为普遍的价值，而破坏着社会的道义。过多的"利"的趋使，使"利"欲膨胀，从而危害了社会和发展与人类的进步。在这样的情况下，孔子主张重仁义而轻功利，提出"君子喻于义，小人喻于利"。以君子与小人之别来区分

"义"与"利",这就意味着高扬"义"而贬斥"利",以君子的高尚的道德人格与小人低下行为活动作了两极的比较。"义"与君子画等号,"利"与小人画等号。

概括起来说,孔子为解决当时社会冲突,提出了两个理论原则:一是仁,二是和。仁的功能和价值,不仅是调整生产方式的变革、礼乐典章的改革、观念转变的外在方法、工具和钥匙,而且是和谐此三者的内在原则、原理和规范。"和"既是具体解决冲突的方法,亦是促使对象世界、人类社会继续产生、发展、运动、变化的动力。"仁""和"是统一的,"仁"即"和","和"即"仁"。"仁爱"的思想就是在这样的情况下产生的,并经后来的不断充实成为影响中国传统的儒学思想。

二、孔子"仁"的思想解读

孔子"仁"的思想,集中体现于《论语》中。在他的阐述中,爱人、孝悌、礼、义、忠、恕、中庸、敬、宽、信、敏、惠、刚、毅、木、讷、勇、温、良、恭、俭、谦、让、诚、利国、利民等都是"仁"的表现。因而宋儒曾言"仁"是"诸德之和",是"全德之称"。通观《论语》,"爱人"乃是孔子"仁"的理论基础和第一要义,也是人们在实践"仁"的过程中首要的指导思想和道德要求。

(一)"爱人"

孔子最早以"爱人"释仁。仁的核心内容是"爱人"。《论语》记载:"樊迟问仁。子曰:'爱人。'"(《论语·颜渊》)即对他人应该同情、关心、帮助和爱护。孔子主张,"爱人"当以"亲亲"为起点,"孝悌也者,其为仁之本与"(《论语·学而》),即是说从血缘中自然生出来的这种对父母和兄长的爱是仁的基础,也就是说,爱心要以父母兄弟等家庭中人开始,逐步推己及人,由近及远,通过"泛爱众"来达到"四海之内皆兄弟"的广阔境地。

"孝""悌"是家庭内部成员之间的爱,是带有血缘关系的亲情。亲爱父母为"孝",亲爱兄弟为"悌"。人生而有家,成长在家,对父母、兄弟自然有爱、有情。"孝""悌"是符合人的天性的爱,是人之常情的爱,是人性的最初表现。"这种真挚的血缘亲情是毋庸置疑地符合道德理性的,它是善良和正义的源泉与依据,所以说它是'仁之本'。"孔子将"仁"建立在"孝悌"之上,又超越这种血亲情感,它要求把"孝"所包含的亲情之爱扩展和推延到对社会一切人的关爱,"弟子入则孝,出则悌,谨而信,泛爱众,而亲仁"(《论语·学而》)。当人依照这种天然合理的血缘亲情来处理自己与他人的关系时,就会产生"爱人"之心,这种出自内心深处平和、谦恭、真挚的爱向外不断推广,从爱父兄到爱他人,从爱个体的人到爱群体的人,最终把人拉向社会,形成一种理想和谐的社会关系。

然而,与道家"独善其身"不同,儒家追求"兼济天下",个人的完善在于其社会价值的实现,在于他是否能够按照自己至善的本性去对待他人。于是,仁以"笃亲"始,以"泛爱众"承,最后表现为曾参所概括的"忠恕"之道,即所谓"尽己之谓忠,推己之谓恕"(《论语集注》卷二）。尽己之心以待人谓之忠，推己及人之心谓之恕，这是仁者爱人的具体行为模式。"忠"是从正面为别人着想，就是"己欲立而立人，己欲达而达人"（《论语·雍也》）；"恕"则是从反面为别人着想，就是"己所不欲，勿施于人"（《论语·颜渊》）。忠恕就是推爱己之心以爱人：一方面要以自己的全部爱心来对待他人，成人之美，助人为乐，人能爱人而后能利人；另一方面又要设身处地为他人着想，以自身的感受去理解他人的感受，以自身的爱憎好恶去推知他人的爱憎好恶，从而设身处地为他人着想，推己及人，不损人利己。总的说来，忠恕之道要求人们待人如待己，以对待自己的行为方式来对待他人，不将一己之私强加于人。当然，忠恕之道是从人的本性为善这个前提出发的。如果每个人能从善的本性出发，将心比心，推行忠恕之道，人与人就能达到和谐相处的理想境界。

（二）"成人"

"仁"既是作为个人道德品质提出的，同时又具有社会理想目标的意义。因此，孔子"仁"的第二个层面的意义，就是"成人"。

理想人格的形成即"成人"，"成人"包括了"求仁"和"行仁"两个方面的意义。首先说"求仁"。求仁是一种心理状态，是主体道德的自我完善和自我超越，依靠主体的理想自觉和在理性自觉基础上的道德自律。"仁远乎哉？我欲仁，斯仁至矣。"（《论语·述而》）一个"欲"字说明，"仁"的获得主要取决于自我的内心抉择，我志于仁，我心自仁，只要有这样的精神需求，仁的境界可以随时而至。人要真正"成人"，就要在实践中实现仁德。但是，"求仁"的过程是十分漫长和艰苦的，需要足够的理性精神支撑和自觉的人性修养。"为仁由己，而由人乎哉？"（《论语·颜渊》）"君子求诸己，小人求诸人。"（《论语·卫灵公》）孔子认为，实现仁德既不靠人，也不靠天，而是靠自己，强调道德自觉。一个人只要有修身的意愿，并且不断地去努力，去追求，就能实现仁的目标。在追求"仁"的过程中，要不断地培养爱心，增进道德，提高精神境界，修身自律，"见贤思齐，见不贤而内自省也"（《论语·里仁》）。"躬自厚而薄责于人"（《论语·卫灵公》），"过则勿惮改"（《论语·子罕》），等等，只要有此自觉，努力的修养，就可以使道德自律达于心灵自由的境界。

求仁得仁，求仁的目的是行仁，即"修己""安人"。"子路问君子。子曰：'修己以敬。'曰：'如斯而已乎？'曰：'修己以安人。'曰：'如斯而已乎？'曰：'修己以安百姓。'"（《论语·宪问》）所谓"修己"，即修其身，完善自己的道德修养，使自己成为具有以仁为本质的社会道德的人。而所谓"安人"即将自身之德广施于同类之人，一个人在完善自身的同时也完善了他人和社会。"夫仁者，己欲立而立人，己欲达而达人"（《论语·雍也》），将内在的德行推广于外，得仁行仁，这是一个践行"仁"的具体公式。"克己复礼为仁。一日克己复礼，天下归仁焉。"（《论语·颜渊》）修己的目的在于得仁，但"仁"的本质是一种推己及人的人格力量。爱人者，人恒爱之，任何人只有在主观上立志于仁，行动上致力于仁，互爱互惠，践行仁德，才能"在邦无怨，在家无怨"，达到"仁"的崇高境界。

总之，"仁"是深层次的人与人之间的对等互爱，这种爱对爱的回报形成了一种良性互动，从而建造一个人与人之间、人与社会之间融洽和谐、宁静仁善的精神家园。

三、孔子"仁"的思想与大学生仁爱精神的培养

（一）大学生道德之现状

不可否认，昔日思想必定有与我们时代的精神气质所不协调之处。孔子的"仁"的思想也需要接受时代的洗礼和社会的改造。然而，中国传统文化中的"仁"源自人伦亲情，强调明人伦，尊重人格，提倡关爱，注重责任，追求社会和谐平安，这一原则却不会随时空的改变而改变，也不应随同过时的道德规范一并被扫进历史的垃圾堆。仁爱精神作为一种民族精神具有永恒价值，它正是塑造中华民族健康道德心理，提升国人道德境界的根本生长点，也是形成中华民族克己为人、见义勇为、当仁不让，遵从各种社会规范、积极维护社会生活准则的独特个性的心理基础。

遗憾的是，这些优秀的道德遗产正在离我们远去。经济的迅猛发展在带给人们丰富多彩的物质生活享受的同时，也给人们带来了更大的生存压力，激烈的竞争和知识的商品化使得人与人之间的关系日趋紧张，人与人之间越来越冷漠，仁爱精神和责任意识也逐渐淡化，尤其是肩负重要社会责任的当代大学生的道德现状更是不容乐观，让我们来看看在过去几年发生的触目惊心的事实吧：清华大学学生刘海洋在动物园内用硫酸泼熊；上海某大学的高材生残忍虐猫；云南大学学生马加爵疯狂杀害室友……作为受过高等教育的青年知识分子群体，他们在道德上的水准却几乎降为零点。在对待家庭、社会和国家的态度上，大学生的表现也几乎同样令人失望。他们对待父母，缺乏起码的尊重和感恩之心，南京大学校园里曾一度流传着《一位辛酸父亲给儿子的一封信》，信中说，儿子从不考虑更不安慰只有微薄工资的父母，只伸手向父母要钱，用于高档娱乐消费；他们对待社会，诚信尽失，一些大学生以欺骗的手段申请特困生补贴，申请国家助学贷款，还款却遥遥无期，假简历、假学历更是充斥市场；他们对待弱势群体毫无同情和怜悯之心，看到乞丐时，大学生常常表现出无奈甚至厌恶的情绪；对待国家或世界，缺乏起码的关注和责任感，如在"911"恐怖袭击或印尼地震中，大学生中间普遍存在着没有感觉的现象……在这里，我们痛心地读出了"缺乏仁爱"四个字，大学生人性中的善良成分正在受到狭隘的个人主义观念的侵蚀，他们对生命、对社会、对国家都缺乏基本的关注和关怀，表现出了与其知识水平极其不相称的漠视和不仁之心。

造成这些状况的原因是多方面的。首先，社会转型的大背景下，经济转轨带来了价值取向的变化，金钱至上，唯利是图，实用享乐的价值观不断冲击着原有的价值观，这些暂时的混乱严重影响了大学生对社会冷静的判断，弱化了人与人之间的互信互爱和无私奉献的观念；其次，目前在校的大学生是特殊的一代，由于他们普遍生于20世纪九十年代，被称为"90后"。"90后"绝大多数都是独生子女，父母把自己全部的情感和精力集中

在子女身上，极力满足他们的一切要求，纵容使孩子成为"家庭的中心"和"利己主义"者，加之学校的道德教育内容空泛又教条，脱离了学生的真实需要，变成口号和标签，当代大学生自我中心意识极度膨胀，从而出现一系列道德问题；最后，传统文化的断层和中国传统人文素质教育的缺乏，这是使大学生缺乏"仁爱"精神的深层原因。

（二）"仁"的现实意义

大学生作为特定社会群体的公民，他们的道德取向是一个社会道德的风向标。大学生道德状况提升，将会直接关系到中华民族的整体道德素质的提升。面对上述种种挑战，未来中国伦理道德教育应该怎样发展，大学生应该确立怎样的价值理想和价值目标去适应21世纪社会发展的需要，已成为摆在我们面前的重大课题。为了求索人类社会和我国大学生道德教育所面临的诸多冲突的化解之道，东西方学者提出了各种各样的理论和学说。1989年底，联合国教科文组织在中国召开的"面向21世纪教育国际研讨会"发表了"学会关心"宣言。《宣言》明确提出："关心自己的健康，关心自己的家庭、朋友和同行，关心他人，关心社会和国家的经济和生态利益，关心人权，关心其他物种，关心地球的生活条件，关心真理、知识和学习。"

可以看出，世界有识之士已就这些新问题、新挑战达成共识：高度重视人类道德滑坡问题，"恢复具有早期时代特征的关心价值观"，大力关注青年的道德教育。毋庸置疑，"关心价值观"教育与孔子仁爱教育有某种契合之处，人类需要关心、仁爱，人与自然需要平衡、协调、和谐相处，而对人、社会、自然的关心正是中国传统人文教育的基本思想和精神。从这个意义上说，孔子"仁"的学说，以及建立在"仁"的思想这个理论基石之上的成仁之道、行仁之方无疑为解决上述冲突，为我国的大学生道德教育提供了一种有益的思维视角和价值取向。"仁"的思想所涉及的爱他人、爱自己、爱社会、爱自然思想正是现代社会所要大力提倡的思想，这种仁爱精神也是大学生道德教育所要大力弘扬的精神。要加强对大学生的道德教育，仁是最好的内容，也是培养大学生仁爱精神最好的手段。"仁"把爱的培养、责任的孕育建立在真爱为土壤，亲情为阳光雨露的环境里，以爱育爱，以真情感化心灵，用责任培育责任，这种德育方式既符合人的心理发展特点，又极具人性化。"仁"的思想中包含的仁爱精神、诚信精神和责任意识等多种道德意蕴和伦理精神也正是当代大学生所缺乏的。因此，孔子"仁"的思想在大学生的道德建设和整个社会的精神文明建设中将焕发出青春活力，显示出它的勃勃生机。

（三）孔子"仁"的思想对培养大学生仁爱精神的启示

1.培养大学生仁爱精神三部曲

（1）仁爱之心。当代大学生的诸多道德问题都源于仁爱之心的缺乏，鉴于此，应该以培养仁爱之心作为大学生伦理道德教育的基点。前已有述，孔子的"仁"以"孝悌"为起点，"亲亲"，"泛爱众"，再推己及人，把爱扩展到一切人身上，"教民亲爱，莫善于孝"。大学生仁爱之心的培养，也应先从关爱自己的父母，为家庭承担责任开始。《南方周末》2004年4月9日报道，为了培养学生的孝心，在寒假里，某大学2003级的新生被要求完成一项家庭作业：回家给父母洗一次脚。在"以自我意识为中心"惯性意识的支配下，很多学生觉得完成这个作业很难。我们不能说洗一次脚就能促进一个大学生仁爱意识的养成，但的确，它让学生与父母有了一次心灵接触，让他们直观地感受到了岁月对父母生命的侵蚀，在这个过程中，学生在心灵的震撼下，终将自己的疼爱投向父母。用这样日常行为的每一次小感动来激发大学生的仁爱之心，培养他们的同情心和怜悯心，逐渐使大学生这种出自内心深处平和、谦恭、真挚的爱不断向外推广，去对待他人，关心、体谅他人。通过爱父母、爱家庭，进而达到爱同学、爱老师、爱学校、爱社会、爱祖国的目的。大学生只有"爱人若爱其身"，这种爱才是真诚的、深厚的、博大的，而不是出于一己私利的伪善的爱。"我不欲人之加诸我也，吾亦欲无加诸人"（《论语·公冶长》），这不仅是对别人的尊重，而且也是对别人的一种深厚的爱的表现。有了仁爱之心，才能爱人之爱，恶人之恶，真正达到视人若己，克己为人的崇高的精神境界。

（2）诚信意识。孔子"仁"的思想还包含着诚信意识，"谨而信，泛爱众，而亲仁"（《论语·学而》）。与人交往不讲"信"，就是不尊重人，不关爱人，自然也得不到他人的爱与尊重，失于信，失于爱。因此要"言必行，行必果"。然而诚信离当代大学生有多远？很多人也许会这样回答：从来没有这么远。2001年9月3日《北京青年报》报道，据有关部门统计，1999—2001年某省57所高等学校开展了国家助学贷款工作，4.5万名贫困大学生获得了2.7亿元助学贷款，然而有将近20%的学生在获得贷款后没有考虑还款的事情，大学生信用贷款的风险前兆大大钳制了银行的积极性；而考试作弊，作为一种严重违背诚信的耻辱行为，在大学生心中也得到了极大程度的宽容；在求职简历上作假更是一种能得到广泛认同的行为。大学生的诚信危机，表面上是无奈之举，本质上却是功利心的驱使，在道德与功利的心灵博弈中个人私利占了上风，他们所追求的表面价值实际上以放弃道德的沉沦为代价。诚信意味着人与人之间的开诚布公，是一个人向他人的心灵开放，表达着对他人的尊重和理解，也是一种仁的表现。人无人格不成其为"人"，而人无"信"则谈不上什么人格。诚信是人的尊严与价值理想的依托之处，"人无信不立"，只有具有诚信意识，才能取信于人，才能立人。所以大学生仁爱精神的培养必须以唤醒诚信意识为基础。

（3）责任意识。子贡曰："如有博施于民，而能济众，何如？"子曰："何事于仁，必也圣乎！尧舜其犹病诸。"（《论语·雍也》）孔子认为"仁"的最高极限是济世利民，对社会有贡献，在今天来讲，就是一份对于社会，对于国家的责任感。儒家的由内到外、由爱己而爱人而爱社会而爱国家的道德理想典范，使自我融于家、国、天下之中，实现自己的人生价值。人离不开社会。对于社会，儒家提倡的是行动的人生，始终以百折不挠的精神积极入世，以"立功、立德、立言"三不朽的形式完成对社会的关怀，最终实现人生的社会价值。个人要自觉地为集体利益的实现，为国家的强盛，为民族的兴旺作出自己的贡献，这样才把"仁"的意义发挥到了极限。而当代大学生更多地关注自我，对自我设计、自我实现、自我价值的发展要求比较高，社会责任意识相对淡化，仅仅有小部分的学生同意"人生价值在于奉献社会"。因此，培养大学生的仁爱精神最后就要归结到培养他们的责任感上来，要求他们在自我完善的同时具备高度的社会责任感。中央电视台连续几年举办了"感动中国"十大人物评选活动，2006年的当选人都是具有强烈社会责任感的榜样，对于弘扬社会正气、倡导积极健康的道德风尚起到了巨大的推动作用。所以，对于大学生，必须使他们明确责任意识，包括对国家的认同和政治参与意识；个人与他人、国家利益孰先孰后的价值取向；个人对集体和社会的奉献意识等，从而使爱由自发的情感上升为道德的自觉，彻底地体现新时代"仁"的精神。

"把忠心献给祖国，把孝心献给父母，把爱心献给社会，把关心献给他人，把信心留给自己"，这是现时代对大学生的道德要求，也是培养大学生仁爱精神的基本原则。社会成员之间只有相互关心、相互爱护，人人都有一份爱心，这个世界才是充满希望的。在发展市场经济、凸显个人利益的今天，在学校、社会大力倡导仁爱精神，对大学生和全体社会成员进行仁爱教育，这对于整个社会道德水准的提高无疑具有重大意义。

2.培养大学生仁爱精神的关键——启发良知自觉

我国历来重视道德教育，在道德伦理规范的宣传上已经做得不错。但是从根本上说，全民族道德素质的提高，关键在于启发个体的良知自觉。过去，在浓厚的政治氛围中，我们往往害怕提到"仁"字，拒绝发掘和发扬中华民族道德理论和实践中十分优秀的仁爱精神。它所造成的危害，实际上不仅仅是对个体内在仁心与德行的培育的漠视和疏忽，不仅仅使道德变成抽象教条或者表面文章，而且是个体品德、人格、修养的真实性的异己化、虚伪化。多面人格、伪善和说假话的盛行，正是若干年来中国道德建设中最顽固的病症，它的腐蚀性仍然存在，这对整个民族健康道德人格的养成极为不利。这就涉及了一个关键问题，即道德情感教育，在于启发道德主体良知自觉。

在道德教育中，道德规范作为外在的教育要求只有被人们认同进而产生相应的情感体验，在内心巩固下来，才能在各种不同的情境中显示出一种情感的定势力量，促使受教育者自觉地将社会道德规范或教育者的思想观点纳入自己的价值体系之中并付诸行动。如果没有情感参与，道德教育不能给予人以正面的情感体验，道德就只能以"他律"的形式存在，不可能内化为人的心理需求，更不可能转化为人的道德行为。正如苏联教育学家苏霍姆林斯基指出的："情感——这是道德信念、原则性和精神力量的核心和血肉。没有情感，道德就会变成枯燥无味的空话，只能培养出伪君子。"长期以来，我国的道德教育往往过于强调外在的灌输，忽略了情感的巨大作用。理性使人摆脱了蒙昧，从而使人的活动自觉和自为，但合乎理性并不等于合乎德性。

所以在今天大学生仁爱精神培养的过程中，其关键所在就是道德情感教育，必须在晓之以理的同时动之以情，在道德教育内容中注入情感因素，激发大学生关爱他人、自我约束的道德情感，使大学生的道德判断从"仁爱"出发，真正具有行仁的真诚愿望和求德的强烈需求，并通过行仁感受道德情感的满足，从而唤起更大的热情；其次凭借道德意志坚守"仁"的要求，增强道德责任感，弘扬道德主体性，产生现实的道德行为，从而达到"无终食之间违仁，造次必于是，颠沛必于是"（《论语·里仁》）的境界。

真正具有渗透力的道德不可能是完全理性化的，而只能是情感性或自由性的，因此，如果能在培养大学生仁爱精神的道德教育中倾注道德情感，拨动心灵的琴弦，比任何道德说教都有效。

拓展阅读

《论语》名句选录

1. 己所不欲，勿施于人。——《论语·颜渊》

2. 子曰："父母在，不远游，游必有方。"——《论语·里仁》

3. 君子成人之美，不成人之恶，小人反是。——《论语·颜渊》

4. 敏于事而慎于言。——《论语·学而》

5. 君子坦荡荡，小人长戚戚。——《论语·述而》

6. 不迁怒，不贰过。——《论语·雍也》

7. 工欲善其事，必先利其器。——《论语·卫灵公》

8. 见贤思齐焉，见不贤而内自省也。——《论语·里仁》

9. 君子有三戒：少之时，血气未定，戒之在色；及其壮也，血气方刚，戒之在斗；及其老也，血气既衰，戒之在得。——《论语·季氏》

10. 人而无信，不知其可也。——《论语·为政》

11. 三人行，必有我师焉。——《论语·述而》

12. 士不可以不弘毅，任重而道远。——《论语·泰伯》

13. 温、良、恭、俭、让。——《论语·学而》

14. 言必信，行必果。——《论语·子路》

15. 志士仁人，无求生以害仁，有杀身以成仁。——《论语·卫灵公》

任务二 儒家礼乐教化对大学生人格培养的启示

中国自古以来就是一个讲礼仪、重教化的国度，中华民族凭借礼乐教化的实践方式创造了灿烂的社会文明；礼乐教化思想这一精神方式还渗透、积淀在中国传统社会的政治、经济、文化、艺术、宗教、科技等各个领域中；先秦儒家是礼乐教化的积极倡导者和践履者，其思想自然具有理论上的逻辑性和实践上的指导性。

所谓教化，是指将政教风化、教育感化、环境影响等有形和无形的手段综合运用，使人们在潜移默化中达事明理；所谓礼乐教化，是指儒家综合运用礼与乐来教育感化民众的活动历程，是一种以礼乐为内核，以儒家人文精神为统摄，在随风入夜、润物无声的美妙境界中，潜移默化地向民众传达蕴于礼乐之中的儒家精神的一种人文活动。

从历史的维度看，中国先秦时期是礼乐教化的滥觞时代，这时的儒家礼乐教化思想不只是以理论的形式出现，更重要的是其为中国民众提供了一所精神家园，提供了安身立命之所。探索先秦儒家礼乐教化思想的主要内容，把握儒家文化的基本思想，为当代大学生培养和谐人格、增强道德意识以及构建良好的人文教育提供了重要的操作依据。

一、先秦儒家礼乐教化思想的起源

恩格斯指出："在历史上出现的一切社会关系和国家关系，一切宗教制度和法律制度，一切理论观点，只有理解了每一个与之相应的时代的物质生活条件，并且从这些物质生活条件中被引申出来的时候，才能理解。"社会的物质生活条件是决定上层建筑的前提、基础，它不仅决定了人们的生产方式，而且决定了人们的思维方式。中国古代自给自足的小农经济，使得先民们十分倚重土地与自然，从而形成"以农为本"的生产方式。这种生产生活方式，以顺应天道自然为逻辑前提，同时决定了儒道两家在处理人与自然的关系方面，都提倡"天人合一"，这也使得民众顺应天命的思想根深蒂固。然而，人们不但要应对频繁出现的自然灾害，还要对付经常出没的毒蛇猛兽，自然就认识到团体协作的重要性。于是，人们在集体劳动过程中发明了简单的音律以调整劳作的节拍，以至于在生活中也使用音律来协调自己的生活节奏。《礼记·乐记》中指出："凡音之起，由人心生也。人心之动，于物而动，故形于声。声相应，故生变。变成方，谓之音。比音而乐之，及干戚羽旄，谓之乐。"是说人类受到外界事物的影响，思想感情就会随之发生变化，内心情感的变化，则通过外在的"声"表现出来，然后将此错综复杂的"声"按照一定的顺序组织起来，再配以舞蹈，便形成了乐。可见，音乐起源于上古人们的日常需要，是远古人类传情达意的方法，它既要调整群体劳作的节奏，又要安抚人们的内心情感。

先秦时期，生产力水平低下，人们的思想观念落后，各种事情，上至国君将相，下至普通民众都无法从客观角度科学地分析，而要进行占卜活动以测凶吉。遇到自然灾害、人为灾难，则认为触犯了神灵，受到神灵的谴责和惩罚，于是祭祀便成为人们生活中不可或缺的大事。上古时期，礼作为事鬼敬神，以及率民事神的佐祭形式而存在。西周作为殷商的一个邦国，其文化与商文化有前后相继的关系，而且周文化在商文化的基础上有所发展。《礼记·表记》云："殷人尊神，率民以事神，先鬼而后礼"，"周人尊礼尚施，事鬼敬神而远之，近人而忠焉……"这是殷、周文化之间的差别。所以，若说殷商文化是"尊神文化"，那么西周文化则可称为"尊礼文化"。从"尊神"到"尊礼"这一演变的初步结果就是"礼"这一观念的诞生。

《尚书·周书》中有关"礼"字的记载："周公曰：'王肇称殷礼，祀于新邑，咸秩无文……'""率惟兹有陈，保乂有殷。故殷礼陟配天，多历年所。"此处之"礼"指具体的祭祀活动，包括祭祀之仪节与乐舞。《礼记》云："武王崩，成王幼，周公践天子之位以治天下，六年朝侯于名堂，制礼作乐，颁度量而天下大服。"周公旦总结前朝暴虐的教训，并继承了其礼乐文化思想，将礼乐从巫术幽暗中解脱出来，初步建立了"礼""乐"互化的文化制度，使礼乐成为社会典章和行为规范。

二、先秦儒家礼乐教化思想的内容

李泽厚先生曾指出："原始的图腾舞蹈把各个本来分散的个体的感性存在和感性活动，有意识地紧密连成一片，融为一体，它唤起、培育、训练了集体性、秩序性在行为中和观念中的建立，同时，这也就是对个体性的情感、观念等的规范化。"事实上，上古时期的礼乐教化内容是比较宽泛的。

中国古时的"乐"原本是各门艺术的总称，以诗歌、音乐、舞蹈为主。郭沫若先生认为，"中国旧时的所谓乐，它的内容包含很广。音乐、诗歌、舞蹈，本是三位一体可不用说，绘画、雕镂、建筑等造型美术也被包含着，甚至于连仪仗、田猎、肴馔等都按此说法，先秦时期'乐'并非纯粹可以涵盖"。按此说法，先秦时期"乐"并非纯粹意义上的艺术，而是一种综合的艺术门类。

中国古代的"礼"也涉及政治、伦理、宗教等方面的内容。在古代典籍中，有不少论述涉及"礼"的含义。《孟子·公孙丑上》云："辞让之心，礼之端也。"《荀子·富国》道："礼者，贵贱有等，长幼有差，贫富轻重皆有称者也。"《孟子·告子上》言："恭敬之心，礼也。"《论语》也云："非礼勿视，非礼勿听，非礼勿言，非礼勿动。"可以看出，礼是当时人们在日常交往中应该遵循的行为规范准则。

《礼记·祭统》云："凡治人之道，莫急于礼。礼有五经，莫重于祭。"上古时期的宗教活动、祭祀仪式非常重要，全体氏族成员参与，互相配合，可以认为它是一种群体性的文化活动。原始社会的思想观念、情感价值、思维意识甚至是各种常识性的知识、实际操作的技能等主要是通过宗教祭祀的乐舞、仪礼等灌输给全体氏族成员，借此促进群体团结互助，从而维系整个氏族社会秩序的安定。事实上，原始祭祀、宗教仪式就是礼乐实现教化功能的载体，通过这一载体所传授的知识、技能、情感、价值观等都可以说是礼乐教化的内容。

三、先秦儒家礼乐教化思想的价值反思

近代以来，随着西学的逐步深入，大多数国人视先秦儒家礼教思想为遗风败俗、封建桎梏；甚至简单地将其等同于三纲五常，而弃之如敝履。时至今日，在长久的疏离之后，儒家的礼乐文化已经逐渐退出教育领域，逐渐淡出师生的记忆，虽然似曾相识，却并不知所云。柳诒徵先生指出："中国者，礼仪之邦也，以中道立国，以礼仪立国，是中华民族与其他民族相比较而言最具特色之处。"然而，中华民族这个以深厚的礼乐精神，以浓厚的礼乐文化赢得礼仪之邦的国度，却正在边缘和模糊先秦儒家礼乐教化思想的本真。鉴于此，有必要反思先秦儒家礼乐教化思想的价值：首先，先秦儒家礼乐教化思想具有深邃的智慧。彭林教授在《礼乐人生》中写道："人的一生涵泳在礼乐之中，揖让周旋，诗歌唱和，变化气质，涵养德性，其乐融融，这是一个典雅的世界。"又曰："三礼的妙旨奥蕴，儒家的高超智慧如不能成为大众的财富，则是全社会莫大的损失。"儒家强调以礼正行，以乐怡情，礼为天地之序，乐为天地之和。通过礼乐互化，内外兼修，可培养学生成为"乐而不淫，哀而不伤"的君子。

其次，先秦儒家礼乐教化思想具有人类社会的价值本真。多数国人将儒家礼教思想直接等同于"三从四德""三纲五常"，弃之如糟粕。事实上，先秦儒家礼教思想的本质是以"五常"为核心的思想体系。杨天宇教授在《礼文化的价值与反思》的序言中写道："先秦时期儒家礼教思想的本质是'五常'，而不是'三纲'。'三纲'是西汉董仲舒提出的，而其源头则始自法家的韩非，它不是儒家思想的固有产物，而是战国后期至汉代，儒法合流、君权与儒家思想相互妥协的产物。"据最早出现"三从"的《礼记·郊特性》记载："出乎大门而先，男帅女，女从男，夫妇之义由此始也。妇人，从人者也。幼从父兄，嫁从夫，夫死从子。夫也者，夫也；夫也者，以知帅人者也。"以此记载分析，"从"与"帅"前呼后应，即男性如师傅般为女性带路，是基于两性的角色差异而言的，并无专制主义色彩，更无压制女性之意。所以，教授民众懂得"仁""义""理""智""信"，学会正确地处理日常伦理关系，才是礼乐的思想精髓，价值本真。

第三，先秦儒家礼乐教化思想具有现实意义。当前，中国处于社会转型时期，国民的生活方式、价值追求、道德境界等受到了极大的震撼，同时也面临严峻的考验。市场经济给民众的精神世界带来了很大的冲击，拜金主义、享乐主义和极端个人主义迅速蔓延。新旧思想的冲突导致民众精神迷茫，无所适从。由此，以儒家礼乐思想教化大学生，培养其和谐人格，增强其道德意识，一方面，可以抵御腐朽思想对教育阵地的侵蚀，另一方面，可以逐渐弥补传统文化在教育领域的缺失。总之，传播中华民族的文化精髓，彰显中华民

族的文化底蕴，是必要而迫切的。

四、儒家礼乐教化思想对大学生人格培养的启示

首先，如单就"礼"而言，它是以外部规则施于人的行为规范和处事准则，从而规范或制约人的主观意识和行为方式，属于外部规范。《荀子·大略》言："礼者，人之所履也，失其履，必颠蹶陷溺。"礼如同人所踩踏出来的道路，前人所行，后人所从，是必须遵循的行为规范。众所周知，大学生是社会意识层面上知识分子的重要群体，他们引领社会潮流，推动社会有章可循。所以，大学生应该通过教师的言传身教，而至明礼。《礼记·哀公问》云："民之所由生，礼为大。非礼，无以节事田地之神也。非礼，无以辨君臣、上下、长幼之位也。非礼，无以别男女、父子、兄弟之亲，婚姻疏数之交也。"荀子也曾说："礼之于正国家也，如权衡之于轻重也，如绳墨之于曲直也。故人无礼不生，事无礼不成，国无礼不宁。"可见，礼作为行为规范，在大学生人格培养方面的价值不可小觑。

"礼"作为外部规范，可提升大学生的道德意识。《礼记·曲礼》言："道德仁义，非礼不成。教训正俗，非礼不备。分争辨讼，非礼不决。君臣、上下、父子、兄弟，非礼不定。宦学事师，非礼不亲，班朝治军，莅官行法，非礼威严不行。"所以，礼作为一种道德规范，或者说礼作为一种使人形成道德心理的手段，在时刻警示着大学生，以礼行事，尊礼尚礼，以礼明德。大学生之所以被誉为象牙塔中的宠儿，不仅因为大学生能够学到一门高超的专业技能，更因为大学生懂礼仪，有德性。

康德曾经说过，世界上唯有两样东西让我们深深感动，一是我们头顶灿烂的星空，一是我们内心崇高的道德。康德将道德与星空相提并论，可见道德之于大学生的巨大价值。其实，大学生的德行，并非大而无边的空泛理论，它表现为大学生的文雅谈吐、文明举止，还表现为大学生胸怀社会、奉献社会、引领社会新风尚的家国情怀。道德是美的化身，善是道德的灵魂。道德拒绝一切非理性的东西。内心有礼，胸中有道德的大学生，不仅不会恣意妄为，更不会在大是大非的事情面前，躲避逃窜。孔夫子曾言："不学礼，无以立。"中国经济飞速发展，国家影响力显著提高，保持与提高文化竞争力，人的文化素养是关键。如果大学生时刻谨记礼的要求，以礼约束自己，用礼规劝内心，就不会做出有损于大学生道德的事情，而会处处以身作则，努力成为社会的高素质公民。

其次，单就"乐"而言，它则以怡情养性的内在方式来实现人内心的宁静平和，使大学生与自己的老师在情感上达到共通共融，从而养成和谐人格，属于内部感化。《荀子·乐论》中说："夫声乐之入人也深，其化人也速。故先王谨为之文。乐中平则民和而不流，乐肃庄则民齐而不乱。"可见，乐是从内心诱导出的对社会外部约束的衷心认同。以乐治心，正义慈悲之心便油然而生。所以，乐作为内部疏导的手段，在大学生人格培养方面的价值不容忽视。

"乐"作为内部导引，尤其能够培养大学生的和谐人格。所谓和谐人格，即指构成人

格整体的各要素之间处于相互协调、平衡和统一的发展状态，它不仅包括人自身的协调一致、知行统一，还包括外在关系上与他人、社会、自然的和谐统一。

《乐记》云："乐者，音之所由生也；其本在人心之感于物也。"各种感情可以通过音乐来宣泄，喜怒哀乐等情绪都可以用音乐来表达。陶醉于美妙轻柔的音乐之中，人的情绪便会平静和乐，整个思绪便在圆融中得以畅通，身体各个器官在和美安乐之中协调统一，随之逐渐消除紧张焦虑甚至愤怒怨恨之情。"人生而静，天之性也。感于物而动，性之欲也。物至知知，然后好恶形焉。好恶无节于内，知诱于外，不能反躬，天理灭矣。夫物之感人无穷，而人之好恶无节，则是物至人化物也。"人的情绪，会受到外界诸多影响，如果自身不加以节制，不反躬自省，会渐渐被外物所控制，为所欲为，迷失本性。"乐也者，圣人之所乐也，而可以善民心，其感人深，其移风易俗，故先王著其教焉。"所以，圣人重视乐的教化功能，认为乐可以善人心，美习俗。

当代大学生应以乐怡情养性，陶冶身心，并以其柔和婉转的旋律来克制暴躁，驱散戾气，使其心灵逐渐平和宁静。高雅的词曲搭配，流畅的音乐律动，能够荡平内心的波澜起伏，洗涤心底深处的恶念与私念。以词达意，以曲传情，音乐以其特有的灵动缓缓流入大学生的心田，使大学生不断提升心灵境界，与己和谐，与人为善，最终养成和谐人格。

第三，礼乐教化，相辅相成，营造良好的大学生文化。《礼记·乐记》有云："乐者，天地之和也。礼者，天地之序也。和，故百物皆化。序，故群物皆别。乐由天作，礼以地制。过制则乱，过作则暴。"以礼治身，以乐治心，礼乐相互配合，协调一致，各司其职，各尽其责，既可保持大学生队伍秩序井然，又能使大学生群体和谐互助，营造良好的大学生文化。

所以，《周礼》也强调礼与乐和谐互化，"以乐德教国子，中和、祗庸、孝友；以乐语教国子，兴道、讽诵、言语；以山乐舞教国子，舞《云门》《大卷》《大咸》《大磬》《大夏》《大濩》《大武》。以六律、六同、五声、八音、六舞大合乐，以致鬼示神，以和邦国，以谐万民，以安宾客，以说远人，以作动物"。这样，大学生在舒缓、和谐的乐曲中，在曼妙舞姿的烘托下，身临其境地体味"礼"的庄严与肃穆，通过轻歌曼舞这种潜移默化的行为方式，受到感染、启发，并自觉将其转化为一种符合伦理道德的思想感情与行为方式，从而不断构建一种秩序井然、宁静祥和的大学生文化。《乐记·乐论》中也指出礼乐的关系："乐者为同，礼者为异。同则相亲，异则相敬。乐胜则流，礼胜则离。"所以，"礼"与"乐"和谐互化，既不失融合和谐，又不混淆秩序差别，二者相得益彰，达到"致中和"的崇高境界，从而构建起良好的大学生文化。

大学生是社会发展的潜在资源，先秦儒家礼乐教化思想在增强大学生的道德意识，培养大学生的和谐人格方面具有重要的当代价值。当前，在大学生受教育的过程中，应该学习、借鉴传统儒家的一些礼乐教化思想：一方面，在大学生人才培养的课程体系内外，适当增加先秦儒家礼乐教化的内容，使大学生在思想意识上对优秀的传统文化加以继承，让大学生真正成为民族优秀文化的保存者和传播者；另一方面，大学生可以通过现代先进传媒，聆听高雅的乐曲。同时，大学生应该有目的地参加一些音乐文化活动，让自己通过视觉、听觉等感官体会礼乐内容和情境，从而加深对礼乐教化的理解与感悟。有了知乐达礼的大学生，才能铸成高雅恬静的国民性格。

拓展阅读

《礼记》名句选录

1. 敖不可长，欲不可从，志不可满，乐不可极。——《礼记·曲礼上》

2. 临财毋苟得，临难毋苟免。——《礼记·曲礼上》

3. 鹦鹉能言，不离飞鸟；猩猩能言，不离禽兽。——《礼记·曲礼上》

4. 礼尚往来。往而不来，非礼也；来而不往，亦非礼也。——《礼记·曲礼上》

5. 入境而问禁，入国而问俗，入门而问讳。——《礼记·曲礼上》

6. 曾子曰："君子之爱人也以德，细人之爱人也以姑息。"——《礼记·檀弓上》

7. 生有益于人，死不害于人。——《礼记·檀弓上》

8. 夫子曰："苛政猛于虎也！"——《礼记·檀弓下》

9. 苟无礼义、忠信、诚悫（què）之心以莅之，虽固结之，民其不解乎？——《礼记·檀弓下》

10. 孔子曰："大道之行也，天下为公，选贤与能，讲信修睦。"——《礼记·礼运》

11. 玉不琢，不成器；人不学，不知道。——《礼记·学记》

12. 虽有嘉肴，弗食不知其旨也；虽有至道，弗学不知其善也。——《礼记·学记》

13. 学然后知不足，教然后知困；知不足然后能自反也，知困然后能自强也。故曰教学相长也。——《礼记·学记》

14. 凡学之道，严师为难。师严然后道尊，道尊然后民知敬学。——《礼记·学记》

15. 独学而无友，则孤陋而寡闻。——《礼记·学记》

任务三 儒家孝道思想对大学生人格培养的启示

孝道是我国最基本的传统道德和价值观之一，也是极具中国特色的文化内容。辩证认识传统孝道内容，传承其精华，建构新孝道，是我国和谐社会建设的一个不容忽视的重要课题。对传统孝道研究的重点之一是对其在当代大学生中如何传承而进行辩证剖析。传统孝道一方面反映着封建专制社会、血缘宗法社会遗留的劣根性，带有消极的与当代社会发展规律相违背的因素；另一方面，它又保留了农业文明长期积淀的道德精粹，在维系人伦关系、促进社会和谐上起着积极作用。与此相应，当代人对传统孝道的传承上也表现出了"二重性"。年轻人对盲目无条件绝对服从父母的孝行的认同度低，但对"听从教诲""使父母高兴"等孝行的认同度依然较高。因此作为大学生，我们应当根据时代发展，将传统孝道进行更新，让传统孝道以一种"新孝道"的方式传承下去。

一、孝道的内涵

孝道是中国古代社会的基本道德规范。一般指社会要求子女对父母应尽的义务，包括尊敬、关爱、赡养老人，为父母长辈养老送终等。人类社会在漫长的岁月中，形成了人际道德关系。在我国以孝道为核心的尊老养老道德观念，有文字记载者至少已有三千多年历史。中国社会，从原始社会到封建社会，人际的政治伦理关系都是以氏族、家庭的血缘关系为纽带的。因此，中国文化的特点之一便是具有浓厚的血缘宗法成分。一般说来，同一血缘关系的人，为了本氏族的安定和繁荣，需要相互关心、帮助。父母有责任抚养、教育子女，子女应该尊敬、赡养父母。这样，就有了同一血缘关系的孝。中华民族很早就形成了祖先崇拜，在尊老观念上形成的孝德孝道是古代社会养老制度的观念化。与农耕经济相适应的是家庭内部的父家长制。作为家长的父亲控制了家庭的经济和政治权力，以男性家长组成的家族则控制了宗族的一切权力和利益，社会舆论和国家法律也强化着家长的特权。在这样的社会中，子女既不能别财分屋，也不敢违抗父母的权威，因为违抗往往意味着他将失去一切生活和生产资料。在父家长制下，孝德既是一种道德要求，也是一种超越法律的强制性的力量。子女，主要是儿子，既不能，也不敢不孝。正因为如此，传统社会中，一定意义上，可以说不存在养老的问题。先秦儒家孝道思想有其丰富的内涵，几千年来，它已经成为指导我国人民家庭生活的行为准则。中国传统孝道文化是一个复合概念，内容丰富，涉及面广。既有文化理念，又有制度礼仪。从敬养上分析，主要包含以下几个方面的内容：敬亲、奉养、侍疾、立身、谏诤、善终。

二、传统孝道有着丰富的道德教育内涵

所谓孝道就是指子女对父母应尽的义务，包括尊敬、赡养、关爱、送终等。传统的孝道是中国古代社会的基本道德规范，一个对父母孝顺的人，即是有道德的人；孝道教育即是爱的教育。我国古代的教育是建立在孝道教育的基础之上，传统的孝道渗透着极强的教育色彩。《说文解字》中讲道，"教，上所施，下之效也"，"育，养子使做善也"，二者联系起来就是教育，教育的目的是使人做善事，这说明我国古代的教育是建立在儒家孝道的基础上的。

"古人把孝道即敬老、爱老、养老列为学校教育和社会教化的一项重要内容"，传统孝道宽泛、多层次、全面的内涵形成了比较完整的思想体系、伦理道德观念和基本的规范，引领着孝道教育的方向。在我国，孝道的历史可以追溯到公元前 11 世纪，"孝"字在甲

骨文中便有记载，《诗经》中有"哀哀父母，生我劬劳""哀哀父母，生我劳瘁"的咏叹，表明孝道是为人之根本。在西周王朝，统治者主张敬天、孝祖、敬德、保民，重视尊老敬贤的教化。要求每个社会成员都要恪守君臣、父子、长幼之道：在家孝顺父母；在社会上尊老敬老；在国家则忠于君王，报效朝廷。可以看出，西周时期的孝道便突破了父子、长幼之道的狭义内涵，而扩充到尊敬他人，效忠国家，将孝道教育提升到了更高的层次。孔子在《孝经》中说："夫孝，始于事亲，中于事君，终于立身。""夫孝，天之经也，地之义也，民之行也。"孔子认为，为人子女孝顺父母，是天经地义、身体力行的法则。由此可以看出，孔子已经注意到了孝道教育的重要性，他认为，要把学生培养成道德高尚、人格完美的人，最重要的方式是进行孝道教育。"夫孝，德之本也，教之所由生也。"孔子将与其弟子曾参关于孝道教育的对白编辑成《孝经》，成为孝道教育的"教材"，使孝道教育有章可循。不仅如此，孔子还对如何加强孝道教育有很高的建树。《论语》记载子游问孝的事情，子曰："今之孝者，是谓能养。至于犬马，皆能有养。不敬，何以别乎？"孔子在这里突出了一个"敬"字，要求子女对父母尽孝心，应该和颜悦色、真诚坦荡，尽孝道不仅是物质上的赡养，更是一种精神沟通和心灵抚慰，做到这一点最重要也最困难。孟子也说："孝之至，莫大于尊亲。"而子女对父母尽孝道的最高境界在于子女要"立身"并成就一番事业。《孝经》云："安身行道，扬名于世，孝之终也。"

崇尚孝道是中华民族育己育人、劝世规人的主旋律，在中华民族几千年的文明史中，不仅留下了珍贵的、科学的孝道教育的思想和理念，同时，也留下了许多优美的故事和传说。著名的《二十四孝》便是其中的代表，这些故事和传说至今仍被人们作为价值文化传承，并且已经成为新时期大学生道德修养的重要素材。

三、孝道在大学生中的传承与发展

在现代社会中如何继承与发展孝道是一个值得研究和探讨的问题。对传统的孝道，作为大学生我们应该学会用敏锐的目光去剖析其利弊，弃其糟粕、取其精华。同时，新孝道的建立和发展，应在继承传统孝道精华的基础上，增添适应划时代社会的经济环境、政治环境、文化环境和教育环境的新内容。在建设当代社会孝文化的过程中，实现由传统孝道向现代新孝道的创造性转化是至关重要的。具体地讲，应从以下三个方面来重塑现代的新孝道：

第一，应批判地继承传统孝道观。新的孝道观不是凭空产生出来的，它首先来自传统孝道观的历史继承。当今，我们应当抛弃那种不论对错"无违于父母"的愚孝，而体现子女晚辈对父母前辈的感恩意识及赡养行动的优秀文化传统则要发扬，要汲取传统孝道善良笃厚的精神，大力倡导孝道所形成的中华民族尊敬老人的伦理观念和老有所养的传统美德。

第二，营造家庭内部良好的伦理道德氛围。家庭是社会的细胞，如果每一个家庭都能和睦美满，整个社会就会安定祥和，正如《孟子·离娄上》所说："天下之本在国，国之本在家。"而一个家庭的和好美满，都必须是建立在充满亲情的基础之上的。《礼记·效特言》中说"父子亲然后义生，义生然后万物安"就是讲的这个道理。良好的家庭道德氛围对当代人新孝道观的确立是至关重要的。子女们若从小生活在温馨和谐的家庭氛围中，全家人团结友爱，那么在他们的个性形成过程中就极易树立起高度的责任感，具有爱心和同情心，同他人就易友善相处，这自然对孝道观的形成是有益的。很难想象一个从小缺少家庭温暖的儿童，长大后能孝敬父母、尊敬老人。

第三，要注意处理好四个原则性的关系，这是构建现代"新孝道"的指导思想。展开来讲，其一，"新孝道"应体现义务性。孝敬和赡养父母及老人子女有义务。但养不能是建立在父尊子卑、父主子从的人格不平等关系上的，而应是产生于父慈子孝的平等双向基础上的。子女孝敬父母老人不应是因为律条的规定和社会舆论的压力，而应是出自对父母老人的亲情和感恩的自觉行动；子女除了在物质生活上满足老人的需求外，更要注重"精神赡养"。从另一个角度上说，赡养老人仅仅依靠其子女也是不够的，社会也应承担其责任，"老有所养"应该有社会保障。其二，"新孝道"应注重感情性。传统的旧孝道只是爱与敬并重，但是在以父权为基础的权威主义下，父母的管束甚为严苛，子女对父母双亲往往是敬畏多于亲爱。但自进入现代社会以后，权威主义逐渐式微，父母管束日渐宽松，子女对双亲的畏惧渐少，亲爱的感情自觉滋生。其三，"新孝道"更应强调自律性。在传统的中国农业社会，孝道的他律性是很强的。现代社会中，个人独立自主的倾向很强，他律的孝道虽为子女接受，但难以产生预期的效果。比较明智的办法，只有代之以自律的孝道教育。在这种教育过程中，父母应该放弃以权威的方式训练子女盲目的服从和外表的恭敬，改以理喻的方式教导子女理解善待父母及其他人的重要性。其四，"新孝道"还应提倡互益性。这是人格平等的具体兑现。传统孝道本身有明显的"重孝轻慈"倾向，从人际互动的观点看，这种单方面的观点和做法在传统社会中有必要，但在现代社会中却难继续有效。也就是说，父子良好关系必须是双向的互动，父母与子女之间在互相关爱、互相尊重、互相帮助、互相理解的关系中互相受益，相得益彰。

拓展阅读

《孝经》名句选录

1. 子曰："夫孝，德之本也，教之所由生也。复坐，吾语汝。身体发肤，受之父母，不敢毁伤，孝之始也。立身行道，扬名于后世，以显父母，孝之终也。夫孝，始于事亲，中于事君，终于立身。"——《开宗明义章第一》

2. 子曰："爱亲者，不敢恶于人，敬亲者，不敢慢于人。爱敬尽于事亲，而德教加于百姓，刑于四海。盖天子之孝也。"——《天子章第二》

3. 在上不骄，高而不危；制节谨度，满而不溢。——《诸侯章第三》

4. 非法不言，非道不行；口无择言，身无择行；言满天下无口过，行满天下无怨恶。——

《卿大夫章第四》

5. 以孝事君则忠，以敬事长则顺。忠顺不失，以事其上，然后能保其禄位。——《士章第五》

6. 谨身节用，以养父母。——《庶人章第六》

7. 先王见教之可以化民也，是故先之以博爱，而民莫遗其亲，陈之于德义，而民兴行。先之以敬让，而民不争；导之以礼乐，而民和睦；示之以好恶，而民知禁。——《三才章第七》

8. 生则亲安之，祭则鬼享之。是以天下和平，灾害不生，祸乱不作。故明王之以孝治天下也如此。——《孝治章第八》

9. 不爱其亲而爱他人者，谓之悖德；不敬其亲而敬他人者，谓之悖礼。——《圣治章第九》

10. 子曰："孝子之事亲也，居则致其敬，养则致其乐，病则致其忧，丧则致其哀，祭则致其严，五者备矣，然后能事亲。"——《纪孝行章第十》

11. 事亲者，居上不骄，为下不乱，在丑不争。——《纪孝行章第十》

12. 要君者无上，非圣人者无法，非孝者无亲。——《五刑章第十一》

13. 子曰："教民亲爱，莫善于孝。教民礼顺，莫善于悌。"——《广要道章第十二》

14. 敬其父，则子悦；敬其兄，则弟悦；敬其君，则臣悦；敬一人，而千万人悦。所敬者寡，而悦者众，此之谓要道也。——《广要道章第十二》

15. 子曰："君子之教以孝也，非家至而日见之也。教以孝，所以敬天下之为人父者也。教以悌，所以敬天下之为人兄者也。教以臣，所以敬天下之为人君者也。"——《广至德章第十三》

项目实践

班级道德讲堂活动

1. 活动目标与任务

纵观五千年的中国，可谓"道德之邦"。几千年前，道德的种子便撒在了这片广袤的土地上，生根发芽、抽枝吐叶，开出千姿百态的花。在文化大发展大繁荣的今天，这片道德文化底蕴丰饶的土地上更是孕育出"道德讲堂"的奇葩，且"一朵忽先变、百花其后香"，信仰道德、传承道德、践行道德在全社会蔚然成风。从老子的《道德经》到孔子的"仁义礼智信"，道德熏陶浓郁而厚重，这些都为社会提供了肥沃的"道德土壤"。

现今的社会进入了一个复杂的、多元化的阶段，随着市场经济的发展，人们收入和财富的增加，社会结构和价值取向都发生了不同的变化。不得不承认，我们在思想道德领域出现了一些不容忽视的问题，而这些恰好可以通过对儒家经典、对道家经典的传承与感悟来引发新一轮的思考。

（1）通过举行班级道德讲堂活动，激发学生学习祖国优秀文化的兴趣，促使学生热爱祖国传统文化，感受道德的魅力，积累语言，陶冶情操，丰富想象，传播正能量。

（2）结合当下社会问题，探讨传统文化。"小悦悦事件"带给人们的冲击还历历在目，"问题奶粉""地沟油"等食品安全问题的层出不穷也让我们深思，《人民的名义》这样的以反贪腐为主题的电视剧也引发了大家的热议，这一切都表明我们当今的社会在某些领域、某种程度上出现了一些道德问题。试着运用道家、儒学故事来进一步思考，带动学生发散思维，真正做到以古鉴今，发扬国学。

2. 活动情景与内容

通过蓝墨云班课平台让学生随时随地都可欣赏到儒学、道家经典选段，在有意、无意之中将经典名句记住。诵读会分内容背诵、诵读配乐表演等多种形式。课前，学生根据经典名篇、选段，通过网络资料搜索、整理，进行文集制作或手抄报。课中，按小组、班级逐层推进诵读比赛活动，全班学生参加。课后，学生通过蓝墨云班课平台交流心得体会。

3. 活动组织与实施

（1）课前搜集材料。

（2）课堂按照八个环节进行。

①自我反省。

"曾子曰：吾日三省吾身。"用课前2分钟的时间，反思一下"今天自己的行为正不正、有没有好好学习"等。

②唱歌曲。

推荐歌曲：《公民道德歌》《感恩的心》《我的祖国》《明天会更好》《阳光总在风雨后》《学习雷锋好榜样》《站在新起点》《我和我的祖国》《我的中国心》等。

③学模范。

通过视频、文字、图片资料，学生分享自己心中的道德模范人物，讲述他们的故事。

④谈感悟。

请同学分享体会和心情。

⑤诵经典。

中华文化博大精深，道德的美文名句数不胜数，请学子结合第一单元所学，挑选经典名句，精心解读并高声诵读，在感受深刻的文化魅力之余关注经典，学习经典，感受经典，传播传统文化。

⑥做一件善事。

"勿以善小而不为，勿以恶小而为之"，积小善而成大善。捡一个烟头，对陌生人报以一个微笑……在生活中我们要做一些我们力所能及的善事，帮一些我们能帮助的人。

全班同学把这个星期自己想做的一件好事写下来，记录在日记本上，并且尽力去完成，让积德行善的理念时时刻刻伴随在自己身边。

⑦行崇德礼。

全体同学向"德"字行注目礼。

⑧送爱心。

"积善之家必有余庆，积恶之家必有余殃"，这是我们千年文明所积淀下来的道德古训。

布置课后作业，向身边的人（或陌生人）送出自己的爱心和善意。

（3）课后布置小任务。

项目二　道家智慧

学习内容

道家是中国先秦时期的一个思想派别。代表人物有老子、列子、庄子、杨朱等。道家以道、无、自然、天性为核心理念，认为天道无为、道法自然，一切事物都有对立面，无所不容、无所不包，和谐统一，提出无为而治、以雌守雄、以柔克刚等观点，留下了丰厚的文化遗产，影响了一代又一代的文化人，对中国乃至世界的文化都产生了巨大的影响。

学习目标

- 了解老子、庄子思想的内容；
- 了解学习、继承道家文化的重要性与必要性；
- 通过道家思想、道家主要代表人物及著作的学习，正确理解道家思想的渊源，了解人与自然的关系、做人与处世的智慧。

案例导入

案例一　牙齿和舌头

商容病了，老子前去探望："老师，我看您病得很厉害，请问您还有什么要嘱咐弟子的吗？"

商容说道："你不问我，我也要告诉你的：你知道路过故乡要下车拜访乡里乡亲吗？"

老子答道："不是为了不忘故土吗？"

商容继续说道："你知道遇到老人要礼让吗？"

老子答道："不是为了尊敬老人吗？"

商容点头不语，张开口："我的舌头还在吗？"

老子答道："在。"

"我的牙齿还在吗？"

老子答道："都掉光了。"

"你知道原因吗？"

老子答道："那不是柔软的能够长存，刚强的容易消亡吗？"

商荣露出满意的微笑："是啊，天下的道理全都包含在这里了，我还有什么可说的呢。"

案例二 陶渊明不为五斗米折腰

中国古代有不少因维护人格、保持气节而不食的故事，陶渊明"不为五斗米折腰"就是其中最具代表性的一例。

东晋后期的大诗人陶渊明，是名人之后，他的曾祖父是赫赫有名的东晋大司马。年轻时的陶渊明本有"大济于苍生"之志，可是，在国家濒临崩溃的动乱年月里，陶渊明的一腔抱负根本无法实现。加之他性格耿直、清明廉正，不愿卑躬屈膝、攀附权贵，因而和污浊黑暗的现实社会发生了尖锐的矛盾，导致了格格不入的境况。

为了生存，陶渊明最初做过州里的小官，可由于看不惯官场上的那一套恶劣作风，不久便辞职回家了。后来，为了生活他还陆续做过一些地位不高的官职，过着时隐时仕的生活。陶渊明最后一次做官，是义熙元年（405）。那一年，已过"不惑之年"（四十一岁）的陶渊明在朋友的劝说下，再次出任彭泽县令。有一次，县里派督邮来了解情况。有人告诉陶渊明说：那是上面派下来的人，应当穿戴整齐、恭恭敬敬地去迎接。陶渊明听后长长叹了一口气："我不愿为了小小县令的五斗薪俸，就低声下气去向这些家伙献殷勤。"说完，就辞掉官职，回家去了。陶渊明当彭泽县令，不过八十多天。他这次弃职而去，便永远脱离了官场。

此后，他一面读书为文，一面参加农业劳动。后来由于农田不断受灾，房屋又被火烧，家境越来越恶化。但他始终不愿再为官受禄，甚至连江州刺使送来的米和肉也坚拒不受。朝廷曾征召他任著作郎，也被他拒绝了。

任务驱动
任务一 《道德经》对大学生身心健康的启示

随着改革开放的不断深入，我国在借鉴西方先进文明的同时，也难免受到西方文化中不良因素的强烈冲击。而网络信息化中传递的空假信息、色情信息、暴力信息等，也冲击着传统文明和道德观念，网络文化中一些叛逆、消极甚至颓废的东西对大学生的身心健康也产生了不利的影响。由于大学生的世界观、人生观、价值观尚不稳固，故而较易接受、移植和内化不良文化，如非理性主义、享乐主义、个人主义、实用主义文化等，这些不良文化的冲击造成他们不同程度地存在着政治信仰迷茫、理想信念模糊、价值取向扭曲、诚信意识淡薄、社会责任感缺乏、艰苦奋斗精神淡化、团结协作观念较差、心理素质欠佳等问题。大学生是祖国的未来与希望。大学生的身心和谐与健康，关系着我国创新型国家的建立与人才强国战略的实现。如何促进大学生身心和谐健康，是值得我们研究的重要课题。

《道德经》的作者老子，生活在春秋末期那个战争频繁、社会动荡、思想混乱的时代。老子从救国救民的愿望出发，著《道德经》一书，希望人们能够勇敢面对现实，在乱世中保养好自己的身体，以一种平静的心态去面对不平静的世界，用自己坚强的意志去战胜各种困难，并把自己融入集体之中，依靠集体的力量去实现人生的价值。老子的这些思想对于克服大学生身上各种弊病，促进他们的身心和谐健康有着重要的借鉴意义和教育作用。老子的思想对大学生身心和谐的教育作用主要表现在以下几个方面：

一、身心和谐是身体与灵魂的统一

什么是和谐？西周末年，史伯说："和实生物，同则不继。以他平他谓之和。"（《国语·郑语》）其意思是说，不同性质的事物混合在一起就能产生新的事物，相同性质的事物混合在一起却不能产生新事物，事物的发展就会中断；把不同的事物联系在一起，使之相互补充、相互交融为一体就叫作"和"。孔子则说："君子和而不同，小人同而不和。"（《论语·子路》）其意思是说，君子能够"包容"他人，和各种不同身份、不同层次、不同水平、不同能力、不同条件的人融洽地相处而不排斥异己，而小人则只能与和自己在身份、层次、水平、能力、条件等方面相同或相近的人相处而不能容纳异己。这里的"和"是指在身份、层次、水平、能力、条件等方面不同的各种人交融在一起的集体。"同"则是指在身份、层次、水平、能力、条件等方面相同的人结合在一起的集体。可见，"和"强调不同的事物或人的相容。"谐"指配合得适当。"和谐"则是指不同事物配合得适当，如音调和谐、颜色和谐等。事物是形形色色的，人也是千差万别的。正因为有"不同"和"差别"，世界才显得五彩缤纷、丰富多彩。"不同"使人们之间产生了隔阂，但"不同"的融合才使人们的心灵显得更加美好。

老子的和谐观与史伯及孔子的和谐观很接近。老子从矛盾对立统一的高度来认识和谐，他认为，和谐就是矛盾双方的相互排斥与相互依存的关系。老子说："有无之相生也，难易之相成也，长短之相形也，高下之相盈也，音声之相和也，先后之相随，恒也。"（《道德经》第二章）即是说，没有了不同，也就没有了矛盾，没有了矛盾，也就没有了统一体，

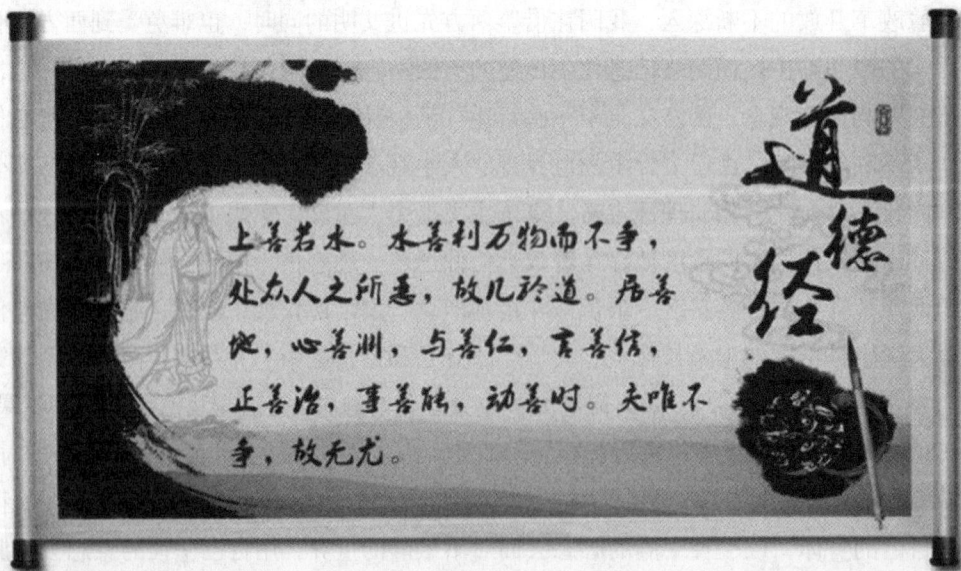

没有了统一体，也就没有了和谐。因此，矛盾产生和谐，没有矛盾也就没有和谐，和谐就是矛盾双方的对立与相容。老子又说："天得一以清；地得一以宁；神得一以灵；谷得一以盈，万物得一以生；候王得一以为天下正。"（《道德经》第三十九章）这里，"一"就是对立统一体，也就是"和谐"。也就是说，矛盾双方相互依存，双方共存于一个统一体中就是和谐，或者说，和谐是矛盾双方的统一。和谐是万事万物存在的原则，也是人类社会追求的终极目标。

什么是身心和谐呢？身心，即身体和精神。身心和谐是指身体和精神配合得很适当，或者说身心和谐就是身体与心灵的统一。由于身体受心灵的支配，身心两者中，心灵的作用占主导地位，故身心和谐又称之为人自身的和谐。老子说："载营魄抱一，能无离乎？"（《道德经》第十章）其意思是说，身躯负载着魂魄、谨守着大道，能做到不分离吗？即老子认为，身心和谐是身体与心灵的统一。

二、身体健康是实现身心和谐的前提

身体是精神的载体，要实现身心和谐，首先要保持健康的身体。人的身体状态，不但会影响人的心理精神状态，甚至会影响人的判断、分析和决策，影响人的思想观念。良好的健康状态会带来好的心理状态及好的心情；相反，不好的身体状态会产生烦躁不安、心情抑郁等情绪，使人倾向于冲动，情绪失控，缺乏理性的判断和决策。身体的问题，往往容易导致心理的问题。所以，只有保持健康的身体，才能真正实现身心和谐。老子非常重视保养身体，他的《道德经》主要包括"道论""治国论""养生论"三个方面的内容，而"养生论"就是专讲如何保持健康的体魄的。老子说："故贵以身为天下者，则可以寄于天下，爱以身为天下者，乃可以托天下。"（《道德经》第十三章）儒家讲"修身、齐家、治国、平天下"，可见，儒道两家都把"身体"健康作为实现人生远大抱负的先决条件。我们常说"身体是革命的本线"，没有好的身体，将一事无成。大学生肩负着建设有中国特色社会主义现代化的重任，只有拥有健康的身体，将来才能不辜负祖国和人民的期望，更多地为祖国的社会主义建设作贡献。

那么，怎样才能拥有健康的体魄呢？老子说："道乃久，没身不殆。"（《道德经》第十六章）其意思是说，得道之人的生命才能长久，终生没有危险。又说："有国之母，可以长久，是谓深根固蒂，长生久视之道。"（《道德经》第五十九章）即是说，懂道、得道是修身的基础。人的生命及养护，在于道德相根、身心健康。老子之道，是万事万物的根本，也是生命的根本。修道就是修根本。就今天而言，我们国家、我们个人得以生存的根本就是社会主义制度，因此，只有我们胸怀祖国，胸怀社会主义，不断加强社会主义理论的修养，懂得要为社会主义现代化建设而生存的道理，我们的生命才能不断地获得源泉。

三、精神修养是实现身心和谐的关键

精神对身体也有很大的影响。严重的心理或意识问题，可以导致人体局部或全部的器官、肢体失衡和崩溃，导致内分泌系统紊乱和信息混乱，造成种种精神与肉体独立或并存的疾病。更为重要的是，人是社会性的人，从根本上说，人自身的和谐，就是要实现人的自由全面发展，就是要有健全的人格、健康的心理，有正确的世界观、人生观和价值观，能正确地处理个人与自然、个人与社会的关系。个人的身心和谐是为了整个社会的和谐。正因如此，老子在强调身体健康的重要性的同时，也非常重视精神的永存。他说："不失其所者久，死而不亡者寿。"（《道德经》第三十三章）可见，一个人的生命固然重要，但还有比生命更宝贵的东西，为了保存比生命更重要的东西，我们也可以牺牲个人的生命。人的精神支配着人的身体，支配着人的行动，也影响整个社会的精神风气。因此，加强精神修养是实现身心和谐的关键。老子关于修道修德的精神修养理论，对于大学生克服种种心理疾病，实现身心和谐健康很有启发作用。这主要表现在以下几个方面：

（一）平静的心态和稳定的情绪

大学生处在从不成熟到成熟的转变时期，他们抽象逻辑思维迅速发展但易带主观片面性；自我意识增强但发展还不成熟；情绪情感日益丰富但波动性较大。这种不稳定的情绪表现在行为上就会反复无常，遇事往往会走极端，或狂躁不安，或借酒消愁，或打架斗殴。老子思想中的"赤子心""百姓心"及戒锋芒、抑贪欲等思想正好是医治大学生身上这些弊病的良药。

老子认为，保持平静的心态和稳定的情绪就能使自身的心境和免疫系统处于良好状态，从而就能抵御各种外界的干扰和许多疾病的侵袭。他说："含德之厚，比于赤子。毒虫不螫，猛兽不据，攫鸟不搏……终日号而不嘎，和之至也。"（《道德经》第五十五章）其意思是说，道行深的人就能保持像婴儿一样纯洁和平静的心境，而有了这种心境就能保持身心的和谐，从而免遭各种困扰和侵害。那么，怎样才能保持平静的心态和稳定的情绪呢？老子认为，要保持平静的心态和稳定的情绪就要戒锋芒与抑贪欲。老子反对过极的行为，要人们"去甚、去奢、去泰"（《道德经》第二十九章）。又要人们"挫其锐，解其纷，和其光，同其尘"（《道德经》第五十六章）。既不要过于流露锋芒，也不能脱离世俗，把自己凌驾在世俗之上，要保持内敛的品质。老子还认为，造成人们心态异常与情绪不稳的主要原因是人的贪欲。他说："祸莫大于不知足；咎莫大于欲得。"（《道德经》第四十六章）又说："五色令人目盲，五音令人耳聋，五味令人口爽，驰骋畋猎令人心发狂，难得之货令人行妨。"（《道德经》第十二章）因此，老子告诫人们要懂得满足，他说："知足者富。"（《道德经》第三十三章）"故知足之足，常足矣。"（《道德经》第四十六章）并指出："甚爱必大费，多藏必厚亡。"（《道德经》第四十四章）"金玉满堂，莫之能守，富贵而骄，自遗其咎。"（《道德经》第九章）老子要人们知道，社会财富为社会所共有，因此，也应该为社会全体人民所共享。对物质生活过度追求的人，必定会采取各种非常手段来满足自己的欲望，甚至会以身试法，而这些必然会造成"厚亡"和"自遗其咎"的后果。"多藏必厚亡"，意思是说丰厚的贮藏必有严重的损失。这个损失并不仅仅指物质方面的损失，而且指人的精神、人格、品质方面的损失。

平静的心态也就是我们常说的"平常心"。老子说："圣人无常心，以百姓心为心。"（《道德经》第四十九章）平静的心态，就是百姓的心态。百姓生活经历了人世间的种种境遇与磨难，对各种发生在他们身上的遭遇都能平静而坦然地对待。他们没有过多、过分的要求，他们只求安居乐业、丰衣足食、生活稳定。有了百姓的这种心态，我们就不会把奋斗的目标定得过高，因而就不会因为实现不了某种目标而感到悲观失望，也不会因为一时的挫折而不知所措。有了这种"平常心"或"百姓心"，我们就能生活在一种"满意"的心态之中，就能以饱满的热情和积极的态度去对待学习和生活。

（二）坚强的意志

现在的大学生中，独生子女较多，他们平时很少遇到困难，缺乏生活的磨炼。因此，一遇到挫折，世界在其眼中就蒙上了一层灰暗的色彩，对生活就会失去信心，因而对生活失去了追求，消极颓废。克服这些弊病，就需要用坚强的意志去战胜困难。

在处理与他人关系时，老子主张柔弱不争；但是在论及个人的处世态度时，老子则强调自强自立。他说："强行者有志。"（《道德经》第三十三章）即老子认为只有那些努力实践，坚持不懈地追求的人，才称得上有志气。老子还说："胜人者力，自胜者强。"（《道德经》第三十三章）其意思是说，战胜了别人还算不上是强者，只有战胜自己的人，才算是强者。战胜自己的什么呢，当然是战胜自己意志的软弱。

我们常说，人最大的敌人是自己。因为别人再怎么伤害你，也只是一时或只是在某件事上，而自己如不能自我激励、克服困难、抵制诱惑、摒弃不良习惯，就会危害自己一辈子，让自己陷入深渊。外来的危害并不是最可怕的，最可怕的是没有毅力管住自己、没有意志战胜自己，而使自己偏离正确的人生轨道，不能健康地生活在阳光下。我们常说"金无足赤，人无完人"，每个人或多或少地都有自己的"软肋"，克服了自己的"软肋"，使自己成为一个坚强的人，一个较完美的人，别人就战胜不了自己，从而就能使自己处于不败之地。荀子说："君子敬其在己者，而不慕其在天者。"（《荀子·天论》）"在己"就是依靠自己，战胜自己的意思。汉代扬雄说："人必自爱也，然后人爱诸，人必自敬也，然后人敬诸。"（《法言·君子》）"自爱""自敬"都有"自胜"之意。战胜自己，克服了自身的不足就是"自爱""自敬"的表现。而只有实现了"自爱""自敬"，才能赢得他人的爱戴和尊敬。可见，实现人生的价值，赢得他人的热爱与尊敬，需要凭借自己坚强的意志，通过自己不懈的努力。

当然，老子不主张争强好胜。他说："知和曰常，知常曰明，益生曰祥，心使气曰强。"（《道德经》第五十五章）"心使气曰强"的意思是说，好胜斗气就叫作逞强。在老子看来，逞强不叫"强"，守得住柔弱才叫"强"，老子说："见小曰明，守柔曰强。"（《道德经》第五十二章）逞强而不示弱，是人的通病，能够示弱而不逞强，需要克服人性弱点的无比勇气，这正是自强的表现，也正是强者所表现出来的风范。

（三）合群的精神

现在，大学生中独生子女比较多，他们在家里没有兄弟姐妹相伴、没有竞争对手，从小受到父母无微不至的呵护，很容易养成孤傲任性的性格。这种特定的家庭环境造成了不少大学生性格上的缺陷，主要表现在：大学同学之间缺乏信任感、亲密感，感情冷漠、猜忌多端，缺乏宽容和理解。再加上市场经济条件下社会贫富分化的加剧，大学生家庭经济条件相差悬殊，很多大学生因为家庭的富裕而产生了一种优越感。他们遇事总爱以自我为中心，凡事以金钱和自我意识作为是非与行为的标准。希望别人尊重自己，却不能以礼待人；重个人利益，轻社会利益，对社会缺少主人翁责任感。这就造成同学与同学之间、同学与集体之间关系的紧张与不和谐。老子《道德经》中讲了大量处理人际关系的内容，这对帮助大学生处理人际关系，树立集体主义观念，发扬团结合作精神都有一定的借鉴意义。

老子认为，要将他人团结在自己的周围，必须具有大道的品质，老子说："执大象，天下往。"（《道德经》第三十五章）守住大道的品质，天下人就会都归依向往。大道具有生物、包容、不争、谦让、奉献等品质，具备了这些品质的人，就能处理好各种人际关系，把各种各样的人都团结在自己周围。

首先，道具有生万物的品质。老子说："道生一，一生二，二生三，三生万物。"（《道德经》第四十二章）也就是说，世间的万事万物都是由"道"产生的，道与万物之间的关系，就好像是母亲与子女之间的关系一样。道生了万物，当然就要让万物有生存的权利。因此，具有道的品质的人就会像母亲一样爱护世间的万事万物，让万事万物都有生存和发展的机会。故老子说："是以圣人常善救人，故无弃人，常善救物，故无弃物。"（《道德经》第二十七章）可以想象，一个像母亲爱护自己子女一样爱护别人的人，他能不得到别人的爱护吗？他能不和别人和谐相处吗？孟子说得好："爱人者，人恒爱之，敬人者，人恒敬之。"（《孟子·离娄下》）可见，爱护他人、救助他人是与他人和谐相处的关键。

其次，道具有包容的品质。和谐的本质就是与各种各样的人和平相处。因此，和谐相处重要的一条就是要包容那些能力比自己低、品质比自己差的人，能够容纳别人的缺点与不足。人们总是会羡慕比自己强的人，总是愿意与强者来往，而往往看不起比自己差的人，也不大愿意与比自己弱的人交往。俗话说："母不嫌儿丑。"具有道的品德的人自然不会嫌弃弱者，故老子说："善者吾善之，不善者吾亦善之，德善；信者吾信之，不信者吾亦信之，德信。"（《道德经》第四十九章）善待不善良的人，相信不守诚信的人。用诚心去与他人交往，自然会得到他人真诚的回报，也就会与他人真正地和谐相处。

再次，道具有不争的品质。人际关系的实质是利益关系。人们之间的不和谐往往产生于利益之争。相反，如果人们都不去争夺名利，社会就会减少许多不和谐的因素，人们就能够做到较为和谐地相处。故老子主张"不争"，认为"不争"接近于道。他说："上善若水，水利万物而不争，处众人之所恶，故几于道……夫唯不争，故无尤。"（《道德经》第八章）由于与世无争，所以才不会遭到怨恨。因为不争迎合了众人获得名利的需求，让别人真正得到了实惠。中国人向来讲求"滴水之恩当涌泉相报"，作为报答，众人自然会主动与你搞好关系，融洽相处。另外，不去与别人争夺名利，是一种高尚的品德，老子说："生而不有，为而不恃，长而不宰，是谓玄德。"（《道德经》第十章）有了这样品德的人，自然会受到社会的尊敬，而受人尊敬的人，自然会吸引众人与他和谐相处。当然，老子并不是不讲名利，而是要人们看淡名利，这样做不仅不会失去我们应该得到的利益，相反会得到更多的利益。老子说："天地所以能长且久者，以其不自生，故能长生。是以圣人后其身而身先，外其身而身存。"（《道德经》第七章）圣人把自己摆在众人的后面，却能身居前列；置身度外，反而能保全自身。一个处处将好处让给他人的人，不仅会得到社会的物质奖赏，还会获得比物质利益更珍贵的精神嘉奖。

最后，道具有谦虚的品质。一般来说，谦虚的品质主要表现在不恃才傲物和虚心学习两个方面。老子说："不自见故明，不自是故彰，不自伐故有功，不自矜故长。"（《道德经》第二十二章）"不自见""不自是""不自伐""不自矜"，就是不抬高自己，不过于显露自己，不恃才傲物。俗话说"枪打出头鸟""功高盖主"，过于显山露水，往往有压低他人、抬高自己的嫌疑，会遭人嫉妒，而遭人嫉妒的人，就难与他人和谐相处了。而虚心向别人学习的过程，本身就是一个与他人和谐相处的过程。向他人学习，也就是把他人当作自己的老师，这就满足了他人受人尊敬的需要，因为尊敬了他人，所以他人也会尊敬自己，与自己搞好关系，和谐相处。老子说："故善人者，不善人之师；不善人者，善人之资。"（《道德经》第二十七章）虚心向他人学习，总能获得一些好处。而虚心向各种各样的人学习，就能与各种各样的人和谐相处。晋代葛洪说："劳谦虚己，则附之者众；骄慢倨傲，则去之者多。"（《抱朴子外篇·刺骄》）即谦虚的人拥护他的人就多，骄横傲慢的人背离他的人就多。可见，谦虚的人往往比较平易近人，盛气凌人的人往往使人难以相处。

"天道无亲，常与善人。"（《道德经》第七十九章）能否处理好各种人际关系，实现大学生身心和谐，主要取决于大学生自身的修养。大学生要通过对自身的修养，使自己成为一个"善人"，从而获得"天道"的帮助，获得众人的拥护和爱戴，实现人际关系的和谐，也实现人自身的和谐。

拓展阅读

《道德经》名句选录

1. 生而弗有，为而弗恃，功成而弗居。夫唯弗居，是以不去。——第二章
2. 天地不仁，以万物为刍狗；圣人不仁，以百姓为刍狗。——第五章
3. 是以圣人后其身而身先，外其身而身存。非以其无私邪？故能成其私。——第七章
4. 居善地，心善渊，与善仁，言善信，正善治，事善能，动善时。——第八章
5. 金玉满堂，莫之能守；富贵而骄，自遗其咎。功成身退，天之道。——第九章

6. 五色令人目盲，五音令人耳聋，五味令人口爽，驰骋畋猎令人心发狂，难得之货令人行妨。——第十二章

7. 见素抱朴，少私寡欲。——第十九章

8. 夫唯不争，故天下莫能与之争。——第二十二章

9. 不自见，故明；不自是，故彰；不自伐，故有功；不自矜，故长。——第二十二章

10. 知其雄，守其雌；知其白，守其黑；知其荣，守其辱。——第二十八章

11. 知人者智，自知者明；胜人者有力，自胜者强。——第三十三章

12. 将欲歙之，必故张之；将欲弱之，必故强之；将欲废之，必固兴之；将欲夺之，必固与之。——第三十六章

13. 大丈夫处其厚，不居其薄；处其实，不居其华。——第三十八章

14. 大方无隅，大器晚成，大音希声，大象无形。——第四十一章

15. 大成若缺，其用不弊；大盈若冲，其用不穷。大直若屈，大巧若拙，大辩若讷。——第四十五章

16. 祸莫大于不知足，咎莫大于欲得。——第四十六章

17. 知者不言，言者不知。——第五十六章

18. 挫其锐，解其纷，和其光，同其尘。——第五十六章

19. 祸兮福之所倚，福兮祸之所伏。——第五十八章

20. 治大国，若烹小鲜。——第六十章

21. 我有三宝，持而保之，一曰慈，二曰俭，三曰不敢为天下先。——第六十七章

22. 人之生也柔弱，其死也坚强。草木之生也柔脆，其死也枯槁。故坚强者死之徒，柔弱者生之徒。是以兵强则灭，木强则折。强大处下，柔弱处上。——第七十六章

23. 天之道，损有余而补不足。人之道，则不然，损不足以奉有余。孰能有余以奉天下，唯有道者。——第七十七章

24. 天下莫柔弱于水，而攻坚强者莫之能胜，以其无以易之。——第七十八章

25. 弱之胜强，柔之胜刚，天下莫不知，莫能行。——第七十八章

任务二　庄子的耻辱观对培养大学生正确荣辱观的启示

庄子有"齐物"思想，认为是非、善恶、美丑等都是相对的，两者没有根本的差别。"道道通为一""万物皆一"，从"道"的角度来看，万物的形状、性质等是同一的，不能以差别，更不能以对立的眼光看待各种事物和现象。根据庄子的这种观点，荣与辱之间的差别也是相对的，两者没有根本的对立，对各种言行不应该非分出一个荣辱不可。但我们读庄子的著作，还是可以看出庄子有自己的荣辱观。

庄子把名利、荣誉等看作身外之物，反对人们为名利、荣誉而劳心费神，甚至为这些身外之物付出尊严、自由、生命等代价。他批评说："自三代以下者，天下莫不以物易其

性矣！小人则以身殉利，士则以身殉名，大夫则以身殉家，圣人则以身殉天下。故此数子者，事业不同，名声异号，其于伤性以身为殉，一也。"（《庄子·骈拇》）天下自小人以至君子，都只把自己的生命当作工具，无情地践踏自身的生命，使自身成为某种东西的奴隶。君子、小人、伯夷、盗跖，在世人眼里，有天壤之别，而在庄子眼里，他们并不存在差异。"伯夷死名于首阳之下，盗跖死利于东陵之上，二人者，所死不同，其于残生伤性均也。奚必伯夷之是而盗拓之非乎！天下尽殉也，彼其所殉仁义也，则俗谓之君子；其所殉货财也，则俗谓之小人。其殉一也，则有君子焉，有小人焉；若其残生损性，则盗拓亦伯夷已，又恶取君子小人于其间哉？"（《骈拇》）不管是死于名，还是死于利，都是"残生伤性"，都是不值得提倡的。因为名利和荣誉在庄子眼中都不是什么好东西，所以庄子几乎不谈什么是荣，更不谈如何追求名声、荣誉，他主要谈什么是耻辱，并且批判耻辱。

一、庄子的耻辱观

（一）丧失人格尊严和自由是最大的耻辱。

在庄子看来，保持自身的天性和自由，使自身不受束缚、压抑，就是人最高的目的。如果离开这一最高目的而片面去追求功名利禄，就是对人性的无情损伤和践踏。所以人活着就要维护、保持自己的自然天性，力求免受身外之物的损伤。而人的天性是自由的，不容侵犯的，天性被侵犯、被扭曲，也就是人格尊严的丧失。而最容易让人损伤天性和丧失人格尊严的，是功名利禄。在庄子看来，因功名利禄而丧失人格尊严和自由是一种莫大的耻辱。《史记·老子韩非列传》记载：

楚威王闻庄周贤，使厚币迎之，许以为相。庄周笑谓楚使者曰："千金，重利。卿相，尊位也。子独不见郊祭之牺牛乎？养食之数岁，衣以文绣，以入大庙。当是之时，虽欲为孤豚，岂可得乎？子亟去，无污我。我宁游戏污渎之中自快，无为有国者所羁，终身不仕，以快吾志焉。"

庄子把卿相喻为君主专门用以祭神的牛，牛在喂养期间，吃得好，睡得舒适，入大庙前夕，身上还披着锦绣，可谓荣扭之极。而一旦被宰杀以作祭品时，想做荒野中的一头孤独的小猪也来不及了。作为卿相，虽然可以享受荣华富贵，但被国君束缚，自由受到限制，

君子之交淡如水，小人之交甘若醴。

【释义】君子之间的交往，像水一样的平淡、纯净，这样的友谊才会持久；小人之间的交往像甜酒一样的又浓又稠，但不会长久。

——《庄子》

在国君面前，自己的人格尊严也难保障，关键时刻甚至成为国君的牺牲品。庄子说明自己宁可游戏于下层社会的艰苦环境之中，保持身心的自由与薄严，也不愿为官而受束缚。在他看来，用重利尊位来引诱他，那是在"污"他，使他受到污辱，确实，在重利尊位的束缚下，失去自由和尊严，就是一种屈辱。

在庄子看来，人生的福和乐不是获得名利、财货，而是保持自己的自然之性，保持自己的精神恬适、心灵放达。如果把功名富贵视为生命的内涵，就会导致人性的丧失。所以庄子自觉地远离、摆脱名利。

（二）贫困不可耻，没有立身行世的原则才可耻

庄子生活在战乱频繁、民不聊生的战国时期，生活困窘潦倒。《列御寇》里借那位卑己求禄的曹商之口说出了庄子生活的窘迫："处穷闾陋巷，困奢织屦，搞项黄徽。"《山木》篇写庄子见魏王时"衣大布而补之，正康系履"，即穿补过破洞的粗布衣服，用麻绳绑破鞋子。而且还需要"贷粟"生活（《外物》）。但庄子不以自己的贫困为耻，从来不因此而自卑自怜，而是始终不卑不亢。孔子说："邦有道，贫且践焉，耻也；邦无道，富且贵焉，耻也。"（《泰伯幻"邦有道，谷；邦无道，谷，耻也"。（《宪问》）即生活在清明太平的国家，仍然贫贱，说明自己无才无能，当然是一种耻辱；而生活在乱世，仍然领取傣禄，仍然享受富贵，说明与昏上乱相同流合污，当然也是一种耻辱。庄子虽然极力批判、嘲讽孔子以及孔子所创立的儒家思想，但在这一点上却与孔子不谋而合。当"庄子衣大布而补之，正康系履而过魏王"，魏王说庄子"惫"时，庄子纠正说："贫也，非惫也。士有道德不能行，惫也；衣弊履穿，贫也，非惫也，此所谓非遭时也。王独不见夫腾狡乎？其得楠梓豫章也，揽艾其枝而王长其间，虽异、蓬蒙不能陌晚也。及其得拓棘权构之间也，危行侧视，振动悼粟，此筋骨非有加急而不柔也，处势不便，未足以逞其能也。今处昏上乱相之间，而欲无惫，奚可得邪？"（《山木》）

庄子强调自己是"贫"而非"惫"，是"非遭时"，即没有生活在清明太平的时世而贫穷。而"惫"是"士有道德而不能行"，从楚王托人劝庄子为相以及庄子的言论来看，庄子是个才华横溢的人，如果生于盛世，也许能干出非凡的业绩，但"处昏上乱相之间"，他只能对当权者采取批判和不合作的态度，即庄子是既贫且惫，但他不以为耻，因为"处昏上乱相之间"而贫且惫，正说明自己清高、有原则，不同流合污。

庄子常借一些人物之口说明生活贫穷并不可耻，如颜回"家贫居卑"却不肯出仕，而是从"道"中自得其乐（《让王》）。那些靠投机取巧、趋炎附势而荣华富贵的人才是可耻的：

原宪居香，环堵之室，茨以生草，蓬户不完，桑以为枢；而瓮偏二室，褐以为塞；上漏下湿，匡坐而弦歌。子贡乘大马，中纷而表素，轩车不容巷，往见原宪。原宪华冠线履，杖草而应门。子贡曰："嘻！先生何病？"原宪应之曰："宪闻之，无财谓之贫，学道而不能行谓之病。今宪贫也，非病也。"子贡遗巡而有愧色。原宪笑曰："夫希世而行，比周而友，学以为人，教以为己，仁义之思，舆马之饰，宪不忍为也。"（《让王》）

原宪的生活捉襟见肘，贫困不堪，却仍"匡坐而弦歌"，自得其乐。而子贡穿着华丽，乘大马坐轩车来见原宪，居高临下地怜悯原宪，原宪的一番话却让子贡自惭形秽。原宪不屑于像有些人那样趋炎附势，文过饰非，谋取名利，所以才贫穷，这种贫穷并不可耻，可耻的是"学以为人，教以为己"、没有理想信念、为牟取功名利禄而求学的人。孔子曾说："古之学者为己，今之学者为人。"（《论语·宪问》）所谓"为己""为人"，可以参照孟子的一段话来理解："有天爵者，有人爵者。仁义忠信，乐替不倦，此天爵也；公卿大夫，此人爵也。古之人，修其天爵而人爵从之；今之人，修其天爵以要人爵，既得人爵而弃其天爵。"（《孟子·告子上》荀子则解释说："古之学者为己，今之学者为人。君子之学也，以美其身；小人之学也，以为禽犊。"（《荀子·劝学》）"美其身"，就是"为己"，就是孟子讲的"修天爵"，指思想境界和人格的提升；而"为禽犊"，就是"为人"，就是"要人爵"，即谋取功名利禄。把"学"作为牟取名利的途径，儒家大师认为是可耻的，庄子笔下的原宪也认为是可耻的。这是庄子与儒家的又一相通之处。

庄子又借孔子与弟子的对话说明仕途上的穷困并不可耻，在穷困、危难中保持仁义之道，保持理想信念，不仅不可耻，反而是荣。

孔子穷于陈蔡之间，七日不火食，藜羹不糁，颜色甚惫，而犹弦歌于室。颜回择菜于外，子路、子贡相与言曰："夫子再逐于鲁，削迹于卫，伐树于宋，穷于商周，围于陈蔡，杀夫子者无罪，籍夫子者无禁。弦歌鼓琴，未尝绝音，君子之无耻也若此乎？"颜回无以应，入告孔子。孔子叹曰："由与赐，细人也。召而来，吾语之。"子路、子贡入。子路曰："如此者可谓穷矣戈。"孔子曰："是何言也！君子通于道之谓通，穷于道之谓穷。今丘抱仁义之道以遭乱世之患，其何穷之为，故内省而不疚于道，临难而不失其德，大寒既至，霜雪既降，吾是以知松柏之茂也。陈蔡之隘，于丘其幸乎。"孔子削然反琴而弦歌，子路屹然执干而舞。子贡曰："吾不知天之高也，地之下也。"（《让王》）

孔子周游列国，推行自己的政治主张，但多次被困，饥寒交迫，疲惫不堪。在这种情况下他仍能泰然自若，弦歌不断，他的弟子认为可耻。而孔子认为自己"抱仁义之道以遭乱世之患"，"内省而不疚于道，临难而不失其德"，即在乱世中，在危难时刻，仍能保持自己的品格、信念，内省不疚，自然能心安理得，有什么可耻呢？

二、庄子的耻辱观对培养当代大学生正确荣辱观的启示

庄子的耻辱观虽然是两千多年前提出的，但擦掉其上的尘埃，其中闪耀的思想光辉仍璀璨夺目，给我们以深刻的启迪，对培养当代大学生的荣辱观有颇多启示。

（一）以自尊自爱为荣，以丧失人格尊严为辱

谁都希望能过上富裕的生活，但富裕的生活必须通过正当的途径来实现。如果以青春作赌注，以出卖肉体和尊严为代价，暂时摆脱了贫穷的影子，获得一时的享乐，那也是得不偿失的，因为精神和心灵所受的创伤是无法用金钱来医治的，甚至由此而来的人生污点也会困扰自己一生。因此，面对金钱、权力的诱惑，女大学生要自尊自爱、自重自强，要

用艰苦奋斗的精神和高尚的道德追求来捍卫自己的尊严。

在这方面，庄子维护人格尊严、不为名利而牺牲尊严的精神为当代大学生树立了良好的榜样。同时，庄子对那些出卖尊严求取功名的行为进行了强烈抨击，也为当代大学生特别是那些为了金钱、利益而不惜出卖青春和尊严的女大学生敲响了警钟。当代大学生应该从庄子的耻辱观中得到启示，自尊自爱，以保持自己的人格尊严为荣，以丧失尊严为耻。

（二）以学业、品德不如人为耻，不以家庭的贫困为耻

现在的大学校园中，学生的攀比思想越来越形成一种潮流，比穿衣打扮的时尚，比过生日请客的阔绰，比手机的高级……形成了不好的风气。有些来自农村的贫困学生因为在物质方面的贫乏而感到羞耻、自卑。有些贫困大学生在生活中盲目与他人攀比，为了追逐时尚和潮流而从事不正当的活动，甚至走上犯罪的道路。

来自贫困家庭的大学生应该认识到，贫困有社会的原因，即使家庭贫困，也不是自己造成的，并不是自己的过错。因此，贫困并不可耻，也不可悲，在贫困中自怨自艾，怨天尤人，才是真正的可悲。有些大学生为了摆脱贫困，采用不正当的手段，偷盗抢劫，或坑蒙拐骗，以获取物质利益，改变贫困的处境，那才是真正的可耻。诚然，贫困给个人的发展带来一些限制，但贫困也能使人获得种种优势：容易形成自立精神，具有朴实勤奋、吃苦耐劳的品格；拥有克服困难的毅力。这些优秀品质是一种巨大的精神财富，使人一生享用无穷。因此，来自贫困家庭的大学生首先应该克服自卑、自怜、羞耻的心理，以积极的心态投入学习，自立自强、学好知识、提高修养，以便在以后的工作岗位中取得好成绩，并改变自己贫困的处境。

在这方面，庄子不以物质生活的贫富、社会地位的高低来论荣辱，而是以是否有原则、信念来论荣辱的风范也为当代大学生形成正确的荣辱观提供了范本。的确，家庭贫困的大学生不应该自悲自怜，更不应以家庭的贫困为耻，没有生活的原则、信念，在贫困中消沉、堕落，那才可悲可耻。

（三）以促进社会和谐为荣，以扰乱社会秩序为耻

大学生是祖国未来的建设者，更应该培养自己的社会责任感。应该安分守己，遵守社会秩序，不能有扰乱社会的言行。每个大学生都应明白，并非只有立志治国平天下才是有社会责任感，尽自己的一份力量保持社会和谐与安宁也是社会责任感的表现。将来能治国平天下的大学生毕竟是少数，大部分的大学生将来只是普通的公民和劳动者，那么，就要在自己的岗位上各安其分，各司其职，以自己合乎社会规范的言行来为社会的安定、和谐作出应有的贡献，而不能浑水摸鱼，投机取巧，引起一定范围的混乱与不安。因此，当代大学生应该形成以促进社会和谐为荣、以扰乱社会秩序为耻的观念，为将来促进社会安定和谐作好准备。庄子的社会政治思想不像儒家、墨家那么积极有为，但他提倡保持社会和谐安定的方式，更适合普通大众的实施，相比之下，儒家提倡的治国平天下，是为社会精英设计的。

总之，庄子的耻辱观至今仍有不可忽视的现代价值，对培养当代大学生正确的荣辱观仍有积极的启示意义，值得我们挖掘、研究。

拓展阅读

《庄子》名句选录

1. 大知闲闲，小知间间；大言炎炎，小言詹詹。——《齐物论》

2. 吾生也有涯，而知也无涯。以有涯随无涯，殆已；已而为知者，殆而已矣。——《养生主》

3. 且夫水之积也不厚，则其负大舟也无力。——《逍遥游》

4. 以无厚入有间，恢恢乎其于游刃必有余地矣。——《养生主》

5. 人皆知有用之用，而莫知无用之用也。——《人间世》

6. 泉涸，鱼相与处于陆，相呴以湿，相濡以沫，不如相忘乎江湖。——《大宗师》

7. 不以物挫志。——《天地》

8. 夫小惑易方，大惑易性。——《骈拇》

9. 夫鹄不日浴而白，乌不日黔而黑。——《天运》

10. 天地有大美而不言，四时有明法而不议，万物有成理而不说。——《知北游》

11. 知足者不以利自累也，审自得者失之而不惧，行修于内者无位而不怍。——《让王》

12. 不知周之梦为胡蝶与，胡蝶之梦为周与？——《齐物论》

13. 君子之交淡若水，小人之交甘若醴。——《山木》

14. 人生天地之间，若白驹过隙，忽然而已。——《知北游》

15. 小知不及大知，小年不及大年。——《逍遥游》

16. 至人无己，神人无功，圣人无名。——《逍遥游》

17. 名也者，相轧也；知也者，争之器。二者凶器，非所以尽行也。——《人间世》

18. 夫大块载我以形，劳我以生，佚我以老，息我以死。故善生者，乃所以善死也。——《大宗师》

19. 丧己于物，失性于俗者，谓之倒置之民。——《刻意》

20. 士有道德不能行，惫也；衣弊履穿，贫也，非惫也，此所谓非遭时也。——《山木》

项目实践

"伯乐该不该常有"主题辩论活动

1. 活动目标与任务

（1）了解道家代表人物及其思想。

（2）区分传统文化的精华与糟粕，具有初步批判地继承传统文化的能力。

（3）培养自主学习、团队合作的能力。

（4）在活动中，掌握"证明与反驳"的方法。

2. 活动情景与内容

庄子自然有他的寓意。我们世世代代赞美伯乐，期待伯乐，却很少有人像庄子一样，从马的角度来想过这个问题。

固然伯乐善于相马，能为君王挑选出千里马来使用。但是从马的角度，被挑选的那些马们，被养、被治的那些马们，可不是都死掉了一半吗？马们，它们并不在乎千里马的名声，也不在乎高台大馆，更别说被选为战马，驰骋疆场。

然而，从另外一个角度来想，如果人自己要做千里马，那么就完全不同了。于是孟子云："天将降大任于斯人也，必先苦其心志，劳其筋骨，饿其体肤，空乏其身，行拂乱其所为，所以动心忍性，曾益其所不能。"

从庄子，到孟子，从自由自在的马，到人们眼中的千里马，你愿意怎么想？

3. 活动组织与实施

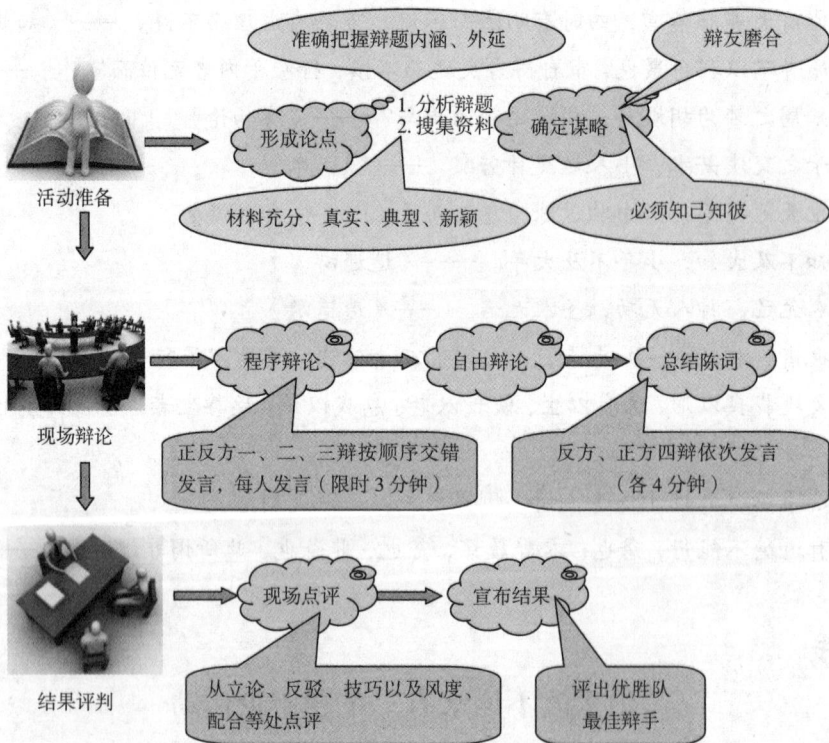

4. 活动指导

（1）活动准备阶段。

首先，要研究辩题，正确理解题意，弄清分歧所在，广泛收集论据。然后，确定谋略，主要是安排攻守策略，必须做到知己知彼。还要充分进行磨合联系。

（2）现场辩论阶段。

程序辩论阶段，三位辩手的任务要有所分工。自由辩论阶段，辩手在4分钟内可自由地答辩。总结陈词阶段，一般由反方先发言。

（3）结果评判阶段。

评判组一般由5或7人组成，参赛队员不得出任评委。评议后，选出代表进行现场评述，通过打分或投票的方式判定优胜队和最佳辩手。

项目三　禅宗智慧

学习内容

　　禅宗在中晚唐之后成为汉传佛教的主流，也是汉传佛教最主要的象征流派之一。我们中华民族智慧的结晶最早源自周易，然后是先秦诸子，再然后是禅宗，禅宗代表了中国智慧的一个新的阶段。佛教在中国的传播，一直在两个方面上开展。一是对佛教经义的探究，这是一种作为宇宙人生最终目的的追寻的哲学。二是作为一种求得解脱现实痛苦、抵达某种生活妙境的修行手段。

　　禅宗讲究禅悟，所求由远而近，由外而内，"即心是佛，见性成佛"，一切修行的目的与路途只是认识本心，认识自性，慧能宣称"心生，种种法生；心灭，种种法灭"。禅宗是把人心佛性化，认为一切的修行不过是明自性，也即认识本心。这对于自心的禅悟显然不是累世修行，而应当是一种直指本心的顿悟成佛。

学习目标

- 改变长期以来对禅宗的片面认识，了解禅宗的哲学思想内核；
- 了解禅宗作为中华文化内核之一的地位，以及传承禅宗文化的重要性与必要性；
- 感受和品味禅宗文化魅力，培养热爱中华文化的情感，增强对中华文化的认同感和归属感，增强对民族文化的自尊心、自信心和自豪感。

案例导入

案例一　苏东坡与佛印

　　苏东坡是中国宋朝一位多才多艺的文学家，不但在诗、词、歌、赋各方面表现出了他卓越的天分，同时也是绘画和书法的高手。二十一岁考到进士做官，可惜一再被卷入新旧党争的激烈旋涡里，仕途并不很得意。这好像也是中国官场的特色，基本上文人从政难有青云直上的，但为官后都能保持一定的责任感。就如苏东坡，他在出任地方官时颇有政绩，替当地的老百姓做了不少好事。四十五岁那年他被贬去黄州做团练副史，他在黄州的东坡上，盖了一间房子住，也就把自己取号为东坡居士，从此苏东坡的名字家喻户晓。而更让苏才子情有独钟的是佛法，他对佛学非常感兴趣，所以在黄州时常游览佛寺，拜访高僧，请教佛理；他跟佛印禅师做好朋友，就是从这个时期开始的。

　　佛印禅师是中国宋朝一位很了不起的高僧，名闻全国，神宗皇帝还赐了一个"高丽磨纳金钵"给他，以表扬他的德学。佛印小时候是一个神童，三岁就能背诵唐诗，五岁时《唐诗三百首》能够背出二百多首。从此书读百家无不通晓，直到有一天，他到一间叫竹林寺的庙里，读到《楞严经》，越读越有兴趣，他发觉这才是真理。十六岁时就出家专门研究佛学去了。当佛印禅师住持庐山的归宗寺时，苏东坡到黄州（黄州是在湖北省的长江北岸，与长江南岸江西省的庐山，正是隔江相望），就时常坐船过江，找佛印禅师谈禅论道，两大才子言谈甚欢，惺惺相惜，颇有相见恨晚的感觉。由于他们会晤的次数多了，交谊也日渐进增，也时常开一些揭示禅理的玩笑，成为佛门的千古佳话。

有一天，苏东坡诗兴大发，作了一首赞佛的诗：稽首天中天，毫光照大千；八风吹不动，端坐紫金莲。

这是一首意境很高的诗，不是对佛法有相当的造诣，绝对写不出这样的好诗。苏东坡写好了这首诗，自己反复吟哦，觉得非常满意！诗中在赞佛的同时又暗含着作者自己有"八风吹不动"的超然境界。

他便把诗用信封封好，叫人送去对岸给佛印禅师看。他自以为佛印一定会大大地赞赏一番。然而，佛印禅师读到苏东坡的诗时，并不是苏东坡所预料的那样，而是在那首诗的下端，批上"放屁"两个大字，交给来人带回黄州。

苏东坡在看到"放屁"两个大字时，第一反应就是火冒三丈，连喊："岂有此理？"气呼呼地要找佛印禅师算账，哪知禅师早已吩咐下来："今天不见客。"苏东坡听了，更加火大，不管三七二十一，直奔佛印处，正要推门进去时，忽然发现门扉上贴着一张字条，端正地写着：八风吹不动，一屁过江来。

聪明的苏东坡看到这两句，幡然醒悟，心里暗道："我错了！竟为了那区区'放屁'两个字而大动肝火，更何来'八风吹不动'？"这就是佛印禅师给他的启示，让他不得不自叹修行不如佛印远矣！

案例二　天堂与地狱

有一位武士向白隐禅师问"道"。

武士问："天堂和地狱有什么区别？"

白隐反问："你乃何人？"

武士答："我是一名武士。"

白隐听后笑道："就凭你这粗鲁之人也配向我问'道'？"

武士勃然大怒，随手抽出佩剑，朝白隐砍去："看我宰了你！"

眼看佩剑就要落在白隐头上，白隐却不慌不忙轻声说道："此乃地狱。"

武士猛然一惊，然后若有所悟，连忙丢弃佩剑，双手合十，低头跪拜："多谢师傅指点，请原谅我刚才的鲁莽。"

白隐又微微说道："此乃天堂。"

任务驱动

任务一　禅宗哲学思想在中国文化中的影响及传承意义

在历史上，禅宗思想影响了中国的很多士大夫，使得中国士大夫走上了寻求自然、放松的道路。在传统士大夫的人生观和价值观上，禅宗是对儒家精神世界的一种补充，成为士大夫可以在责任和放任、入世和出世之间找到自我协调和自我放松的一种方式。同时，禅宗思想对中国古代文化的发展也有着十分深远的影响。从古代中国人的思维世界来看，千奇百怪的禅宗语录相对于理性思维方法而言，是另类的特别的思考方式。对于今天的思维世界，尤其是对西方传过来的科学和理性的思维习惯也有特别的冲击和启发的意义。

禅宗不仅仅是中国的，甚至不仅仅是东亚的，而是一种世界性的文化现象。可以说禅宗在一百多年以前，已经传播到了世界的各个地方。在英文里面，禅宗的"禅"不叫作禅，叫作"zen"。这是因为最早把禅宗的思想和文化传到世界的是日本人。日语里面"禅"念"zen"，所以英文中很多都是写成"zen"，而不是"chan"。20世纪初，日本的铃木大拙，把禅宗带到了西方。他用英文写了很多书，引起了西方人对于禅宗的重视。但是真正在世界上流行开来，是跟20世纪60年代整个世界出现的文化变迁有关系的。20世纪60年代是一个现代西方世界受到文化冲击的时代。大家可能都听说过那个时候有所谓"垮掉的一代"，还有嬉皮士运动、新浪潮电影，还有反越战。在对自身的西方文化强烈质疑、挑战和反叛的运动中，禅宗的很多思想借着这个机会在西方变得非常流行，以至于成为很多人信奉的文化和研究的题目。

很多人认为禅宗能够给生活在现代化城市中的人们缓解焦虑和紧张，是一种可以带来生活改变的新资源。所以现代很多人都认为，禅宗作为一种思想资源，已经不再仅仅是中国的，也不再仅仅是东亚的，而有可能是全世界的。

一、禅宗"明镜说法"典故

曾经有这样一个故事，叫"明镜说法"。在唐高宗的时代，岭南有一个砍柴人姓卢。拜在湖北黄梅禅宗的第五代祖师弘忍禅师门下。弘忍禅师门下有很多学生。当他年纪大了，要挑选接班人时，他就要求众弟子，谁想继承他的衣钵就写一首诗来表达对佛教道理的理解。有一个叫作神秀的弟子，就写了一首偈语：身是菩提树，心如明镜台，时时勤拂拭，勿使惹尘埃。这个话浓缩了佛教的一个根本道理：心灵就像一面透明澄澈的镜子，外在世界

就像灰尘。不想让外在污浊的世界污染了你的心灵，你就要经常打扫和擦拭这面镜子，让它保持干净。大家都认为这首诗写得非常好。可是这个卢行者听了以后就说，好是很好，但是不够彻底。他不会写字，就求别人帮他代笔，写了一首偈语：菩提本无树，明镜亦非台，本来无一物，何处惹尘埃。这话的意思是说，按照大成佛教中的道理，智慧本来就不是树（菩提就是智慧的意思），心灵也不是一面实实在在的镜子，人心中的佛性永远都是清静的，哪里会有什么尘埃。因为按照大成佛教的说法，一切都是虚幻的假象，没有永恒不变的本质的东西。尘埃也是虚幻的，所以既然尘埃是虚幻的，还擦拭什么？这两首诗差别是很大的，以至于后来形成了中国禅宗最有代表性的两个流派，就是北宗和南宗。卢行者就是禅宗的第六代祖师慧能。因为神秀的根据地在现在的洛阳一带，而后来慧能到了广东。所以，以神秀为领袖的宗派叫北宗，以慧能为领袖的宗派叫南宗。后来南宗占了上风，成为禅宗的主流。

为什么说这两首诗代表了两种禅宗思想？首先我们来看神秀的那首诗。按照他的说法，每个人的人心是佛性，清静的佛性像明镜一样，但是明镜避免不了外在的污染。如果以这个为前提的话，佛教的修行就是必须的，就必须得"苦苦"地修行，要非常认真地宁心入定。就是凝聚心力去进入禅定的状态，要非常注意反身自省，去寻找一个清净的境界。因此，坚持修行，遵守戒律，以及禅宗祖师的开导和经典的阅读都是非常必要的。所以从人到佛的修行过程是一个从此岸到彼岸的漫长过程，这叫渐修，就是要渐渐地、缓慢地进入一个超越的状态。

慧能写的这首诗就不一样了。慧能说智慧不是树，心灵也不是镜子，佛性本身就是清静的，根本没有什么尘埃不尘埃。所以人心本来就是佛性，本来就是清静的，此岸就是彼岸。关键就是你是不是能在一瞬间领悟到这个道理。如果能够领悟到这个道理的话，你一下子就能够从此岸到彼岸，从人心到佛性。所以这个时候修行就不需要了，经典的研读也不需要了，苦苦地遵守戒律也是不需要的。所以慧能门下经常讲，在一切地方行、住、坐、卧，都是凭你自己的内心，叫作"于一切处，行、住、坐、卧，皆一直心"。这对于人的诱惑力是很大的，因为这种修行过程是非常轻松的，这就叫顿悟。这是与神秀北宗的观点截然相反的。

按照北宗的说法，佛教各种各样的清规、戒律，修行、入定都是必须的。所以据说神秀在一百多岁去世的时候，他给他的学生留下三个字：屈、曲、直。意思就是：人的修行过程就要像蛇一样委屈自己。蛇弯弯曲曲的，但是为了修行要钻进一个直的竹筒里。大家都知道，蛇装进直桶里时身体就被拉直了，那是一个很痛苦的过程。所以按照北宗的说法修行就是痛苦的，所以佛教的存在、佛寺的存在、佛教戒律的存在就是必须的。但是按照南宗慧能的说法，那就不需要了。既然世界是虚幻的，为什么要去为一个虚幻的世界付出心力？所以禅宗有一句很有名的话叫"水无占月之心，月无分照之意"。意思就是月亮投影在水上，水面映出了月亮，但是月亮并没有心思要把自己放在水里面。水也不是有意映照出月亮，这只是一个因缘巧合。因缘巧合构成这个世界，大家还会以为它是真的吗？所以在这个时候修行也好，戒律也好，坐禅也好，都是没有必要的。这两首诗就代表了南宗和北宗、印度禅和中国禅之间非常大的分别。因为印度禅是一种需要苦苦打坐、修行的方法，而中国禅是教人迅速进入超越境界的一种人生的哲理。

这就是"明镜说法"的不同意味。按照北宗的说法，明镜就是内在人心，可能是清静的佛性，但是避免不了外在灰尘的污染。所以你要宁心入定，常常擦拭，让它保持永远的明亮。所以修行需要经典指导、祖师引入，团体监督，戒律维护，这是传统的佛教。来自印度的佛教就是这样一个修行观念，也是北宗禅的一个基本思想。这是神秀的思想。用佛教的说法就是"法有我空"，外在的世界是真实的，但我内心要做到沉静。但是按照六祖慧能的思想，明镜就是内在人心，它是永远清静的佛心。至于什么灰尘、黑云，这是镜子里面映出来的虚幻的假象。无论你擦还是不擦，佛性永远是清静的，就像明镜始终是明镜，灰尘始终是虚假的一样。所以可以自己觉悟甚至是顿悟，这是慧能的想法。

那么到底慧能和神秀产生了这样的分歧之后，事情是怎么样发展的？据说五祖弘忍是非常开明的。他认为慧能的说法更加彻底。所以，他半夜三更时，悄悄地把慧能招到房间里面来，给他讲解《金刚经》。然后把自己象征着传授佛法的权力的袈裟和一个钵传给他。衣钵就象征着佛法的继承人。但是弘忍又跟他讲了一段话，说自古以来，"传法命如悬丝"，非常地残忍，所以你赶快跑，到南方老家去。传说慧能得到这个衣钵后，就连夜渡江往东走了。一路上经历了很多的风险，确实有人追杀他。然后一直跑到岭南，在五岭一带一直住了16年。之后，他到了广州，做了一件事。正月初八，有一位法师名叫印宗，在广州的法行寺讲《涅槃经》。《涅槃经》是佛教的一个很重要的经典。慧能混在人群中听法。这时风吹得寺庙里面的幡飘动。印宗法师问底下听法的弟子说，大家看这是风在动还是幡在动。底下的弟子有的说风在动，有的说幡在动。这时，慧能挺身而出，说不是风动，也不是帆动，是人心自动。印宗法师大吃一惊，觉得这个人的话包含着非常深奥的道理。所以马上下座请他上堂说法，慧能从此在法行寺正式出山。后来这个法行寺改名叫光孝寺。慧能到了广州后，正式出家成为禅师。后来又到了韶州的南华寺去进行说法，在南华寺说法时有很多官员和民众来听，甚至包括韶州刺史都来过。

这些传说，在历史学家看来，都是为了证明慧能禅师是伟大的。为了构造他们光荣的历史，编造了很多故事，实际上很多事情都充满了谜团。而这些故事真真假假，所以需要我们重新梳理。从胡适之先生以后，一直到现在，历史学家都在试图探索禅宗历史的真相。我在这里给大家举几个例子。

达摩老祖是西边第28祖，就是禅宗传说中在印度的第28代，也是到中国来的第一代祖师。他有一个最有名的故事。他跟梁武帝曾经有过对话。梁武帝问他，站在我面前的是谁，达摩居然回答说我不认识。梁武帝说你看我做了很多好事，有没有功德，他说没有功德。梁武帝被他搞得稀里糊涂，觉得他没意思，而达摩也觉得梁武帝不是一个有慧根的人。

他摘下一片叶子，做成一条船，渡江北上了。到了北边的少林寺，去达摩洞里打坐，面壁九年，把影子留在了墙壁上。从历史角度看，根本就不可能有这个事儿。因为达摩到中国来的时候，比梁武帝时代早得多，是刘宋时代。而且后来传说达摩留下一只鞋，自己真身回到印度去了，这也是传说。历史学家考察的结果是：达摩有可能在北方因为身世影响比较大，被刘志和光同法师下毒害死了。这说明禅宗早期的历史是充满了血和火的历史。

另外就是历史上六祖的真实身份。历史学家考证：被弘忍认可，而且被大众选择的接班人可能既不是神秀，也不是慧能。有可能是少林寺一个叫法儒的和尚。因为现在还有一块公元689年立的碑，里面明明白白记载着：少林寺是禅门重镇，只有在少林寺这个地方做主持的人，才有可能成为真正的传人。而且也只有在少林寺修行的人才能够得到官方认可，才可以成为佛教禅宗在北方正宗的接班人。但是这个人不是神秀，也不是慧能，是法儒。只是由于后来慧能一派成为斗法的胜利者，所以他的弟子就一次又一次地重新改写了历史。

传说中把百丈淮海当作中唐时禅宗最重要的人物。这是因为一方面，他开创了禅宗里面"一日不做一日不食"的传统；另一方面，南方、北方的一些重要禅门中人都是他的学生。但事实上，百丈淮海在他的那个时代并没有那么重要，只是一个非常好的人。所以禅宗的历史非常复杂，很多象征性的故事和传说的重要就在于它们是"象征"，告诉我们一些道理，但不是历史。

二、禅宗对中国文化的影响

（一）禅宗最重要的内容就是"禅"

说起"禅"很多人就会联想起静坐，其实不仅如此。在东汉以后，佛教传入中国，有两大传统。一个传统叫作大乘波若学，另一个传统就是小乘禅学。佛教在印度是非常复杂的，有很多流派。但是传到中国来的只有两个影响最大，这就涉及一个文化接受和文化传播的问题，里面有选择，也有偶然。

在小乘禅学里面，继承的是印度早期的瑜伽方法，而其中一种很重要的方法叫作瑜伽八支分法。这个八支分法的内容是：第一是禁制，就是你要禁制，戒杀、戒盗、戒淫、戒妄语、戒贪欲，这些都是外在的对人的约束，它是一个戒律，让你小心，不要犯这五戒。第二是遵行，就是勤修五种方法，清静、满足、苦行、念诵、思神。第三是坐法，这就跟"禅"有关系了。这个"坐"不是随意的东西，简单地说就是挺直脊梁，颈部微微向前，保持呼吸和脉搏跳动的一致。然后两腿交叉叠坐，两个脚的脚背要放在大腿的内侧。这些坐姿不是那么容易坐好的，必须要练，所以这跟瑜伽是有关系的。第四是调息，就是调整呼吸，吸入呼出，吸入的时候是满，呼出的时候是虚。你要在思想里面想象自己像一个瓶子一样，有出有进。第五是制感，就是控制自己的感觉器官，使眼、耳、鼻、舌、身、意这六路，保持一种跟外部世界分离的状况。第六是专注，就是使心灵、精神、身体凝聚在一起。第七是禅纳，最初的时候你还能听到声音，慢慢听不见声音，看不到东西，但是你的眼睛不能闭，目光散失，逐渐进入物我合一、身心俱忘的状态。第八是三摩地，进入三摩地状态就是最高级、最纯真的一种超然境界。

在印度，无论是瑜伽派，还是佛教，甚至是婆罗门其实都有一些方法，能使一个人身心清静，进入安宁状态。这个方法在佛教里面是"佛教三学"——戒、定、慧之一。"佛教三学"就是戒律、入定、智慧。按这种方法分出来的人，称号就是律师、禅师、法师。在唐代这是分得很清楚的。律师就是戒学，禅师就是定学，法师就是慧学。只有全部精通的人可以叫作三藏法师，是最高级的。三藏法师的意思就是说他已经到了三学都精通的地步。但是更重要的是对经、律、论三藏都很通，这才是三藏法师。

（二）禅宗思想的主要内容

在禅宗里一个重要的问题就是：本来"禅"在印度只是一种修行方法，在中国怎么变成了禅宗？变成了一个包罗万象的佛教思想、文化、修行的大体系，甚至还发展出来一门大的学问？

1. 静坐

大家都知道学习禅学或禅门之学，首先入门功夫就是静坐。但是静坐并不等于禅宗，禅宗是一个非常庞大的理论、方法和实践的体系。

2. 空和佛性

佛教的般若之学主要讨论的一个概念就是空和佛性。那么什么是空？什么是佛性？"佛性"简单地说就是一个人能够从人性提升为佛的一个本来的潜质。"空"非常复杂，大般若经600卷，全部说的就是一个字——空。所以这个"空"是中国佛教史上一个核心的观念。简单地说，第一，万世万物的一切现象，都是流转变迁，没有实在的本性和永恒存在的东西。第二，幻化在你面前的那个现实世界，是没有自信的幻象，是各种因缘组合而成的，本身就是空。但是这个空又表现为有，它表现为色，就是五光十色。表现在你面前的好像是真实的，但是色本来就是空，本来就是虚幻的，"色既是空，空既是色"。

但是"空"和"色"又是互相依存的。这里要注意，"空"不能简单地说是没有，这个"空"跟中国的"无"不一样。中国的"无"是没有，一切皆无是没有的。但是空是非常复杂的，比中国的"无"要复杂很多，"空"不仅是现实世界和内心世界的一种无定性状态，还是修行者应该达到的最终的非常圆满的意识状态。禅宗要求修行者的心灵变得非常干净。但是这个干净不是绝对的"无"，而是指无论你来什么我自然就随顺你。因为色即是空，空即是色。无论我心里面有什么，但是只要不变成一个执着的东西，不变成一个实在的东西，你就会变得非常自然、放松，是一个随意的流转变迁。它变化多端，来了和消失都很自然，这样才能使你的心灵处在超越和自然的清静状态。所以这个"空"在佛教禅宗里面又意味着是一个心灵的境界。自从东汉翻译出《道行般若经》以后，般若系列的经典翻译了一次又一次，一直到最后唐代的玄奘都在翻译。大般若经600卷，几大册，小的《般若密多心经》就256个字，所有都在讲这个"空"。

禅宗的核心观念和终极的追求，是从寻求自心转向了寻求心灵的空灵境界。这种理论把佛教的"空"和中国老庄的"无"结合在一起，变成了中国禅宗有特色的理论体系。

3. 顿悟

以南宗为代表的中国禅宗的核心观念是顿悟。怎样才能顿悟？按照佛教的说法，顿悟就是能够理解到，内心本来就是空，外在世界本来也是一个空幻假象。所以要在心里面做到无念、无象、无住。

什么是无念？不是心里面没有念头，而是所有的念头不停留在内心。苏东坡曾经写过一篇文章，意思是说他跟人去爬山，爬到半山腰时，实在是爬不上去了，所以心中很痛苦，于是就坐在地上。坐在地上慢慢就想明白了：我为什么一定要爬到山顶上？我为什么一定要有这么个固执的念头在心里？于是心里面就放松了，心安理得地坐在半山腰。这就是无念，就是不让某一个念头固执地留在心里面，成为驱动你的一种欲望。

什么是无象？外在各种纷乱的、复杂的"象"都会经过你的眼耳鼻身意，透进你的心灵里面来，成为诱惑你心灵的东西。可是无象说的是对于所有的象都不要把它当作"象"，所有的声光化电，五光十色，你都要把它当作风过耳、影过眼，都不是实在的东西，这个时候你就能够彻底地解脱束缚。

什么是无住？这就是我们经常讲的"吾心安处是故乡"。"无住"不是说不去住，而是说一切"住"都不把它当作固定的住。

在这样的情况下，我们才能够理解后来的禅宗为什么要强调"平常心是道"。一个平常心很重要，所以在后来的变化中，禅宗逐渐地从刻苦、艰难、修心、入定转向了轻松、自然、超越的这样一条道路。顿悟起了很大的作用。因为它不需要修行，不需要苦苦地遵守戒律，不需要苦苦去学习经典道理，甚至马上就能够悟到真理的所在。所以禅宗最早强调的是"及心及佛"，意思是回到内心就是佛了。但是随着发展，禅宗在唐中期即9世纪的时候，逐渐走向了"非心非佛"，心也不要了，佛也不要了，我就是我。砍柴、烧饭、喝水、困觉都是休息，都是禅，就走到了自然主义的方向。这种转变的过程对中国文化的影响是非常大的。

4. 不立文字

传说中有个维摩诘居士。他不出家，但是他很放松，很自然，在家里面坐着，也能够达到空的境界，使得中国士大夫非常仰慕他。这个维摩诘经就影响了禅宗，也影响了很多士大夫。佛教本来是很相信文字的，所以佛教的经很多。同时佛教留下了很多经典。可是佛教有一个最根本的东西，就是要把信仰的终极的地方回归到自己的内心，如果你不把这些东西回归到自己的内心，启发自己内心的自觉，所有的道理都是白讲。

佛教这种重视内心的思想传到中国以后，慢慢经过魏晋南北朝时期与老庄思想的结合（老庄是讲究"道可道，非常道"，文字都是没有用的，能用文字表达出来的都不是真正的真理），禅宗就越来越强调回到内心。正是因为过分地强调内心，它逐渐地走向了以心传心，不利用文字的道路。他们认为，你苦苦地学习经典，有可能反而使你被外在的道理所束缚。所以在禅宗说来，苦读经典叫文字障。但是仅靠内心的传播，没有文字仍然有很多道理不能传播，可是靠了文字，道理又会被传播走歪，念歪了经，又会被文字所束缚。所以禅宗后来就发明出很多扭曲的、矛盾的方法。用一些非常奇怪的、违背逻辑和理性的话来启发你。这种方法，就影响到后来禅宗逐渐走向士大夫化。比如说"空手打锄头，步行骑水牛"，还有"人在桥上过，桥流水不流"，这都是不通的。但不通正好，就怕你通。你一通，就顺着文字语言走下去了。就像我说是红灯，你就停车，我说是绿灯，你就开车。禅宗就是讲究这样，不让你形成惯性思维。正是因为这是一个非理性、矛盾的语言，所以它恰恰破坏了你对语言习惯性的执着和依赖，这时候你就会放弃语言。可是正是因为禅宗对于真理的表达，对于内心感悟的表达，通常不是通过经典，不是通过逻辑的语言，而是通过矛盾、诗歌、模糊、非逻辑的语言来表达，瓦解了人们对语言的信任，于是形成了一个新的认识真理的方法。

以上讲的静坐，空、顿悟、不立文字这四个方面是禅宗思想中最重要的，涉及禅宗历史的几个重点。第一个重点是它怎么样从实践的方法转化为一个庞大的理论和实践体系，涵盖了整个禅宗对于人生和宇宙的理解和解释。就是说它是怎么样从印度的禅学、禅方法，转到中国的禅宗、禅思想，这是一个巨大的历史变化。这是中国创造性的一种改造。第二个是它怎么样从一个佛教人人都要遵循的修行方法，变成了一个佛教派别，使得唐以前的禅师变成了禅宗，成了一个派。第三还涉及一个问题，它怎么样使得这种佛教的修行方法和道理从草根阶层转向精英阶层。并且使它从南方到了北方，从山林到了庙堂。这是一个很大的变化，大家要知道，早在慧能以前，禅宗在很大程度上是在乡村、边远地区流行的。比如说五祖弘忍就是在很偏远的湖北黄梅，黄梅现在也不是一个十分热闹的地方。还有"南宗禅"以前主要是在南方，可是后来逐渐地走向了北方，进入了长安和洛阳。要知道唐代的长安和洛阳是当时中国文化辐射力和影响力的中心，也是政治中心。禅宗必须到那个地方去，才有可能成为一个笼罩性的佛教。

（三）禅宗对中国文化和士大夫的影响

中国历史上有一位伟大的诗人叫谢灵运。谢灵运既是一个大诗人，又是一个精通佛教的人。他写过一篇文章，在我看来这是第一篇中外文化比较的文章，叫作《变通论》。这篇文章里面讲的一段话很有趣，他说印度人容易受宗教性的约束，而不太能够理解里面包含的道理。中国人不一样，中国人易于建理，难于受教。也就是说中国人容易懂得道理，但是不太容易接受"教"的约束。所以中国人一定要悟，谢灵运已经讲到要顿悟。谢灵运是生活在5—6世纪的人，比中国的禅宗形成还要早，实际上他已经看到这个问题了。所以禅宗对中国人尤其是中国士大夫影响较大。

（1）从中国宗教信仰的角度讲，禅宗的形成使佛教变得非宗教化。世界上很多学者都指出禅宗是一个最不像宗教的宗教，它破除偶像、瓦解制度、去除修行、把宗教信仰者引向生活化。这一点不仅影响了佛教自身，而且还影响了中国的精英阶层。因为一切都是虚幻，包括所有外来的约束，包括你的修行都是虚幻的，所以完全要由自我本心来顿悟。他们对修行、对戒律、对经典的阅读、对偶像的崇拜都是非常反感的。

给大家讲一个南岳怀让和他的弟子马祖道一的故事。马祖道一是后来推动中国禅宗发展的一位非常重要的人物。据说马祖道一最早修行的时候是在南岳衡山苦苦地坐禅。他的师父看到他只会打坐，就跑到他身边拿块砖在他身边的石头上磨。磨得他心烦意乱，就问师父你磨砖干什么，南岳怀让说我磨砖做镜子。马祖道一奇怪地说，磨砖怎么能成镜子，又不是铜的。南岳怀让马上就反问了一句说，磨砖不能成镜，打坐就能成佛吗？所以你真正要成佛，是要靠内心的自觉，不是靠打坐。后来禅宗对于苦苦地打坐、认真学习经典、拜偶像以及期待祖师爷的启发等这些行为都是很蔑视的。丹霞山有一位禅师，见了佛像就拆来烧了。别人问他，你怎么能把佛给烧了？他于是反问，我怎么不能烧，里面有舍利吗？没有舍利就不是佛。说明是木头的，就可以烧。所以，最终禅宗就走向了"平常心是道"。就是追求，人应该处在一个放松、自然，没有负担，没有被欲望约束住心灵的状态。这影响了中国的很多士大夫，使得中国士大夫走上了寻求自然、放松心灵的一条道路。当然，如果走到极端，就会走向自大，走向放任自流。从宋代到明代就有这个趋向。

从根本上讲，禅宗瓦解了佛教。因为一个宗教如果没有戒律、没有组织、没有仪式、没有崇拜对象、没有经典理论，这个宗教就瓦解掉了，所以禅宗实际上是一个瓦解佛教的佛教。但是它同时带来的另外一个问题是，中国的佛教也正是因为这样才没有变得那么绝对，没有那么唯一，才未能成为一个非常强大的宗教性的力量。

（2）在传统士大夫的人生观和价值观上，禅宗是对儒家精神世界的一种补充。禅宗成为士大夫可以在责任和放任、入世和出世之间找到自我协调和自我放松的一种方式。大家都知道儒家的传统，是一个很入世的对社会负有责任的传统。孔子为首的儒家思想是一定要恢复周礼，恢复君君、臣臣、父父、子子的社会秩序，要克己复礼。它的贡献以及它的成就感基本上是在社会上，因此它的社会责任很重。儒家所谓的三不朽，首先要立德，其次要立功，最后还得立言。所以一个人的成功与否都要靠社会的承认，价值都要在社会上去体现。与之相反，禅宗有一套追求自然和放松的道理。大家都知道佛教是要给人以解脱，但是禅宗说本自无缚，不用求解。本来就没有束缚，你不要求解，你只要放下一切就是自由的。其实没人捆你，也没人绑你，你要放松。所以大家看这对士大夫的影响是很深的，士大夫在这点受到影响以后，就会有一个自我解脱的方法，有一个在沉重的社会责任之外，能够找到自我解脱和自我放松的方法。所以中国士大夫调试心理的一个很重要的方面，就在于一方面有入世儒家的精神；另一方面又有自我放松的禅宗和老庄的思想。

（3）禅宗对中国文学和艺术的影响。中国古代的艺术其实就是讲琴、棋、书、画。琴是指音乐。古代的音乐有这样一种理论：丝不如竹，竹不如肉。丝不如竹是因为，丝是经过人工制造的，竹子是直接就敲上去的。竹不如肉，肉就是人的声音。道理就是渐进自然。可是到了禅宗，更把这个理论发挥到极致，就是说所有的东西你都不需要刻意去追求技巧，技巧是二等的，境界是一等的，所以他要你弹"无弦琴"。人们大都认为，没有弦的琴没法弹，但是禅宗认为最高境界就应该是这样的。棋就是指下棋。大家都知道下棋就是要步步争先，可是下棋理论的最高境界就是流水不争先。大家看日本也好，中国也好，很多棋手在扇子上写着"流水不争先"，或者"平常心是道"。下棋就是争输赢的，可是叫你不要争，要顺其自然。下棋就是计算，计算就是争斗。可是中国人也好，日本人也好，下棋的人都知道最高境界是感觉，不是计算，这是和禅宗有关系的。所以尽管有些人下棋很厉害，但是在历史上都不如自然受到尊重，这就是受到禅宗的影响。

书法和绘画同样如此。如果书法上你永远都是执着地描，总是关注间架结构如何整齐，绘画时总是强调画的线条如何的好，你永远成不了大师。大师经常就是眼望手，心望眼，然后就是挥洒。已故的启功先生写字是非常整齐的。但是他自己说，间架结构都不能太刻意，自然就好，一定要挥洒自如。所以绘画也是要走向没有色彩，只是靠浓淡表现，表现一种心境。真正画的是一个"意"，追求的是"韵"，也就是超出理性和文字之外的东西。大家可以看到宋代以后中国的绘画，画的多数是山水画，而且基本上都是幽静的境界，没有烟火、没有人迹。这些东西都是禅宗追求的一种"空"的境界。所以中国的山水画里面人都是非常小的，而且不占有重要的位置。如果大家有兴趣的话，可以多去读读古代的诗歌，尤其是唐宋以后的诗歌。钱钟书先生当年写过一篇有名的文章，叫《中国诗与中国画》。他认为中国诗以杜甫为最高水平，因为诗歌承担着社会责任，所以杜甫是儒家的代表，他是最高境界。但是中国画是超然的，追求空灵的境界，所以王维是最高水平。南宗画是中国绘画的主流。

（四）禅宗对世界现代文化的影响

从古代中国人的思维世界来看，千奇百怪的禅宗语录相对于理性思维方法而言，成为非常另类的特别的思考方式。对于今天的思维世界，尤其是对西方传过来的科学和理性的思维习惯也有特别的冲击和启发的意义。

西方的理性思维是以形式逻辑为基础的，必须符合逻辑。而中国古代的思维是按照道德理性来思考问题的，要符合道德的逻辑。可是禅宗的思维是要回归到内心，体验到一个更加超越的境界。所以它不希望你被理性与人所束缚。它认为"望梅止渴"是过度地相信语言给你带来的世界，你其实是落入了语言的圈套，落入了理性的圈套。所以禅宗那些千奇百怪、不合逻辑的东西，刚好冲击这个东西，是以"非常"对"正常"。

但是谁又能说正常就永远是正常？大家也知道西方的理性、科学有时也会出现一些问题，所以大家希望有一种补救的方法。因此，一百多年前开始，日本学者铃木大拙到了美国以后，用英文来描述禅宗的思想，给了西方一种另外的资源。使得西方觉得，这是不是可以改变我们习惯的理性思维的一种资源？所以从铃木开始，日本京都学派的一些学者，都在努力向西方传播禅宗的思想。同时在西方也有一批人致力于拯救西方思维的缺点，所以努力地引进并从他们的角度解释禅宗。比如法国存在主义的一个重要学者雅斯贝尔斯就曾经研究佛教，对禅宗也很有兴趣，还专门写过一本关于佛陀的书。心理学家佛罗姆跟铃木合作写过一本书名叫《禅与心理分析》。另外大家都熟知的存在主义哲学家德国人海德格尔也对禅宗很有兴趣。

三、禅宗的现代意义

禅宗热是在 20 世纪 80 年代中国社会思潮一个大趋势下形成的，我们把它叫作文化热。这个文化热其实是在一个非常矛盾的心态里面展开的。一方面打倒四人帮、改革开放以后，重新回到一个正确的路线上来，人们在理智上是向往现代化的。因为落后是要挨打的，大家都觉得现代化是大家追求的一个大方向。因为追求现代化，所以批判传统、批判孔家店的那种批判传统文化的大潮在 1980 年重新开始。追求民主、追求科学、追求自由，是那个时候的主旋律。当时我们很多人都在讨论是什么造成了中国人落后。所以当时对于文化心理的研究，常常是带有批判性的。这个时候禅宗也好，道教也好，儒家也好，常常会被当作批判的对象。因此禅宗那个时候就被当作一个负面的文化传统发掘出来了。但是中国人又觉得自己的传统里面还是有好的文化资源的，所以又想发掘一点自己的文化资源，作为解脱、超越的一个动力。而且中国人也不完全相信西方文化，觉得自己的传统还是有好的地方。这个时候非主流的禅宗、道教就被关注了。

经历过 20 世纪 80 年代的人都会记得，当时有一套书很有影响，叫作《走向未来》。其中有一本书是《卡普拉的物理学之道》。它的作者卡普拉是一个很有反叛性的人。作为一个物理学家，他却总是觉得物理学有问题。他大概学了一点东方思想，所以他就借用东方的禅宗思想，来讲西方科学的问题。这本书当时被翻译到中国来，给大家带来了很大的刺激，觉得原来自己家里面还有这么好的东西，连西方人都感兴趣。这个时候，日本人铃木的书也逐渐被翻译成中文。大家觉得不得了，于是就对禅宗产生了非常大的兴趣。但是大家一定要明了，在这个时候对于禅宗的理解，大都是借了禅宗来说事儿。谁？比如我，就是借禅宗思想来表达自己对社会、文化和传统的一个看法而已。

拓展阅读

王维禅诗赏析

王维在诗歌上成就斐然，造诣极高。他诗路宽广，尤重山水田园诗，是盛唐时期山水田园诗派的杰出代表。王维博学多才，不仅精通音乐、书画，还精通佛法，兼信南北二宗，尤重北宗，亦兼擅儒、禅与老庄，故有"诗佛"的美誉。

王维的诗分为前期和后期（以他 40 岁为界）。他前期的诗，题材丰富，具有积极进取的精神，意境壮阔，情绪昂扬，多为政治诗和边塞诗。后期的诗多以田园山水诗为主，清新隽美，恬静自得，以求精神上的解脱。

王维禅境诗的特点：其一，白描手法，诗美、画美、声美，远近相照，动静相兼，声色俱佳；其二，诗中意象多取自月、云、山、水、花、鸟、琴、林等，且情景交融，浑然一体；其三，直抒胸臆，清新脱俗，禅韵悠远；其四，禅境宁静、悠闲、空灵、解脱、和谐、归一，将自性、物性、佛性都融合到澄明寂静之美之自性的体验中，实现了解脱与超越，进渐于涅槃寂静的妙境。

王维的禅诗作品很多，可随意摘几首，体会体会其中的禅趣妙意。

《鸟鸣涧》："人闲桂花落，夜静春山空。月出惊山鸟，时鸣深涧中。"闲与空衬托着静静的春山的幽美，月出无声而惊动了山鸟，顺便带出来鸟儿鸣唱于深深的溪涧，动与静的结合给我们描绘出多么空灵的禅境。不着痕迹，尽得风流，一切皆在空与静中奏响了生命的美妙乐曲，清风与明月，便是这和弦中的雅调。禅境以不着杂念为上品，当意识整个地融入大自然无声旋律的脉动后，也就能够更近距离地体验身心安闲的禅趣。以闲静的心境聆听桂花落下的声音，用灵魂的触须感悟春山的空灵韵味，在空明的月下打量山鸟悠悠飞翔盘旋的身影，然后俯视幽深溪涧，隐隐约约有百鸟在鸣唱。整个画面没有诗人自我的痕迹，诗人王维真是一位技法高妙的剪辑师，只轻轻巧巧地剪辑，就将一幅安详自在的生命意趣的图景展示在后世人的联想中。

《鹿柴》："空山不见人，但闻人语响。返景入深林，复照青苔上。"未见其人，先闻其声，身影入森林，有当空的明月照映在青苔上。如水溶于盐不现形迹，而时时处处皆有这味道，那人是怎样的人，是否出现，在这里似乎是悬案，但也没必要揣测这个。当人反观内照自我灵魂的时候，于静定中是有若干的妙境显现出来的，山河大地一瞬间就粉碎成了微尘，整个身心也粉碎得空空荡荡的。以"空山"二字打头，看不见人的行踪，但听得到隐隐约约的人语声，倒有些贾岛"只在此山中，云深不知处"的妙趣。空里潜在着有，空无之处生出灵魂观照当下的意境，鲜活的是青苔上湿漉漉的心灵景象。

《终南别业》："中岁颇好道，晚家南山陲。兴来每独往，胜事空自知。行到水穷处，坐看云起时。偶然值林叟，谈笑无还期。"诗人王维于人生世相透彻之后的中年，自然与道的玄旨能够渐渐契合，晚年便安家在南山的脚下享受清闲乐趣。兴致来了独自一人漫游在这大好的山水美景之中，曾经的、当下的或未来的大好事相，皆空灵在心中而得以自知。"行到水穷处，坐看云起时"，行走到溪水回旋的地方，悠然地坐下来，抬起头打量天上的白云悠悠然然地飘浮。行是无心，看亦无心，云更无心，于无心中观照澄彻的意境，禅自在其中。"偶然值林叟，谈笑无还期。"最后落脚在世俗的谈笑之中，于大俗中得大雅。

《过香积寺》："不知香积寺，数里入云峰。古木无人径，深山何处钟。泉声咽危石，日色冷青松。薄暮空潭曲，安禅制毒龙。"香积寺的所在，在那深山云雾缭绕人所不知处。古木苍劲，幽径无人，深山的暮鼓晨钟，也不知起于何处，这意境烘托出香积寺的神秘。如镜中的境象，似近还是无法摸得着的。"泉声咽危石，日色冷青松"，"咽"与"冷"，着色枯瘦淡雅，脱去的是繁华，展现的是本质的自然意象。"薄暮空潭曲，安禅制毒龙。"观空而得散去心意识杂念，当得万念皆空、万法皆空的时刻，身心盛开的朵朵莲花，瞬间就灿然于广大无边的虚空世界。

《辋川闲居赠裴秀才迪》："寒山转苍翠，秋水日潺湲。倚杖柴门外，临风听暮蝉。渡头余落日，墟里上孤烟。复值接舆醉，狂歌五柳前。"寒山，秋水，柴门，渡头，落日，暮蝉，墟里，孤烟，这一系列意象组合成了一幅冷峭的大画。山色苍翠，秋水潺潺流淌，一位老人拄着竹杖依靠着简陋的柴门，迎着微冷的秋风聆听薄暮时分的蝉鸣。遥远的渡口浩淼的流水沾染着晚霞血红的余辉，村庄的炊烟袅袅涂抹着凡尘俗事。诗人最后以著名隐士接舆大醉狂歌于五柳前，照应着另外一位隐者陶渊明，结句十分巧妙，将世俗的炊烟与隐士们的狂放揉合在一起，以有相反观无相，空而不空，不空中生不可言传其妙的禅趣。

至于王维的名句"明月松间照，清泉石头上流"，月、松、泉、石这四个意象在诗歌中，诗人好像是在用特定的方式昭示着什么，也好像什么也没昭示。空灵的意境，只可用无所执着的意想去感触，这就是王维诗歌的玄妙之处。

任务二　禅宗文化对培养世人正确人生观的启示

一、禅宗文化

禅宗思想能在社会生活诸多方面发挥积极作用，其博大宏赡、系统致密的禅学理论体系及其思想影响，浸润在人们的心灵中，体现在社会生活的各个方面。

（一）禅宗的修身思想与人格培养

在禅宗的许多经典中都反映出其完整的修身理论，如《楞伽经》中的修身理论，不仅展示了广阔的理论空间，同时也构成了一整套修身的独特思想方式，成为知行兼备、定慧双运的实践和体验，对中国历代文人以及社会文化心理都产生了深刻的影响。其修身理论是以"唯识"、修"心"为出发点的，一切修行方法都要落实到对治"妄心"上。认为如

果心平气和，人就如傍临一泓清泉，自然会觉得身心清爽，从而知妄除幻。修身要修心，不断领悟对整个世界的认识和看法，这反映的是佛教对于人的基本认识。其对治妄心的实证，把人的思维推向了极为精巧的阶段，对理念、思辨、心理探究的贡献难以估量，反省自心，反观自身，探索妄心形态的思维方式，在纷扰的现实世界与物质至上日益凸显的今天，对于教化人生、培养健全的人格独有其思想意蕴。

禅宗不但有系统的修身理论，还有独特的修身实践，即我们常说的坐禅修学，这种修行方法是通过静虑凝神的观想，了知一切形态的真实本质，从而达到思其过、悔其行、净其心的作用。这种作用与我们构建和谐社会，达到人与人、人与自然、人与社会之间的和谐，政通人和、国泰民安的理想和目标是一致的。《楞伽经》所倡导的那种万法唯心，反省内心、反观自身、探求对治妄心的修身理念与践行，在纷扰和物欲横流的现实世界中，有利于教化和培养健全的人格，形成良好的世风。

（二）禅宗生态自然观与和谐社会

禅宗的生态自然观不仅是独特的，而且是极具理论意义和实践价值的，不仅有庞大的理论体系，而且有十分丰富的生态实践。禅宗把自然山水作为佛性的体现，自然成为禅宗境界的最好体现。禅宗的山水自然观，是物我双融，和谐相通，没有法我对立。从而人与自然的关系便是互为因缘，本自一体，相互交融，随缘自在的统一体。禅宗认为无情有性之物，皆佛性不失。这彻底打破了物与我分别的"我执"妄念，在自然观上就成为"物我同一"平等理念的基础。所以爱护人类与珍爱自然无异，保护自然就是保护人类本身。这就自然地导出了禅宗戒杀护生、扬善除恶的理念，对待一切生命都要尊重和珍爱，也因此从古代佛教就开始有护生、放生、舍身的生态实践活动，其内容十分丰富，文化内涵也是多彩多姿的。再是佛教代代相传的植树造林活动，为我们和子孙后代自觉地营造良好的自然环境，为生灵积福造德。

禅宗的生态自然观，是实实在在的理论与实践，它不仅仅倡导人与人的相互尊重、人与自身的心灵和谐，更加提倡的是人与自然、人与社会之间的和谐，它让我们更加爱护人类赖以生存的自然环境，爱护一切有生命的生灵，为子孙积福积德，让整个人类与社会都一团和气，和谐共处。

（三）禅宗伦理道德观的铸就

禅宗的伦理道德在基本层面上，与中国传统的伦理道德思想是相互吻合的，都表现出引导人们祛恶向善的价值取向。在道德实践上，都崇尚理性，重视自身的内敛和修养。在人与人之间的关系上，都提倡反观自身、自利利人，抵制个人欲望的泛滥，追求合和共生、平安喜乐。在对待和处理人与社会的关系上，都具有维护和主张社会稳定、促进社会长治久安和繁荣发展的理念。但从根本上看，大乘佛教的伦理道德是从基本教义出发，通过对人精神世界的重新塑造来完成的。禅宗作为中国佛教的代表，还具有对现实伦理道德的批判精神。对现实世界中人们追求个人利益的最大化和追逐利禄功名、人生富贵的价值观持否定态度，注重和强调人心的升华和超拔峻洁人格的铸就。认为修行者要善于认识一切心识的表现形态，体察欲、色、无色三界产生的变幻，是由自己内心的妄有而产生的。因此，要通过"戒、定、慧"三学的实践，摆脱心中欲望和由此而产生的一切烦恼，达到个人伦理道德的完善。

禅宗作为佛教中国化的典型代表，以"直指人心"的教化方式，"佛性平等"的理论，指导着戒、定、慧"三学"的修证实践，把伦理思想渗入社会生活的各个领域，极大地丰富了中国传统文化的思想内容，为社会的平稳发展，处理好人与人、人与社会、人与自然之间的相互关系，达到和谐相处、共生共荣，建立了一整套的伦理道德思想体系。

（四）禅宗喻理论证方法的启示

禅宗创立了完整的思想体系，形成了独特的人生价值观。我们通常说：文质合一，深刻的思想内容，必须借助优美的表达方式；同理，出色的表现方法，往往能够反映和传递出丰富的思想内容。《金刚经》是禅宗的经典，佛陀在给弟子们讲解完《金刚经》全文后，用偈语的形式，归纳出人们熟知的"六喻观"。即："云何为人演说？不取于相，如如不动。何以故？一切有为法，如梦幻泡影。如露亦如电，应作如是观。"佛陀所述意为一切执意于事物各种表现形态，生、死、有、无等观念的人，应修悟出凡此种种都是非本质的，如梦境、幻觉、泡影、影像，转瞬之间就会了无一物，又如晨露和闪电稍纵即逝，在岁月的长河中未落遗痕，终了也不过是空空如也。应当这样来看待各种事物的表现形式，方可达到消除一切烦恼的彼岸境界。

禅宗佛典之喻，在经卷中处处可遇，初涉者往往会有眼花缭乱、不知喻理之感，由于其比喻往往是为了论述其修悟中的理义，教外之人难入其旨，也是情理中事，但细细逐层探析，以喻参悟佛理，也就会收到由表及里，由浅入深的功效。

（五）禅宗行为自律的社会价值

佛教作为外来文化，能够在中国落地生根，是有其深厚的思想基础的。佛教的戒律正是在中国传统儒学"律己"思想的基础上，逐渐得到社会的广泛认同，成为中国传统文化中的一个组成部分。戒律不仅在思想上与儒家相通，而且更具有可操作性。

禅宗的经典中有大量讨论行为自律的内容，从思想认识方面，要求信众要严于律己；从思维方式上看，其"反观内照"的修行体验，具有内修、自省的基本特征。反求诸己，注重人生体悟的自节、自律，把人生意义的价值，体现在道德的自我完善、心灵的自我调适以及行为自律的现实层面，具有广泛而严密、规范而具体的特点。佛教通过现实生活细节中衣、食、住、行的内证外敛，达到信仰理念中的超越世俗，进入无欲、无我的境界。把戒律与学术文化领域联系起来，使戒律中有思想价值的道德规范，与当代社会文明的发展相互促进，具有重要的文化意义。戒律"止持"之"诸恶莫作"，"作持"之"众善奉行"，都可以包含现实生活中的众多内容。佛教戒律的基本内容对于社会稳定、道德建设都具有一定价值，对于构建和谐社会的生活环境起到促进作用。

（六）禅宗处世和交往的行为准则

佛教有关处世的准则和交往的行为对象方面的内容是很有特色和丰富多彩的。佛教学说是对人类社会进行深入考察，认识人与人之间、人与社会、人与自然之间相互关系而形成的一种人生观和世界观。佛教在得出了人生是苦的结论后，大乘佛教选择的不是逃避，而是为了度脱众生于人生苦海，对此岸世俗世界的理性批判，以及对彼岸理想世界的不懈追寻。信仰主义从来都不只是超脱人生，其思想学说来源于对人生的思考，致力于对现实的超越。

历代高僧大德，都是善解人意，深谙社会，长于教化的宣传家，都是人类文化交流史上最优秀的人物，他们的处世与交往的行为对社会政治、经济、文化的影响是巨大的。

（七）禅宗精进不止的求索精神

佛教追求清净的世界，表现出对人生信仰精进不息的求索，对现实世界的超越精神。要求一切信众，不仅要修证义理，更要戒、定、慧"三学"并举，定慧双运，进行身体力行的实践。用信仰取代对现实功名利禄、富贵荣华的渴望，用心灵的峻秀超拔脱离现实生活中的酒色财气、苟利私利的泥淖，向心中理想、彼岸佛国的境界升华。这种目标的追寻与设定，求索的坚定不移，义无反顾，只有通过认知的理性辨析，对现实世界和人生的详尽考察，才能笃定信仰并成为一生的躬身力行。历久弥坚的信仰，是理论与实践，智慧与教义的高度圆融和统一。只有在这样的认知前提下，佛教信众才能在信仰的引导下，舍去对人间的牵挂，对情感的依恋，对身心的各种渴望，进入"无我""无常""性空"的超然境地。

佛教对世俗社会的扬弃，并非只是个人的"舍我"境界，而是以仁慈的大悲心度脱一切苦难的众生，怀者大，感者深，行者健，学者深，从而能够产生一大批精勤永进，彪炳千秋的高僧硕德。弘富研深的三藏法师，要求佛家弟子，十方信众，不仅要以"正见"发"狮子吼"，弘法利生，还要求永不退缩，终生探求"般若菩提"，去妄存真，拔人一切苦，施以无量乐，以一生的真修实证来进行精进不懈的求索。这种以生命主体的自我觉悟，来战胜物欲横流的滚滚红尘，声色犬马的贪婪心机，把人类所具有的理性和最可贵的求索精神，推进到几乎无可比拟的高度。

（八）禅宗独具特质的语言观

佛教的语言观是中印文化交流的产物，具有完整而系统的体系。佛教在诞生时就借助了婆罗门教的基础知识，其中"五明"学说中的"声明"，就是语言学方面的系统学说。其传播、弘法都必须借助语言文字，佛教在汉地的传播就是最有力的证据。佛教语言观的特征是充分利用语言文字的功能，又进行了超越，认为只是"戏论""假有""言说"，即不着于语言现象，着力于心灵超越。源于文字言说，利用文字言说，超越文字言说，把信仰主义者的主体意识、心灵感悟升到更高的境地，把语言、文字当成权宜"方便""俗解"，把佛教中的有些义理，示为"不可思议""不可言说"。在这种舍"相"，即一切外在的表现形态；绝"俗"，即一切心中所念、所计的执着；超越一切现实此岸，到达彼岸喜乐佛国的言说传法的实践中，佛门创造了一整套完整的语言体系。

如禅宗的经典《楞伽经》就有着系统的语言观，其开篇即由弟子大慧向佛陀提出了108个有关佛教教义、修持等问题，涉及了哲学与逻辑、语言与论辩等诸多领域，如长江大河奔涌而至，佛陀接着大慧所问，对提出的问题在回答时并非一一对应，而是集中在根本教义上着力阐发，如深广的大海随起随落。佛陀的108个否定句，意在所问非问，万事万物总归于一心，所问并非实有，真实离于名相，所问只是一种灭的形态，只是假设的一种称谓，对佛法而言，一切归于心寂，空无一物。其大起大破的宏观把握方式可见一斑。

（九）禅宗独特的教化方式

中国佛教的八宗法脉，以禅宗影响最大，其独有的教化方式，对于当代教育方法的创新具有启示作用。诸如"不落言筌""禅门公案""棒喝话头""产于机锋""五十禅观""渐顿四法""真言咒法""身口意三密传法"等。许多方式，非修持者不能体悟，非真修实证者难究其详。中国佛教不立文字的口授心传，并不等于轻视语言文字在弘法中的作用。禅宗"教外别传，不立文字，直指人心，见性成佛"所揭示的开示方法，从教学角度看，是师徒之间传播佛教义理，交换修悟参禅的心得、领悟、会通的独特方式。所谓"心有灵犀一点通"，强调的是师生之间心领神会的沟通与对话。从这个意义上说，不立文字，是要求传道者要慎于文字，不执着于文字的传播功能，不局限于对字、词、句所揭示的内涵的认知，而是注重内心的领悟和身体力行的亲躬实践、定慧双运。这也在提醒我们：语言文字只是反映事物的方式、概念、学说，也只是一种言说，并不等于事物本身。我们的教育也不应当拘泥于烦琐的教条和刻板的形式，启发学生独立思考的能力，培养身心健康、全面发展的劳动者，才是我们教育的目标。古往今来，禅门学问僧从来都不乏硕学大德，不胜枚举。

（十）禅宗穷究义理的思辨

佛教在形成和不断完善与发展的过程中，始终都体现了丰富的人文理念、严谨致密的逻辑以及高度抽象和理性化的特征。这些都使其教义学说，在哲理化的思辨中呈现出新奇魅力的意象，在追寻彼岸信仰的睿智之中蕴含着灵动的火花，在冷峭清寂的超脱中浸润着忘我的境界，成为所有学人孜孜以求、乐此不彼和津津乐道的思想文化资源。

佛教必须面对现实人生和社会，以及不断向其教义发出的一切质疑，因此，从开始就必然在理性的思辨上能够面对诘难。在弘法传教的实践中，同样也会碰到现实生活所产生的一切烦恼和困惑，也要求佛教能够做出令人信服的回答。因此，这就导致佛教在发展中逐渐形成了庞大的理论体系，穷究义理，阐发智慧，对治人心，极尽玄机，把主观唯心的认识，推向极致，激发出人的无穷联想。在面对世间万物的分析、讨论时，充溢着辩证的思想光辉。

二、培养禅宗人生观

何为人生观？人生观就是人生的态度，尤其是对人生的目的、人生的价值、人生的意义、人生的存在状态等问题的看法。从以上禅宗文化的系统性特征我们不难看出，禅宗在无形中对人们的现实生活起着十分广泛和深入的影响，它不仅仅是一种文化现象，更是一种思维方式，表现为一种人生智慧、一种生活态度、一种人们所应追求的境界。禅宗的人生观回答了人为什么活着，怎样活着才有意义，怎样生活得更有价值、更轻松、更愉快等一系列问题。

首先，是禅宗关于人生观的修身思想。修身就是要体悟对整个世界的认识和看法，反映的是对于人这一认识主体的基本看法，是对于人生的认识论的阐发。佛教认为人生是苦，而从对人生观察的"十二因缘"出发，认为产生一切痛苦的最终原因是"无明"。只有消除了"无明"，认识到一切现象，从本质上说都是"性空妄有"，才能从现实的束缚中解脱出来。"人法二空""世事无常"，一切自然与社会现象，都是各种因缘的和合，缘尽则事灭，因灭则物灭，无时不在变化之中。人本身也是由各种条件聚合而成，产生之因一旦消失，其缘亦尽，并没有真实之我，"我"只是妄有之心的形态。禅宗认为修身应先修"心"，一切修行都要落在对治"妄有之心"上，身心清爽，超脱色尘，"心火已灭，身得清凉"。只有对于外界世界，以及自身的一切现象与形态保持清醒的认识，认识到一切都是人们意识的虚幻空华，从而就多一份宁静，少一份浮华，用慈悲观思想社会人生，感恩之心则多一份，逐角之念则少一份，心平则气平，气平则平安，圆融和谐。参悟自身都是由各种因缘构成，是一个不断变化中的短暂的现象形态。然后重新审视人生、面对生活。在苦难面前，不再悲观，则多一点冷静；在诱惑面前，多一份矜持自重的把握，任运随缘，惜身感恩。禅宗的修身思想在无形中铸就了完美的人格。

其次，是禅宗关于人生观的伦理道德培养。禅宗认为："云何菩萨摩诃萨，善分别自心现？谓如是观：三界唯心分齐，离我我所，无动摇，离去来。无始虚伪习气，所熏三界种种色行系缚，身财建立，妄想随入现，是名菩萨摩诃萨，善分别自心现。"即认为通过戒、定、慧"三学"来实现伦理道德的培养完善。在行为上，要持戒。"戒"即佛律，是必须严格遵守的行为准则。"戒"表明了人对于自身行为所进行的约束和改造，是人在伦理道德行为上趋于完善的体现，表现了人类所具有的由完善自我发展到完善社会的本质力量，是伦理道德上充满理想追求和体验的崇高行为。在思想上，要修禅，即"禅定"。"定"就是要定念观止，进行"反观内照"的思维活动，其本身就是一种对人生价值的再认识，要对于外部世界，包括自身的现象形态，认识到一切现象本自虚幻，一切人生的烦恼皆源于此心，进而产生破妄有万法的智慧，祛妄归真，体悟"明心见性"的义谛。禅观中的慈心观、功德观、自然观等，都包含着丰富的伦理内涵。在目标上，要达到"慧"，即"般若智慧"。它是通过"戒""定"之后所完成的一种在人生意义上的飞跃。要脱离现实世界的束缚，灭除欲望，行善除恶，生发"无缘大慈，同体大悲"的济世情怀，从而投入慈悲救世，度世间一切苦难生灵，为众生得安乐的弘法实践。这些禅学理论中所包含的伦理思想，把世间的伦理上升到了信仰主义的理想高度，从思想上极大地丰富了伦理道德观的内容，提升了人们对人生价值的理解和认识。

最后，是禅宗关于人生观的精进不止的求索精神。佛教中的精进理论，不是鼓励人们去追逐社会生活中的功名利禄，而是激励人们抵制各种欲望的诱惑，断除烦恼的大愿之心。佛教的精进，主要讲的是主体即个人的精神世界里观念的超越，要求在信仰的世界中奋力跋涉，永不停息。如在《佛所行赞》卷三中讲"慧者能知，精勤求上进"，正好比"钻木而取火，掘地而得水。精勤正方便，无求而不获"。即智慧的人往往有自知之明，追求知识，不断进步。能认识到自己的不足，努力弥补缺陷，这才是真正强者的人生态度。这就好比钻木取火，掘井得水一样，人只要努力上进，坚持不懈，就一定能取得成功。佛家亦深深知道，在前进的道路上是不会一帆风顺的，只有不怕困难，努力拼搏，勇往直前的人，才能够到达理想的彼岸。佛家对于信众并非要求一味的崇信，而是要善于动脑，勤于运思。提出"小疑小悟，大疑大悟，彻疑彻悟，不疑不悟"的主张，反对"盲修"。"于静于乱，亦莫恐怖；于假于实，亦莫恐怖。"这种理性的态度，对人的成长是十分重要的。对生命而言人生有限，但追求真理和智慧却是无限的，面对纷繁的生活要保持清醒的认识，从而不断地进取。

总之，随着社会的进步，市场竞争日益严酷，在节奏高效、紧张危机的现实生活中，许多人沦为金钱积累和商品物欲的工具，本真的价值逐渐沦丧，丧失了精神的寄托，这使我们不得不紧张起来。各种焦虑不安、悲伤绝望、恐惧贪婪、偏见傲慢、猜忌怀疑等情绪，使人们自身本具有的清净之心日趋浮躁不安，这是因为人们痴迷于外境外相的虚空妄有，把心灵与客观世界对立起来，因此，现实生活变成了一种负荷。在当今生存环境日益恶化，人类与环境的矛盾日益激化的背景下，强调禅宗文化是具有现实意义的。禅宗文化强调人与自然的和谐，主张人与生存环境是一体的，人要融入自然；禅宗哲学也正是人生价值的基石，它让人忘记尘世的喧嚣和功利，在顿悟中感受到人生永恒的价值；禅宗静谧淡雅的境界可以让人们烦躁的心灵逐渐宁静，找到灵魂的精神家园，从而保证心理健康。禅宗文化启迪我们的智慧，涵养我们的生活，润滑我们的人际关系，激活我们的生活勇气，让我们的生命充满微笑、生活充满阳光。

拓展阅读

禅语选录

1. 诸恶莫作，众善奉行。

2. 如果你不给自己烦恼，别人也永远不可能给你烦恼。因为你自己的内心，你放不下。

3. 你永远要感谢给你逆境的众生。

4. 你永远要宽恕众生，不论他有多坏，甚至他伤害过你，你一定要放下，才能得到真正的快乐。

5. 当你快乐时，你要想这快乐不是永恒的。当你痛苦时，你要想这痛苦也不是永恒的。

6. 你什么时候放下，什么时候就没有烦恼。

7. 你不要一直不满人家，你应该一直检讨自己才对。不满人家，是苦了你自己。

8. 一个人如果不能从内心去原谅别人，那他就永远不会心安理得。

9. 毁灭人只要一句话，培植一个人却要千句话，请你多口下留情。

10. 同样的瓶子，你为什么要装毒药呢？同样的心里，你为什么要充满着烦恼呢？

11. 活着一天，就是有福气，就该珍惜。当我哭泣我没有鞋子穿的时候，我发现有人却没有脚。

12. 憎恨别人对自己是一种很大的损失。

13. 人生的真理，只是藏在平淡无味之中。

14. 白白的过一天，无所事事，就像犯了窃盗罪一样。

15. 广结众缘，就是不要去伤害任何一个人。

16. 对人恭敬，就是在庄严你自己。

17. 当你手中抓住一件东西不放时，你只能拥有这件东西，如果你肯放手，你就有机会选择别的。

18. 人之所以痛苦，在于追求错误的东西。

项目实践

"我喜欢的禅宗故事"交流活动

1. 活动目标与任务

（1）了解禅宗历史人物及其思想。

（2）体会禅趣，认识传承禅宗文化的重要性。

（3）培养自主学习、交流学习的能力。

2. 活动情景与内容

禅宗是最能体现佛教中国化的一个佛教宗派。禅宗公案是禅宗的血脉，是记录中国禅宗的主要文献，也是禅宗文化的主要内容之一。"公案"起源于唐末，兴盛于五代和两宋。据计算，禅宗的公案有一千七百余则。通常所用也不过四五百则。公案的内容大都与实际的禅修生活密切相关。禅师在示法时，或用问答，或用动作，或二者兼用，来启迪众徒，以使顿悟。这些内容被记录下来，便是禅宗公案。近些年的所谓佛教文化热，很大程度上是禅文化热。为了深入了解禅的知识，本活动鼓励学生选读自己最喜欢的公案，加以简单解说，通过讲述，以使学生正确认识禅文化，走近禅文化。

3. 活动组织与实施

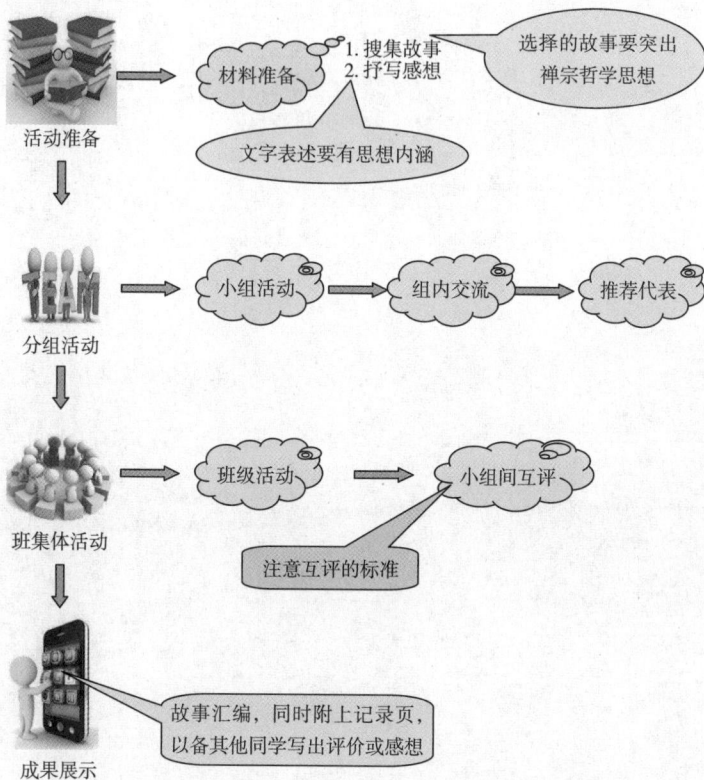

活动准备 → 材料准备 1. 搜集故事 2. 抒写感想 — 选择的故事要突出禅宗哲学思想 — 文字表述要有思想内涵

分组活动 → 小组活动 → 组内交流 → 推荐代表

班集体活动 → 班级活动 → 小组间互评 — 注意互评的标准

成果展示 — 故事汇编，同时附上记录页，以备其他同学写出评价或感想

4. 活动指导

（1）活动准备阶段

活动前，搜集自己欢喜的禅宗故事，结合所学习到的禅宗思想，进行故事欣赏，撰写自己的感悟。

如果你拣选的故事启发性很深，应准备相应的图片、文字、音像、多媒体课件等，以便在你讲述自己所选的故事和心得之前，向同学们作必要的介绍。

（2）小组活动阶段

在小组长的主持下，学生分别讲述自己喜欢的禅宗故事和感悟，通过评议，推荐代表小组参加班级活动的人选。

（3）班集体活动阶段

在老师指定的主持人的主持下开展活动。

班集体活动的评价由学生互评，学生评价应根据先前制订的评价标准，进行定性评价；主持人评价应侧重于对整个活动的评价，应是对整个活动的总结性评价。

（4）成果展示

对班集体活动中代表讲述的故事进行汇编，上传到蓝墨云班课平台，课后其他同学可以继续对听到的故事进行赏析、评论，以便将活动延续到课外。

项目四 汉字与书法艺术

学习内容

汉字是中华民族独特智慧的体现，汉字书写也成了专门的艺术，它将实用书写赋予技法规范和审美含义，是实用价值与艺术价值相结合的产物。了解、学习书法艺术，传承中华文明，大学生责无旁贷。

学习目标

- 了解汉字起源和书法产生的过程。
- 书法在中国传统文化中的地位。
- 汉字与书法的关系。
- 培养热爱书法艺术及对待传统文化的正确态度。

案例导入

案例一 请听歌曲《龙文》

一弹戏牡丹 一挥万重山
一横长城长 一竖字铿锵
一画蝶成双 一撇鹊桥上
一勾游江南 一点茉莉香

洒下床前明月光
上下千年一梦长
古今如一龙凤凰
黑眼黑发真善良

宫商角徵羽 琴棋书画唱
孔雀东南飞 织女会牛郎
深爱这土地 丝路到敦煌
先人是炎黄 子孙血一样

读懂千年金钩银画样

习惯故乡白米面或汤

一杯清茶道汉唐

妙笔丹青画平安

龙文指的就是我们中国的文字,一弹、一挥、一横、一竖等都是古人写毛笔字时的落笔技法或笔画。

唐·韩愈《病中赠张十八》诗:"龙文百斛鼎,笔力可独扛。"

唐·李峤《书》诗:"削简龙文见,临池鸟迹舒。"

明·夏完淳《题王叔明〈柴桑图〉》诗:"只今江左成龙文,卜历重光启中叶。"

《龙文》这首歌是中央电视台《开心辞典》开心学国学的主题曲。《龙文》是由曾创作过《爱江山更爱美人》等经典歌曲的台湾音乐教父小虫操刀作词作曲,歌词古色古香、曲调朗朗上口,是一首简单易学的中国风歌曲。而且,这首歌用很强的画面质感,告诉我们:中华文化之所以历经几千年绵延不绝的首要原因便是作为文明载体的中国汉字一脉传承,中国书法也获得了"纸寿千年,墨润万年"的精魂。

案例二 观看综艺节目《汉字英雄》和《中国汉字听写大会》

综艺节目《汉字英雄》是河南卫视与爱奇艺联手打造的中国国内首档大型网台联动的文化综艺季播节目。节目集综艺性和知识性于一体,将文化和娱乐相融合,集合全国各地识字最多的青少年倾情参与,意在为青少年打造展示自己掌握汉字水平和个性的机会和舞台。

《汉字英雄》让观众认识和重温了中华汉字的魅力,不仅夺得了高收视率,还取得了良好的社会效应;《中国汉字听写大会》是中央电视台、国家语委于2013年推出的大型原创文化类电视节目。

随着电子技术的飞速发展,在"提笔忘字"现象越发严重的今天,该节目意欲唤醒更多的人对文字基本功的掌握和对汉字文化的学习。让观众在游戏中学习知识、领略汉字之美。

这两档综艺节目的热播,引起了人们对汉字的关注。汉字和史书典籍一样都是中华文化源远流长的重要见证。汉字更是中华文明的基本载体,是中华文明的重要标志,汉字在中华文化的传承与发扬中发挥着重要作用。

任务驱动

任务一 汉字与书法之间的渊源

中国书法文化是国之瑰宝,从它的起源到发展有着不可忽视的存在,凝结着多少中华儿女们的智慧与情怀。中国书法是一门使用特定的工具材料"毛笔、墨和宣纸",通过对汉字精心创造性书写来表现抽象的艺术,在这艺术形式中,汉字的点画与结构是最为主要的表现对象。所以，今天就先了解汉字的起源、演变及特点，方便以后的学习。

一、汉字的起源与书法的产生

汉字的起源可以追溯到六千年以前。考古成果表明，距今五千至六千年前的新石器时代陶器符号，应该就是汉字的原始形态。后来汉字形体的发展，正是在这一基础上不断丰富和完善的过程。这类符号大多数刻划在陶器上，也有一部分是用毛笔一类的工具写画在陶器上，其中最具代表性的是仰韶文化时代的陶器符号。

到了商代，汉字已经发展得相当成熟。那时占卜和祭祀活动在社会生活中占有重要的位置，人们把占卜和祭祀的内容记录下来，再书写并刻划在龟甲或兽骨上面保存起来。这种书刻在龟甲兽骨上的文字被称作甲骨文。与新石器时代的陶器符号相比，甲骨文不仅字形数量大大增加，而且具有稳定的结构规律，是已知最早的汉字成熟体系。

西周与春秋战国时期是青铜铸造的繁荣阶段。周朝的王室及大小诸侯铸造了难以计数的各类青铜器，同时把当时的战争、祭祀、赏赐、分封等重要事件用文字记录并铸刻在青铜器上。这些保留在青铜器上的文字被后人统称为金文或钟鼎文。除金文外，这一时期还有许多书写在竹简、丝帛或镌刻在石头上的字迹被保存下来。书写、铸造和镌刻等不同手段形成了不同的艺术效果，也反映出当时书法艺术的多样性。

春秋战国时期，诸侯争霸，各自为政，文字的使用也不相一致。公元前221年，秦国扫平六国，建立了秦朝。秦始皇推行了一系列统一措施，其中最重要的一项便是废除此前各诸侯国的字体，而将秦国字体加以规范整理，作为新的标准字体在全国推行，从此，汉字进入了统一规范的发展阶段。秦朝统一后颁布的标准字体称为小篆或秦篆，统一前的秦国字体则称为大篆。后人将从甲骨文到小篆发展过程中出现的各种字体统称为篆书。

从战国后期开始，人们对篆书结构和书写方法进行了简化改造，形成了一种新的书体——隶书，随后从中演变出草书、楷书和行书三种书体。至此，汉字的结构特征基本固定下来，再也没有发生大的转变，而书法的发展也从字体的演变转向对书写技法和艺术风格的探索。

二、书法的实用价值与艺术特征

书法是从实用书写活动中产生出来的艺术形式，其表现方式是运用特定的工具和技巧对汉字进行创造性书写。因此，书法艺术在长期发展过程中，始终与文字的实用价值紧密结合在一起。

首先，历代统治者都希望自己的所作所为和"功绩"能够流传后世，永久不灭，因而不断将记录事件、歌功颂德或宗教祭祀的文字内容通过甲骨、青铜和石碑等载体保留下来；其次，在印刷术出现以前，语言文字的传播主要靠抄写来承担，所以保存在竹木简、丝帛及纸上的历代墨迹基本都是书籍、公文、佛经以及私人书信、手稿等内容；此外，虽然唐代以后出现了大量专供欣赏、收藏的书法作品，但书写内容的可读性仍然是书法艺术的首要原则。可以说，实用价值一直是书法艺术能够延续几千年，并且不断繁荣提高的重要原因。

在长期的书写实践中，人们不仅发现了汉字结构的审美价值，同时也概括总结了书写时需要掌握的技法原则。书法的技法主要包括笔法、结字和章法三个部分。笔法又称用笔，指书写时控制和运用毛笔的技巧。结字又称间架结构，指书写时对点画位置和字形结构的安排。章法又称布局，指整幅作品中字与字、行与行之间的排列规律及相互联系。不论是哪一种书体、哪一件作品的技法都是由笔法、结字和章法这三部分组成的。而在不同的书体中，对笔法、结字和章法的要求各不相同，这种要求便是书法的技法原则。技法原则与作者审美意趣的融合统一，便是书法最主要的艺术特征。

三、书法在传统文化中的地位

在中国的传统文化中，书法艺术占有十分重要的位置。与文学、绘画、戏剧、音乐等艺术门类不同，书法是中国文化独有的现象。世界各民族虽然都有自己的文字，但只有中国的汉字能够从实用书写中发展出一门独立的艺术形式。这一方面说明汉字本身除了作为语言符号外还具有造型审美价值；另一方面也反映了中华民族的聪明才智与审美习惯。

书法艺术具有明显的抽象特征，利用简单的工具和操作方式却创造出神采生动、变化丰富的艺术效果。这种单纯与复杂的和谐统一，抽象形式与情感意趣的寄托表达，是中国各类传统艺术共同的境界追求，而在书法中则体现得最为典型与纯粹。从这个意义上说，书法艺术代表了中国民族艺术特征的核心精华。

历史上，随着中国文化的辐射，书法艺术也在周边汉字圈的国家中得到了普遍的认同和传播，其中尤以日本和朝鲜最为显著。他们在接受和学习中国书法的基础上，又利用本民族文字作了进一步的发挥，丰富了书法艺术的种类，扩大了中国书法的影响。

如今，书法已成为中外文化交流的重要内容。世界上有华人的地方必有中国书法，在东亚各国，书法更是日益普及繁荣。古老而又生机蓬勃的书法艺术不仅是世界认识了解中国文化的一个热点，同时也正在为世界艺术增添着绚丽的光彩。

拓展阅读

中华汉字与书法

汉字是中华文明长寿的秘密……它是活着的图腾，永恒的星辰。

——余秋雨

"一弹戏牡丹一挥万重山，一横长城长一竖字铿锵一画蝶成双一撇鹊桥上，一勾游江南一点茉莉香"，这首歌曾经唱遍大江南北，其优美的旋律和深厚的文化底蕴深受国人喜爱。

这首歌富有很强的画面质感：一卷宣纸徐徐展开，一位仙风道骨的书法家饱蘸浓墨挥动神笔，顷刻间一幅率性潇洒的书法盈然纸上，那灵动的线条曲折婉转，如同一个个精灵以曼妙的舞姿展示着中华文化的博大精深和意蕴悠长；字形结构的复杂变化，更是在灵动的基础上多了份流动的美意。你看那个个跃动的文字各具情态：或如苍松之挺拔，或如粉蝶之轻盈。中华文化之所以历经几千年绵延不绝的首要原因便是作为文明载体的中国汉字一脉传承，中国书法因此也获得了"纸寿千年，墨润万年"的精魂。

要论书法，首先要从文字说起：中国的文字起源于原始社会时期陶器上的刻划符号，而中国人更习惯于从商代甲骨文说起。中国的古人喜欢占卜，而商代人尤甚：从日常生活的婚丧嫁娶到国家大事的出征讨伐，都要占卜一番，于是乎，卜辞成了一种文化，尤其是商代文明遗存的体现。

在甲骨文里，人们体会到中国汉字的精妙之所在：书画同源。汉字初始即是以简约之图画表达文字之内涵，也难怪后来中国的书圣王羲之能把汉字写得"飘若浮云，矫若惊龙"，归根到底是汉字本身具备了这种美感，而书法家只是把这种汉字的神韵发挥到了极致。

说到汉字的传承我们不得不说说秦始皇统一文字，无论历史上还是民间对秦始皇的褒贬有多少，也勿论他焚书坑儒有多残忍，但在中华文化的传承上，秦始皇是书写了不可磨灭的一笔的。春秋战国时期诸侯国林立，文字也是各有不同，这阻碍了文化的交流与传承。秦始皇以他独有的英武之姿一统江山之外还不忘统一文字，实在是功不可没。下面我们就来谈谈秦统一的文字——小篆。

时至今日，小篆依然为中国的书法家所青睐。这要从小篆的特点说起：其笔法圆润纤细，方中有圆，圆中有方，讲求布局对称，结构上紧下松，上部的笔画则可以耸起，下小半部是伸缩的垂脚，留下了足够的展拓空间。这些特点就给书法家留下了足够的发挥空间，用以诠释个体对于书法的理解和再创作。

汉字最初的功用主要是实用性，到魏晋南北朝时期社会动乱，士人群体形成，书法成为表达自我意境神韵和风骨的理想形式。晋人在我们印象里峨冠博带，不鞋而屐。他们"简约云澹，超然绝俗"。长期的战乱、离愁，让他们的情感里多了份悲凉。而这种悲凉的情愫需要一种宣泄的出口：各种张扬的，个性的，甚至夸张的生命个体被重视，被渲染，被接受，魏晋书法应运而生。

晋人向外发现了自然，向内发现了自己的深情：遵四时以叹逝，瞻万物而思纷，悲落叶于劲秋，喜柔条于芳春。心懔懔以怀霜，志渺渺而临云。而这种深情赋予谁听，无人听，只能交付山林或者醉情山水，隐匿不知归，或者赋予笔端，若涓涓溪水之洒脱。若读魏晋文字或者赏魏晋书法，不得不了解魏晋文人的仙风道骨与洒脱自然，所以有人说魏晋尚韵，是很有道理的。

魏晋书法家里首屈一指的就是王羲之，其书法特点后人皆有不同赞誉：除了我们前面提到的"飘若浮云，矫若惊龙"外还有更多的诗词点评。"点画秀美，行气流畅"，"清风出袖，明月入怀"，"遒媚劲健，绝代所无"，"贵越群品，古今莫二"，可以概括为秀、清、遒、贵。秀与清是整体印象，赏其书法如同在秋季里清风拂面，明月入怀，泉水叮咚，桂花飘香，耳清目明，神清气爽。遒与贵是局部印象，线条遒劲，内蕴深厚，一气呵成而品格自现。

走过了魏晋，让我们步入隋唐，其声势气象浩大辉煌，这种风度影响到了隋唐书法。隋唐书法大家基本分为楷草两派：楷书中颜筋柳骨独占翘楚。颜体浑厚大气，结体宽厚，体现唐朝丰厚的气韵；柳体坚毅瘦削，结体严谨，二者各具情态，却共同诠释了楷书之规范和法度。

与楷书规范法度不同的是草书恣情洒脱，如疾风骤雨，落纸如云烟，如惊蛇入电，倏忽万里。若论起来，草书在众多字体中最具审美价值，其挥洒自如，狂放不羁，自由游走而无拘无束，自我绽放，而不需争夺芳华，遗世独立而自成一体。

中国书法作为独创的艺术被誉为无言的诗、无行的舞、无图的化、无声的乐静静流淌在中华大地上……

任务二 汉字与书法的关系

汉字，即是记录汉语的文字。中华民族辉煌灿烂的历史与宝贵的智慧财富依靠汉字得以保存。汉字为中国社会的推动、发展，中华文明的进步作出了不可磨灭的贡献。

书法，从狭义上讲指用毛笔书写汉字的方法和规律，但从广义上讲，书法便是汉字的书写法则。换言之，书法是指按照文字特点及其含义，以其书体笔法、结构和章法写字，使之成为富有美感的艺术作品。即书法是汉字的书写艺术，它不仅是中华民族的文化瑰宝，而且在世界文化艺术宝库中独放异彩。

从上面汉字和书法的简单介绍中我们不难发现，汉字和书法这两个中华民族的精华有着千丝万缕的联系。以下主要从两个方面来阐述：

一、汉字与书法共进步

首先，现在普遍认为汉字成熟于殷商时期（虽有少量文物的出土有可能将这一期限提前至虞夏时期）。殷商时期的文字除了用毛笔书写在简册上之外，其他的主要手段就是刻写在龟甲兽骨、陶器、玉石上以及铸在青铜器上，即我们所说的甲骨文，它便是最早的汉字。而甲骨文本身便是一种书体，其笔法已有粗细、轻重、疾徐的变化，下笔轻而疾，行笔粗而重，收笔快而捷，具有一定的节奏感。笔画转折处方圆皆有，方者动峭，圆者柔润。其线条比陶文更为和谐流畅，为中国书法特有的线的艺术奠定了基调和韵律。甲骨文结体长方，奠定汉字的字型。

其次，在秦始皇一统六国后，推行"书同文，车同轨"，由宰相李斯负责，在秦国原来使用的大篆籀文的基础上，进行简化，取消其他六国的异体字，创制的统一文字汉字书写形式，即我们所熟知的小篆。由李斯负责的汉字书写法则小篆，是对前人书法的整理简化。汉字的异体字大量减少，且字形呈长方。从此奠定了汉字"方块形"的基础。小篆笔画更加匀称整齐，线条粗细一致，更加圆转，符号性增强了，图画意味大大消失了。

接下来便是隶书，隶书产生于秦代，盛行于汉代。在秦代，隶书与小篆并行，是书隶日常抄录公文的便捷字体。唐代张怀瓘《书断》引东汉蔡邕《圣皇篇》："程邈删古立隶文。"晋代卫恒《四体书势》："秦既用篆，奏事繁多，篆字难成，即令隶人（胥吏）佐书，曰隶字。"隶书形体扁平方折，便于书写。程邈将当时各种书写体加以搜集整理，后世遂有程邈创隶书之说。隶书将小篆圆转均匀的线条变成方折平直粗细有致的笔画；将小篆纵长内聚的结体风格变为横扁舒展；此时的隶书成为不再象形的汉字符号。隶书对汉字字体的改变是巨大的。因此，"隶变"就成了古今汉字的分界。小篆以前的汉字为古汉字，它们共同的特点是象形性强，定型性差，字由线条构成，没有形成构字的元素——笔画。隶书以后的汉字为今汉字。今汉字的特点是符号性强，定型性强，字由种类有限的笔画构成。

作为隶书的衍变，楷书开始登上历史舞台，楷书又名正书、真书，由钟繇所创。

楷书的标准在于方正端齐，有别于长纵形的小篆书和横扁形的隶书，有勾起而无波挑，笔画转折处不用转而用折等。自秦汉之际产生笔画至三国楷书成型，两晋南北朝是楷书发展的勃兴时期，王羲之楷书为其代表之一。以魏楷为代表，北朝书法的勃兴是楷书兴旺的标志。其质朴雄强的艺术风格，与南方的秀丽典雅，双峰对峙。楷书鼎盛期在盛唐，书法家辈出，风格多样，蔚为大观，以"唐楷"称之。初唐楷书承隋楷风格之变；书家各显其个性体貌，中唐颜真卿以雄风创新；晚唐柳公权以"柳骨"相媲美于"颜筋"，凡此三变，形成唐楷之大貌。楷书作为一种规则的字体，对汉字的字形进行了规范：汉字是一种方块字，每个字占据同样的空间。汉字有独体字跟合体字，合体字常见的组合方式又包括上下、左右、半包围结构。汉字的最小构成单位是笔画。书写汉字时，笔画的走向和出现的先后次序即"笔顺"，是比较固定的。基本规则是，先横后竖，先撇后捺，从上到下，从左到右，先外后内再封口，先中间后两边。

从上面的例子我们不难看出，书法在汉字的形成发展过程中，不仅将汉字由最初富有图画意味的象形文字一步步转变为比画清晰，线条流畅的符号文字，而且书法将汉字的字样、字形、结构进行了规范，从而不仅使得汉字成为更多人运用交流的工具，而且便于各地之间的科学文化交流，商业贸易往来。汉字在书法发展进步的过程中，不仅为各种书写体提供了一个标准的模板，为各种书法之间的交流融合搭建了一个互动的平台，而且为书法的创新奠定了深厚的基础，使书法更富有线条美、结构美，更富有变化，从而渐渐成为一门独具特色的表现艺术。

二、书法与汉字心相通

正如上面所说汉字是由象形文字演变而来，因而汉字的每一个语素，都有它所包含的意境。书法是汉字的书写形式，正所谓字如其人，不同的人书写的汉字是不同的，并且同一个人的心情不同时，他所书写的字也不同。因此，往往古代赋诗填词作画者，在留下他们的千古名作时，也用一笔流畅的书法表达了他们融入诗画中的感情。

《兰亭集序》便是代表。王羲之堪称一代书圣，《兰亭集序》是他的巅峰之作。虽然《兰亭集序》的真迹失传，但是我们依然可以从唐初的一些书画家的临摹手笔中看到真迹的影子。首先"此地有崇山峻岭，茂林修竹，又有清流激湍，映带左右"，由远及近，由静而动，突出景致的阔、幽、清。俗话说"登山则情满于山，观海则意溢于海"，有美景如斯，"不有雅诗，何申雅怀"？而观《兰亭集序》书作，这21字均流畅无痕，随心所欲，正表现了在美景下作者的喜悦之情。"引以为流觞曲水，列坐其次，虽无丝竹管弦之盛，一觞一咏，亦足以畅叙幽情。"在弯曲的流水上放上漆制酒杯，杯中注满酒，让酒杯顺流而下，与会的文人分散坐在流水边，酒杯流到谁前面，谁就取饮赋诗，这是何等雅事！又是何等趣事！真如神仙中人，不带半点烟火之气，恨不生此时，适此地，而逢其事也，唯其盛宴如斯，而又盛筵难再。而书法中那挥洒自如、笔势清畅的字体，也表现了作者怡然自得，乐此不疲的内心世界。"夫人之相与，俯仰一世，或取诸怀抱，晤言一室之内；或因寄所托，放浪形骸之外；虽趣舍万殊，静躁不同，当其欣于所遇，暂得于己，快然自足，曾不知老之将至，及其所之既倦，情随事迁，感慨系之矣，向之所欣，俯仰之间已为陈迹，犹不能以之兴怀，况修短随化，终期于尽。古人云：死生亦大矣，岂不痛哉！"寥寥数语，引出了对生命本体的思考，他说：人这一辈子啊，真是短暂，有的人相见言欢，在一室之内抒发人生的抱负，有的人寄情山水，过着放纵无羁的生活，虽然他们选择的生活方式不同，但是，当他们沉醉其中的时候，真的不知道自己正一天天老去，直到有一天，突然对热爱的东西厌倦了，情随事迁，难免会发生感慨，不知自己当初的选择是否正确，而人生短暂，韶华白首，不过转瞬，一切都将归于空无，想到这里，真是让人伤感啊！兴尽悲来，也随着墨汁的由浅至浓，字体的苍劲有力，细致大方，结构紧凑流露了出来。"每览昔人兴感之由，若合一契，未尝不临文嗟悼，不能喻之于怀，固知一死生为虚诞，齐彭殇为妄作，后之视今，犹今之视昔，悲夫！"

面对匆匆流逝的光阴，人们除了感慨人生的无常之外，又还能做些什么呢？想起这些，真让人伤心啊！也许，也许我们唯一能做的，就是把握当下，忘记得失。"故列叙时人，录其所述，虽世殊事异，所以兴怀，其致一也，后之览者，亦将有感于斯文。"千载之下，会有人看了这篇文章，发出如我相同的感慨。那种感慨万千的心境也从书法里洋洋洒洒，笔体磅礴，线条明澈中绽放无遗。

所以有人说欣赏《兰亭集序》，不仅是欣赏文章本身及作者感情，还要欣赏作者的书法，往往在语言的点缀下模糊化的感情，会在他富有变化的字体当中得以体现。像《兰亭集序》这样的例子古往今来，不胜枚举。可见在推动中华民族文化方面上，汉字同书法起着相互配合、相互协调的作用。每一个汉字在作者的笔下，既描绘了一幅美景借景抒情，也留下一笔抑扬顿挫的书法流露感情，它们是与作者的心相通的。所以说汉字与书法的人文情节息息相通。

书法与汉字关系、渊源复杂。总之，它们在相互促进、相互发展、相互配合中不断地进步创新，为中华民族灿烂文化传承交流、发扬光大作出了巨大的贡献。

拓展阅读

书法——永不落幕的中国艺术

汉字是世界上历史最久、空间最广、使用人数最多的文字，大约在距今六千年的半坡遗址，就已经出现早期的刻划符号，被学者认为是汉字的萌芽。

一、最古老的文字

汉字经过几千年的演变，逐渐形成了"汉字七体"，即：甲骨文、金文、篆书、隶书、草书、楷书、行书。汉字真正形成系统是在公元前16世纪的商朝，其主要特征之一是甲骨文的出现。

"人吞商史"生动地记录了人们将甲骨当成中药龙骨被吃进了肚子里，竟无意间发现了刻划在上面的特殊符号的故事。经专家考证，甲骨文是中国目前可考证的最早的文字。殷墟大批甲骨文刻辞的发现，表明商代晚期刻写的文字已经基本摆脱了图形文字的桎梏。

《祭祀狩猎涂朱牛骨刻辞》，此骨系河南安阳出土，长32.2厘米、宽19.8厘米。它是甲骨文断代第一期商武王时期的一块牛胛骨版记事刻辞。

甲骨文是将文字契刻于龟甲或兽骨之上，多用于占卜记事。《祭祀狩猎涂朱牛骨刻辞》的文字刀法老辣，点画劲健挺拔，整体章法错落有致，浑然一体。

与之时间接近的大篆书体，具有高度成熟的结字风貌，瘦劲修长、仪态万千。大篆分为金文、籀文。其章法纵横、错落有致。自然而不做作，呈现出一派天真烂漫的艺术意趣。

其中的金文是指在青铜器上铸刻的文字，是大篆的一种。先秦称青铜为"金"，故称"金文"。研究金文，最详尽的资料莫过于毛公鼎，是现存青铜器铭文中最长的一篇。内容叙事完整、记载翔实，被誉为"抵得过一篇《尚书》"，它展现了无与伦比的古典美。

毛公鼎

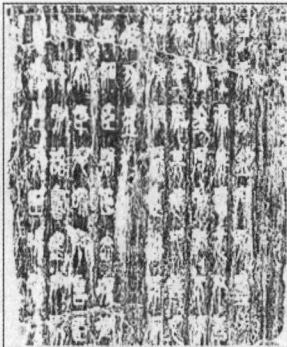

李斯《琅琊台刻石》

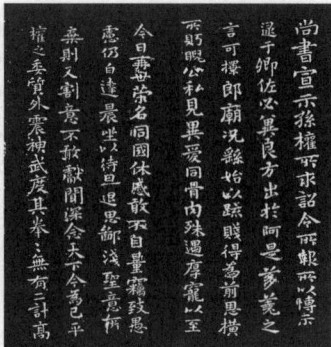

钟繇《宣示表》

二、文字的统一

到了秦朝，由于秦始皇统一政权，将原来的大篆进行简化，创制了统一文字的汉字书写形式。在中国一直流行到西汉末年，才逐渐被隶书所取代。秦代时的小篆风貌，可由现存的《泰山刻石》《琅琊台刻石》及权量铭文等遗物中看到。

李斯《琅琊台刻石》，碑刻书法。公元前219年汉承秦制，一开始用篆书，后来篆书呈现出衰落的趋势，隶书得到了蓬勃的发展。《乙瑛碑》是汉隶中有数的逸品。非常适合初学者由此入手，所以人们普遍认为它是"汉隶之最可师法者"。它用笔沉着厚重、端庄雍容，体现了传统文化追求的宗庙之美。

汉隶的代表还有《曹全碑》《张迁碑》《礼器碑》及《石门颂》，均是上乘佳品。

《乙瑛碑》现存山东曲阜孔庙，桓帝永兴元年（153）立。

《曹全碑》，西安博物馆碑林保存，东汉中平二年（185）立。

三、书法的第一个鼎盛期

东晋顾恺之有"以形写神"之称，书法作品也必定要有筋骨气血。三国为过渡时期，两晋为鼎盛时期。代表人物是钟繇、王羲之、王献之。楷、行、草等字体在广泛的应用中得到了迅速完善，在风格的开创和典范的树立上，深刻地影响了中国书法史的发展。

王羲之《兰亭集序》被誉为"天下第一行书"，东晋穆帝永和九年（353）作。

魏晋南北朝时期，魏碑《龙门十二品》被誉为"上承汉隶，下开唐楷"，被称为"魏碑中最美的书法"。而极富盛名的《张猛龙碑》，更具魏碑楷书典型的笔法特征；同时，此碑的技巧内容丰富，风格特征独特。

《张猛龙碑》，北魏正光三年（522）正月立，被世人誉为"魏碑第一"。

康有为在《广艺舟双楫》对魏楷相当赞赏，概括魏楷之美有十："一曰魄力雄强，二曰气韵辉穆，三曰笔法跳跃，四曰点画峻厚，五曰意态奇逸，六曰精神飞动，七曰兴趣

龙门造像拓片　　　　颜真卿《多宝塔碑》　　　　柳公权《玄秘塔碑》

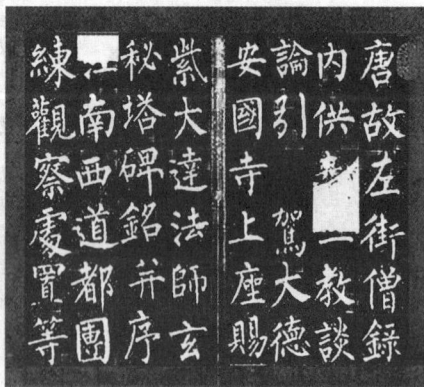

醴足，八曰骨法铜达，九曰结构天成，十曰血肉丰美。"细审这"十美"，《张猛龙碑》可存其八九。

四、书法的又一鼎盛期

到了唐代，书法艺术继承晋书迎来又一高峰。此时，在楷、行、草、篆、隶各体书中都出现了影响深远的书法家，楷书、草书的影响最甚。唐代也是历史上最早出现刻帖的年代，唐代书法家人才辈出，为后世楷书的发展奠定了极深的根基。

颜真卿的书法精妙，正楷端庄雄伟，行书气势遒劲，创"颜体"楷书；欧阳询是"欧体"始祖，还是一位书法理论家，他总结出练书习字的八法，比较具体地总结了书法形式技巧和美学要求；柳公权的书法以楷书著称，他的楷书，较之颜体，则稍均匀瘦硬，故有"颜筋柳骨"之称。

到了宋代，与蔡襄、苏轼、黄庭坚合称"宋四家"的米芾，成就以行书最大。米芾用笔喜八面出锋，变化莫测。董其昌跋米芾《蜀素帖》："米元章此卷如狮子捉象，以全力赴之，当为生平合作。余先得摹本，刻之鸿堂帖中。"

北宋时期，活字印刷术的发明对文化的传播也起到了重大作用，它始于唐朝的雕版印刷术。不过，活字印刷术也兼具一些明显的缺点，例如刻版费时费工费料，大批书版存放不便，有错字不易更正等。

元代出现了创"赵体"书的赵孟頫，与欧阳询、颜真卿、柳公权并称"楷书四大家"。他提出"书画本来同"的口号，以书法入画，使绘画的文人气质更为浓烈，韵味变化增强。倪瓒也是个性十分独特的书画家，他作为在野的高人韵士，参禅学道、浪迹天涯。

明代小楷以文征明为首，形成"温纯精绝"的自家风貌。董其昌在《画禅室随笔》中所说的"读万卷书"正是指一个人要想成为艺术家，必须学习传统、学习古人。他十七岁

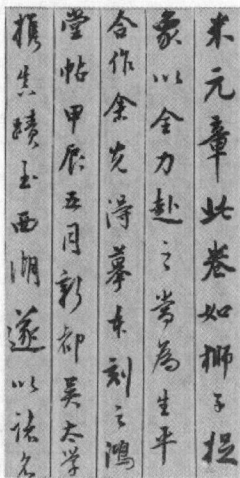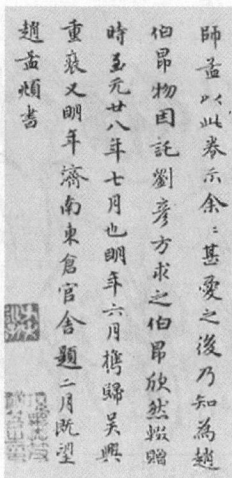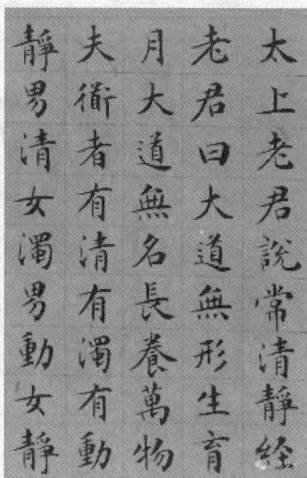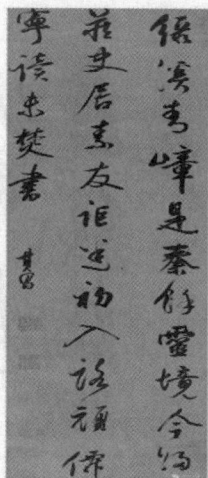

董其昌跋米芾《蜀素帖》　赵孟頫小楷　文征明小楷　董其昌《行书七言诗》

郑板桥《难得糊涂》

开始学习书法时临写颜真卿的《多宝塔碑》，二十二岁学习绘画时师法黄公望，以后又遍学晋、唐、宋、元各家的书风，自成一体，兼有"颜骨赵姿"之美。

董其昌《行书七言诗》，释文："缘溪青嶂是秦余，灵境今归旧史居。素友讵迷初入路，顽仙宁读未焚书。"

一直到清代中期，康熙、乾隆都以董其昌的书法为宗，备加推崇、偏爱，甚至亲自临摹董书，常列于座右，晨夕观赏。

中国清代书法在近三百年的发展史上，经历了一场艰难的蜕变。它突破了宋、元、明以来帖学的牢笼，开创了碑学，特别是在篆书、隶书和北魏碑体书法方面的成就，可以与唐代楷书、宋代行书、明代草书相媲美，形成了雄浑渊懿的书风。大师尽显，有傅山、朱耷、王时敏、郑簠、金农、郑燮、何绍基、康有为等。

晚清的何绍基书法，早年秀润畅达，徘徊于颜真卿、王羲之和北朝碑刻之间，有一种清刚之气；中年渐趋老成，笔意纵逸超迈；晚年何绍基的书法已臻炉火纯青。

五、近当代书法

毛泽东凭借其独特的"毛体"书法，被书法界所公认。他说："字要写得好，就得起得早；字要写得美，必须勤磨炼；刻苦自励，穷而后工，才能得心应手。学字要有帖，帖中要发挥。"

《忆秦娥·娄山关》一词是毛泽东描写红军铁血长征中征战娄山关的激烈场景，诗词内容为："西风烈，长空雁叫霜晨月。霜晨月，马蹄声碎，喇叭声咽。雄关漫道真如铁，而今迈步从头越。从头越，苍山如海，残阳如血。"

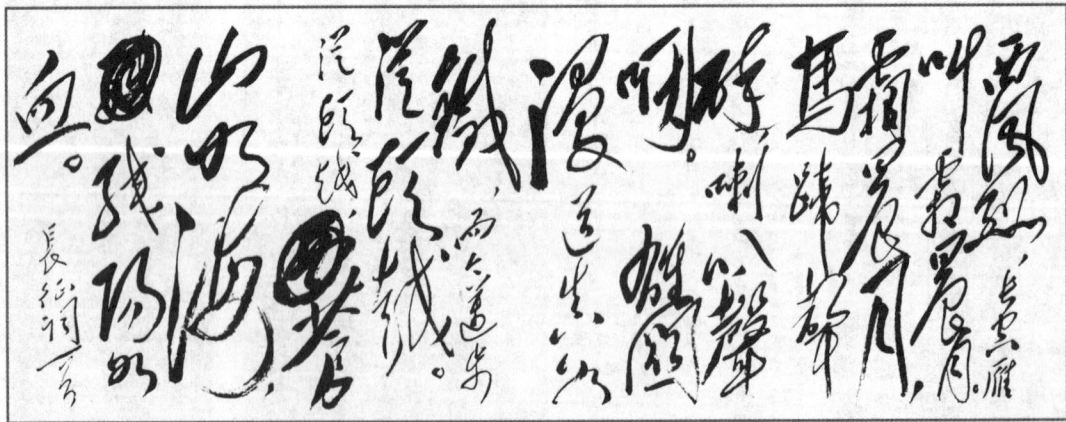

毛泽东《忆秦娥·娄山关》

如今是一个数字化的时代，但是中华文明始终是最独特的文明，在世界上所有的国家里，中国的文化是没有间断保留下来的。对于汉字的传承与热爱，也是艺术家和设计师们应当一直传承的理念。

任务三 书法技巧的书写要领和技法

著名的艺术家王孟友先生说过：书作的技巧变化，不能为变化而变化，技巧和技法是为内容服务的，不能硬性追求某种效果而机械的变化，一切都要顺其自然，完美统一，否则反而会显得做作俗气。

中国书法文化，源远流长，几千年的繁育，现已非常成熟，形成了各式各样，各大派系，各种形体的书法，主要的分法大家常见的就是颜、柳、欧、赵。按书体的不同，可分为篆、隶、楷、行、草五大类。书法是我国传统的汉字艺术，是以书写汉字来表达作者神意的艺术，释放心情。按书写工具的不同，可分为毛笔书法和硬笔书法两大类。

一、书法的基本要求

一是使用柔软的毛笔；二是书写形象丰富的汉字。它借助于汉字的形体，但不受文字内容所制约，以抒发情感、陶冶性灵为目的，具有强烈的民族性和艺术感染力。

二、书法的三要素

一是笔法，要求熟练地执使毛笔，掌握科学的指法、腕法、身法、用笔法、墨法等技巧。二是笔势，要求妥当地组织好点画与点画之间、字与字之间、行与行之间的承接呼应关系。三是笔意，要求在书写中表现出书写者的情趣、气度和人品。

三、书写要领和技法

（一）隶书技法

隶书是一种扁阔形横向发展的书体，远在战国时代已经开始有了。它与古代作为书写用的竹简有关，为了节约竹简狭长的书写面和运笔的便捷，变篆书纵势为横势，并增加了挑捺，形成八分相背之势。汉以前这种书体是作为篆书的辅佐之书，多用于市井、边戍、徒隶之牒，故有隶书、八分、佐书之称。

隶书的点画书写要诀为："横平竖直，左折右波；蚕头雁尾，蚕无二设，雁不双飞。"其主要笔画的书写技法是：

1. 平画

隶书的平画与篆书的横画稍有不同，它除了藏头护尾逆入平出以外，还有"蚕头雁尾"的波发之笔（亦称横捺）。其书写要领是：①起笔回锋下垂形成蚕头之势。②顺势右行。③尽量铺毫，极力波发，提空回收，形成"雁尾"之势。

2. 直画

直画与篆书写法基本相同。然篆书多圆势，而隶书方圆并用。

3. 挑画

挑就是折笔。挑有二法，主要在收笔处，一为出锋，二为回锋。出锋稍短之挑，即为竖钩。此二法为：

①出锋。第一，起笔回锋成反扭之势。第二，顺势而下。第三，尽力铺毫左行而推笔。第四，将锋拎中，反扭上挑出锋，提空收笔。

②回锋。此种挑法的第一、二、三步同出锋挑法，第四步是提空收笔改为回锋收笔即可。

4. 捺画

捺与平画的波，写法略同。主要方法是：①起笔回锋下垂形成蚕头反扭之势。②顺势下行。③尽量铺毫，极力波发，提空回收。

隶书有挑捺波发故中宫宜紧凑，不同于篆书是一笔书，宜匀净流通。学隶书宜学汉隶，魏晋以下不如汉隶久远，时代风格无汉隶强烈。汉隶有写在竹木简上的墨迹和碑刻两大类，其中风格多样，如《曹全碑》《张迁碑》《史晨碑》等。

（二）楷书技法

楷书又叫正书或真书，是从隶书蜕变而来的。据记载，最早的正书家是东汉的王次仲，而现在我们见到的最早的正书是汉末魏初时钟繇所书的《宣示表》《荐季直表》等。魏晋六朝的正书古朴自在，称为魏碑。至隋唐而渐趋整饰，臻于成熟，所以又叫唐楷。

正书的笔势比篆隶较为复杂，唐韩方明云"八法起于隶字之始"，此处所说的"隶"是指正书而言，也就是说八法与正书同时诞生。所谓八法，就是正书的点、横、撇、捺、竖、钩、挑、折等点画的八种写法。

（三）行书技法

行书始于汉末，是正书较为连草的一种写法。我们从东晋时代的王羲之《兰亭集序》等作品中即可领略到，所谓风行雨散、润色花开、不急不缓，最为方便的一种书体典型就是行书。它较正书流动，连笔较多；较草书规正，是介乎于正、草之间的一种书体，故叫作"行书"。

行书的写法与正书基本相同，由于较正书写得快速，故点画之间的牵丝往往流露于纸面。收笔和起笔处往往相连不断，是至今尚十分流行的一种书体。行书近于正者称为"行楷"，近于草者称为"行草"。

（四）草书技法

草书分为章草、今草、行草、大草（狂草）数种。章草从隶书蜕化而来，是隶书的草写法，故亦称"散隶"，是草书中最早的一种。今草的笔法与正行相同，只是省去挑和捺的笔势，增加特定的偏旁，删繁就简，接续连绵。行草是草书之近于行者。大草又名狂草，较一般草书更为狂放。草书虽极草率，而规范严谨，都有一定的写法，俗话"草书出格，神仙不识"正是此意。故必须熟谙草法，不可随所欲。

书法技法由笔法、结字法、章法三部分组成。这三个部分既各自独立，又相互关联、相互影响。

四、笔法及墨法

笔法指运用毛笔正确书写的方法，是使所书点画线条符合一定的审美要求的一种手段。笔法是书法技法的核心内容和关键所在，它包括执笔和用笔两部分。

1. 执笔笔法

执笔是毛笔的执持方法。执笔的正确与否直接影响到所书作品的好坏，因此，在初学时就养成正确的执笔方法是至关重要的。古人对执笔方法进行过多种尝试，诸如单钩法、双钩法、撮管法、捻管法、拨镫法、握管法等，名目繁多莫衷一是。苏轼说："执笔无定法，要使虚而宽。"其实这"虚而宽"就是方法。经过千百年来无数书家的实践、筛选，终于总结出一种被大多数书家所接受的执笔法，即唐朝陆希声提出的"挟、押、钩、格、抵"五字执笔法。"挟"，指大拇指第一节的内腹斜而仰地贴住笔的靠身一侧。"押"，指用食指的第一节斜而俯地贴住笔的外侧。"钩"，指紧贴着食指的中指用第一节或第一、二节弯曲处钩住笔的外侧。"格"，指用无名指抵住笔管，配合食指、中指向内的钩力，既使笔基本平衡，同时又使运笔更加灵活。"抵"，指用小指自然地顺势托住无名指，从而使五指作用于笔时能更加协调，使力量达到均衡。然而，同样是五字执笔法，由于手指弯曲的角度以及执笔的深浅与松紧程度不同而各呈其势。只要在书写时手指、手腕能灵活方便，符合手的生理结构要求，所执之笔能基本垂直于纸面，便是正确的执笔方法，无论写小字或写大字，坐着或站着，枕腕或悬腕，其执笔姿势都应该做到笔正而手灵。掌握了正确的执笔之后，还应进一步掌握正确的书写方法，从而确保执笔的灵便。

一般来说，书家不赞成纯粹用手指的拨动来书写（除小字外），因为这样写的字容易浮滑，大多数书家赞成"笔笔送到"；当然，在运腕与运肘时也并不排斥手指的细微动作。书写是通过指、腕、臂、肘的协调动作完成的，凡事均不能机械生硬地照搬、照抄。

执笔的松紧及用力与否，古今书家常争论不休。执紧者主张"全身力到"（包世臣），执松者主张"把笔轻"（米芾）。若均走极端，必然导致失误。应该是时紧时松，似紧似松，经过较长时间的训练，最终达到"手随意运，笔与手会"（陶弘景《与梁武帝论书启》），心手两意，翰逸神飞的境界。

另外，执笔的高低与书体、书风亦有一定的关系。执笔低，字沉稳，适宜写篆、隶、行、楷；执笔高，字飘逸，适宜与行草或草书。然而，沉稳易于呆板、飘逸易于浮滑。优秀的书法作品应该达到既沉稳又痛快的境界。

除了手法要正确以外，身法也至关重要。身法一般有坐势和立势两种。坐势除了要做到头正、身直、足安以外，还要注意笔要居中，手臂要向正前方向拉开。立势要两足齐肩分开站稳，身子略向前倾，手臂向前拉开。不管是坐势或立势，身体都要自然放松，姿势要求正确，以便养成良好的书写习惯。

2. 用笔

用笔指使用毛笔的方法，亦即笔毛在点画中运行的方法。古人对用笔十分重视，元代赵孟頫在《兰亭十三跋》中说，书法以用笔为上，而结字亦须用工，盖结字因时相传，用笔千古不易。可见用笔在书法艺术中的地位。

严格说来，用笔分用锋与用毫两个方面，但实际书写时，两者很难绝然分开，它们是若干动作的综合构成，故合而论之。用笔之法包括中、侧、藏露、提按、转折、平移、翻绞等多种方法，同时也包括毛笔在运行时的速度快慢、用笔的节奏以及用墨的方法。

书法美的表现，不外有"实"与"虚"两个方面。"实"的方面是有形的，包括用笔、结构、章法等内容；"虚"的方面是无形的，包括神采、气韵、意境等内容。其中"实"的方面是书写技巧运用的结果。纯熟的书写技巧是创作优秀书法作品的前提。

五、结构原理

1. 基本形变化

字体基本形就是外轮廓连线，一般情况下汉字可有多种形态变化，如方形、横长方形、竖长方形、三角形、梯形等。各种基本形混合使用构成丰富的字体变化。

2. 结构变化

字体结构基本分为独立体、左右体、上下体三种。将三种结构腾挪开合又可以形成以下三种变化：离合式、错落式、欹侧式。

3. 字体变化

字的体裁有真、行、草、隶、篆五种。互相渗透使用变化无穷，以下是一些变化技巧：

①将一个字中的局部使用其他字体的笔法或构成。

②把内部笔画用更简约的字体，删繁留简，仍保留本字的整体。

③使用更活跃的体裁渗化、改变原来字体，如：草书渗改行书，行、草书渗改楷书、隶书等。

4. 书体变化

书体就是某一家固定风格的字体。诸如常说的颜体、欧体、柳体、赵体等；如果将不同的书体渗化混用，很容易产生别扭的感觉，但如果协调好了，意想不到的效果就出来了。书体渗化混用前提是对渗化书体较为熟悉，混用起来才能达到协调效果。

5. 边式变化

以四边向内收敛为主，将字体形成包围的形态，是一种外拓形态，颜真卿的书法就多用心式变化结构。边式有以下几种形态：

①紧边：字的造形注意四边的连接紧密，有很强的整体感。

②松边：字的造形四边互不连接，没有整体感。

③一般紧边：松、紧边间隔混用，达到"开合促展"收放自如。

6. 心式变化

以中心向外发散的笔画结构。张瑞图的书法就多用心式变化结构。

7. 点、线、面对比

由点线的互相换用来切割不同的空间。例如用粘连方式、线条封闭空间方式形成平面，从而强化线与面的对比。

8. 秩序关系

字的笔画有着一种内在的关系，如后部分笔画的起止点与前部分笔画的起止点相对齐或相呼应，如："点齐点""点齐线"等。

9. 笔法变异

字形不变而笔法变化，例如用一种字体的笔法写另一种字体，这跟前面所说的书体渗化混用是同一原理，都是一种追求丰富变化的手段和过程。

六、章法、布局

古典书法中，很少有章法的论述，传统书法一般多是实用笺，并没有专门章法研究，只有行气的呼应关系（上下、左右的呼应关系）。款式一般是按约定俗成的、被动的格式进行，常见的章法、布局如：有行有列、有行无列、无行无列等格式。

一件书法作品除了以上大章法要求外，还有小章法要求，例如字与字之间、局部与局部之间、字与局部之间的关系和要求等。这些小章法要求其实就是上面所说书写手段应用的结果。

拓展阅读

永字八法写法图解

永字八法的意思，"永"字共有八画，画画不同，代表中国书法中笔画的大体，分别是"侧""勒""努""趯""策""掠""啄""磔"，比较集中地反映了汉字楷书的点画形式。

永字八法一：点为侧（如鸟之翻然侧下）侧是倾斜不正之意，点应取倾斜之势，如巨石侧立，险劲而雄踞。如点成平卧或正立，则呆痴失势。永字点以露锋作收，是为与下边横画相照应。

永字八法二：横为勒（如勒马之用缰）横取上斜之势，如骑手紧勒马缰，力量内向直贯于弩（竖）。如卧笔横拖或下斜则疲沓无力。逆锋落笔，缓去急回，保持"逆入平出，有往必收"之势，不宜顺锋滑过，以免轻飘板滞。

永字八法三：竖为弩（同努）努是有力的意思，竖画取内直外曲之势，如弓弩直立，虽形曲而质含无穷之力。所以竖画不宜过直，须配合字体之全局，于曲中见直，方有挺进之势。过直如枯木立地，虽挺直而无力。

永字八法四：钩为趯（跃的样子，同"跃"）谓作钩时，先蹲锋蓄势，再快速提笔，然后绞锋环扭，顺势出锋，力聚尖端。如人要跳跃，需先蹲蓄力，然后猛然一跃而起。锋不平出，为的是与策（挑）画起笔相呼应。

永字八法五：提为策（如策马之用鞭）策本义是马鞭，这里其引申为策应之意。挑画多用在字的左边，其势向右上斜出，与右边的点画相策应，形成相背拱揖的形势。永字的策画略微平出，主要是与右边的啄（横撇）相策应。两个笔道虽错落不相地称，而其心气相通相应。势略上仰，用力在发笔，得力在收锋。

永字八法六：撇为掠（掠是拂掠之意）如篦之掠发，状似燕掠檐下。谓写掠画应如以手拂物之表，虽然行笔渐渐加速，出锋轻捷爽利，取其潇洒利落之姿，但力要送到末端，否则就会飘浮无力。

永字间架结构

永字八法七：短撇为啄（如鸟之啄物）谓写横撇应如鸟之啄食。行笔快速，笔锋峻利。落笔左出，锐而斜下，以轻捷健劲为胜。

永字八法八：捺为磔（zhé，裂牲为磔，笔锋开张之意）这里有两层意思：其一指磔画在字体结构中的作用而言，磔本义是指肢解祭祀用的牺牲，含解体张裂之意。楷书中的捺画承隶书的波磔而来，而隶书的波磔正是为了解散小篆屈曲裹束的形式，使字体向外开放。所以隶书又叫分书，楷书中的捺也起到这个作用。楷书捺笔，力虽内聚形却外张，使字体开展舒畅、开放。其二是说这一笔直要写得刚劲、利剌、有气势。磔本义是肢解，肢解必以刀劈，磔画即取刀劈之意。写时要逆锋轻落，右出后缓行渐重，至末处微带仰势收锋，要沉着有力，一波三折，势态自然。

任务四　书法欣赏四要素

赏书法之美，当从笔墨、字形、章法和意境上入眼。笔墨即为用笔用墨之道。古人曰"力透纸背"，即把书者笔力之强弱和是否中锋用笔，作为判断书作在笔法上优劣的要点之一。然而，书法用笔还需要根据书写需要，通过运笔时相宜的轻重、疾徐、强弱、虚实和转折顿挫等种种变化来实现。

墨法之道，古人多以浓墨书就，直至近代才逐步对墨法加以研究并使其丰富。在常见的浓淡深浅、湿润枯燥变化外，自黄宾虹始又将国画的"宿墨"法用于书法创作，形成了"渍墨法"，即以宿墨（过夜之墨）和清水并施，在宣纸上书就出中心墨色浓黑，周围水墨润淡，外周边缘清晰的点画笔迹，即俗称"有骨有肉"的奇妙水墨效果。而当代书家又创出与之对应的"背脊法"，即通过水墨交融、洇散渗化作用，在一笔之内呈现中间润淡而两边浓黑的效果，此两种"墨法"的创新，大大丰富了观者欣赏书作时所引发的美感、情趣和意境。

字法为字的造型之美，即指汉字点画分布不仅对比性强、反差大，且结构极富变化所形成的审美价值。历代书家均重视"字要写正"原则，即力求达到平稳、均衡、匀称不失重心的造型美要求。具体说，字的间架结构之美有八大原则：紧凑充实，重心平稳，疏密匀称，比例适当，点画呼应，偏旁迎让，向背分明，变化参差。这均要求书家合理运用避就、呼应、穿插、排迭和映带等方法来实现。

章法，是指一幅书作的整体构图之美，即无论是何种形制，无论作品字数多少，都应当使整幅作品中的文字与幅式、墨迹与空白之处统一和谐，相映成趣，并达到通篇贯气、自然天成又富有新意的效果。

意境，则指书作上的笔迹墨痕与作者欲表达的感情融和一致而形成的艺术境界，它会因书家的修养、品德、学识及技巧等不同，形成独特的艺术个性和情趣，呈现出风格各异的如淡雅、秀丽、雄强和险劲等个性之美，再通过观者的联想，体悟出强烈的艺术感染力。

由此可见，书法赏识要"整体观势，局部赏趣"，即首先从章法上纵观全局气象，审其是否神足气畅、协调统一，体现出作者的创作性情，然后再于局部细察字法和笔墨，品评其技巧和趣韵，进而咏其内容，感悟到书法力作独特的美之意境。

拓展阅读

名家谈书法欣赏

欣赏书法作品，既要了解中国历史及书法史，又要有一定的文字学知识、书写技巧、鉴别碑帖的能力及艺术修养，这些都是不可缺少和密不可分的。

书法家赵恒认为赏析书法，一是要"远观"。即首先要看整体，一幅书法作品的谋篇布局和整体安排，其表现手法和艺术风格要有一个大概的总体印象。比如遇见一个人，我们总会先上下打量他一番，在心中有一个轮廓上的大致了解和感受。如我们看颜真卿的楷书作品《麻姑仙坛记》，最初的印象就是雄伟严整，有一股正气。而柳公权的楷书作品《玄秘塔》则是瘦硬挺拔，端庄秀丽。历史上就有了颜筋柳骨之说。对作品宏观进行把握，如气势、神采、布白。二是要"细察"。即对作品有了大致印象之后，还必须从整体到局部，进行细微的观察，如用笔、用墨、结构、线条等。欣赏线条质量，从中可以观察出作者创作时的用笔、用墨及其笔法。具体分析字与字之间的联系，每个字的结构安排以及笔画书写的质量。字与字之间必须做到前后左右上下呼应，大小参差，错落有致，笔断意连，就像用线把许多珍珠串起来一样，只不过字与字之间的"线"是无形的，是一股内在的"气"贯穿其间；字的结构，应该匀称得当，特别是楷书，讲究平正端庄，偏旁笔画安排各得其所、协调一致；笔画的质量，指的是用笔要沉着含蓄，结实有力度，有质感，忌轻飘破锋无力。书法的点画线条具有无限的表现力，它本身抽象，所构成的书法形象也无所确指，却要把全部美的特质包容其中。这样，对书法的点画线条就提出了特殊的要求。要看点画线条是否具有力量感、节奏感和立体感。三是要看结构。一般指书法的空间结构，包括单字的结体、整行的行气和整体的布局三部分。单字的结体要求整齐平正，长短合度，疏密均衡。这样，才能在平正的基础上注意正欹朽生，错综变化，形象自然，于平正中见险绝，险绝中求趣味。整行的行气是指书法作品中字与字上下（或前后）相连，形成"连缀"，要求上下承接，呼应连贯。楷书、隶书、篆书等静态书体虽然字字独立，但笔断而意连。行书、草书等动态书体可字字连贯，游丝牵引。此外，整行的行气还应注意大小变化、欹正呼应、虚实对比，以及由此而产生的节奏感。这样，才能使行气自然连贯，血脉畅通。书法作品中集点成字、连字成行、集行成章，构成了点画线条对空间的切割，并由此构成了书法作品的整体布局。要求字与字、行与行之间疏密得宜，计白当黑；平整均衡，欹正相生；参差错落，变化多姿。其中楷书、隶书、篆书等静态书体以平正均衡为主；行书、草书等动态书体变化错综，起伏跌宕。四是要赏"神采"。书法中的神采是指点画线条及其结构组合中透出的精神、格调、气质、情趣、意味和风韵的统称。书法艺术神采的实质是点画线条及其空间组合的总体和谐。神采是作者精神境界的忠实记录，与作者的情感、性格、修养密切相关。追求神采，抒写性灵始终是书法家孜孜以求的最高境界。优秀的书法作品必须是形美神足，形神兼备，欣赏者就是要领会体势，捕捉神采。无论是笔画、单字或某个部位，都必须遵循"局部服从整体"的原则，片面追求某一方面的特别突出而破坏整体的做法都不可取，因为它影响整幅作品的艺术美感。所以欣赏也应该从整体到局部，再从局部到整体，欣赏认识才会全面深刻。五是要进行"联想"。从书法形象到具体形象，展开联想，正确领会作品意境。在书法欣赏过程中，应充分展开联想，将书法形象与现实生活中相类似的事物进行比较，使书法形象具体化。再由与书法形象相类似事物的审美特征，进一步联想到作品的审美价值，从而领会作品意境。六是在可能的情况下，对书法家及书法家创作时的情境等背景知识作适当的了解，则对欣赏会有更大的帮助。

总之，书法欣赏过程中必须综合运用各种书法技能、技巧和书法理论知识，极大限度地挖掘自己的审美评价能力，尽力按作者的创作意图体味作品的意境，努力做到赏中有评、评中有赏，并将作品放在特定的历史环境中去考察，这样才会对作品做出一个正确、公正、客观的评价。

附：作品欣赏

甲骨文

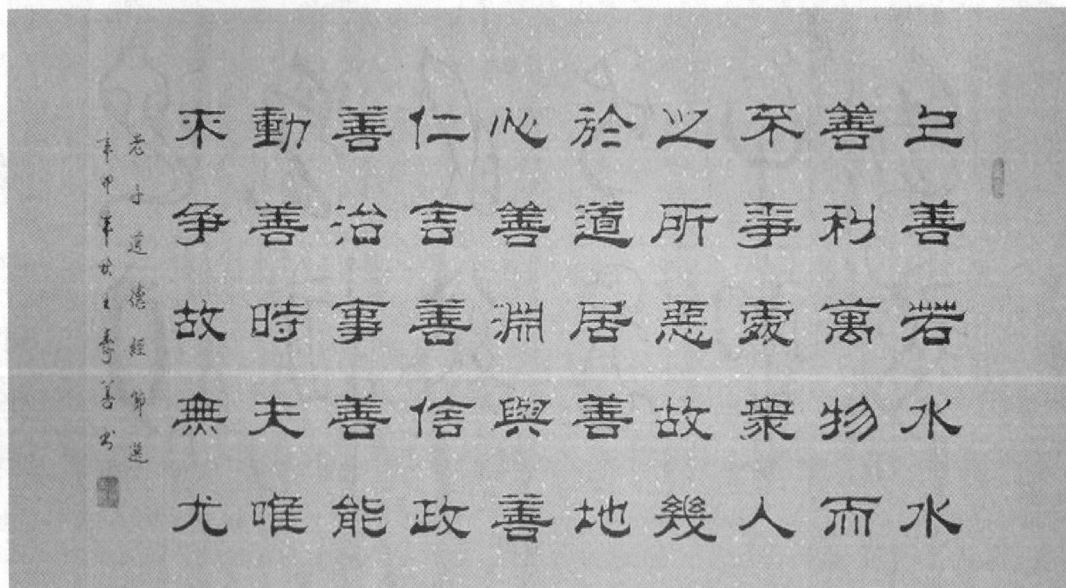

小　篆

隶　书

王羲之《兰亭集序》

柳公权《金刚经》

颜真卿《多宝塔碑》

欧阳询《九成宫醴泉铭》

项目实践

"分享我最喜欢的一首诗（词）"
——班级书法作品展

1. 活动目标与任务

（1）如何学写毛笔字。

（2）在初学毛笔字的过程中，感受到中国汉字的博大精深。

（3）欣赏书法的美，从而激发出对书法的热情。

2. 活动情景与内容

课前教师用蓝墨云提前布置练习；学生回顾上次课所学的有关汉字与书法的知识；查阅资料或观看视频，进一步学习书法书写技巧。学生用蓝墨云向教师提出问题，教师用蓝墨云或视频解答学生的提问。

此次班级书法作品展，鼓励班级各小组成员每人提交一幅作品，各自写下自己最喜欢的一首诗（词），而后评选出优秀作品若干，进行表扬和鼓励；同时，对整体创作水平最高的学习小组予以奖励。最后展出班级优秀书法作品，供学生欣赏和学习。

3. 活动组织与实施

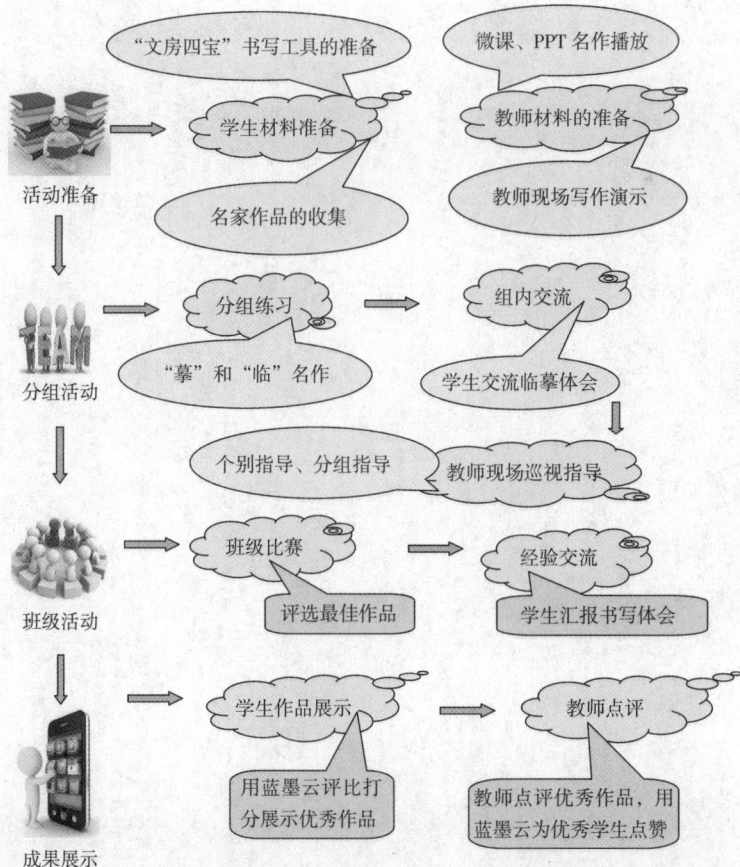

4.活动指导

（1）课前准备

①实践活动课之前，教师用蓝墨云提前布置课前任务。

②课前给学生发工作任务单，让学生明确实践活动课的学习目标。

③给出学生临摹的字帖或 PPT 视频学习资料。

④让学生准备好一首自己最喜欢的诗（词）。

（2）现场指导

①教师现场示范书写技法。

②教师个别指导。

③教师分组指导。

（3）结果评判阶段

①教师用蓝墨云让学生打分，评选出最满意的作品。

②最满意作品的学生汇报书写体会，交流书写经验。

③教师检查学生任务单完成情况。

④教师做最后的点评和总结。

模块二 文学素养

项目五　诗词欣赏

学习内容

　　通过赏析古今中外各个历史时期具有代表性的优秀诗词作品，让学生在学习的过程中自然而然地领略诗词文学的魅力。在选取诗词作品时，重点突出中国古典唐诗宋词。学生通过经典诗词的学习丰富学生的个人体验。

　　通过本项目的学习以及完成项目中所设置的练习与活动，学生能够体味优秀诗词作品的艺术魅力，在文学、历史、哲学、地理、人生体验、社会知识等领域充实自己，提高个人素养和审美情趣。

学习目标

- 欣赏、朗诵古今中外优秀诗词作品；
- 学生能够有感情地朗诵自己偏好的经典诗词；
- 培养学生欣赏经典诗词的能力和情趣；
- 通过经典诗词学习与欣赏丰富学生的个人体验，在诗词的潜移默化下提升学生人文素养，培养学生较高的审美情趣，从而提升学生审美境界。

案例导入

案例一　乐一乐——看图猜诗句

　　教师课件展示《看图猜诗句》游戏，学生分小组参与，识别图中传达的诗词名句，并对最终得分最高的小组成员进行表扬和奖励。通过游戏导入调动学生学习积极性，考察学生对于诗词名句的掌握情况，激发学生诗词欣赏和朗诵的兴趣。

案例二　测一测——《诗词常识》测试

　　教师在蓝墨云班课平台上设置《诗词常识》的测试问卷，学生用手机登录蓝墨云班课，完成测试，教师现场展示测试结果，对于完成时间最短、得分最多的三名学生给予表扬与奖励。

案例三　谈一谈——谈论我最喜欢的诗人／诗词作品

　　学生以小组或个人的方式，走上讲台，谈论古今中外自己最喜欢的诗人或者诗词作品。

任务驱动

任务一　中国古代诗歌鉴赏

中国是一个诗的国度，中国诗歌源远流长，优秀作品浩如烟海。从诗经、楚辞到乐府民歌，从魏晋诗歌到唐诗、宋词、元曲，他们一脉相承又风格迥异，是我国文学宝库中的璀璨明珠。鉴赏这些诗篇对于我们陶冶性情，提高审美品位具有积极的作用。

一、中国古代诗歌发展概况

诗歌起源于劳动。《毛诗序》有言："诗者，志之所之也，在心为志，发言为诗。情动于中而形于言，言之不足故嗟叹之，嗟叹不足故咏歌之，咏歌之不足，不知手之舞之足之蹈之也。"《尚书》云："诗言志，歌永言"，形象指出了诗与歌的内在联系，后来，人们就将"诗"与"歌"并列，"诗歌"已经成为"诗"的代名词。

中国诗歌经过几千年的漫长历史，形成了不同的风格，各个时期的诗歌有着各自的特点，中国古代诗歌大致可以分为以下几个时期：

（一）先秦时期

公元前 2000 — 公元前 221 年，是指秦朝建立之前的历史时代。经历了夏、商、西周，以及春秋、战国等历史阶段。这是中国诗歌产生和发展时期。

周代产生的《诗经》，是我国第一部诗歌总集，原名《诗》，或称"诗三百"，共有305 篇，收集了西周初至春秋中叶 500 多年间的作品。《诗经》内容按风、雅、颂分成三类，在艺术手法上有赋、比、兴的创造。《诗经》相传由孔子整理，艺术性高超，是中国诗歌史上的典范，也是世界源头诗歌史的典范。

产生于战国后期的楚辞又称"楚词"，是战国时代以屈原为代表的楚国人创造的一种新诗。西汉末年，刘向整理古籍，把屈原、宋玉等人的作品编辑成书，定名《楚辞》。屈原是我国文学史上第一伟大的诗人。他的主要作品有《离骚》《九歌》《九章》等。《楚辞》是继《诗经》之后中国诗歌史上另一个灿烂的高峰。它打破了《诗经》的四言形式，从三四言到七八言，句式长短不齐，以六言、七言为主，多用"兮"字。楚辞的出现，标志着中国诗歌从民间集体歌唱发展到诗人独立创作的更高阶段。

《诗经》和楚辞，是我国诗歌发展的两大源头，在文学史上并称"风骚"，共同开创了我国古代诗歌现实主义和浪漫主义并驾齐驱、融会发展的优秀传统。

（二）秦汉时期

公元前 221 年秦灭其他六国后统一了中国主体部分，成为中国历史上第一个大一统王朝。秦朝是我国第一个中央集权的封建帝国，但由于它统治时间短，而且在文化上实行焚书坑儒政策，钳制读书人的思想，所以其诗歌没有什么成就。

公元前 202 年汉建立后，实行休养生息的政策，经济恢复繁荣，学术文化发展，诗歌也取得了一定的成绩，主要表现为汉乐府民歌和文人五言诗。

"乐府"原指国家音乐机构，后代将乐府收集编辑的可以配乐演唱的歌辞也称为乐府。汉乐府民歌继承了诗经的现实主义传统，多数是针对日常生活中的具体事件有感而发，通俗易懂，长于叙事，富有生活气息，句式以杂言、五言为主。代表作有《陌上桑》《孔雀东南飞》。在汉乐府的影响下，文人五言诗逐渐发展成熟。在东汉五言取代四言成为新的诗歌样式，东汉末年出现的《古诗十九首》代表了文人五言诗的最高成就，如《涉江采芙蓉》《迢迢牵牛星》等。

（三）魏晋南北朝

魏晋南北朝（220—589）是中国历史上的一段基本分裂的时期，也是历史上第一次民族大融合，文学进入自觉的时代。当时南朝社会相对稳定，是诗坛的中心。这一时期诗歌的成就是中国古代诗歌的几种基本样式基本形成，如五言古体诗有新的发展，七言古诗产生，律诗形成。

这一时期最有成就的诗人是陶渊明。陶渊明（365—427），名潜，字元亮，是我国田园诗的鼻祖，世称陶体。他的"采菊东篱下，悠然见南山"堪称千古绝唱。另外还有谢灵运和谢朓，主要以写山水景物见长，称为山水诗。

与此同时，这一时期也出现了很多优秀民歌，史称南北朝乐府。如北朝的《木兰辞》、南朝的《孔雀东南飞》等。

（四）隋、唐、五代

源远流长的中国古代文化，到了隋唐五代时期，发展到了一个全面繁荣的新阶段。从581年隋朝建立，到907年唐朝灭亡，是我国历史上著名的隋唐盛世。

隋朝诗歌成就不高，主要作家有卢思道、薛道衡等。唐朝是我国诗歌发展高度成熟的黄金时代，分为初唐、盛唐、中唐、晚唐四个阶段，留下近五万首诗歌，著名诗人五六十人。

初唐时期沿袭六朝绮靡浮艳风气，注重形式。代表诗人有初唐四杰（王勃、杨炯、卢照邻、骆宾王）、陈子昂等。

盛唐是诗歌繁荣的顶峰。诗人辈出、题材风格多样。这个时期出现了两位最伟大的诗人——李白、杜甫，他们被称为我国诗歌史上的"双子星座"。"诗仙"李白诗歌风格雄奇飘逸，率真自然；"诗圣"杜甫诗歌风格沉郁顿挫，慷慨悲凉，其诗广泛而深刻地反映了唐王朝由盛转衰的时代风貌，被誉为"诗史"。这一时期还有山水田园诗人王维、孟浩然等，他们描写自然山水，田园生活，风格清新自然。边塞诗人代表有高适、岑参、王昌龄、王之涣等，描写边塞风光，军旅生活，悲壮雄奇。

安史之乱后，进入中唐时期，唐诗呈现出第二次繁荣，出现许多著名诗人。元白诗派以元稹、白居易为代表，韩孟诗派以韩愈、孟郊为代表。另外，中唐具有艺术个性的诗人还有刘禹锡、柳宗元、贾岛等。

晚唐随着国势的衰弱动荡，诗歌中有着浓重的感伤情调，讲求技巧，多以男女情爱为题材。代表诗人有李商隐、杜牧。

五代诗歌不仅继承了唐朝的诗并形成了独有的特点，而且有了词的兴起。以温庭筠、韦庄、李煜为代表。

（五）宋、元、明、清

在宋代，词是当时的流行歌曲。除了音乐的魅力之外，还有雅俗共赏、长于抒情的特点。宋诗曲折幽深，注重理性，长于思考；宋诗在题材上向日常生活倾斜，琐事细物成为诗料。代表诗人有苏轼、王安石、陆游、杨万里等。

诗文在元代处于低谷时期。但元代出现了一种配合当时流行曲调清唱的抒情诗体——散曲。与传统诗词相比，散曲形式更自由，语言更活泼，具有浓厚的市民色彩。代表作家有关汉卿、马致远、张可久等。

明代的诗歌成就不高。明初兴起"台阁体"，主要为了歌功颂德，粉饰太平。明中期，先后出现了"前七子""后七子"，他们提出复古运动，主张"文必秦汉，诗必盛唐"。之后又出现"公安派""竟陵派"，反对复古的机械模仿，提倡抒写性灵。

清代诗歌成就也不大，主要诗人有：黄宗羲、顾炎武、王士祯、袁枚、龚自珍等。清末发生了"诗界革命"，出现了黄遵宪、康有为、梁启超等新派诗人，革新了旧体诗的形式。

二、中国古代诗歌常识

（一）诗歌的分类

根据不同的标准，对诗歌可以作出不同的分类。

中国诗歌按创作的时代和诗歌所反映的时代内容，可分为现代诗歌和古代诗歌（古典诗歌）。1919年，"五四"新文化运动开始并发展起来的新诗以及反映现代生活和思想感情的某些旧体诗，是现代诗歌；1919年"五四"运动以前写作的如诗经、楚辞、唐诗、宋词、元曲等旧体诗，是古代诗歌。旧体诗中，除词和曲之外的诗歌，还可分为古体诗和近体诗。与绝句、律诗等格律诗相对而言，除绝句、律诗以外的旧体诗称为古体诗；从南朝开始到唐代形成的绝句、律诗、排律等与古体诗相对而言的旧体诗称为近体诗。

按内容，诗歌可分为抒情诗和叙事诗。抒情诗主要是通过直接抒发作者内心的感受来反映社会生活，根据作者对客观事物的态度和诗歌内容，抒情诗又可分为颂歌、哀歌、恋歌、田园诗、山水诗、讽刺诗、史诗等。叙事诗主要是通过对事件的描述和人物形象的塑造来反映现实生活，它以叙事为主，且以抒情的方式叙事，一般有完整的故事情节和具体的人物形象。

按形式，诗歌可分为格律诗、自由诗、散文诗、民歌等，它们都具体体现各自不同的形式特点。

（二）诗歌鉴赏的方法

第一，了解诗歌产生的背景。可以说，每一首诗的产生都是有背景的，如杜甫的《登高》。此诗作于唐代宗大历二年（767）秋天，杜甫时在夔州。这是五十六岁的老诗人在极端困窘的情况下写成的。当时安史之乱已经结束四年了，但地方军阀又乘时而起，相互争夺地盘。杜甫本人严武幕府，依托严武。不久严武病逝，杜甫失去依靠，只好离开经营了五六年的成都草堂，买舟南下。本想直达夔门，却因病魔缠身，在云安待了几个月后才到夔州。如不是当地都督的照顾，他也不可能在此一住就是三个年头。而就在这三年里，他的生活依然很困苦，身体也非常不好。一天他独自登上夔州白帝城外的高台，登高临眺，百感交集。望中所见，激起意中所触；萧瑟的秋江景色，引发了他身世飘零的感慨，渗入了他老病孤愁的悲哀。于是，就有了这首被誉为"七律之冠"的《登高》。

第二，把握诗歌的形象。很多诗歌会在诗中塑造艺术形象，阅读、鉴赏诗歌就要通过认真分析、品味，理解和把握这种形象，从而去感受诗人的情感和诗中的意境。如于谦的《石灰吟》一诗中，作者以石灰作比喻，抒发自己坚强不屈，洁身自好的品质和不同流合污之。经过千万次锤打出深山，熊熊烈火焚烧也视平常事一样。即使粉身碎骨又何所畏惧，只为把一片清白长留人间。

第三，理解诗歌的情感。感情是诗歌的生命和灵魂，诗人的思想感情，或喜悦，或忧伤，或愤怒，或悲哀……无一不浸透在诗行间。所以必须很好地体会诗人在诗中的感情和基调，才能准确理解诗歌的主旨。

第四，品味诗歌的语言。诗歌的语言要求凝炼而概括，用最恰当的字句充分而圆满地表达所要表现的思想感情。

三、中国古代诗歌作品鉴赏

《国风·郑风·子衿》是中国古代第一部诗歌总集《诗经》中的一首诗。此诗写单相思，描写一个女子思念她的心上人。每当看到颜色青青的东西，女子就会想起心上人青青的衣领和青青的佩玉。于是她登上城门楼，就是想看见心上人的踪影。如果有一天看不见，她便觉得如隔三月。全诗采用倒叙的手法，充分描写了女子单相思的心理活动，惟妙惟肖，而且意境很美，是一首难得的优美的情歌，成为中国文学史上描写相思之情的经典作品。

国风·郑风·子衿

青青子衿，悠悠我心。纵我不往，子宁不嗣音？

青青子佩，悠悠我思。纵我不往，子宁不来？

挑兮达兮，在城阙兮。一日不见，如三月兮。

《越人歌》和楚国的其他民间诗歌一起成为《楚辞》的艺术源头，是中国最早的翻译作品，体现了不同民族人民和谐共处的状况，表达了对跨越阶级的爱情的抒歌。

越人歌

今夕何夕兮搴洲中流。

今日何日兮得与王子同舟。

蒙羞被好兮不訾诟耻。

心几烦而不绝兮得知王子。

山有木兮木有枝。

心悦君兮君不知。

　　《上邪》是产生于汉代的一首乐府民歌。这是一首情歌，是女主人公忠贞爱情的自誓之词。此诗自"山无陵"一句以下连用五件不可能的事情来表明自己生死不渝的爱情，充满了磐石般坚定的信念和火焰般炽热的激情。全诗准确地表达了热恋中人特有的绝对化心理，新颖泼辣，深情奇想，气势豪放，感人肺腑，被誉为"短章中神品"。

汉乐府·上邪

上邪，我欲与君相知，长命无绝衰。

山无陵，江水为竭。

冬雷震震，夏雨雪。

天地合，乃敢与君绝。

　　《涉江采芙蓉》是产生于汉代的一首文人五言诗，是《古诗十九首》之一。此诗借助他乡游子和家乡思妇采集芙蓉来表达相互之间的思念之情，深刻地反映了游子和思妇的现实生活与精神生活的痛苦。全诗运用借景抒情及白描手法抒写漂泊异地失意者的离别相思之情；从游子和思妇两个角度交错叙写，表现了夫妻之爱以及妻子对丈夫的深情。

涉江采芙蓉

古诗十九首·涉江采芙蓉

涉江采芙蓉，兰泽多芳草。

采之欲遗谁，所思在远道。

还顾望旧乡，长路漫浩浩。

同心而离居，忧伤以终老。

　　《短歌行》是汉末政治家、文学家曹操以乐府古题创作的诗。其中第一首诗通过宴会的歌唱，以沉稳顿挫的笔调抒写了诗人求贤若渴的思想和统一天下的雄心壮志。这首诗是政治性很强的作品，而其政治内容和意义完全熔铸在浓郁的抒情意境中。全诗内容深厚，庄重典雅，感情充沛，充分发挥了诗歌创作的特长，准确而巧妙地运用了比兴手法，达到寓理于情，以情感人的目的，历来被视为曹操的代表作。

短歌行

[汉] 曹操

其一

对酒当歌，人生几何！譬如朝露，去日苦多。

慨当以慷，忧思难忘。何以解忧？唯有杜康。

青青子衿，悠悠我心。但为君故，沉吟至今。

呦呦鹿鸣，食野之苹。我有嘉宾，鼓瑟吹笙。

明明如月，何时可掇？忧从中来，不可断绝。

越陌度阡，枉用相存。契阔谈讌，心念旧恩。

月明星稀，乌鹊南飞。绕树三匝，何枝可依？

山不厌高，海不厌深。周公吐哺，天下归心。

　　拟行路难，为乐府组诗名。南朝宋鲍照作。共十八首。主要抒发对人生艰难的感慨，表达出身寒门的士人在仕途中的坎坷和痛苦。也有描写游子和思妇之作。大多感情强烈，语言遒劲，辞藻华丽。有五言、七言及杂言句。

拟行路难

[南北朝] 鲍照

其四

泻水置平地，各自东西南北流。

人生亦有命，安能行叹复坐愁？

酌酒以自宽，举杯断绝歌路难。

心非木石岂无感？吞声踯躅不敢言。

　　中国唐代诗人张若虚所著，描绘春天夜晚江畔的景色，词句优美，被称为"孤篇盖全唐"的杰作，闻一多称之为"这是诗中的诗，顶峰上的顶峰"。

春江花月夜

[唐] 张若虚

春江潮水连海平，海上明月共潮生。

滟滟随波千万里，何处春江无月明。

江流宛转绕芳甸，月照花林皆似霰。

空里流霜不觉飞，汀上白沙看不见。

江天一色无纤尘，皎皎空中孤月轮。

江畔何人初见月，江月何年初照人？

人生代代无穷已，江月年年只相似。

不知江月待何人，但见长江送流水。

白云一片去悠悠，青枫浦上不胜愁。

谁家今夜扁舟子，何处相思明月楼？

可怜楼上月徘徊，应照离人妆镜台。

玉户帘中卷不去，捣衣砧上拂还来。

此时相望不相闻，愿逐月华流照君。

鸿雁长飞光不度，鱼龙潜跃水成文。

昨夜闲潭梦落花，可怜春半不还家。

江水流春去欲尽，江潭落月复西斜。

斜月沉沉藏海雾，碣石潇湘无限路。

不知乘月几人归，落月摇情满江树。

《别董大》是唐代诗人高适的作品。这首诗是高适与董大久别重逢，经过短暂的聚会以后，又各奔他方的赠别之作。作品勾勒了送别时晦暗寒冷的愁人景色，表现了诗人当时处在困顿不达的境遇之中，但没有因此沮丧、沉沦，既表露出诗人对友人远行的依依惜别之情，也展现出诗人豪迈豁达的胸襟。

别董大

[唐] 高适

其一

千里黄云白日曛，

北风吹雁雪纷纷。

莫愁前路无知己，

天下谁人不识君。

《宣州谢朓楼饯别校书叔云》是唐代伟大诗人李白在宣城与李云相遇并同登谢朓楼时创作的一首送别诗。此诗共九十二字，并不直言离别，而是重笔抒发自己怀才不遇的牢骚。全诗灌注了慷慨豪迈的情怀，抒发了诗人怀才不遇的激烈愤懑，表达了对黑暗社会的强烈不满和对光明世界的执着追求。虽极写烦忧苦闷，却并不阴郁低沉。诗中蕴含了强烈的思想感情，如奔腾的江河瞬息万变，波澜迭起，和艺术结构的腾挪跌宕、跳跃发展完美结合，达到了豪放与自然和谐统一的境界。

宣州谢朓楼饯别校书叔云

[唐] 李白

弃我去者，昨日之日不可留；

乱我心者，今日之日多烦忧。

长风万里送秋雁，对此可以酣高楼。

蓬莱文章建安骨，中间小谢又清发。

俱怀逸兴壮思飞，欲上青天揽明月。

抽刀断水水更流，举杯消愁愁更愁。

人生在世不称意，明朝散发弄扁舟。

《将进酒》是一首古体诗，向来被视为李白的巅峰之作。诗人借饮酒放歌，一吐胸中理想难以实现的郁闷，其中所显示的超凡脱俗、鄙薄富贵的精神气质，反映出李白独特的人格魅力。全诗感情奔放，气势磅礴，读来令人震撼。

将进酒

[唐] 李白

君不见，黄河之水天上来，奔流到海不复回。

君不见，高堂明镜悲白发，朝如青丝暮成雪。

人生得意须尽欢，莫使金樽空对月。

天生我材必有用，千金散尽还复来。

烹羊宰牛且为乐，会须一饮三百杯。

岑夫子，丹丘生，将进酒，杯莫停。

与君歌一曲，请君为我倾耳听。

钟鼓馔玉不足贵，但愿长醉不用醒。

古来圣贤皆寂寞，惟有饮者留其名。

陈王昔时宴平乐，斗酒十千恣欢谑。

主人何为言少钱，径须沽取对君酌。

五花马，千金裘，呼儿将出换美酒，与尔同销万古愁。

《登高》是唐代伟大诗人杜甫于大历二年（767）秋天在夔州所作的一首七律。前四句写景，述登高见闻，紧扣秋天的季节特色，描绘了江边空旷寂寥的景致。首联为局部近景，颔联为整体远景。后四句抒情，写登高所感，围绕作者自己的身世遭遇，抒发了穷困潦倒、年老多病、流寓他乡的悲哀之情。颈联自伤身世，将前四句写景所蕴涵的比兴、象征、暗示之意揭出；尾联再作申述，以衰愁病苦的自我形象收束。此诗语言精练，通篇对偶，一、二句尚有句中对，充分显示了杜甫晚年对诗歌语言声律的把握运用已达圆通之境。

登高

[唐] 杜甫

风急天高猿啸哀，渚清沙白鸟飞回。

无边落木萧萧下，不尽长江滚滚来。

万里悲秋常作客，百年多病独登台。

艰难苦恨繁霜鬓，潦倒新停浊酒杯。

《南园十三首》是唐代诗人李贺所作的著名七言绝句。诗人面对烽火连天、战乱不已的局面，焦急万分，恨不得身佩宝刀，奔赴沙场，保卫家邦。不借诗人的所见发端，却凭空寄慨，在豪情中也流露出愤然之意。

南园十三首

[唐] 李贺

其五

男儿何不带吴钩，收取关山五十州。

请君暂上凌烟阁，若个书生万户侯？

竹枝词是一种诗体，是由古代巴蜀间的民歌演变过来的。唐代刘禹锡把民歌变成文人的诗体，对后代影响很大。本诗描写青年男女爱情，讲述了一个初恋的少女在杨柳青青、江平如镜的清丽的春日里，听到情郎的歌声所产生的内心活动。此诗以多变的春日天气来造成双关，以"晴"寓"情"，具有含蓄的美，对于表现女子那种含羞不露的内在感情，十分贴切自然。最后两句一直成为后世人们所喜爱和引用的佳句。

竹枝词

[唐] 刘禹锡

其一

杨柳青青江水平，闻郎江上唱歌声。

东边日出西边雨，道是无情却有晴。

《赠别二首》是唐代诗人杜牧创作的组诗作品。第一首着重写扬州一位歌妓的美丽，赞扬她是扬州歌女中美艳第一。语言精萃麻利，挥洒自如，情感真挚明朗。第二首着重写惜别，描绘与歌妓的筵席上难分难舍的情怀。最后两句移情于烛，赋予其人的丰富感情，含思深婉，缠绵悱恻。

赠别二首

[唐] 杜牧

其一

娉娉袅袅十三余，豆蔻梢头二月初。

春风十里扬州路，卷上珠帘总不如。

其二

多情却似总无情，唯觉樽前笑不成。

蜡烛有心还惜别，替人垂泪到天明。

元稹的原配妻子韦丛是太子少保韦夏卿的小女，于（唐德宗贞元十八年 802）和元稹结婚，当时她二十岁，元稹二十五岁。婚后生活比较贫困，但韦丛很贤惠，毫无怨言，夫妻感情很好。过了七年，元稹任监察御史时，韦丛就去逝了，年仅二十七岁。元稹悲痛万分，写了不少悼亡诗，其中最有名的是这首《遣悲怀》，痴情缠绵，哀痛欲绝。

遣悲怀

[唐] 元稹

其三

闲坐悲君亦自悲，百年都是几多时。

邓攸无子寻知命，潘岳悼亡犹费词。

同穴窅冥何所望，他生缘会更难期。

惟将终夜长开眼，报答平生未展眉。

《锦瑟》是李商隐极负盛名的一首诗，也是最难索解的一首诗。诗家素有"一篇《锦瑟》解人难"的慨叹。本诗属于一首晚年回忆之作，虽然有些朦胧，却历来为人传诵。诗人一生经历，有难言之痛，至苦之情，郁结中怀，发为诗句，往复低回。如谓锦瑟之诗中有生离死别之恨，恐怕也并非臆断。诗人追忆了自己的青春年华，伤感自己不幸的遭遇，寄托了悲慨、愤懑的心情。全诗运用比兴，善用典故，词藻华美，含蓄深沉，情真意长，感人至深。

锦瑟

[唐] 李商隐

锦瑟无端五十弦，一弦一柱思华年。

庄生晓梦迷蝴蝶，望帝春心托杜鹃。

沧海月明珠有泪，蓝田日暖玉生烟。

此情可待成追忆，只是当时已惘然。

陈陶的这首诗反映了唐代长期的边塞战争给人民带来的痛苦和灾难。诗取名《陇西行》，用的是乐府旧题，此类乐府诗内容一般写边塞战争。"无定河边骨"和"春闺梦里人"，一边是现实，一边是梦境；一边是悲哀凄凉的枯骨，一边是年轻英俊的战士，虚实相对，荣枯迥异，造成强烈的艺术效果。一个"可怜"，一个"犹是"，包含着深沉的感慨，凝聚了诗人对战死者及其家人的无限同情。

陇西行

[唐] 陈陶

其二

誓扫匈奴不顾身，

五千貂锦丧胡尘。

可怜无定河边骨，

犹是深闺梦里人。

　　《西楼》是北宋文学家曾巩创作的一首七言绝句。这首诗表达了诗人开阔的胸襟和内心的豪情。开头两句写海上的风浪，首句写海浪，用"如云"的明喻；二句写风声，用"数声雷"之暗喻，惟妙惟肖地将海上的风浪描绘出来。第三句将帘子挂起这一动作颇出人意料，但这恰恰是诗人的真情流露，最后一句写诗人的雍容气度和一腔豪情。

西楼

[宋]曾巩

海浪如云去却回，北风吹起数声雷。

朱楼四面钩疏箔，卧看千山急雨来。

　　《有约》是宋代赵师秀创作的一首诗。全诗通过对撩人思绪的环境及"闲敲棋子"这一细节动作的渲染，既写了诗人雨夜候客来访的情景，也写出约客未至的一种怅惘的心情，可谓形神兼备。全诗生活气息较浓，又摆脱了雕琢之习，清丽可诵。

有约

[宋]赵师秀

黄梅时节家家雨，青草池塘处处蛙。

有约不来过夜半，闲敲棋子落灯花。

　　《题龙阳县青草湖》是元末明初诗人唐温如的作品。全诗笔调十分轻灵，写景记梦，虚实相间。构思之新颖独特，诗境之缥缈奇幻，是诗歌的上乘之作。而充溢在字里行间的那极富浪漫的色彩，也在后人的诗文中留下了无法磨灭的痕迹。

题龙阳县青草湖

[元]唐温如

西风吹老洞庭波，一夜湘君白发多。

醉后不知天在水，满船清梦压星河。

　　木兰词为纳兰性德所著的一首诗。此调原为唐教坊曲，后用为词牌。这首词是模仿古乐府的决绝词，写给一位朋友的。以女子的声口出之，其意是用男女间的爱情为喻，说明交友之道也应该始终如一，生死不渝。

木兰词

[清]纳兰性德

人生若只如初见，何事秋风悲画扇？

等闲变却故人心，却道故人心易变。

骊山语罢清宵半，泪雨零铃终不怨。

何如薄幸锦衣郎，比翼连枝当日愿。

《别老母》是清代诗人黄景仁所作的一首七言绝句。诗人运用白描手法表达了诗人与母亲分别时的忧愁、无奈、痛苦与感伤，把别离之情表现得贴切又沉痛。

别老母

[清]黄景仁

搴帷拜母河梁去，白发愁看泪眼枯。

惨惨柴门风雪夜，此时有子不如无。

任务二　中国古代词鉴赏

词，又称曲子词、长短句，是配合乐曲而填写的诗歌。诗和词都属于韵文的范围，但诗只供吟咏，词则可入乐而歌唱。

词起源于唐，至宋代发展到鼎盛，被称为宋代的时代文学。所以在我国文学史上，诗以唐称，词则以宋称。宋代是词的黄金时代，后人每说起词，必提宋词，称其为词中极品。两宋以后，词虽偶有佳作，但整体已走向没落。

一、词的起源与发展

词是随着燕乐的广为流传而兴起的和乐歌诗。宋人王灼《碧鸡漫志》说："盖隋以来，今之所谓曲子者渐兴，至唐稍盛。今则繁声淫奏，殆不可数。"王灼此言概括了词发生发展的大致过程。这里所谓"曲子"就是指隋、唐时期流行的西域音乐——燕乐，曲子词主要是用来配合燕乐的。

南北朝以来，由于军事活动、商业活动、文化交流等原因，西域音乐逐渐流传到中原地区。这种音乐经常在宴饮时演奏，被称为宴乐或燕乐。词的参差句式，是律化了的参差诗句，词就是依声填词的和乐歌诗。

词最早产生于隋代，起源于民间。词的初创阶段，题材广泛，内容丰富。有些词反映社会动乱、民生疾苦，有些词反映市民生活和男女爱情，等等。虽在格律上还不够严格，艺术上也有粗糙之处，但是风格质朴，语言清新。

唐代的经济文化繁荣促进了词的产生与发展。唐代政局统一，经济发达，城市繁荣，交通便利，促进了南北文化融合与交流，促进了词的广泛流行。

随着民间词的逐渐兴起和广泛流行，词这种体式也吸引了文人的注意。文人词产生于盛唐以后，相传李白曾作《菩萨蛮》《忆秦娥》，唐玄宗有《好时光》。中唐时期，文人学习民间词，创作了一些优秀作品，著名作家有张志和、韦应物、戴叔伦、白居易、刘禹锡等。

晚唐五代，曲子词繁荣发展，并且走向成熟。晚唐最著名也是唐代写词最多的词人是温庭筠，其词色彩浓艳，辞藻华丽，词风软媚。温词对五代词的发展与两宋婉约词的发展都产生很大影响。

五代后主赵崇祚集录了温庭筠及西蜀文人共十八家词五百首，编为《花间集》十卷，成为我国最早的一部词集。因这十八家词风格大体一致，被后世称为花间词人。南唐冯延巳开始由偏重描写转向偏重抒情，李后主沿着以词抒情的道路向前走，终于使词成为个人抒情的方便形式，使词取得类似抒情诗的地位，王国维《人间词话》称："词至李后主，而眼界始大，感慨遂深，遂变伶工之词而为士大夫之词。"

由于晚唐五代男女爱情相思题材及浓艳词风的盛行，尤其温庭筠及花间词的影响，使其成为"艳科"，并在文学史上形成"诗庄词媚"、诗"言志"词"缘情"的传统。

唐五代词，在艺术上已很成熟，到了北宋，不仅词的内容有所开拓，艺术上也有很大发展，使词的创作达到高峰，成为有宋一代文学的代表。

二、关于宋词

北宋开国后，经过一段时间的休养生息，出现了所谓"百年无事"的相对安定时期，经济得到发展，城市也恢复了繁荣。作为和乐歌唱的词，恰好用来"娱宾遣兴"，于是词的创作在宋初一时兴盛起来。

北宋初期的词，仍受唐五代词影响，上承南唐遗绪，以晏殊、欧阳修为代表。宋初文人词多是一些宴饮歌乐之余"聊陈薄技，用佐清欢"（欧阳修《采桑子》题序）的作品，主要是反映贵族士大夫闲适自得的生活及流连光景、伤感时序的愁情。

柳永是北宋词坛的改革者，其词标志北宋词发展的一个转折。他完成了由小令向长调的转变，为后人词的创作开辟了一条宽广的道路；柳永还善于使用极其生动的俚词俗语描写市井生活，建立起俚词阵地，把词由士大夫阶层引入市井，"凡有井水处，即能歌柳词"（叶梦得《避暑录》）。虽然他着重写妓女和浪子，反映的只是市民社会病态的一角。总之，柳永为宋词的繁盛奠定了基础。

但北宋前期的词不论是晏殊、欧阳修、柳永或其他词人，不论雅词或俚词，不论反映的是士大夫或是市民的精神面貌，都没有突破词为"艳科"的藩篱，"靡靡之音"充塞了整个词坛，风格始终是柔弱无力的。及至北宋后期的秦观、李清照，仍以婉约为宗。

真正突破"词为艳科""诗庄词媚"藩篱的是苏轼。苏轼突破词的传统规范，在内容上"以诗为词"题材广阔，凡诗文所能写的内容，都可以入词；在用调上，引进不少慷慨豪放的曲调，如《永遇乐》《水调歌头》《念奴娇》等。以词来抒写豪情状态，展示宏阔境界。苏轼从内容到形式都突破词的传统规范与束缚，扩大词的题材，开拓词的意境，创新词律，开创了豪放词风，为词的发展开拓了一条崭新的、宽阔的道路。词从苏轼起，便有婉约和豪放两大派别。

然而，苏轼这一改革在北宋没有得到充分的发展并成为风气，他的"以诗为词"及不协音律曾遭到很多人的非议。苏门词人不少，豪放词却不多。秦观是苏门词人，风格却与柳永接近，词律工巧，词境凄婉，是北宋婉约词的典型。

北宋末年，卞京词坛被歌功颂德和点缀生平的应制词、征歌逐醉的颓靡词、无聊的应酬词所充塞，徽宗崇宁间，建立音乐官署大晟府，以周邦彦为提举，会集词人乐师讨论古音古调并创制新乐，依其体格填词，北宋词坛，从柳永、秦观到周邦彦，一脉相承的倾向很明显——文人词的走向越来越格式化。而周邦彦正是以高度形式格律化而成为北宋末年"婉约派"的"集大成"者。

南宋社会政治的变化使词风为之一变。中原沦陷和南宋偏安的历史巨变，使统治阶级知识分子的繁华梦被粉碎无余，稍有头脑的文人受此冲击而使词风有所改变也是很自然的。似柳永那种"羁旅形役"的愁思、"偎红倚翠"的柔情以及"百年无事"的成平景象暂且引退，作品的社会意义增强了。李清照本强调音律，崇尚雅丽，标举情致，提出词"别是一家"，以婉约为宗，是一个工于写别恨离愁的闺阁词人，南渡后，其词常把国家的灾难与个人的不幸结合起来叙说，渗透着故乡古国之思，作品的格调提高了。

然而，这些只是反映士大夫阶层消极颓丧的情调，与人民大众坚决抗敌的爱国思想相一致的是以辛弃疾为代表的豪放派词人。

辛弃疾继承和发扬了苏轼的革新精神，进一步扩大词的题材内容，提高词的表现艺术，爱国思想与战斗精神成为他词作的主旋律，他还在苏轼"以诗为词"的基础上，进一步冲破词的格律，"以文为词"。坚决的抗战决心、强烈的爱国热情、顽强的斗争精神以及豪迈的英雄气概，确立了辛词的基调，恢宏的气势以及议论风生的散文化笔法使辛词在南宋词坛上独树一帜，从而把苏轼开创的豪放词推到一个新高峰。以辛弃疾为首的豪放词派高举爱国主义的旗帜，唱出了时代的最强音，汇成了南宋词坛一支振奋人心的主流，一直贯穿整个南宋。

另一方面，南宋中后期，逐渐形成宋、金对峙的局面，南宋朝廷长期在主和派把持之下，苟安于江南一隅，沉溺于享乐生活，醉生梦死，不思恢复，并且粉饰太平，以麻醉人民。笼罩在这种社会氛围里的词风，必然滋长着形式主义的倾向。姜夔、吴文英、史达祖等，是依附于统治阶级以布衣清客身份出现的词人，他们承袭周邦彦的词风，刻意追求形式，讲究词法，雕琢字面，推敲声律，在南宋后期形成一个代表南宋士大夫消极享乐思想及其情韵的格律词派，姜夔精通音律，能自度曲。他的词受周邦彦的影响很深，典雅秀丽，清新空灵，意境高远，组织精密，语言精炼，音律谐美，具有很高的艺术性，而形成"清空""骚雅"的风格。

总之，词是随着燕乐的传入由诗体嬗变演化而来，产生于隋唐之际，在晚唐五代迅速发展成熟，并开始形成浓艳柔媚的传统，北宋时期，词的创作步入盛期。北宋词承前启后，进一步繁荣发展，完成了小令定型，并转向长调，词体大备，出现了婉约和豪放两大词派，题材广泛，艺术水平有了很大提高。南宋词发展到高峰：豪放派以其鲜明的现实内容及宏阔的意境唱出时代的最强音，成为词坛的主流；格律派继承婉约派的传统，使词的艺术达到"及其工"的地步。至此词作为一种独立的文学形式跻身于中国文学之林，取得了同诗歌、散文同样的地位，并成为宋一代文学的代表。

（麦行霈.《中国文学史》.高等教育出版社，2005年）

三、中国古代词作鉴赏

　　《忆江南三首》是唐代诗人白居易的组词作品。第一首词总写对江南的回忆，选择了江花和春水，衬以日出和春天的背景，显得十分鲜艳奇丽，生动地描绘出江南春意盎然的大好景象；第二首词描绘杭州之美，通过山寺寻桂和钱塘观潮的画面来验证"江南好"，表达了作者对杭州的忆念之情；第三首词描绘苏州之美，诗人以美妙的诗笔，简洁地勾勒出苏州的旖旎风情，表达了作者对苏州的忆念与向往。这三首词各自独立而又互为补充，分别描绘江南的景色美、风物美以及女性之美，艺术概括力强，意境奇妙。

忆江南三首

[唐] 白居易

其一

江南好，风景旧曾谙；日出江花红胜火，春来江水绿如蓝。能不忆江南？

其二

江南忆，最忆是杭州；山寺月中寻桂子，郡亭枕上看潮头。何日更重游！

其三

江南忆，其次忆吴宫；吴酒一杯春竹叶，吴娃双舞醉芙蓉。早晚复相逢！

　　《更漏子·玉炉香》是唐代文学家温庭筠的词作。此词抒写思妇的离愁。全词从室内到室外，从视觉到听觉，从实到虚，构成一种浓郁的愁境。上阕辞采密丽，下阕疏淡流畅，一密一疏，一浓一淡，情感变化发展自然。

更漏子

[唐] 温庭筠

　　玉炉香，红蜡泪，偏照画堂秋思。眉翠薄，鬓云残，夜长衾枕寒。

　　梧桐树，三更雨，不道离情正苦。一叶叶，一声声，空阶滴到明。

　　《菩萨蛮·人人尽说江南好》是唐代词人韦庄的一首脍炙人口的小令词。此词描写了江南水乡的人美景美生活美，表现了诗人对江南水乡的依恋之情，也抒发了诗人飘泊难归的愁苦之感，写得情真意切，具有较强的艺术感染力。

菩萨蛮

[唐] 韦庄

　　人人尽说江南好，游人只合江南老。春水碧于天，画船听雨眠。

　　垆边人似月，皓腕凝霜雪。未老莫还乡，还乡须断肠。

　　《虞美人》是李煜的代表作，也是李后主的绝命词。相传他于自己生日（七月七日）之夜（"七夕"），在寓所命故妓作乐，唱新作《虞美人》词，声闻于外。宋太宗闻之大怒，命人赐药酒，将他毒死。这首词通过今昔交错对比，表现了一个亡国之君无穷的哀怨。

虞美人

[五代] 李煜

　　春花秋月何时了？往事知多少。小楼昨夜又东风，故国不堪回首月明中。

　　雕栏玉砌应犹在，只是朱颜改。问君能有几多愁，恰似一江春水向东流。

　　《渔家傲·秋思》是范仲淹在西北军中的感怀之作。情感慷慨悲凉，同样表现了他抵御外患、报国立功的壮烈情怀。而更值得重视的则是，范仲淹以其守边的实际经历首创边塞词，一扫花间派柔靡无骨的词风。

渔家傲·秋思

[北宋] 范仲淹

　　塞下秋来风景异，衡阳雁去无留意。四面边声连角起。千嶂里，长烟落日孤城闭。

　　浊酒一杯家万里，燕然未勒归无计。羌管悠悠霜满地。人不寐，将军白发征夫泪！

《定风波·莫听穿林打叶声》是宋代文学家苏轼的词作。此词通过野外途中偶遇风雨这一生活中的小事，于简朴中见深意，于寻常处生奇景，表现出旷达超脱的胸襟，寄寓着超凡脱俗的人生理想。篇幅虽短，但意境深邃，内蕴丰富。

定风波

[北宋] 苏轼

三月七日，沙湖道中遇雨。雨具先去，同行皆狼狈，余独不觉，已而遂晴，故作此词。

莫听穿林打叶声，何妨吟啸且徐行。竹杖芒鞋轻胜马，谁怕？一蓑烟雨任平生。

料峭春风吹酒醒，微冷，山头斜照却相迎。回首向来萧瑟处，归去，也无风雨也无晴。

《江城子·乙卯正月二十日夜记梦》是宋代大文学家苏轼为悼念原配妻子王弗而写的一首悼亡词，表现了绵绵不尽的哀伤和思念。此词情意缠绵，字字血泪。上阕记实，下阕记梦，虚实结合，衬托出对亡妻的思念，加深词的悲伤基调。全词思致委婉，境界层出，情调凄凉哀婉，为脍炙人口的名作。

江城子·乙卯正月二十日夜记梦

[北宋] 苏轼

十年生死两茫茫，不思量，自难忘。千里孤坟，无处话凄凉。纵使相逢应不识，尘满面，鬓如霜。

夜来幽梦忽还乡，小轩窗，正梳妆。相顾无言，惟有泪千行。料得年年肠断处，明月夜，短松冈。

《鹊桥仙·纤云弄巧》是宋代词人秦观的作品。这是一曲纯情的爱情颂歌。全词哀乐交织，熔抒情与议论于一炉，融天上人间为一体，优美的形象与深沉的感情结合起来，起伏跌宕地讴歌了美好的爱情。此词议论自由流畅，通俗易懂，却又显得婉约蕴藉，余味无穷，尤其是末二句，使词的思想境界升华到一个崭新的高度，成为词中警句。

鹊桥仙

[北宋] 秦观

纤云弄巧，飞星传恨，银汉迢迢暗度。金风玉露一相逢，便胜却人间无数。

柔情似水，佳期如梦，忍顾鹊桥归路。两情若是久长时，又岂在朝朝暮暮。

李清照的《如梦令》只有短短六句三十三言，却写得曲折委婉，极有层次。词人因惜花而痛饮，因情知花谢却又抱一丝侥幸心理而"试问"，因不相信"卷帘人"的回答而再次反问，如此层层转折，步步深入，将惜花之情表达得摇曳多姿。《蓼园词选》云："短幅中藏无数曲折，自是圣于词者。"

如梦令

[宋] 李清照

昨夜雨疏风骤，浓睡不消残酒。试问卷帘人，却道海棠依旧。知否？知否？应是绿肥红瘦。

《一剪梅·红藕香残玉簟秋》是宋代女词人李清照的作品。此词作于词人与丈夫赵明诚离别之后，寄寓着作者不忍离别的一腔深情，反映出初婚少妇沉溺于情海之中的纯洁心灵。作品以其清新的格调，女性特有的沉挚情感，丝毫"不落俗套"的表现方式，给人以美的享受，是一首工致精巧的别情词作。

一剪梅

[宋] 李清照

红藕香残玉簟秋，轻解罗裳，独上兰舟。云中谁寄锦书来？雁字回时，月满西楼。
花自飘零水自流，一种相思，两处闲愁。此情无计可消除，才下眉头，却上心头。

《满江红·怒发冲冠》是南宋抗金民族英雄岳飞创作的一首词。表现了作者抗击金兵、收复故土、统一祖国的强烈的爱国精神。从艺术上看，这首词感情激荡，气势磅礴，风格豪放，结构严谨，一气呵成，有着强烈的感染力。

满江红

[南宋] 岳飞

怒发冲冠，凭栏处，潇潇雨歇。抬望眼，仰天长啸，壮怀激烈。三十功名尘与土，八千里路云和月。莫等闲，白了少年头，空悲切！

靖康耻，犹未雪；臣子恨，何时灭。驾长车，踏破贺兰山缺。壮志饥餐胡虏肉，笑谈渴饮匈奴血。待从头，收拾旧山河，朝天阙！

《永遇乐·京口北固亭怀古》是南宋词人辛弃疾所作。作者是怀着深重的忧虑和一腔悲愤写这首词的。上阕赞扬在京口建立霸业的孙权和率军北伐，气吞胡虏的刘裕，表示要像他们一样金戈铁马为国立功。下阕借讽刺刘义隆表明自己坚决主张抗金但反对冒进误国的立场和态度。这首大气磅礴、怀古咏志的不朽词作，是送给与他志同道合的好友丘崈的。

永遇乐·京口北固亭怀古

[南宋] 辛弃疾

千古江山，英雄无觅，孙仲谋处。舞榭歌台，风流总被，雨打风吹去。斜阳草树，寻常巷陌，人道寄奴曾住。想当年，金戈铁马，气吞万里如虎。

元嘉草草，封狼居胥，赢得仓皇北顾。四十三年，望中犹记，烽火扬州路。可堪回首，佛狸祠下，一片神鸦社鼓。凭谁问：廉颇老矣，尚能饭否？

《青玉案·元夕》为宋代大词人辛弃疾的作品。此词从极力渲染元宵节绚丽多彩的热闹场面入手，反衬出一个孤高淡泊、超群拔俗，不同于金翠脂粉的女性形象，寄托着作者政治失意后，不愿与世俗同流合污的孤高品格。全词采用对比手法，上阕极写花灯耀眼、乐声盈耳的元夕盛况，下阕着意描写主人公在好女如云之中寻觅一位立于灯火零落处的孤高女子，构思精妙，语言精致，含蓄婉转，余味无穷。

青玉案·元夕

[南宋] 辛弃疾

东风夜放花千树。更吹落，星如雨。宝马雕车香满路。凤箫声动，玉壶光转，一夜鱼龙舞。

蛾儿雪柳黄金缕，笑语盈盈暗香去。众里寻他千百度，蓦然回首，那人却在，灯火阑珊处。

《诉衷情·当年万里觅封侯》出自《放翁词》，作者是南宋词人陆游。此词描写了作者一生中最值得怀念的一段岁月，通过今昔对比，反映了一位爱国志士的坎坷经历和不幸遭遇，表达了作者壮志未酬、报国无门的悲愤不平之情。上阕开头追忆作者昔日戎马疆场的意气风发，接着写当年宏愿只能在梦中实现的失望；下阕抒写敌人尚未消灭而英雄却已迟暮的感叹。全词格调苍凉悲壮，语言明白晓畅。

诉衷情

[南宋] 陆游

当年万里觅封侯，匹马戍梁州。关河梦断何处？尘暗旧貂裘。

胡未灭，鬓先秋，泪空流。此生谁料，心在天山，身老沧洲。

姜夔的《扬州慢》作于宋孝宗淳熙三年（1176），时作者二十余岁。宋高宗绍兴三十一年（1161），金完颜亮南侵，江淮军败，中外震骇。亮不久在瓜州为其臣下所杀。

作者过淮扬时，有感而作此词。以昔日扬州的繁华同眼前战后的衰败相比，以抒今昔之感。全词音调谐婉，辞句精美，清雅空灵。

扬州慢

[南宋] 姜夔

淳熙丙申至日，予过维扬。夜雪初霁，荠麦弥望。入其城则四顾萧条，寒水自碧。暮色渐起，戍角悲吟。予怀怆然，感慨今昔，因自度此曲。千岩老人以为有《黍离》之悲也。

淮左名都，竹西佳处，解鞍少驻初程。过春风十里，尽荠麦青青。自胡马、窥江去后，废池乔木，犹厌言兵。渐黄昏，清角吹寒，都在空城。

杜郎俊赏，算而今、重到须惊。纵豆蔻词工，青楼梦好，难赋深情。二十四桥仍在，波心荡、冷月无声。念桥边红药，年年知为谁生？

词人善于捕捉瞬间情感中的细微感受，吴文英的这首《唐多令·惜别》写的是羁旅怀人。全词字句不事雕琢，自然浑成，在吴词中为别调。全词第一段对于羁旅秋思着墨较多，渲染较详，为后边描写蓄足了力量。第二段写字中怀人，着笔简洁明快，发语恰到好处，毫无拖沓之感。较之作者的其他作品，此词确有其独到之处。

唐多令·惜别

[南宋] 吴文英

何处合成愁？离人心上秋。纵芭蕉、不雨也飕飕。都道晚凉天气好；有明月、怕登楼。

年事梦中休，花空烟水流。燕辞归、客尚淹留。垂柳不萦裙带住，漫长是、系行舟。

《长相思·山一程》是清代词人纳兰性德的作品。词中描写将士在外对故乡的思念，抒发出情思深苦的绵长心境。全词纯用自然真切、简朴清爽的白描语句，写得天然浑成，毫无雕琢之处，却格外真切感人。

长相思·山一程

[清] 纳兰性德

山一程，水一程，身向榆关那畔行，夜深千帐灯。

风一更，雪一更，聒碎乡心梦不成，故园无此声。

任务三　中国现当代诗歌赏析

中国现当代诗歌指的是 1917 年"五四"新文化运动以来的白话诗（新诗）和旧体诗。新诗是指"五四"运动前后，新文化运动提倡并兴起的一种新诗体，其中用白话写的大致押韵、形式自由的诗叫作自由体诗。

一、中国现当代诗歌流派及发展简述

1917 年 2 月，《新青年》刊出胡适的《白话诗八首》，现代诗歌诞生，次年再次刊出胡适、刘半农、沈尹默的白话诗。

1920 年 3 月，胡适的《尝试集》出版，中国文学史上首次出现个人新诗集，此后更多的诗人开始白话诗的创作。

1921 年 7 月，文学研究会——新文学运动中最早的文学社团成立，第一个新诗社团——中国新诗社成立，并于 1922 年 1 月创办了第一个新诗专刊《诗》。随后兴起的，还有 1921 年的创造社和 1922 年的湖畔诗人、1923 年的新月派、1925 年的早期象征派、1935 年的现代派、1937 年的"七月派"等。涌现出的著名诗人有郭沫若、徐志摩、闻一多、戴望舒、卞之琳、艾青等。

到了 20 世纪 50—60 年代，中国出现了以抒情诗为主，以艾青、郭小川、何其芳、田间、阮章竞、贺敬之等元老诗人为代表，他们的诗歌特点：注重诗的节奏和语言的流畅，给人以明快、自然，气势磅礴，并结合古典诗词的韵律，让人读来朗朗上口，同时，以精神力量渗透在诗中的字里行间。

20 世纪 80 年代便蔚为大观，食指、舒婷等都是这一代影响较大的诗人。他们的生活体验与切身感受，不同于第一、第二代诗人，他们强调审美主体的能动作用，强调主观性、自我性，带有强烈的心理色彩，把用感性浸泡过的形象，组合成新鲜的意象，由此产生出浓郁的诗意及鲜明的时代色调。

现代诗歌以舒婷、北岛、顾城、江河、傅天琳、杨炼等青年诗人为代表，开创了中国现代"朦胧诗"，主要以意象来捕捉感觉和意境，运用了意识流、蒙太奇、印象派、超现实唯美主义等艺术手法，抛开了传统的诗歌语言体系的羁绊，带着迷惘、伤感、宣泄的情调。

当代诗人中比较杰出的代表有余光中、席慕容、汪国真等。

二、中国现当代诗歌作品鉴赏

《繁星》《春水》是女作家冰心生活、感情、思想的自然酿造，在中外享有很高的声誉。其诗集的主题是：母爱与童真的歌颂，对大自然的崇拜和赞颂，对人生的思考和感悟。

繁星（节选）

冰心

成功的花

人们只惊艳她现时的明艳！

然而当初她的芽儿

浸透了奋斗的泪泉

洒遍了牺牲的血雨

《死水》是最能代表闻一多思想、艺术风格的诗作。闻一多是我国现代文学史上的集诗人、学者和革命斗士于一身的重要人士。这首诗创作于 1925 年，是一首充满着对黑暗社会的诅咒与彻底不妥协的战歌。全诗对军阀统治下黑暗陈腐的旧中国进行了强烈的鞭挞与诅咒，表现了诗人深沉的爱国热情。

死水

闻一多

这是一沟绝望的死水，

清风吹不起半点漪沦。

不如多扔些破铜烂铁，

爽性泼你的剩菜残羹。

也许铜的要绿成翡翠，

铁罐上锈出几瓣桃花；

再让油腻织一层罗绮，

霉菌给他蒸出些云霞。

让死水酵成一沟绿酒，

飘满了珍珠似的白沫；

小珠们笑声变成大珠，

又被偷酒的花蚊咬破。

那么一沟绝望的死水，

也就夸得上几分鲜明。

如果青蛙耐不住寂寞，

又算死水叫出了歌声。

这是一沟绝望的死水，

这里断不是美的所在，

不如让给丑恶来开垦，

看它造出个什么世界。

《再别康桥》是现代诗人徐志摩脍炙人口的诗篇，是新月派诗歌的代表作品。全诗以离别康桥时感情起伏为线索，抒发了对康桥依依惜别的深情。语言轻盈柔和，形式精巧圆熟，诗人用虚实相间的手法，描绘了一幅幅流动的画面，构成了一处处美妙的意境，细致入微地将诗人对康桥的爱恋，对往昔生活的憧憬，对眼前的无可奈何的离愁，表现得真挚、浓郁、隽永，是徐志摩诗作中的绝唱。

再别康桥

徐志摩

轻轻的我走了，

　　正如我轻轻地来；

我轻轻地招手，

　　作别西边的云彩。

那河畔的金柳，

　　是夕阳中的新娘；

波光里的艳影，

　　在我的心头荡漾。

软泥上的青荇，

　　油油的在水底招摇；

在康河的柔波里，

　　我甘做一条水草！

那榆荫下的一潭，

　　不是清泉，是天上虹；

揉碎在浮藻间，

　　沉淀着彩虹似的梦。

寻梦？撑一支长篙，

　　向青草更青处漫溯；

满载一船星辉，

　　在星辉斑斓里放歌。

但我不能放歌，

　　悄悄是别离的笙箫；

夏虫也为我沉默，

　　沉默是今晚的康桥！

悄悄的我走了，

　　正如我悄悄地来；

> 我挥一挥衣袖，
>
> 　　不带走一片云彩。

　　《你是人间四月天》是出版于中国文联出版社的一本小说、诗歌、散文集。书名取自其代表诗作《你是人间四月天——一句爱的赞颂》。作者是林徽因。其温润柔美的风格，充分反映了女性细腻、深情的特征，在色彩缤纷的现代诗坛，如一朵"梦期待中的白莲"，典雅端庄、不同凡响。

你是人间四月天

—— 一句爱的赞颂

林徽因

我说你是人间的四月天；

笑声点亮了四面风；

轻灵在春的光艳中交舞着变换。

你是四月早天里的云烟，

黄昏吹着风的软，

星子在无意中闪，

细雨点洒在花前。

那轻，那娉婷，你是，

鲜妍百花的冠冕你戴着，

你是天真，庄严，

你是夜夜的月圆。

雪化后那片鹅黄，你像；

新鲜初放芽的绿，你是；

柔嫩喜悦，

水光浮动着你梦期待中的白莲。

你是一树一树的花开，

是燕在梁间呢喃，

——你是爱，是暖，是希望，

你是人间的四月天！

　　《错误》是中国台湾当代诗人郑愁予于 1954 年写作的一首现代诗。全诗以江南小城为中心意象，写出了战争年月闺中思妇等盼归人的情怀，寓意深刻，是现代抒情诗代表作之一，被海内外多次收入教科书。

错误

郑愁予

我打江南走过

那等在季节里的容颜如莲花的开落

东风不来，三月的柳絮不飞

你底心如小小的寂寞的城

恰若青石的街道向晚

跫音不响，三月的春帷不揭

你底心是小小的窗扉紧掩

我达达的马蹄是美丽的错误

我不是归人，是个过客……

《一代人》是朦胧派诗人顾城于 1979 年在北京所写的一首诗。这首诗是新时期朦胧诗的代表作之一，流传较广。它抒发了一代人的心声，也寄托了一代人的理想与志向——历经"黑夜"后对"光明"的顽强的渴望与执着的追求。

一代人

顾城

黑夜给了我黑色的眼睛，

我却用它寻找光明。

《祖国啊，我亲爱的祖国》是一首深情的爱国之歌，是舒婷的代表作之一，旨在表达诗人对祖国的一种深情。该文章获 1980 年全国中青年优秀诗歌作品奖，并多次编入语文教材，深受各位朗诵爱好者的喜爱。

祖国啊，我亲爱的祖国

舒婷

我是你河边上破旧的老水车

数百年来纺着疲惫的歌

我是你额上熏黑的矿灯

照你在历史的隧洞里蜗行摸索

我是干瘪的稻穗

是失修的路基

是淤滩上的驳船

把纤绳深深

勒进你的肩膊

——祖国啊！

我是贫穷

我是悲哀

我是你祖祖辈辈

痛苦的希望啊

是"飞天"袖间

千百年未落到地面的花朵

——祖国啊！

我是你簇新的理想

刚从神话的蛛网里挣脱

我是你雪被下古莲的胚芽

我是你挂着眼泪的笑窝

我是新刷出的雪白的起跑线

是绯红的黎明

正在喷薄

——祖国啊！

我是你的十亿分之一

是你九百六十万平方的总和

你以伤痕累累的乳房

喂养了

迷惘的我，深思的我，沸腾的我

那就从我的血肉之躯上

去取得

你的富饶，你的荣光，你的自由

——祖国啊！

我亲爱的祖国！

　　《面朝大海，春暖花开》写于 1989 年 1 月 13 日。两个月后，1989 年 3 月 26 日，海子在河北省山海关附近卧轨自杀。这一事件，使得这首诗表面的轻松欢快与实际内涵之间产生了某种分离。也许，正是从这首诗中，我们得以窥见诗人最后的生存思考。这个用心灵歌唱着的诗人，一直都在渴望倾听远离尘嚣的美丽回音，他与世俗的生活相隔遥远，甚而一生都在企图摆脱尘世的羁绊与牵累。

面朝大海，春暖花开

海子

从明天起，做一个幸福的人

喂马，劈柴，周游世界

从明天起，关心粮食和蔬菜

我有一所房子，面朝大海，春暖花开

从明天起，和每一个亲人通信

告诉他们我的幸福

那幸福的闪电告诉我的

我将告诉每一个人

给每一条河每一座山取一个温暖的名字

陌生人，我也为你祝福

愿你有一个灿烂的前程

愿你有情人终成眷属

愿你在尘世获得幸福

我只愿面朝大海，春暖花开

《热爱生命》是汪国真所做的诗歌。整首诗表达了对生命、生活以及一切有意义的事的热爱，以及对于生命的一种不屈服、不退缩，勇敢面对的精神。

热爱生命

汪国真

我不去想是否能够成功，

既然选择了远方，

便只顾风雨兼程。

我不去想能否赢得爱情，

既然钟情于玫瑰，

就勇敢地吐露真诚。

我不去想身后会不会袭来寒风冷雨，

既然目标是地平线，

留给世界的只能是背影。

我不去想未来是平坦还是泥泞，

只要热爱生命，

一切，都在意料之中。

《一棵开花的树》是席慕蓉于 1980 年 10 月 4 日创作的一首抒情诗。作者通过对一棵开花的树的描写来表达作者对于自然的感悟。即生命是不断的经过、经过、经过，她写的东西都是在生命现场里所得到的触动。

一棵开花的树

席慕容

如何让你遇见我

在我最美丽的时刻　为这

我已在佛前　求了五百年

求它让我们结一段尘缘

佛于是把我化作一棵树

长在你必经的路旁

阳光下慎重地开满了花

朵朵都是我前世的盼望

当你走近　请你细听

那颤抖的叶是我等待的热情

而你终于无视地走过

在你身后落了一地的

朋友啊　那不是花瓣

是我凋零的心

（朱栋霖，《中国现代文学史》，高等教育出版社，2014 年
王庆生，《中国当代文学史》，高等教育出版社，2016 年）

任务四　外国诗歌赏析

外国诗歌作品为我们打开一扇窗，我们可以看到国外的人、事、物及风土人情。歌德曾说："我越来越深信，诗是人类的共同财产。……每个人都应该对自己说，诗的才能并不那样稀罕，任何人都不应该因为自己写过一首好诗就觉得自己了不起。不过说句实在话，我们德国人如果不跳开周围环境的小圈子朝外面看一看，我们就会陷入上面说的那种学究气的昏头昏脑。所以我喜欢环视四周的外国民族的情况，我也劝每个人都这么办。……世界文学的时代已经快来临了，现在每个人都应该出力促使它早日来临。"

一、外国诗歌作品概述

诗歌是最古老的文学艺术，是各民族文化的精华，是世界文学作品中的奇葩。每个国家的诗都根植于民族的土壤之中，每个国家都蕴藏着丰富的创作源泉：有独具个性的山川河流，有独特的文化生活，有各自的信仰情趣，有民族的风俗习惯，这些多彩的自然和社

会资源，是各国诗人创作的丰厚营养。外国诗歌反映不同的生活习俗、文化底蕴和民族特性，同样能滋润不同国度人们的心灵，陶冶人们的性情，丰富人们的精神文化生活。

外国现代诗流派纷呈，时代感强，表现手法独特、新颖，诗歌内容充分展现了现代社会的方方面面及现代人身处在剧变社会中的内心世界，开拓着我们的视野和精神、情感世界。由于每个人的文化层次、社会背景及欣赏角度不同，对同一首诗会有不同的诠释，有些诗由于阅读者的文化、思维习惯不同而显得寓义深邃，晦涩难懂。我们不禁锢学生的思维和联想，鼓励学生用自己独特的眼光和视点进行欣赏和分析，徜徉在诗的海洋里，分享诗人的快乐与苦痛，愉悦与忧伤，分享诗人心灵的眼睛所看见的许多我们没能发现的美丽与丑陋。让我们的生活因为有了这些异域的文化瑰宝而更加丰满，更加充实。

鉴赏外国诗歌作品，重在认识抒情主体，把握诗歌意象，体味诗歌意境，领悟诗歌中的象征意义，把握内在情感和主旨。

二、外国诗歌作品鉴赏

《我看过你哭》为拜伦（1788—1824）所作的诗，他是英国19世纪初伟大的浪漫主义诗人。拜伦不仅是一位伟大的诗人，还是一个为理想战斗一生的勇士；他积极而勇敢地投身革命，参加了希腊民族解放运动，并成为领导人之一。

我看过你哭

[英]拜伦

一

我看过你哭——一滴明亮的泪

涌上你蓝色的眼珠；

那时候，我心想，这岂不就是

一朵紫罗兰上垂着露；

我看过你笑——蓝宝石的火焰

在你之前也不再发闪；

呵，宝石的闪烁怎么比得上

你那灵活一瞥的光线。

二

仿佛是乌云从远方的太阳

得到浓厚而柔和的色彩，

就是冉冉的黄昏的暗影

也不能将它从天空逐开；

你那微笑给我阴沉的脑中

也灌注了纯洁的欢乐；

你的容光留下了光明一闪，
恰似太阳在我心里放射。

《当你老了》是威廉·巴特勒·叶芝于1893年创作的一首诗歌，是叶芝献给女友毛特·冈妮热烈而真挚的爱情诗篇。诗歌语言简明，但情感丰富真切。诗歌通过假设想象、对比反衬、意象强调、象征升华等艺术表现手法，再现了诗人对女友忠贞不渝的爱恋之情。揭示了现实中的爱情和理想中的爱情之间不可弥合的距离。

当你老了

[爱尔兰]叶芝

当你老了，头发白了，睡意昏沉，
炉火旁打盹，请取下这部诗歌，
慢慢读，回想你过去眼神的柔和，
回想它们过去的浓重的阴影；

多少人爱你年轻欢畅的时候，
爱慕你的美丽、假意或真心，
只有一个人爱你那朝圣者的灵魂，
爱你衰老了的脸上的痛苦的皱纹；

垂下头来，在红光闪耀的炉子旁，
凄然地轻轻诉说那爱情的消逝，
在头顶的山上它缓缓踱着步子，
在一群星星中间隐藏着脸庞。

《我曾经爱过你》是俄国诗人普希金的一首爱情诗。这首诗是献给安娜·阿列克谢耶夫娜·奥列尼娜（1808—1888）的。诗歌生动地描绘了诗人对女主人公至深的爱恋，它是普希金最脍炙人口的诗篇之一，因为它所体现出的爱情的纯真、心胸的博大感动了许多人。

我曾经爱过你

[俄]普希金

我曾经爱过你：爱情，也许
在我的心灵里还没有完全消亡，
但愿它不会再打扰你，
我也不想再使你难过悲伤。
我曾经默默无语、毫无指望地爱过你，

我既忍受着羞怯，又忍受着嫉妒的折磨，

我曾经那样真诚、那样温柔地爱过你，

但愿上帝保佑你，

另一个人也会像我一样地爱你。

　　《假如生活欺骗了你》是普希金于1825年流放南俄敖德萨同当地总督发生冲突后，被押送到其父亲的领地米哈伊洛夫斯科耶村幽禁期间创作的一首诗歌。诗歌全文表述了一种积极乐观而坚强的人生态度，并且因它亲切和蔼的口气让许多人把它记于自己的笔记本上，成为激励自己勇往直前，永不放弃的座右铭。

假如生活欺骗了你

[俄] 普希金

假如生活欺骗了你，

不要悲伤，不要心急！

忧郁的日子里须要镇静：

相信吧，快乐的日子将会来临。

心儿永远向往着未来；

现在却常是忧郁。

一切都是瞬息，

一切都将会过去；

而那过去了的，

就会成为亲切的怀恋。

　　《在一个地铁车站》是美国诗人庞德的作品。这首诗在西方现代文学史上占有重要地位，它把诗歌从19世纪陈旧的写作手法和抒情习惯中摆脱出来，给现代文学带来了启示。埃兹拉·庞德后来成为意象派诗人的领袖。作者一瞬间的捕捉，浓缩了整个世界。

在一个地铁车站

[美] 庞德

人群中这些面庞幽灵般闪现，

湿漉漉的黑色枝条上的朵朵花瓣。

（郑克鲁主编，《外国文学史》，高等教育出版社，2015年）

项目实践

诗词朗诵会

1. 活动目标与任务

（1）引领学生走近诗词文化，了解诗词文化的精华。

（2）引导学生享受阅读的快乐，养成良好的阅读习惯。

（3）提升学生审美情趣，增强学生诗词文化底蕴。

2. 活动情景与内容

学生分小组参加朗诵，选取古今中外优秀诗词歌赋配乐朗诵，要求口齿清楚，节奏准确，声音洪亮，感情充沛。教师评选表现最优秀的小组给予奖励。

3. 活动组织与实施

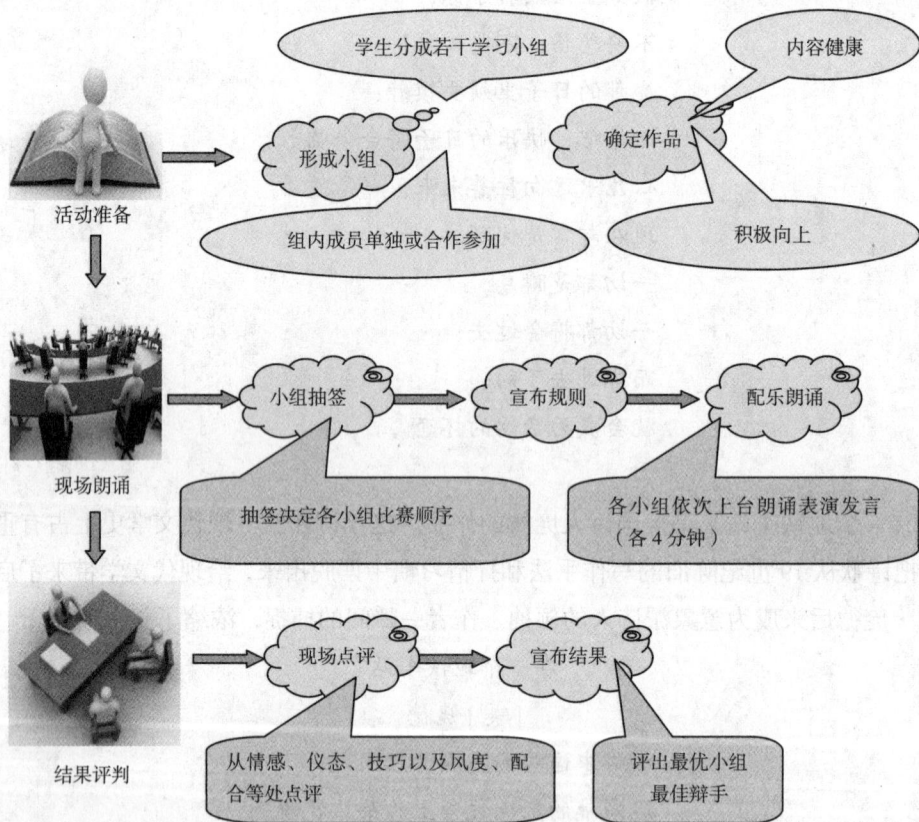

活动准备　形成小组　学生分成若干学习小组　确定作品　内容健康
组内成员单独或合作参加　积极向上

现场朗诵　小组抽签　宣布规则　配乐朗诵
抽签决定各小组比赛顺序　各小组依次上台朗诵表演发言（各4分钟）

结果评判　现场点评　宣布结果
从情感、仪态、技巧以及风度、配合等处点评　评出最优小组最佳辩手

4. 活动指导

（1）要求所选诗歌思想内容健康、积极向上，具有真情实感即可。

（2）可一人参加，也可多人合作，可以配音乐，也可以配置相关道具和衣饰。比赛以小组为单位，对小组进行抽签，安排比赛的顺序。朗诵时间不得超过五分钟。

（3）评比标准

①正确：发音准确，吐字清晰，不读错字，不添字，不漏字，不改字（20分）；

②流利：语调自然、流畅，不能停顿、忘词（20分）；

③感情：感情丰富，情绪饱满，忠实于原作品，领会作品内容，准确把握作者的思想感情、具有感染力（20分）；

④节奏：语速快慢得当，声音能够传达出作品意境（15分）；

⑤仪态：仪态自然、大方，着装得体（10分）；

⑥音乐：背景音乐选用恰当，与作品意境相一致（10分）；

⑦时间：时间不得超过五分钟（5分）。

项目六　散文欣赏

学习内容

　　散文，是指与小说、诗歌、戏剧并列的一种文学体裁，对它又有广义和狭义两种理解。广义的散文，是指诗歌、小说、戏剧以外的所有具有文学性的散行文章。除以议论抒情为主的散文外，还包括通讯、报告文学、随笔杂文、回忆录、传记等文体。随着写作学科的发展，许多文体自立门户，散文的范围日益缩小。狭义的散文是指文艺性散文，它是一种以记叙或抒情为主，取材广泛、笔法灵活、篇幅短小、情文并茂的文学样式。

学习目标

- 感悟散文的主旨，体味散文的情感；
- 品析散文优美的语言，辨析散文的艺术特色；
- 掌握散文写作的技巧；
- 培养积极的人生态度，吸取优秀的文化营养。

案例导入

案例一　乐一乐——听音看图猜猜猜

　　教师课件展示《看图猜散文作品》游戏，学生分小组参与，通过播放音频朗诵资料和呈现的图片信息，猜散文作品名称及作者姓名，并对最终得分最高的小组成员进行表扬和奖励。通过游戏导入调动学生学习积极性，考查学生对于散文的掌握情况，激发学生散文欣赏和朗诵的兴趣。

案例二　测一测——《散文常识》测试

　　教师在蓝墨云班课平台上设置《散文常识》的测试问卷，学生用手机登录蓝墨云班课，完成测试,教师现场展示测试结果,对于完成时间最短、得分最多的三名学生给予表扬与奖励。

案例三　学一学——登录中国散文网（全球华语散文新天地）查阅资料

　　中国散文网是中国最大的原创散文网络平台，是传播视频散文、图片散文、原创散文、散文百科等新散文，打造推广散文阅读、散文新生活的新媒体。

任务驱动

任务一　散文阅读技巧

散文或许是一个内涵较空疏、外延极宽泛的模糊概念。就文学体裁分类的传统而论，诗歌、小说、戏剧文学无不特征鲜明、疆域了然，唯独散文包罗万象、融汇大千。似乎不宜归入前三类体裁者，都应划作散文的范围。

散文在表现方式上，自由自在自主，记人叙事、摹景状物、抒情论理皆纵意所如；在题材对象的选择上，无拘无束无穷，笼天地于形内、聚万物于笔端，全然一副海纳百川的博大气象。形散神凝——历来被视为散文的本质特征。其所以散者固然是指题材的无穷无尽，更是指格局结构、章法笔意的无拘无束。对此，一代文宗苏轼颇多妙喻：

吾文如万斛泉源，不择地而出，在平地滔滔汩汩，虽一日千里无难。

吾文如行云流水，初无定质，常行于所当行，止于不可不止。

一、散文的特点

散文崇尚真诚。唯真诚方能自然。它记真人事，绘真景物，抒真性情；所以如泉涌瀑泻、风流云起，无心营构、随意命笔；当行则行，不可行则止。欣赏散文当然要珍惜这一特性，认真体味作者的心境意图，感受其喜怒哀乐。

散文是灵魂的倾诉、心弦的交响。强烈的精神个性、真切的生命体验，通过自然景物的灵性透视、世态人情的静观默察而渗漏挥发，化作一种无法抑制的抒情冲动。这便是散文与诗歌血脉相通的共质。散文中那些托物言志、寄怀山水之作，因其意象丰富、情景交融、洋溢着浓郁的诗情画意而最接近于诗。如果稍加韵律修饰，这样的散文便可称为"散文诗"了。

在文言文中，那些本属于应用文体的散文，其文学价值的形成更依赖情感的表现。诸葛亮的《出师表》是公文，可通篇流溢着忧国忧政的苦心孤诣和"鞠躬尽瘁，死而后已"的耿耿忠心。曹操的《让县自明本志令》也属公文，但以简洁朴素的文笔将作者的坦荡襟怀披肝沥胆地倾吐出来。司马迁的《报任安书》以深沉苍凉的笔调传达了为事业忍辱发愤的悲痛心情，表现出作者崇高的人格境界。此类散文都是实用的，并非以发表为目的的文学创作，作者的心绪情怀更坦诚真挚，诗歌的情蕴意味也因此而生成在语体特征方面，散文也是多姿多彩诸体皆备且独具风貌：含蓄凝练、形神兼备、声韵并美的诗歌语言比比皆是；真率质朴、本色天然、如话如诉的日常口语也屡见不鲜。由于在题材、结构、篇制、语言等方面少有局限，散文的审美空间更为广阔。诗歌的本性在散文中已经扩张放大。唯此，诗歌的赏析方法、思路大都可移用于散文。

二、散文的分类

散文分类的标准不太严格，大体上可分为三种。

（一）抒情性散文

抒情性散文指侧重于表现思想感情、内心体验的散文。它们或咏物状景中言志抒怀，或在叙事记人中传达情思。此类散文往往以小见大，追求诗情画意的统一和语言的精粹，以获取强烈的艺术感染力。一般说来，最受人们喜爱、历代传诵不已的散文，如周敦颐的《爱莲说》、朱自清的《荷塘月色》等就多属此类。

抒情性散文大都以作者情感的展现为构制线索，融描写、议论、叙述为一体，所以有形散神凝之谓。抒情散文同诗歌一样注重意象和意境的表现。不过，意象、意境与其他诗歌要素都因溶解稀释到更大的语言系统之中而相对地"淡化"了。

（二）记叙性散文

记叙性散文或以记人为主，或以叙事见长，也有二者并重难分主次的综合类型。除了经典的文学散文之外，报告文学、人物传记、回忆录、游记等也属于记叙散文。

（三）议论性散文

议论性散文不同于政治性、科学性论说文。它托物言理、寓论于事、寄说情景，以充沛的感情、雄辩的论理汇成一种情理交融的气势和意韵，具有较鲜明的文学性和审美特质。它虽以论说见长，但注重选取生活中的典型现象或言行，以生动形象的语言，由表及里的剖析、议论，在理性精神的指导下生成强大的艺术冲击力和感染力。

议论性散文中影响较大的是杂文和小品文。

杂文侧重抒写杂感随想。优秀的杂文体式短小精悍，行文泼辣尖锐，多用讽刺幽默的笔调，极富感染力、说服力。鲁迅先生的杂文堪称颠峰之作。其关注视野之广阔、批判锋芒之犀利、哲理议论之精辟、文化底蕴之深邃、语言表达之精纯完美，在文学史上罕见其匹。

小品文是一种短小精练带有较强抒情意味的议论文。所谓知识小品、科普小品、随笔、札记即属此类。小品文篇制虽短但立意集中，行文挥洒自如，语言或诙谐幽默或雅致蕴藉，融思想性、趣味性于一体，兼知识性、休闲性之并长。虽然社会意义、时代精神有限，但可拓展视野陶冶性情，满足人们求知、审美、休闲的文化需求，因此也拥有大量读者。

三、散文阅读技巧

（一）了解创作背景

了解创作背景本是文学赏析的一般方法，其渊源可上溯到孟子的"知人论世"之说。但对散文赏析来说，它别有一番意义。散文创作求真实、忌虚构，其背景对于内容解读的指示作用更显重要。例如，古代散文中多应用文体，其内容往往涉及一些具体的人物、事件和历史环境。无论议论性散文或是记叙性散文，凡涉及具体背景的，总要先把背景搞清楚。

了解创作背景的另一个任务是熟悉作家的生活经历、创作概况，也就是从作家的角度了解背景。散文篇制短小，集中阅读一个作家的作品并无多少困难。这样，从作家生平切入了解背景就更为必要了。了解创作背景的方法主要是查阅有关资料。好在一般散文选本都附有注或提示，做到大致了解并无困难。重要的问题是在平时学习中扩展阅读范围，积累大量的文史知识，将大致了解提升为深刻了解。

（二）分析作品结构

结构解析应为散文欣赏的着眼点。这是因为散文样式差异较大，结构灵活多样。要透过繁复各异的形态去把握凝聚贯注的神韵，似乎非由此不可。前述散文大致分为抒情、记叙、议论三类，是说它们的表现对象、内容、方式有所不同。这些不同必然导致结构的差异并形成一定的模式化趋向与文体化特征。无论任何对象，只要其结构呈现出规律性，那么由此开始认识的进程都是较便捷的。

现代散文的结构可以分为两重：思想内蕴结构和艺术形式结构。古代散文往往还要多出一重文体结构。古人作文非常重视文体特性。其立意谋篇、记事说理都要受到文体的规范。现代散文的文体结构比较自由，模式化趋向不太显著。

例如，古文中的"记"以记叙为本，要先记地点，次记景物、传说，再叙事件经过或事物特性，最后还要说明作文缘由。"记"的这种写法说明：文体结构实质上是一种表达模式。早在魏晋时代，曹丕就曾指出："奏议宜雅，书论宜理，铭诔尚实，诗赋欲丽。"由此可见，文体结构对文章的内容、风格也会产生较直接的影响。熟悉文体结构对提高欣赏效果的作用是显而易见的。

（三）感受审美内蕴

艺术要表现人生的况味与真韵，怎能回避对思想哲理的呼唤？散文在这一领域中也有着数不清的成功尝试。余秋雨先生认为：艺术哲理的本质，在于对世界、人生的内在意蕴的整体性开发。

哲理性的文学作品，既不侧重于故事情节的叙述、人物性格的塑造，也不着重于表扬好人好事，一般地抒发爱憎感情，揭示一般的人生道理，褒赞一般的品格，而是对社会的总体感悟，对人生意义的普遍开发。例如一只羽毛未干的麻雀幼雏被大风从树巢里摇下来，痴呆地、绝望地蹲在地上。这时一条猎狗慢慢地接近它。突然，一只黑胸脯的老麻雀从附近一棵树上飞快地冲下来，落在狗鼻子前面，它蓬松着羽毛，惊恐失态，迎着獠牙狰狞的狗嘴跳着，要以自己软小的身躯掩护幼雏。如果到此为止，只是把"老雀护雏"这一件事真实地记下来，不去突破故事框架作更多的构想，那么，这篇散文的内容未免失之琐碎，意义就有限得很，没有多少美学价值；或者如某些惯于结笔点睛、开拓哲理者所做的那样，下面用一段文字，就老雀的行动议论开来，落实到母雀无所畏惧的勇敢精神上。这样写，对原先的故事框架虽有所突破，思想意义增强了，但是，它所揭示的恶毒仅限于庸常的道理，而不是对人生意义的整体性开发；而且，这种脱离故事、缺乏形象意蕴的孤立发挥，不能给人以美感享受，与艺术哲理相距很远。可是，俄国著名作家屠格涅夫的散文《麻雀》（见《屠格涅夫散文选》）的写法却不同，它突破如上故事框架，使其在理性光辉的照耀下，显示出非凡的意义。在叙述老雀从树颠冲下，迎着凶犬"绝望而哀戚地吱吱地叫着"之后，文章这样写道："它俯冲下来救护。它用躯体掩护自己的幼雏，但瘦小的躯体，吓得浑身颤抖，小小的叫声变野，变哑了。它垂死挣扎。它准备牺牲自己！对它来说，猎狗是多么庞大的怪物呵！可它不能稳坐在安全的高枝上，一种比它的意志更强烈的力量，把它从那里抛了下来。我的猎犬特列佐尔停下步子，后退了一下，显然，它也承认了这种力量。爱，我认为，比死亡和死之恐惧更强大。只有它，只有爱，才能维持和推动生活前进。"

作者既没有纯然叙事，也没有简单地用叙事加议论的方法拔擢事件的内蕴，而是把力量大小悬殊的两个动物对比着描写，以收到超出故事之外的特殊意义。这里有两组艺术比照：凶猛庞大的猎犬与躯体瘦小、惊恐失态、哀凄绝望的麻雀比照；浑身颤抖、吱吱哀鸣、勇敢冲向狗的嘴边，以死相拼的麻雀，与凶猛的猎犬一时停下、向后退一步相比照。这种反差强烈的比照，具有异常鲜明动人的美学效果；同时也就自然地于寻常意义的琐碎的故事中，渗透着具有普遍意义的人生道理："爱，比死亡和死之恐惧更强大""只有爱，才能维持和推动生活前进"。这就是屠格涅夫对社会爱的哲理认识。

散文对哲理的追求，往往通过作者精神活动得以实现。日本散文家得富芦花在"相模滩"观看落日，看着，看着，片刻之间，作者内心涌起一种非同寻常的体验：在风平浪静的黄昏看落日，大有守侍圣哲临终之感。庄严之极，平和之至。纵然一个凡夫俗子，也会感到已将身子包裹于灵光之中，肉体消融，只留下灵魂端然伫立于永恒的海滨之上。落日渐沉，接近山顶。终于剩下最后一分了，猛然一沉……

举目仰视，世界上没有了太阳。光明消逝，海山苍茫，万物忧戚。太阳沉没了。忽然，余光上射，万箭齐发。遥望西天，一片金黄。伟人故去皆如是矣（《相模滩落日》）。

我们所见过的写落日的散文，一般侧重于山光水色、余光反照的客观描写，或从中引出悲喜之情，而《相模滩落日》却不同。作者不是纯客观描写落日与余辉下的海滩奇景，而是把自己置身于风平浪静的黄昏滩头那"庄严之极，平和之至"的气氛中，描写心灵上引起的触动、顷刻之间产生的特有的感受——"大有守侍圣哲临终之感""伟人故去皆如是矣"——一种"宏大无比的悲喜的情绪性体验"。这种体验当然是一种情感，但不是个人的悲喜之情，所以作者说："有物，幽然浸乎心中，言'喜'则过之，言'哀'则未及。"经过理性纯化而超乎"喜""哀"之外的这种感情，无疑是哲理化感情。

四、散文作品鉴赏

通达幽远的生命放歌
——读王羲之的《兰亭集序》

永和九年，岁在癸丑，暮春之初，会于会稽山阴之兰亭，修禊事也。群贤毕至，少长咸集。此地有崇山峻岭，茂林修竹。又有清流激湍，映带左右，引以为流觞曲水，列坐其次，虽无丝竹管弦之盛，一觞一咏，亦足以畅叙幽情。

是日也，天朗气清，惠风和畅。仰观宇宙之大，俯察品类之盛。所以游目骋怀，足以极视听之娱，信可乐也。夫人与之相与，俯仰一世，或取诸怀抱，晤言一室之内；或因寄所托，放浪形骸之外。虽取舍万殊静躁不同，当其欣于所遇，暂得于己，快然自足，曾不知老之将至。及其所之既倦，情随事迁，感慨系之矣。向之所欣，俯仰之间，已为陈迹，犹不能不以之兴怀。况修短虽化。终期于尽。古人云，死生亦大矣，岂不痛哉。每览昔人兴感之由，若合一契，未尝不临文嗟悼，不能喻之于怀。故知一死生为虚诞，齐彭殇为妄作。后之视今亦犹今之视昔，悲夫！故列叙时人。列其所述，虽世殊事异，所以兴怀，其致一也。后之览者，亦将有敢于斯文。

《兰亭集序》历来被誉为书、文兼美的艺术珍品。作者一扫风靡流行的骈偶时尚，以清新自然的散体笔法记述了那次在中国文化史上著名的雅集盛会；并触景生情，临境兴叹；将自己对生命的热爱与眷恋，对人生价值的感悟与自然真谛的追问，坦诚且酣畅地倾诉于人性觉醒的启示录中。一千六百多年后的今天，我们重读这篇佳作，仍然真切地感受到这一曲生命之歌的巨大魅力。

这篇文章的记叙成分只有短短三行文字，其中还包括这一段细腻精巧的景物描写。自"俯观宇宙之大"句后，都是亦情亦理的论说感叹。由于语言浅显晓畅，其表层文似无疑碍，但要深谙其底蕴，则必须了解当时的历史文化背景和作者本人的生活经历、精神个性。关于作者所处的社会背景，前辈学者宗白华先生的评说似可代表学术界之公论：

汉末魏晋六朝是中国政治上最混乱、社会上最痛苦的时代，然而却是精神史上极自由、极解放，最富于智慧、最浓于热情的一个时代。

由于政治腐朽而导致的严重内乱，西晋王朝存在仅三十多年就迅速崩溃。北方少数民族的大举入侵使士族地主阶级同普通民众一样，在战火烽烟中经历了惨痛的生离死别、颠沛流亡、国破家亡。东晋王朝所提供的相对稳当的生存环境，使他们有机会在噩梦般的回忆中，细细品味那可怕的历史灾变和人生苦难。为了寻求慰藉、解脱以至麻醉，玄学与清谈之风在士人中长期流行。这其中自然会生发出对人生苦难、生命意义、生活理想的深刻思索与大胆探求，进而形成富有时代特征的社会思潮与文化氛围，孕育出像王羲之那样以超迈、旷达甚至叛逆的精神姿态，勇敢追求个体人格自由与心灵解放的"魏晋名士"。

王羲之虽出身于士族名门，但并不热衷于仕途经济。他为人风流倜傥、才华横溢、狂放不羁。那段"东床坦腹"的传说，那泰山般屹立在书法史上的"书圣"地位，活灵活现再现出他的性情、才华和精神个性。在这篇文章中，最值得关注的是他对人生价值的肯定，对生活理想的探求。"天朗气清，惠风和畅"的春日，四十多位名士会聚在"此地有崇山峻岭，茂林修竹"的"清流激湍"之上，修禊嬉游、流觞赋诗、畅叙幽情，真可谓"良辰美景、赏心乐事"。正是在这种特定的自然环境、人群环境中，作者怀着由衷的欣喜与陶醉道出了自己理想的生活境界：

"仰观宇宙之大，俯察品类之盛。所以游目骋怀，足以极视听之娱，信可乐也"；

"或取诸怀抱，晤言一室之内；或因寄所托，放浪形骸之外……欣于所遇，暂得于己，快然自足，不知老之将至"……

在这里，我们不难体会：浩浩茫茫的天宇、林林总总的万物所引发的不仅仅是作者惊异、欢快，而且也激活了作者的思考与联想。能够听到、看到这无穷且神秘的宇宙，这繁盛且生机勃勃的世界，为什么"信可乐也"？当然因为这种感觉提供了主体生命存在的确证。作者大概不曾得到这一结论，但他的确感受到了生命的美妙与珍贵。于是他进一步抒发了自己的人生理想：真挚坦诚地与朋友交游；摆脱物欲世情的束缚，追求心灵的解放、精神的自由；超逸生活的常轨，忘却生老病死的压迫，在"快然自足"的心灵状态中尽情地享受生命。

孔夫子曾经说过，不知生，焉知死。其实反之亦然：生之疑虑释于死之洞彻，生之快乐始于死之通达。王羲之对生命的珍视，对精神自由的追求，同样来自于对死亡的超越。他也为"修短随化，终其于尽"深感痛惜。但是，这不能被误解为消极颓废的悲观情绪。正因为勇敢地直面自然规律，他才会认同"生死亦大矣"的古训，发出"岂不痛哉"的长叹；才会斥责庄子"一生死""齐彭殇"的荒诞，文中散发出来的哲学意识却不难感悟。

如诗如画　情远韵幽
——读朱自清的《荷塘月色》

这几天心里颇不安静。今晚在院子里坐着乘凉，忽然想起日日走过的荷塘，在这满月的光里，总该另有一番样子吧。月亮渐渐地升高了，墙外马路上孩子们的欢笑，已经听不见了；妻在屋里拍着润儿，迷迷糊糊地哼着眠歌。我悄悄地披了大衫，带上门出去。

沿着荷塘，是一条曲折的小煤屑路。这是一条幽僻的路；白天也少人走，夜晚更加寂寞。荷塘四面，长着许多树，蓊蓊郁郁的。路的一旁，是些杨柳，和一些不知道名字的树。没有月光的晚上，这路上阴森森的，有些怕人世间。今晚却很好，虽然月光也还是淡淡的。

路上只我一个人踱着。这一片天地好像是我的；我也像超出了平常的自己，到了另一个世界里。我爱热闹，也爱冷静；爱群居，也爱独处。像今晚上，一个人在这苍茫的月下，什么都可以想，什么都可以不想，便觉是个自由的人。白天里一定要做的事，一定要说的话，现在都可不理。这是独处的妙处；我且受到这无边的荷香月色好了。

曲曲折折的荷塘上面，弥望的是田田的叶子。叶子出水很高，像亭亭的舞女的裙。层层的叶子中间，零星地点缀着些白花。有袅娜地开着的，有羞涩的打着朵儿的；正如一粒粒的明珠，又如碧天里的星星，又如刚出浴的美人。微风过处，送来缕缕清香，仿佛远处高楼上渺茫的歌声似的。这时候叶子与花也有一丝的颤动，像闪电般，霎时传过荷塘的那边去了。叶子是肩并肩的密密的挨着，这便宛然有了一道凝碧的波痕，叶子底下是脉脉的流水，遮住了，不能见一些颜色；而叶子却更风致了。

月光如流水一般，静静地泻在这一片叶子和花上。薄薄的青雾浮起在荷塘里。叶子和花仿佛在牛乳中洗过一样；又像笼着轻纱的梦。虽然是满月，天上却有一层淡淡的云，所以不能朗照；但我以为这恰是到了好处——酣眠固不可少，小睡也别有风味的。月光是隔了树照过来的，高处丛生的灌木，落下参差的斑驳的黑影，峭楞楞如鬼一般，弯弯的杨柳的稀疏的倩影，却又像是画在荷叶上。塘中的月色并不均匀；但光与影有着和谐的旋律，如梵婀玲上奏着的名曲。

荷塘的四面，远远近近，高高低低都是树，而杨柳最多。这些树将一片荷塘重重围住；只在小路一旁，漏着几段空隙，像是特为月光留下的。树色一例是阴阴的，乍看像一团雾；但杨柳的丰姿，便在烟雾里也辨得出。树梢上隐隐约约的是一带远山，只有些大意罢了，树缝里边漏着一两点路灯光，没精打采的，是渴睡人的眼，这时候最热闹的，要数树上的蝉声和水里的蛙声；但热闹是它们的，我什么也没有。

忽然想起采莲事情来了。采莲是江南的旧俗，似乎很早就有，而六朝时为盛；从诗歌里可以约略知道。采莲的是少年的女子，她们是荡着小船，唱着艳歌去的。采莲人不用说很多，还有看采莲的人。那是一个热闹的季节，也是一个风流的季节。梁元帝《采莲赋》里说得好：

于是妖童媛女，荡舟心许：鹢首徐回，兼传羽杯；櫂将移而藻挂，船欲动而萍开。尔其纤腰束素，迁延顾步；夏始春余。叶嫩花初，恐沾裳而浅笑，畏倾船而敛裾。

可见当时嬉游的光景了。这真是有趣有事，可惜我们现在早已无福消受了。

于是又记起《西洲曲》里的句子：

采莲南塘秋，莲花过人头；低头弄莲子，莲子清如水，今晚若有莲人，这儿的莲花也算得"过人头"了；只不见一些流水的影子，是不行的。这令我到底惦着江南了。——这样想着，猛一抬头，不觉已是自己的门前；轻轻地推门进去，什么声息也没有，妻已睡熟好久了。

一九二七年七月，北京清华园。

《荷塘月色》写于1927年7月，是一篇写景抒情的散文。《荷塘月色》起句简洁，为排遣心中的郁闷，于是踏着月光向清静的荷塘走去。"心不宁静"是全文的情感线索，它给荷塘、月色染上了不同于一般的色彩，也给以后的抒情写景创造了特定的条件。在淡淡的月光下，独处于荷塘世界，感到是个"自由的人"。于是徜徉于荷塘，沉醉于月色，一幅美不胜收的荷塘月色画便呈现在读者面前。作者先鸟瞰月下曲曲折折的荷塘全景，给人以总的印象，然后有层次地从上到下写来，田田的荷叶，美如舞女的裙；荷花零星点缀，姿态万千，如星星熠熠，似明珠乳白；微风送清香，叶动花颤，流水脉脉含情。在这幅画里，作家不满足于对客观景象作静止的摹写，而动静结合，形象地传达出荷塘富有生机的风姿。接着作家着力写月光之美。光是难以捉摸的，作家却借助于景物，创造出一种勾人心魂令人陶醉的意境。那流水一般的月光，倾泻在花和叶上，如"薄薄的青雾"又像"笼着轻纱的梦"，既有实写，也有虚写，虚中见实，贴切地表现了朦胧月色下荷花飘忽的姿态。为强化月光效果，作者着力摹写月的投影，如有"参差斑驳"丛生灌木的"黑影"，也有"弯弯的杨柳的稀疏的倩影"，而这些"影"又像是"画在荷叶上"，这里光影交错，岸边的树、塘中的荷联结，着意写月色，但处处不忘荷塘，满塘光与影的和谐的旋律，细腻地展现了荷塘月色的令人惊异之美，使人神醉。最后写荷塘四面，着墨较浓的是柳树，写下月下的情景，面对树梢的远山，树缝里的灯光，以及蝉声蛙鼓则是随意点染，只为增加生气，静中有声，浓淡相间地反衬了荷塘的幽静。作者受用这无边的荷香月色是片刻的，回到现实立刻又感到重压，心里越发不平静了。文章最后写了作者遥想古代江南采莲胜景，虽不在现实之中，然而借助联想，使荷塘画面扩展，更显清新雅致，同时也表达作者对美好、自由生活的向往和追求。

《荷塘月色》的艺术成就是多方面的，首先文章追求的是一种诗情画意之美。作者调动一切艺术手法，着意创造一个诗意盎然、情景交融的境界。作品中满贮诗意的是风采绮丽的荷塘月色。作者层次有序地时而以荷塘为主景，月色为背景，动静结合，运用鲜明的比喻，通感手法，由远及近，从里及外地描绘了月光下荷塘的无边风光；时而又以月色为主景，荷塘为背景，别出心裁地虚实为用，浓淡相宜地勾勒了整个荷塘的月夜风采。作者努力挖掘蕴含在大自然中的诗意，让声、光、色、味都透出神韵，共同点染荷塘月色绰约的风情。这样的以景衬情，情景交融的写法，不仅使作品富有诗情画意，也使作品具有情趣美。

精于构思、巧于布局，是《荷塘月色》又一显著特色。作品开头写心情颇不宁静，这是作品抒情线索的缘起，文章以"我"去观赏荷塘为脉络，以人物的行止为线索，全文的写景抒情过程，都是随着作者的脚步和视线的移动逐步深化的。行文中以荷塘、月色为中心，又适当点染周围背景。布局上层次清晰分明，详略得当，疏密相间，自然舒展。

朱自清散文的语言典雅清丽、新颖自然。《荷塘月色》保持了这一特色。朱自清很注重语言的锤炼，且以轻笔淡彩的口语来绘神状态，表情达意。《荷塘月色》中动词与叠字叠词的运用，不仅准确而传神地渲染和强化了诗情画意，而且节奏明朗，韵律协调。富有音乐美。

平淡素朴的神韵与精彩

——读席慕容的《燕子》

初中的时候，学会了那一首《送别》的歌，常常爱唱："长亭外，古道边，芳草碧连天……"

有一个下午，父亲忽然叫住我，要我从头再唱一遍。很少被父亲这样注意过的我，心里觉得很兴奋，赶快再从头来好好地唱一次："长亭外，古道边……"

刚开了头，就被父亲打断了。他问我："怎么是长亭外？怎么不是长城外呢？我一直以为是长城外啊！"我把音乐课本拿出来，想要向父亲证明他的错误。可是父亲并不要看，他只是很懊丧地对我说：

"好可惜！我一直以为是长城外，以为写的是我们老家，所以第一次听这首歌时就特别的感动，并且一直没有忘记，想不到竟然这么多年是听错了，好可惜！"父亲一连说了两个"好可惜"，然后就走开了，留我一个人站在空荡的屋子里，不知道如何是好。

前几年刚搬进石门乡间的时候，我还怀着凯儿，听医生的嘱咐，一个人常常在田野里散步。那个时候，山上还种满了相思树，苍苍翠翠的，走在里面，可以听到各式各样的小鸟的鸣叫，田里面也总是绿意盎然，好多小鸟也会很大胆地从我身边飞掠而过。我就是那个时候看到那一只孤单的小鸟的，在田边的电线杆上，在细细的电线上，它安静地站在那里，黑色的羽毛，像剪刀一样的双尾。

"燕子！"我心中像触电一样的呆住了。可不是吗？这不就是燕子吗？这不就是我从来没有见过的燕子吗？这不就是书里说的、外婆歌里唱的那一只燕子吗？

在南国的温热的阳光里，我心中开始一遍一遍地唱起外婆爱唱的那一首歌来了："燕子啊！燕子啊！你是我温柔可爱的小小燕子啊……"

在以后的好几年里，我都会常常看到这种相同的小鸟，有的时候，我是牵着慈儿，有的时候，我是抱着凯儿，每一次，我都会兴奋地指给孩子看："快看！宝贝，快看！那就是燕子，那就是妈妈最喜欢的小小燕子啊！"

怀中的凯儿正咿呀学语，香香软软的唇间也随着我说出一些不成腔调的儿语。天好蓝，风好柔，我抱着我的孩子，站在南国的阡陌上，注视着那一只黑色的安静的飞鸟，充满了一种朦胧的欢喜和一种朦胧的悲伤。

一直到了去年的夏天，因为一个部门的邀请，我和几位画家朋友一起，到南边的一个公园去写生，在一本报道垦丁附近天然资源的书里，我看到了我的燕子。图片上的它有着一样的黑色羽毛，一样的剪状的双尾，然而，在图片下的解释和说明里，却写着它的名字是"乌秋"。

在那个时候，我的周围有着好多的朋友，我却在忽然之间觉得非常的孤单。在我的朋友里，有好多位在这方面很有研究心得的专家，我只提出我的问题，一定可以马上得到解答，可是，我在那个时候唯一的反应，却只是把那本书静静在合上，然后静静地走了出去。

在那一刹那，我忽然体会出来多年前的那一个下午，父亲失望的心情了。其实，不必向别人提出问题，我自己心里也已经明白了自己的错误。但是，我想，虽然有的时候，在人生道路上，我们是应该面对所有的真相，可是，有的时候，我们实在也可以保有一些小小的美丽的错误，与人无害，与世无争，却能带给我们深沉的安慰的那一种错误。

我实在是舍不得我心中那一只小小的燕子啊！

这是一段平淡素朴的生命记忆，一支幽远缠绵的抒情小曲，一种纯真且深沉的心灵探索。掩卷静思，除了品味那绵长的余韵，我们还可以清晰地感受到叙事散文所独有的精彩与魅力。

作者讲述的两段往事本算不上什么故事。第一件事只是尘封于记忆深处的一张发黄的照片：一个初中的孩子，无法理解父亲的失落和懊丧。因为，在那"长城外，古道边"的淡淡愁绪之中，沉积着父亲全部的人生体验——不单单是故国之思和沧桑之感——怀乡自然是其中最深郁的、最敏感的情结。

于是，作者只好"一个人站在空荡荡的屋子里，不知如何是好"。这个富有象征意味的镜头，为我们解读第二件往事留下了一条伏线。

那时，她已经有了两个孩子，有了"外婆歌里唱的'而'我没有见过的燕子"。

"燕子啊！燕子啊！你是我温柔可爱的小小的燕子啊……"

她在心中一遍一遍地唱着这首歌，唱给自己和自己的孩子，也唱给了自己的外婆。至此，我们又一次强烈地感受到叙事中的象征与寄寓。正是这种言外之意、象外之象，将情感的潜流引导出文意的表面，使平淡的生活琐事沉重起来，丰厚起来。

那么，是什么样的情思萦绕在作者的心中？甚至隐约回荡在从外婆、父亲到孩子四代人几十年的生活空间之中？是剪不断的往昔，是理不清的乡愁。

因而，当燕子变成"乌秋"飞走的时候，作者"忽然体会出来多年前的那一个下午，父亲失望的心情了"。于是，才有了文章结尾的深刻追思：

"我想，虽然有的时候，在人生道路上，我们是应该面对所有的真相，可是，有的时候，我们实在也可以保有一些小小的美丽的错误，与人无害，与世无争，却能带给我们深沉的安慰的那一种错误。"

这是一种交织着省悟与震撼的生命体验，一种源于严肃的生活态度、博大的人生襟怀的生命智慧。感情升华为哲理，乡愁成长为旷达。对文章自身来说，含蓄蕴藉的回忆与叙事，以情理交融的议论画上了一个沉甸甸的句号。

任务二　散文写作技巧

散文的取材十分广泛，人间万象、宇宙万物、各色人等、宏观微观无不涉及，而这些材料一旦出现在文章中，就立即刻上了作者的主观感悟，代表着作者的人生经验、观点感受。所以，同样的材料，不同的作者看到的内涵是不同的。这里，我们把散文的取材叫"形"，把作者的感悟叫"神"。散文的文体特点就是形散神聚。散文的写法较其他文体更活泼自由，不拘一格。常见的方式是抒情，即使是记叙，也是带有强烈感情色彩的。散文常把记叙、抒情、议论等融为一体，夹叙夹议。表现手法上能出奇制胜，让读者产生新鲜独特的阅读感受。散文的结构追求自然而然的境界。在材料选取上，一般运用联想手法。

总体来看，抒情的散文有时气势磅礴，有时低吟浅唱；记叙的散文如诗如画，曲径通幽；议论的散文情真意切，精彩纷呈……但是，不管作者怎样安排文字，怎样组织材料，归根结底还是为了表达他对人生或自然的特殊感受。

一、散文材料组织

（一）形散神聚

这里讲的是散文的取材，以一篇学生作品《人类，止步吧！》为例。

"枯藤老树昏鸦，小桥流水人家，古道西风瘦马。夕阳西下，断肠人在天涯。"对于马致远老先生的这些话，现代人似乎赋予了它新的含义。

枯藤＋老树＋昏鸦＝优质木材

一只年老的乌鸦，无力地拍打着自己的瘦弱的翅膀，落在一棵已经没有枝叶的老树上。它小心翼翼，但仍然把那棵老树惊动了，老树晃了几下，终于安静了。乌鸦唯一的伙伴是缠绕在老树上面的枯藤。日暮里，乌鸦昏黄的老眼盯着远处，它似乎又想起那日，一群人拿着利器和猎枪，闯入它的家园，杀死了它的同胞，毁灭了整片森林，他们只为了获取优质木材。

小桥＋流水＋人家＝人类的日用品

周围楼房、工厂林立，也有一座孤零零的桥，桥下有流水，可是，那水却是乌黑的，一只鱼儿探出水面，望着这一切，伤心地落泪。那座桥也悲愤地说："再也没有人肯从我身上走过了。"的确，每个人都捂着鼻子绕道而行。而旁边，一只粗大的管子正不住地往河里排着污水。里面，工人们干得热火朝天，生产着人们必需的日用品，那河水，只换来人们的一点点舒适。

古道＋西风＋瘦马＝桌上的美食

一匹瘦弱的老马，顶着肆虐的狂风，行走在寸草不生的沙漠上。当初，它和同伴们在茂盛的草场上悠闲地吃草，饮那清澈的甘泉。那种甜蜜、幸福的日子如今一去不复返了。它想躺下来休息，可是，它躺下后便再也没有起来。昔日的绿洲，就只换来了人们桌上的美食。

人类获取了金钱、财富，获取了安逸的生活，而代价却是：森林的毁灭、水源的污染、土地的沙化……

夕阳西下，一个老人站在光秃秃的山冈上，迎着令人窒息的风沙和酸雨，流下了忏悔的泪水。

全文分为三部分，引的诗句所抒发的感情本与本文主旨毫无关系，但经过作者巧妙的联想，它就完全和本文要表达的中心契合了。它所引用的材料也是几个似乎没有关联的场景。这种形式很散，但它们都指向同一个主旨：保护环境。这就是散文形散神聚的好处，可以让文章活泼灵动，变化多端。

（二）立意独特

散文的立意其实就是散文的感悟，有感悟才有散文的写作。可是普通寻常的感悟是不得人心的，看见蜡烛想起老师，看见葵花想起小学生……这些"感悟"已经不再给我们产生美感，而是产生憎恶；这样写作已经不再是生产精神产品，而是谋杀我们的阅读欲望。

散文的立意要求独特，就是说作者的感悟是体现作者独特情志、独特感受、独特体验的感悟，是他人所不能产生的精神产物。

如《人类，止步吧！》一文。把文章的立意放在对《天净沙·秋思》一词的全新诠释上。分为三个小标题：（1）枯藤＋老树＋昏鸦＝优质的木材；（2）小桥＋流水＋人家＝人类的日用品；（3）古道＋西风＋瘦马＝桌上的美食。这一巧妙的构思，把散文的灵动、形散的特点体现得淋漓尽致。当然，对于环境的问题不是什么独特的发现，可是作者不是简单地申明要保护环境，而是把目光定格在"人们在做什么、做了什么、有什么后果"，提醒人们应该反省。

（三）感情充沛

没有感情就不成其为散文。散文对作者主观感情的要求是所有文体中仅次于诗歌的。散文一般的写作规律是：对事物、人生、景观突然有了感悟，感悟深化，升华成文。这感悟就是散文的意味之本，是散文的中心立意。可是要表现这样的中心立意，就得抒情。所以好的散文、记叙、议论都带有强烈的感情，字里行间都有渗透着感情。

（四）感悟具体

散文以感悟为灵魂，但感悟是什么，得在文章中说明白。有些散文含蓄，不明说感悟，但文章的景致、人物、事件均可以反映感悟。感悟的清楚明白如同记叙文的主题一样，要明白畅晓，让人觉得可喜，引人思考，同时要清楚地出现在文章中。

如《亲近你》一文，就把抽象的感悟"体验"通过大量具体的意象表现出来："幼鸟第一次避开慈母的呵护，飞翔在蓝天白云下，他体验到了自由的博大；蓓蕾在一场春雨后，绽放笑脸，新奇地看着这个世界，他体验到了尘世的纷杂；海燕在暴风雨中长鸣，勇敢他宣传革命圣火的到来，他体验到了胜利的喜悦；蝴蝶第一次来到大花园，飞东飞西，万紫千红的花为她绽放，它体验到了人世的热情……"通过这些具体的意象，作者的感悟就很容易让读者感同身受了。

（五）入笔精微，以小见大

上面说过，散文往往出奇制胜，以少胜多。散文的这一用法是独特的。一般的散文写作，我们可以从细小的方面入笔，做到以少胜多，以小见大。实际上，生活中的一件小事、一涕一笑；事物中的一枚叶片、一粒沙土……都可体现出大的主题。《点滴真情令我感动》就是这样一篇佳作。它的着眼点都是我们生活经常遇到的小事，但对一个有心人来说，它们同样可以写出好文章。

（六）夹叙夹议，感情真实

含蓄的感情也罢，激昂的感情也罢，都要真实地表现出作者的状况。散文因为有对生活或事物的感悟，就得采用夹叙夹议的表达方式，引导读者理解，体味文章的意味。如《百合花的笑容》等文章，把记叙、议论有机结合起来，全文感情真实，浑然天成。

二、散文写作技巧

文体写作理论知识应由定义出发，定义中的要素可以衍生出写作的各种要求和方法。但是，不论诗歌，还是散文，传统认识集中体现在一般写作教材上，对其定义的认识既不准确统一，又片面地强调社会属性。散文是一种作者写自己经历见闻中的真情实感的灵活精干的文学体裁。

作者在散文中的形象比较明显，常用第一人称叙述，个性鲜明，正像巴金所说"我的任何散文里都有我自己"，总之可以说是表现自我。这就需要大胆无忌。正如鲁迅所说"任意而谈，无所顾忌"，他还推崇曹操及魏晋散文的"力主通脱"。又如刘半农所说，散文要"赤裸裸地表达"。还如一些人所说，"我是怎样一个人，就怎样写"，"心口相应，信口直说"，"反正我只是这样一个我"。写真实的"我"是散文的核心特征和生命所在。这是定义的最大要素。

散文语言十分重要。首要的一条是以口语为基础，而文语（包括古语和欧化语）为点缀。其次是要清新自然，优美洗练。此外，还可以讲究一些语言技法，如句式长短相间，随物赋形，如多用修辞特别是比喻，如讲音调、节奏、旋律的音乐美等。必须明确一个散文写作观念，这就是散文的唯一内容和对象是作者的感情体验。所有教材都提出了散文要写感情，但却是作为一种必备因素和一种内在线索。应当强调指出，感情不是片面的因素，也不仅仅是线索，而是散文的对象。散文写人写事都只是表面现象，从根本上说写的是感情体验。感情体验就是"不散的神"，而人与事则是"散"的可有可无、可多可少的"形"。朱自清的《背影》不是要记录回家和父子离别的琐事，而是要吐露一种对父亲及失败了的父辈的怜惜和敬爱。刘真的《望截流》，重点不是顺理成章的工程本身或建设者业绩，而是一种回归历史进步主流的内心感受。散文一开始就使自己沉浸在一种突如其来的悲喜交集的感情体验中，由此生发联想——小时候跟着妈妈赶集差一点丢失，20世纪40年代初一度离开部队，"文化大革命"中被迫放下笔等。最后又面对横江截流的宏伟场面，激情满怀。感情体验，是散文的内在结构。有了它，就可以天马行空地起草。这一点，不能不明朗和确定。有了散文的内在结构——感情体验，只要再明确外在结构的核心就可以写好散文。外在结构的核心是细节。

散文和小说一样，建立在细节的描写和叙述的基础上，但细节的排列组合方式不同。可以说，小说组合细节是"以盘盛珠"，而散文则是"以线穿珠"。小说的"盘"是一个社会的横切面，具备冲突，各种阶层、力量的人物或隐或显。而细节只能在这样的"盘"中有机地展开。散文的"线"，就是感情体验，或多或少，随手拈来，任情挥洒——以感情体验的表现为准。由此，我们说散文（应称艺术散文），是最自由的文体，散漫如水，手法灵活。只要弄清以上四点，写真实自我及由此生发的个性口语、感情体验和细节描写，就掌握了散文写作的要领，什么意、章法（如文眼）、意境等一般化认识都不必过于拘谨地学习，其他文体理论知识和写作基础理论都会讲到。散文主要分为记叙散文和抒情散文两种。

（一）两种散文模式

1.记人散文模式

开头：感情化语言概括叙述。我和该人，重点在后。介绍该人，如肖像描写。两者关系及该人精神特质的议论。

中间：一种情况，一件事，从开头、发展到结尾，细致叙述和描写；另一种情况，几件事。每件事即每层次前，可以用对该人精神特质的一个因素领起，以对该人的感情体验及整体议论来贯穿几件事。

结尾：重申特质，照应开头；深化感情关系，发出感慨。

2.抒情散文模式

开头：叙述自己与景物的关系；议论景物和自己。

中间：描写景物，分出层次，细致动人；联想发挥，更大意义。

结尾：感慨。

（二）散文写作——构思、联想、语言

散文，往往通过生活中偶发的、片断的事，去反映其复杂的背景和深广的内涵，做到"一粒沙里见世界，半瓣花上说人情"。要达到这种境界，构思是关键。

构思，是作者对一篇作品的整个认识过程，从他对外界事物的最初感受到成篇的全过程。就是进入下笔阶段，也仍然在思考，在探索，在继续认识所要描写的对象，深入发掘其底蕴和内涵。这是一种复杂的、艰辛的、严肃的精神活动，是对作家人格、修养功力的考验。由于事物间的联系是深邃而微妙的，作家要善于由表及里，从纷繁错综的联系里，发现其独特而奥妙的联系点，才能够从"引心"到"会心"，由"迎意"到"立意"。构思的奥妙，不同的作家有不同发现。于是就出现了种种不同的构思方法。秦牧的构思方法，有人叫作"滚雪球"。他写散文起初的感受只是一点点，如一片小雪花，随着题材的增加，体会的深入，联想的开展，那感觉一步步膨胀起来，就像滚雪球一样。这里可贵的是最初的感觉，照秦牧的话说，它是事物的"尖端"部分，最富有"特征"的部分，一旦被作家抓住，就像一粒饱满的种子，落到肥沃的土壤里，作家用思想、感情的阳光雨露恩泽它，使它萌发成丰富的果实。这是一个核心，越滚越大，形成统一的构思。他的名篇《土地》《社稷坛抒情》就是很好的例子。徐迟的构思方法，叫"抓一刹那"。这"一刹那"他认为是事物的"精华"部分，最有"光彩"的部分。抓住这"一刹那"，就抓住了头绪，抓住了中心，零散杂乱的材料才得以集中，才有了归宿。如他的《在湍流的涡漩中》的创作，正反两方面的教训都可以说明这个问题。

总之，一篇散文的谋篇、构思，不同的作家有不同的方法，因人而异，不可强求一律，更不能照猫画虎，每人应有每人的独特方法，但讲究构思，则对每一个作家而言，都是极重要的。一篇优秀的散文，几乎难以离开联想。所谓联想，是指对事物由此及彼、由表及里的想象活动。由一事物过渡到另一事物的心理过程。当人们由当前事物回忆起有关的另一事物，或者由想起的一件事物又波及另一件事物时，都离不开联想。在这种联想活动中，事物的特征和本质，更容易鲜明和突出，作者的思想认识也能不断提高和深化。一个作者的知识积累，储藏越厚实，则对生活的感受越敏锐，易于触类旁通，浮想联翩，文思泉涌。

联想，在心理活动中占有重要地位。回忆常以联想的形式出现，联想还有助于举一反三的推理过程。特别是在散文创作及其他样式的文艺创作中，联想有着增强作品艺术魅力的功效。散文家的灵感，看似偶然，实则必然，迁思妙得，得自长期积累。积累越厚，越发敏感。散文不是贵在触发吗？由此及彼是触发，对于目前所经历的事物，发现旁的意思，既是触发，也是联想。深厚的积累，有助于触发的深化。要将"诗魂"变为诗，要从触发达到构思，还必须发挥联想和想象。要将许多旧经验溶化、抽象、加以重新组织，假若没有一定生活积累做凭依，想象、联想的翅膀则是飞不起来的。客观事物总是相互联系的，具有各种不同联系的事物反映在作者的头脑中，便形成了各种不同的联想——有空间或时间上相接近的事物形成接近联想（如由水库想起水力发电机）；有相似特点的事物形成的类似联想（如由鲁迅想起高尔基）；有对立关系的事物形成对比联想（如由光明想起黑暗）；有因果关系的事物形成因果联想（如由火想到热）。

散文的联想，总是同精细的观察、细微的描述相结合。散文的画面，首先力求真实、具体，使人读之如身临其境，同时也要做到含蓄、深邃，使人读之能临境生情。作者给读者想象空间、回味余地越大，则诗意的芬芳越浓，这就离不开丰富而活跃的联想。联想，实质上是观察的深化，是此时此地的观察，与彼时彼地观察的融会贯通。没有这种融会贯通，便没有感受的加深、思想的升华、诗意的结晶。如果说，精细的观察，为作者采集了丰富的矿石，那活跃的联想，则是对这些矿石的冶炼和加工。联想不是凭着个人的闪念所得，漫无边际地胡思乱想。一个作家要想让联想的翅膀飞起来，没有广博的学识，不掌握事物之间内在的联系和底蕴，没有个人的创造性和激情，没有个人爱好的广大空间，思想和幻想、形式和内容的广大空间，是高飞不起来的。只能像蓬间雀那样在草梢上徘徊，而不能像大鹏那样展翅万里，海阔天空自由飞翔。散文笔调的魅力，固然来自作家的真知、真见、真性、真情。但要将其化作文学和谐的色彩、自然的节奏、隽永的韵味，还必须依靠驾驭文字的娴熟，笔墨的高度净化。文采，不在于文字的花哨和刻意雕饰，而在于表情达意，朴实真挚。如堆砌词藻，就像爱美而又不善于打扮的女人一样，以为涂脂抹粉，越浓越好，花花绿绿，越艳越好，其实俗不可耐，令人见了皱眉。散文作者，要有特别敏锐的眼光和洞察力，能看到和发现别人所没有看到的事物，还需有异常严密而深厚的文字功夫。创作时不能心浮气躁，要静下心来，挖空心思找到准确的词句，并把它们排列得能用很少的话表达较多的意思。这就是古人所说的"言简意繁"。要使语言能表现出一幅生动的画面，简洁地描绘出人物的音容笑貌和主要特征，让读者一下子就牢牢记住被描写人物的动作、步态和语气。

对散文的语言，作家们有不少独到精辟的见解。秦牧说："文采，同样产生艺术魅力和文笔情趣。丰富的词汇，生动的口语，铿锵的音节，适当的偶句，色彩鲜明的描绘，精采的叠句……这些东西的配合，都会增加文笔的情趣。"佘树森说："散文的语言，似乎比小说多几分浓密和雕饰，而又比诗歌多几分清淡和自然。它简洁而又潇洒，朴素而又优美，自然中透着情韵。可以说，它的美，恰恰就在这浓与淡、雕饰与自然之间。"

散文篇幅小、容量大，行文最忌拉拉杂杂，拖泥带水，像老王婆裹脚布，又长又臭。简洁，并不是简境，而是简笔；笔既简，而境不简，是一种高度准确的概括力。杜牧《阿房宫赋》开头写道："六王毕，四海一。蜀山兀，阿房出。"仅仅十二字，就写出了六国王朝的覆灭。秦始皇统一了天下，把蜀山的树木砍光了，山顶上光秃秃的，就在这里，修建起阿房宫。短短十二个字，写出了这么丰富的历史内容，时空跨度又很大，真可谓"言简意繁"了。

潇洒，对人来说，是一种气质，一种风度。对散文来说，是语句变化多姿。短句，促而严；长句，舒而缓；偶句，匀称凝重；奇句，流美洒脱。这些句式的错落而谐调的配置，自然便构成散文语言特有的简洁而潇洒的美。散文语言的朴素美，并不排斥华丽美，两者是相对成立的。

在散文作品里，我们往往看到朴素和华丽两副笔墨并用。该浓墨重彩的地方，尽意渲染，如天边锦缎般的晚霞；该朴素的地方，轻描淡写，似清澈小溪涓涓流淌。朴素有如美女的"淡扫蛾眉"，华丽亦非丽词艳句的堆砌，而是精巧的艺术加工，不着斧凿的痕迹。但不论是朴素还是华丽，若不附属于真挚感情和崇高思想的美，就易于像无限的浮萍，变得苍白无力，流于玩弄技巧的文字游戏。像生活的海洋一样，语言的海洋也是辽阔无边的。行文潇洒，不拘一格，鲜活的文气，新颖的语言，巧妙的比喻，迷人的情韵，精彩的叠句，智慧的警语，优美的排比，隽永的格言，风趣的谚语，机智的幽默，含蓄的寓意，多种多样艺术技巧的自如运用，将使散文创作越发清新隽永，光彩照人。

项目实践
"寻找春天，感受大自然之美"课外实践活动

1. 活动目标与任务

（1）通过室外拍摄，感受春天之美；

（2）通过制作 PPT 或音乐相册，提高人文素养；

（3）运用散文鉴赏理论知识，撰写文章；

（4）通过一系列"拍、做、写、念"，感受散文之美，感受大自然之美。

2. 活动情景与内容

古人说："读书破万卷，下笔如有神。"的确，读书可以拓宽我们的眼界，获得丰富的知识；散文阅读，能引导我们明理，学会如何做个有修养的人；散文阅读，还能提高我

们的阅读能力，养成良好的学习习惯。一篇好的散文，就像一艘航船，引领我们从浅狭的港湾驶向生活无垠的海洋。优秀的散文可以让我们尽情欢笑，让我们庄严思考；而通过感受大自然去进一步挖掘散文的魅力，可以让学生奋发图强，让他们勇于创造！通过举行这一活动选拔出散文鉴赏方面的明星小组和个人。

3. 活动组织与实施

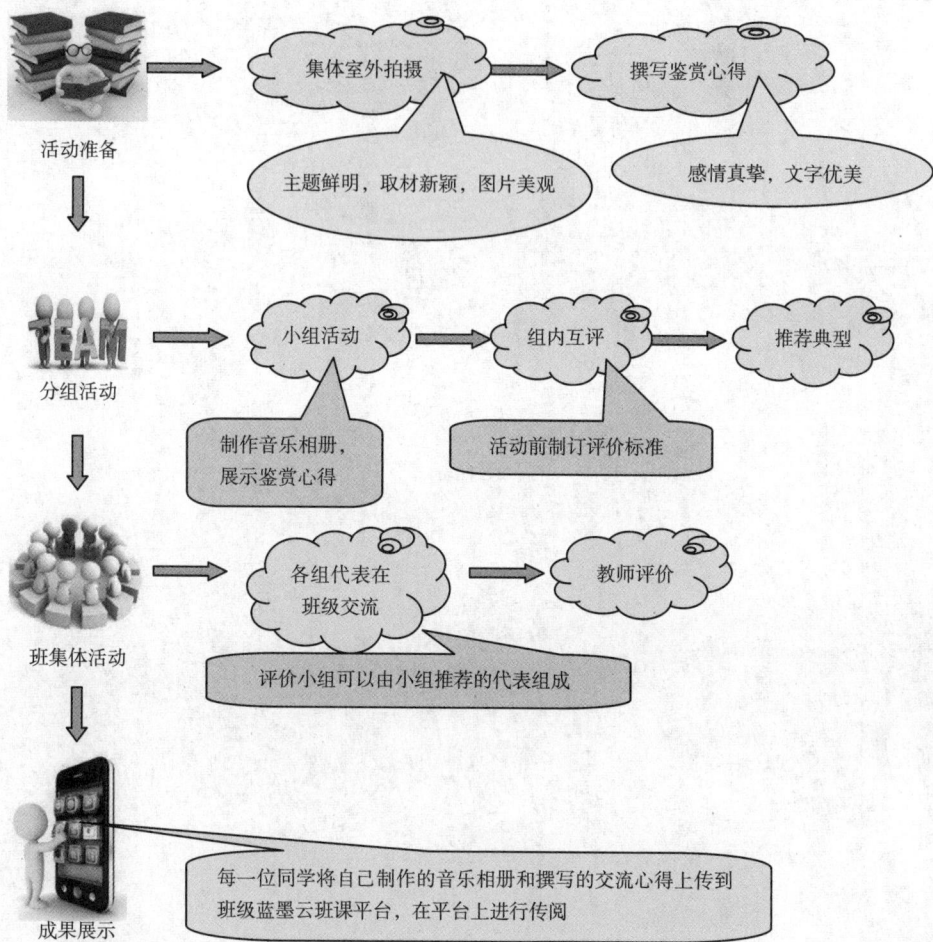

4. 活动指导

（1）活动准备。活动前，分小组选定主题，集体进行室外拍摄；同时，运用所学到的散文写作手法，围绕小组主题撰写一篇 500 字左右的文章。

（2）小组活动。在小组长的主持下，一同确定主题、展开拍摄，而后分工制作音乐相册，撰写文章；通过评议，推荐代表小组参加班级活动的人选。

（3）班集体活动。在老师或老师指定的主持人的主持下开展活动。

班集体活动的评价由学生评价与教师评价组成。学生评价应根据先前制订的评价标准进行定性评价；教师评价应侧重于对整个活动的评价，应是对整个活动的总结性评价。

（4）成果展示。每组派代表展示自己的音乐相册，同时进行文字解读或故事演绎。

（5）提示。对同一篇散文作品，不同的人有不同的理解，也可能写出不同的欣赏心得。西方有句名言："一千个观众就有一千个哈姆雷特。"欣赏是多元化的，失去双臂的维纳斯美，千手观音也同样很美！正所谓"仁者见仁，智者见智"。只要运用的方式得当就行，不必人云亦云。

项目七　小说欣赏

学习内容

通过赏析中外各个时期的优秀小说作品，引导学生欣赏小说，初步感知小说这一文体的基本特征。历代小说思潮迭起，流派纷呈，学生不需要系统掌握源远流长且又头绪繁杂的小说史，而应当定位于欣赏。作品的选取尽量以短篇为主，也适当选一些长篇中的精彩章节。欣赏这些古今中外的名家名篇，可以极大地拓展学生的文学视野，使其语文应用能力、审美能力和探究能力得到提高，从而全面提高学生语文素养。

学习目标

- 欣赏、阅读古今中外优秀小说作品；
- 通过欣赏名家名篇拓展学生文学视野，提升学生语文素养；
- 通过古今中外优秀小说作品的学习与欣赏充实学生精神，完善学生情感，从而实现学生人格的提升。

案例导入

案例一　乐一乐——小说名著作家作品"对对碰"

教师课件展示《小说名著作家作品对对碰》游戏，学生分小组参与，将课件中小说名著的作家与作品连线，并对最终得分最高的小组成员进行表扬和奖励。通过游戏导入调动学生学习积极性，考查学生对于小说名著的掌握情况，激发学生的学习兴趣。

案例二　测一测——《小说常识》测试

教师在蓝墨云班课平台上设置《小说常识》的测试问卷，学生用手机登录蓝墨云班课，完成测试，教师现场展示测试结果，对于完成时间最短、得分最多的三名学生给予表扬与奖励。

案例三　说一说——我最喜欢的小说作品

学生以小组或个人的方式，走上讲台，谈论古今中外自己最喜欢的小说作品。

案例四　看一看——小说的推广：由小说改编成的影视作品

《三十部经典小说改编电影盘点（组图）》盘点了三十部由经典小说成功改编而成的

电影，如美国玛格丽特·米切尔夫人的《飘》一经面世，其销售情况立即打破了美国出版界的多项纪录。在全世界的销售量也逾2 000万册。好莱坞购得将《飘》改编成电影的权利，由此改编成的《乱世佳人》（*Gone with the wind*）由克拉克·盖博、费雯·丽两位巨星参演，在壮丽的时代画卷上演绎出一个极不寻常的爱情故事，开创了以真实而辽阔的历史背景加虚构人物故事的爱情史诗片先河。

现当代通俗小说改编成电视剧的现象十分普遍，如武侠小说大家金庸、古龙，言情小说大家琼瑶等，他们的绝大部分作品都经过改编搬上了荧屏。《盘点根据网络小说改编的10大经典电视剧》则列举出了收视率颇高的由当代网络小说改编而成的经典电视剧，如《步步惊心》《后宫·甄嬛传》《来不及说我爱你》，另外还有《欢乐颂》《人民的名义》等。

任务驱动
任务一　中国古代小说鉴赏

小说一词最早出现在《庄子·外篇》中："饰小说以干县令，其于大达亦远矣！"这里的"小说"，是指琐屑浅薄的言论。东汉时，刘歆在《七略》中首辟"小说家"一类。随后，班固《汉书·艺文志》据此著录各家人物和其著作，指出"小说家者流，盖出于稗官、街谈巷语，道听途说者之所造也"。这里的小说是指卑微琐屑的言谈，属于贬义词。而在现代汉语中，小说一词指的是通过塑造人物，叙述故事，描写环境来反映生活，表达思想的一种文学体裁。小说已经成为与诗歌、散文、戏剧并列的四大文学样式之一。

一、中国古代小说发展概况

最初的神话小说，起源于远古时代原始先民的口头创作，用想象或借助想象力以征服自然、支配自然，把自然力加以形象化，借助神话的表现形式或以神话为题材为内容。最早的神话故事是先秦古籍《山海经》。魏晋南北朝时期出现了大量谈论神鬼怪异以及记述名士的奇闻轶事的故事，较有代表性的是干宝的《搜神记》、刘义庆的《世说新语》。其中保留下来很多古代神话的片段，如"夸父逐日""女娲补天""精卫填海""大禹治水"等。他们在内容和形式上为后世小说创作做了准备。

后汉至唐是中国小说初步形成的时期，当时的人们确信"阴阳残殊途，人鬼乃皆实有"。所以书中多是神灵怪异之事，虽然情节简单，但是设想奇幻，极富浪漫主义色彩。

"小说亦如诗，至唐而一变。"唐代，我国古典小说创作开始出现新的局面，在志怪与志人小说相结合的基础上，兴起了一种小说样式"传奇"，如李朝威的《柳毅传》、元稹的《莺莺传》、李公佐的《南柯太守传》等。唐传奇的兴起，标志着古代短篇文言小说创作趋于成熟。

到了宋代，出现了话本，小说也发生了根本性的变化。宋、元时期，为适应市民阶层的需要，说话艺术应运而生。"说话"即在城市勾栏里讲说故事。说话人讲说故事时必须有个底本，这底本稍加润色就是"话本小说"。话本小说继承了唐传奇的传统，立足于社会人生，着重反映市民阶层的生活、思想。话本小说多为短篇，但情节曲折，故事生动，人物形象鲜明突出，为市民阶层所喜闻乐见。当时影响较大的有洪迈的《夷坚志》、吴淑的《江淮异闻录》等。

古代小说到了明清时期步入了成熟期，明清小说以其完备和丰富将叙事文学推向了极致。从明清小说所表现的广阔的社会生活场景、丰硕的艺术创作成果和丰富的社会政治理想而言，明清小说无疑铸就了中国古典文学最后的辉煌。

清代是中国古代长篇小说的黄金时代。不仅数量空前，风格流派多样，最重要的是它还与现实生活十分接近，不再只是描写逝去的英雄时代和传奇式的英雄人物，而是将目光转向世俗的社会和平常的人们。

蒲松龄的《聊斋志异》，把文言小说的创作推上了顶峰，代表了文言小说的最高成就。继蒲松龄的《聊斋志异》之后，吴敬梓创作了《儒林外史》，以讽刺文学独立于小说之林。曹雪芹的《红楼梦》，把我国的小说创作推上了一个新的高峰，它代表了我国古典文学的最高成就。

后人将明清的四部长篇章回体小说《三国演义》《水浒传》《西游记》《红楼梦》合称为古典文学"四大名著"。

二、中国古代小说作品鉴赏

《搜神记》是一部记录古代民间传说中神奇怪异故事的小说集，作者是东晋的史学家干宝。主角有鬼，也有妖怪和神仙，杂糅佛道。大多篇幅短小，情节简单，设想奇幻，极富浪漫主义色彩。《搜神记》对后世影响深远，历代长传不衰。

董永与织女（卷一）

汉董永，千乘人。少偏孤，与父居。肆力田亩，鹿车载自随。父亡，无以葬，乃自卖为奴，以供丧事。主人知其贤，与钱一万，遣之。永行三年丧毕。欲还主人，供其奴职。道逢一妇人曰："愿为子妻。"遂与之俱。主人谓永曰："以钱与君矣。"永曰："蒙君之惠，父丧收藏。永虽小人，必欲服勤致力，以报厚德。"主曰："妇人何能？"永曰："能织。"主曰："必尔者，但令妇为我织缣百匹。"于是永妻为主人家织，十日而毕。女出门，谓永曰："我，天之织女也。缘君至孝，天帝令我助君偿债耳。"语毕，凌空而去，不知所在。

干将莫邪（卷十一）

楚干将、莫邪为楚王作剑，三年乃成。王怒，欲杀之。剑有雌雄。其妻重身当产。夫语妻曰："吾为王作剑，三年乃成。王怒，往必杀我。汝若生子是男，大，告之曰：'出户望南山，松生石上，剑在其背。'"于是即将雌剑往见楚王。王大怒，使相之："剑有二，一雄一雌，雌来雄不来。"王怒，即杀之。

莫邪子名赤，比后壮，乃问其母曰："吾父所在？"母曰："汝父为楚王作剑，三年乃成。王怒杀之。去时嘱我：'语汝子，出户望南山，松生石上，剑在其背。'"于是子出户南望，不见有山，但睹堂前松柱下石低之上。即以斧破其背，得剑，日夜思欲报楚王。

王梦见一儿，眉间广尺，言欲报仇。王即购之千金。儿闻之，亡去，入山行歌。客有逢者，谓："子年少，何哭之甚悲耶？"曰："吾干将、莫邪子也，楚王杀吾父，吾欲报之！"客曰："闻王购子头千金，将子头与剑来，为子报之。"儿曰："幸甚！"即自刎，两手捧头及剑奉之，立僵。客曰："不负子也。"于是尸乃仆。

客持头往见楚王，王大喜。客曰："此乃勇士头也，当于汤镬煮之。"王如其言。煮头三日三夕，不烂，头踔出汤中，瞋目大怒。客曰："此儿头不烂，愿王自往临视之，是必烂也。"王即临之。客以剑拟王，王头随坠汤中，客亦自拟己头，头复坠汤中。三首俱烂，不可识辨。乃分其汤肉葬之，故通名"三王墓"，今在汝南北宜春县界。

刘姥姥进大观园

[清] 曹雪芹

次日清早起来，可喜这日天气清朗。李纨清晨起来，看着老婆子丫头们扫那些落叶，并擦抹桌椅，预备茶酒器皿。只见丰儿带了刘姥姥板儿进来，说："大奶奶，倒忙的紧。"李纨笑道："我说你昨儿去不成，只忙着要去。"刘姥姥笑道："老太太留下我，叫我也热闹一天去。"丰儿拿了几把大小钥匙，说道："我们奶奶说了：外头的高几儿怕不够使，不如开了楼，把那收的拿下来使一天罢。奶奶原该亲自来，因和太太说话呢。请大奶奶开了，带着人搬罢。"李氏便命素云接了钥匙，又命婆子出去，把二门上小厮叫几个来。李氏站在大观楼下，往上看着，命人上去开了缀锦阁，一张一张地往下抬。小厮、老婆子、丫头一齐动手，抬了二十多张下来。李纨道："好生着！别慌慌张张鬼赶着似的，仔细碰了牙子！"又回头向刘姥姥笑道："姥姥也上去瞧瞧。"刘姥姥听说，巴不得一声儿，拉了板儿，登梯上去。进里面，只见乌压压的，堆着些围屏、桌、椅、大小花灯之类，虽不大认得，只见五彩闪灼，各有奇妙。念了几声佛，便下来了。然后锁上门，一齐下来。李纨道："恐怕老太太高兴，越发把船上划子、篙、桨、遮阳、幔子，都搬下来预备着。"众人答应，又复开了门，色色的搬下来，命小厮传驾娘们到船坞里撑出两只船来。

正乱着，只见贾母已带了一群人进来了。李纨忙迎上去，笑道："老太太高兴，倒进来了，我只当还没梳头呢，才掐了菊花要送去。"一面说，一面碧月早已捧过一个大荷叶式的翡翠盘子来，里面养着各色折枝菊花。贾母便拣了一朵大红的簪在鬓上。因回头看见了刘姥姥，忙笑道："过来带花儿。"一语未完，凤姐儿便拉过刘姥姥来，笑道："让我打扮你。"说着，把一盘子花，横三竖四地插了一头。贾母和众人笑得不得。刘姥姥也笑道："我这头也不知修了什么福，今儿这样体面起来！"众人笑道："你还不拔下来摔到他脸上呢，把你打扮的成了老妖精了！"刘姥姥笑道："我虽老了，年轻时也风流，爱个花儿粉儿的，今儿索性做个老风流！"

　　说话间，已来至沁芳亭上。丫鬟们抱了个大锦褥子来铺在栏杆榻板上。贾母倚栏坐下，命刘姥姥也坐在旁边，因问他："这园子好不好？"刘姥姥念佛说道："我们乡下人，到了年下，都上城来买画儿贴。闲了的时候儿，大家都说：'怎么得到画儿上逛逛！'想着画儿也不过是假的，那里有这个真地方儿？谁知今儿进这园里一瞧，竟比画儿还强十倍！怎么得有人也照着这个园子画一张，我带了家去给他们见见，死了也得好处！"

　　贾母听说，指着惜春笑道："你瞧，我这个小孙女儿，他就会画。等明儿叫他画一张，如何？"刘姥姥听了，喜的忙跑过来拉着惜春，说道："我的姑娘！你这么大年纪儿，又这么个好模样儿，还有这个能干，别是个神仙托生的罢？"

　　贾母众人都笑了。歇了歇，又领着刘姥姥都见识见识。先到了潇湘馆。一进门，只见两边翠竹夹路，土地下苍苔布满，中间羊肠一条石子漫的甬路。刘姥姥让出来与贾母众人走，自己却走土地。琥珀拉他道："姥姥，你上来走。看青苔滑倒了。"刘姥姥道："不相干，我们走熟了。姑娘们只管走罢，可惜你们的那鞋，别沾了泥！"他只顾上头和人说话，不防脚底下果踩滑了，咕咚一交跌倒。众人都拍手呵呵地大笑。贾母笑骂道："小蹄子们！还不搀起来，只站着笑！"说话时，刘姥姥已爬起来了，自己也笑了，说道："才说嘴，就打了嘴了。"贾母问他："可扭了腰了没有？叫丫头们捶捶。"刘姥姥道："那里说的我这么娇嫩了？那一天不跌两下子？都要捶起来，还了得呢！"

　　紫鹃早打起湘帘，贾母等进来坐下，黛玉亲自用小茶盘儿捧了一盖碗茶来，奉与贾母。王夫人道："我们不吃茶，姑娘不用倒了。"黛玉听说，便命丫头把自己窗下常坐的一张椅子，挪到下手，请王夫人坐了。刘姥姥因见窗下案上设着笔砚，又见书架上放着满满的书，刘姥姥道："这必定是那一位哥儿的书房了？"贾母笑指黛玉，道："这是我这外孙女儿的屋子。"刘姥姥留神打量了黛玉一番，方笑道："这那里像个小姐的绣房？竟比那上等的书房还好呢！"贾母因问："宝玉怎么不见？"众丫头们答说："在池子里船上呢。"贾母道："谁又预备下船了？"李纨忙回说："才开楼拿的。我恐怕老太太高兴，就预备下了。"贾母听了，方欲说话时，有人回说："姨太太来了。"贾母等刚站起来，只见薛姨妈早进来了，一面归坐，笑道："今儿老太太高兴，这早晚就来了。"贾母笑道："我才说来迟了的要罚他，不想姨太太就来迟了！"

　　说笑一回，贾母因见窗上纱颜色旧了，便和王夫人说道："这个纱，新糊上好看，过了后儿就不翠了。这院子里头又没有个桃杏树，这竹子已是绿的，再拿绿纱糊上，反倒不配。我记得咱们先有四五样颜色糊窗的纱呢。明儿给他把这窗上的换了。"凤姐儿忙道："昨儿我开库房，看见大板箱里还有好几匹银红蝉翼纱——也有各样折枝花样的，也有流云蝙蝠花样的，也有百蝶穿花花样的，颜色又鲜，纱又轻软。我竟没见这个样的，拿了两匹出来做两床绵纱被，想来一定是好的。"贾母听了，笑道："呸！人人都说你没有没经过没见过，连这个纱还不能认得，明儿还说嘴！"薛姨妈等都笑说："凭他怎么经过见过，怎么敢比老太太呢？老太太何不教导了他，连我们也听听。"凤姐儿也笑说："好祖宗！教给我罢！"贾母笑向薛姨妈众人道："那个纱比你们的年纪还大呢！怪不得他认做蝉翼纱，原也有些像。不知道的都认做蝉翼纱，正经名字叫'软烟罗'。"凤姐儿道："这个名儿也好听。只是我这么大了，纱罗也见过几百样，从没听见过这个名色。"贾母笑道："你能活了多大？见过几样东西？就说嘴来了。那个软烟罗只有四样颜色：一样雨过天青，一样秋香色，一样松绿的，一样就是银红的。要是做了帐子，糊了窗屉，远远的看着，就似烟雾一样，所以叫做软烟罗。那银红的又叫做'霞影纱'。如今上用的府纱，也没有这样软厚轻密的了。"薛姨妈笑道："别说凤丫头没见，连我也没听见过。"

凤姐儿一面说话，早命人取了一疋来了。贾母说："可不是这个？先时原不过是糊窗屉，后来我们拿这个做被，做帐子，试试也竟好。明日就找出几疋来，拿银红的替他糊窗户。"凤姐答应着。众人看了都称赞不已。刘姥姥也觑着眼看，口里不住的念佛，说道："我们想做衣裳也不能，拿着糊窗子岂不可惜？"贾母道："倒是做衣裳不好看。"凤姐忙把自己身上穿的一件大红绵纱袄的襟子拉出来，向贾母薛姨妈道："看我的这袄儿。"贾母薛姨妈都说："这也是上好的了。这是如今上用内造的，竟比不上这个。"凤姐儿道："这个薄片子还说是内造上用呢，竟连这个官用的也比不上啊。"贾母道："再找一找，只怕还有，要有就都拿出来，送这刘亲家两疋。有雨过天青的，我做一个帐子挂上。剩的配上里子，做些个夹坎肩儿给丫头们穿。白收着霉坏了。"凤姐儿忙答应了，仍命人送去。

贾母便笑道："这屋里窄，再往别处逛去罢。"刘姥姥笑道："人人都说，'大家子住大房'，昨儿见了老太太正房，配上大箱、大柜、大桌子、大床，果然威武。那柜子，比我们一间房子还大，还高。怪道后院子里有个梯子。我想又不上房晒东西，预备这梯子做什么？后来我想起来，一定是为开顶柜，取东西。离了那梯子，怎么上得去呢？如今又见了这小屋子，更比大的越发齐整了。满屋里东西，都只好看，可不知叫什么。我越看越舍不得离了这里了！"凤姐道："还有好的呢，我都带你去瞧瞧。"

说着，一径离了潇湘馆，远远望见池中一群人在那里撑船。贾母道："他们既备下船，咱们就坐一回。"说着，向紫菱洲蓼溆一带走来。未至池前，只见几个婆子手里都捧着一色攒丝戗金五彩大盒子走来。凤姐忙问王夫人："早饭在那里摆？"王夫人道："问老太太在那里就在那里罢了。"贾母听说，便回头说："你三妹妹那里好。你就带了人摆去。我们从这里坐了船去。"

凤姐儿听说，便回身和李纨、探春、鸳鸯、琥珀带着端饭的人等，抄着近路，到了秋爽斋，就在晓翠堂上调开桌案。鸳鸯笑道："天天咱们说，外头老爷们，吃酒吃饭，都有个凑趣儿的，拿他取笑儿。咱们今儿也得了个女清客了。"李纨是个厚道人，倒不理会。凤姐儿却听着是说刘姥姥，便笑道："咱们今儿就拿他取个笑儿。"二人便如此这般商议。李纨笑劝道："你们一点好事儿不做！又不是个小孩儿，还这么淘气。仔细老太太说！"鸳鸯笑道："很不与大奶奶相干，有我呢。"

正说着，只见贾母等来了，各自随便坐下。先有丫鬟挨人递了茶。大家吃毕，凤姐手里拿着西洋布手巾，裹着一把乌木三镶银箸，按席摆下。贾母因说："把那一张小楠木桌子抬过来，让刘亲家挨着我这边坐。"众人听说，忙抬过来。凤姐一面递眼色与鸳鸯，鸳鸯便忙拉刘姥姥出去，悄悄的嘱咐了刘姥姥一席话，又说："这是我们家的规矩，要错了，我们就笑话呢。"

调停已毕，然后归坐。薛姨妈是吃过饭来的，不吃了，只坐在一边吃茶。贾母带着宝玉、湘云、黛玉、宝钗一桌。王夫人带着迎春姐妹三人一桌。刘姥姥挨着贾母一桌。贾母素日吃饭，皆有小丫鬟在旁边拿着漱盂、麈尾、巾帕之物。如今鸳鸯是不当这差的了，今日偏接过麈尾来拂着。丫鬟们知他要捉弄刘姥姥，便躲开让他。鸳鸯一面侍立，一面递眼色。刘姥姥道："姑娘放心。"

那刘姥姥入了坐，拿起箸来，沉甸甸的，不伏手，原是凤姐和鸳鸯商议定了，单拿了一双老年四楞象牙镶金的筷子给刘姥姥。刘姥姥见了，说道："这个叉巴子，比我们那里的铁掀还沉，那里拿的动他！"说的众人都笑起来。只见一个媳妇端了一个盒子站在当地，一个丫鬟上来揭去盒盖，里面盛着两碗菜。李纨端了一碗放在贾母桌上，凤姐偏拣了一碗鸽子蛋，放在刘姥姥桌上。

贾母这边说声"请"，刘姥姥便站起身来，高声说道："老刘，老刘，食量大如牛：吃个老母猪不抬头！"说完，却鼓着腮帮子，两眼直视，一声不语。众人先还发怔，后来一想，上上下下都一齐哈哈大笑起来。湘云掌不住，一口茶都喷出来。黛玉笑岔了气，伏着桌子，只叫"嗳哟"！宝玉滚到贾母怀里，贾母笑的搂着叫"心肝"！王夫人笑的用手指着凤姐儿，却说不出话来。薛姨妈也掌不住，口里的茶，喷了探春一裙子。探春的茶碗都合在迎春身上。惜春离了坐位，拉着他奶母，叫揉揉肠子。地下无一个不弯腰屈背，也有躲出去蹲着笑去的，也有忍着笑上来替他姐妹换衣裳的。独有凤姐鸳鸯二人掌着，还只管让刘姥姥。

刘姥姥拿起箸来，只觉不听使，又道："这里的鸡儿也俊，下的这蛋也小巧，怪俊的，我且得一个儿！"众人方住了笑，听见这话，又笑起来。贾母笑的眼泪出来，只忍不住，琥珀在后捶着。贾母笑道："这定是凤丫头促狭鬼儿闹的！快别信他的话了。"

那刘姥姥正夸鸡蛋小巧，凤姐儿笑道："一两银子一个呢，你快尝尝罢。冷了就不好吃了。"刘姥姥便伸筷子要夹，那里夹的起来？满碗里闹了一阵，好容易撮起一个来，才伸着脖子要吃，偏又滑下来，滚在地下。忙放下筷子，要亲自去拣，早有地下的人拣了出去了。刘姥姥叹道："一两银子，也没听见个响声儿就没了！"

众人已没心吃饭，都看着他取笑。贾母又说："谁这会子又把那个筷子拿出来了？又不请客，摆大筵席。都是凤丫头支使的！还不换了呢！"地下的人原不曾预备这牙箸，本是凤姐和鸳鸯拿了来的，听如此说，忙收过去了，也照样换上一双乌木镶银的。刘姥姥道："去了金的，又是银的，到底不及俺们那个伏手。"凤姐儿道："菜里要有毒，这银子下去了就试的出来。"刘姥姥道："这个菜里有毒，我们那些都成了砒霜了。那怕毒死了，也要吃尽了。"贾母见他如此有趣，吃的又香甜，把自己的菜也都端过来给他吃；又命一个老嬷嬷来，将各样的菜给板儿夹在碗上。

任务二 中国现当代小说鉴赏

近代梁启超在很早就发表《论小说与群治的关系》第一次深刻揭露了小说反映民情民意的作用，同时也指出小说能成为社会改良武器的作用。"五四"以来的白话新文学促进了现当代小说的大力发展，现代印刷术的出现更是酝酿了现代小说的进一步的繁荣。

一、中国现当代小说概述

20世纪初以来，小说的地位上升，写小说的人逐渐增多。

晚清到"五四"时期的小说作为承前启后的阶段，小说还带有早些时候的封建主义因素，黑幕小说、言情小说、公安小说盛行，其娱乐功能大于精神的探索，商业化气息浓厚。

20年代鲁迅《狂人日记》的发表真正确立了中国现代小说的诞生，小说塑造的狂人的"变态"形象，更是成为中国小说史上的经典形象。

30年代小说的发展走向成熟，这一时期例如老舍的《老张的哲学》、巴金的《灭亡》、茅盾的《蚀》三部曲、鲁迅的《故事新编》都是重要作品，除此之外，还有众多年轻作家登上了历史舞台，比如沈从文、张天翼、丁玲等。

40年代格局混乱，但也出现了老舍的《四世同堂》、茅盾的《霜叶红似二月花》、沈从文的《长河》等作品，除此之外还有张爱玲、废名、萧红的创作。

到了80年代，小说进入发展的新阶段，新时期小说比较重要的潮流或现象有伤痕小说、反思小说、改革小说、寻根小说、新潮小说、新写实小说、女性小说、新生代小说等。出现了众多优秀作家作品，如张承志的《黑骏马》《北方的河》等，还有王蒙、韩少功、王安忆、汪曾祺、路遥、陈忠实、贾平凹等。

80年代中后期，马原、洪峰、余华、苏童、叶兆言等青年作家纷纷登上文坛，他们以独特的话语方式进行小说文体形式的实验，被评论界冠以"先锋派"的称号。他们注意调整叙事话语和故事之间的距离，追求故事中历史生活形态的不稳定性，故事人物符号化，叙事圈套，叙事猜测，不断突破传统小说，在小说界独树一帜。

2012年，中国作家莫言获得诺贝尔文学奖，这是中国人首次摘得该奖项中的文学奖。

随着现代科技的发展和生活的快节奏，微小说应运而生。微小说在短短的篇幅中营造出朦胧的爱情氛围，诠释出深刻的感悟，表达出生活的苦乐，展现出睿智的幽默。

二、中国现当代小说欣赏

《狂人日记》是中国第一部现代白话文小说，首发于1918年5月15日4卷5号《新青年》月刊，是鲁迅的一篇短篇作品，收录在鲁迅的短篇小说集《呐喊》中。内容大致上是以一个"狂人"的所见所闻，指出中国文化的朽坏。《狂人日记》在近代中国的文学历史上是一座里程碑，开创了中国新文学的革命现实主义传统。

狂人日记（节选）

鲁迅

某君昆仲，今隐其名，皆余昔日在中学时良友；分隔多年，消息渐阙。日前偶闻其一大病；适归故乡，迂道往访，则仅晤一人，言病者其弟也。劳君远道来视，然已早愈，赴某地候补矣。因大笑，出示日记二册，谓可见当日病状，不妨献诸旧友。持归阅一过，知所患盖"迫害狂"之类。语颇错杂无伦次，又多荒唐之言；亦不著月日，惟墨色字体不一，知非一时所书。间亦有略具联络者，今撮录一篇，以供医家研究。记中语误，一字不易；惟人名虽皆村人，不为世间所知，无关大体，然亦悉易去。至于书名，则本人愈后所题，不复改也。七年四月二日识。

一

今天晚上，很好的月光。

我不见他，已是三十多年；今天见了，精神分外爽快。才知道以前的三十多年，全是发昏；然而须十分小心。不然，那赵家的狗，何以看我两眼呢？

我怕得有理。

二

今天全没月光，我知道不妙。早上小心出门，赵贵翁的眼色便怪：似乎怕我，似乎想害我。还有七八个人，交头接耳的议论我，张着嘴，对我笑了一笑；我便从头直冷到脚跟，晓得他们的布置，都已妥当了。

我可不怕，仍旧走我的路。前面一伙小孩子，也在那里议论我；眼色也同赵贵翁一样，脸色也铁青。我想我同小孩子有什么仇，他也这样。忍不住大声说，"你告诉我！"他们可就跑了。

我想：我同赵贵翁有什么仇，同路上的人又有什么仇；只有廿年以前，把古久先生的陈年流水簿子，踹了一脚，古久先生很不高兴。赵贵翁虽然不认识他，一定也听到风声，打抱不平；约定路上的人，同我作冤对。但是小孩子呢？那时候，他们还没有出世，何以今天也睁着怪眼睛，似乎怕我，似乎想害我。这真教我怕，教我纳罕而且伤心。

我明白了。这是他们娘老子教的！

三

晚上总是睡不着。凡事须得研究，才会明白。

他们——也有给知县打枷过的，也有给绅士掌过嘴的，也有衙役占了妻子的，也有老子娘被债主逼死的；他们那时候的脸色，全没有昨天这么怕，也没有这么凶。

最奇怪的是昨天街上的那个女人，打他儿子，嘴里说道："老子呀！我要咬你几口才出气！"他眼睛却看着我。我出了一惊，遮掩不住；那青面獠牙的一伙人，便都哄笑起来。陈老五赶上前，硬把我拖回家中了。

拖我回家，家里的人都装作不认识我；他们的脸色，也全同别人一样。进了书房，便反扣上门，宛然是关了一只鸡鸭。这一件事，越教我猜不出底细。

前几天，狼子村的佃户来告荒，对我大哥说，他们村里的一个大恶人，给大家打死了；几个人便挖出他的心肝来，用油煎炒了吃，可以壮壮胆子。我插了一句嘴，佃户和大哥便都看我几眼。今天才晓得他们的眼光，全同外面的那伙人一模一样。

想起来，我从顶上直冷到脚跟。

他们会吃人，就未必不会吃我。

你看那女人"咬你几口"的话，和一伙青面獠牙人的笑，和前天佃户的话，明明是暗号。我看出他话中全是毒，笑中全是刀。他们的牙齿，全是白厉厉的排着，这就是吃人的家伙。

照我自己想，虽然不是恶人，自从端了古家的簿子，可就难说了。他们似乎别有心思，我全猜不出。况且他们一翻脸，便说人是恶人。我还记得大哥教我做论，无论怎样好人，翻他几句，他便打上几个圈；原谅坏人几句，他便说"翻天妙手，与众不同"。我那里猜得到他们的心思，究竟怎样；况且是要吃的时候。

凡事总须研究，才会明白。古来时常吃人，我也还记得，可是不甚清楚。我翻开历史一查，这历史没有年代，歪歪斜斜的每叶上都写着"仁义道德"几个字。我横竖睡不着，仔细看了半夜，才从字缝里看出字来，满本都写着两个字是"吃人"！

书上写着这许多字，佃户说了这许多话，却都笑吟吟的睁着怪眼看我。

我也是人，他们想要吃我了！

……

十一

太阳也不出，门也不开，日日是两顿饭。

我捏起筷子，便想起我大哥；晓得妹子死掉的缘故，也全在他。那时我妹子才五岁，可爱可怜的样子，还在眼前。母亲哭个不住，他却劝母亲不要哭；大约因为自己吃了，哭起来不免有点过意不去。如果还能过意不去，……妹子是被大哥吃了，母亲知道没有，我可不得而知。

母亲想也知道；不过哭的时候，却并没有说明，大约也以为应当的了。记得我四五岁时，坐在堂前乘凉，大哥说爷娘生病，做儿子的须割下一片肉来，煮熟了请他吃，才算好人；母亲也没有说不行。一片吃得，整个的自然也吃得。但是那天的哭法，现在想起来，实在还教人伤心，这真是奇极的事！

十二

不能想了。

四千年来时时吃人的地方，今天才明白，我也在其中混了多年；大哥正管着家务，妹子恰恰死了，他未必不和在饭菜里，暗暗给我们吃。

我未必无意之中，不吃了我妹子的几片肉，现在也轮到我自己，……有了四千年吃人履历的我，当初虽然不知道，现在明白，难见真的人！

十三

没有吃过人的孩子，或者还有？

救救孩子……

一九一八年四月

《透明的红萝卜》是莫言的成名作，是1985年在《中国作家》第二期发表的中篇小说。小说讲述的是一个顶着大脑袋的黑孩，从小受继母虐待，因为沉默寡言，经常对着事物发呆，并对大自然有着超强的触觉、听觉等奇异功能的故事。此文选自小说第四节。

透明的胡萝卜（节选）

莫言

那个金色红萝卜砸在河面上，水花飞溅起来。萝卜漂了一会儿，便慢慢沉入水底。在水底下它慢慢滚动着，一层层黄沙很快就掩埋了它。从萝卜砸破的河面上，升腾起沉甸甸的迷雾，凌晨时分，雾积满了河谷，河水在雾下伤感地呜咽着。几只早起的鸭子站在河边，忧悒地盯着滚动的雾。有一只大胆的鸭子耐不住了，蹒跚着朝河里走。在蓬生的水草前，浓雾像帐子一样挡住了它。它把脖子向左向右向前伸着，雾象海绵一样富于伸缩性，它只好退回来，"呷呷"地发着牢骚。后来，太阳钻出来了，河上的雾被剑一样的阳光劈开了一条条胡同和隧道，从胡同里，鸭子们望见一个高个子老头儿挑着一卷铺盖和几件沉甸甸的铁器，沿着河边往西走去了。老头的背驼得很厉害，担子沉重，把它的肩膀使劲压下去，脖子像天鹅一样伸出来。老头子走了，又来了一个光背赤脚的黑孩子。那只公鸭子跟它身边那只母鸭子交换了一个眼神，意思是说：记得？那次就是他，水桶撞翻柳树滚下河，人在堤上做狗趴，最后也下了河拖着桶残水，那只水桶差点没把麻鸭那个臊包砸死……母鸭子连忙回应：是呀是呀是呀，麻鸭那个讨厌家伙，天天追着我说下流话，砸死它倒利索……

黑孩在水边慢慢地走着，眼睛极力想穿透迷雾，他听到河对岸的鸭子在"呷呷呷呷，嘎嘎嘎嘎"地乱叫着。他蹲下去，大脑袋放在膝盖上，双手抱住凉森森的小腿。他感觉到太阳出来了，阳光晒着背，像在身后生着一个铁炉炉。夜里他没回家，猫在一个桥洞里睡了。公鸡啼鸣时他听到老铁匠在桥洞里很响地说了几句话，后来一切归于沉寂。他再也睡不着，便踏着冰凉的沙土来到河边。他看到了老铁匠伛偻的背影，正想追上去，不料脚下一滑，摔了一个屁股墩，等他爬起来时，老铁匠已经消逝在迷雾中了。现在他蹲着，看着阳光把河雾象切豆腐一样分割开，他望见了河对岸的鸭子，鸭子也用高贵的目光看着他。露出来的水面象银子一样耀眼，看不到河底，他非常失望。他听到工地上吵嚷起来，刘太阳副主任响亮地骂着："娘的，铁匠炉里出了鬼了，老混蛋连招呼都不打就卷了铺盖，小混蛋也没了影子，还有没有组织纪律性？"

"黑孩！"

"黑孩！"

"那不是黑孩吗？瞧，在水边蹲着。"

姑娘和小石匠跑过来，一人架着一支胳膊把他拉起来。

"小可怜，蹲在这儿干什么？"姑娘伸手摘掉他头顶上的麦秸草，说，"别蹲在这儿，怪冷的。"

"昨夜里还剩下些地瓜，让独眼龙给你烤烤。"

"老师傅走了。"姑娘沉重地说。

"走了。"

"怎么办？让他跟着独眼？要是独眼折磨他呢？"

"没事，这孩子没有吃不了的苦。再说，还有我们呢，谅他不敢太过火的。"

两个人架着黑孩往工地上走，黑孩一步一回头。

"傻蛋，走，走，河里有什么好看的？"小石匠捏捏黑孩的胳膊。

"我以为你狗日的让老猫叼了去了呢！"刘太阳冲着黑孩说。他又问小铁匠："怎么样你？把老头挤对走了，活儿可不准给我误了。淬不出钻子来我剜了你的独眼。"

小铁匠傲慢地笑笑，说："请看好，刘头。不过，老头儿那份钱粮可得给我补贴上，要不我不干。"

"我要先看看你的活。中就中，不中你也滚他妈的蛋！"

"生火，干儿。"小铁匠命令黑孩。

整整一个上午，黑孩就像丢了魂一样，动作杂乱，活儿毛草，有时，他把一大铲煤塞到炉里，使桥洞里黑烟滚滚；有时，他又把钢钻倒头儿插进炉膛，该烧的地方不烧，不该烧的地方反而烧化了。"狗日的，你的心到哪儿去啦？"小铁匠恼怒地骂着。他忙得满身是汗，绝技在身的兴奋劲儿从汗珠缝里不停地流溢出来。黑孩看到他在淬火前先把手插到桶里试试水温，手臂上被钢钻烫伤的地方缠着一道破布，似乎有一股臭鱼烂虾的味道从伤口里散出来。黑孩的眼里蒙着一层淡淡的云翳，情绪非常低落。九点钟以后，阳光异常美丽，阴暗的桥洞里，一道光线照着西壁，折射得满洞辉煌。小铁匠把钢钻淬好，亲自拿着送给石匠师傅去鉴定。黑孩扔下手中工具，蹑手蹑脚溜出桥洞，突然的光明也像突然的黑暗一样使他头晕眼花。略微迟疑了一下，他便飞跑起来，只用了十几秒钟，他就站在河水边缘上了。那些四个棱的狗蛋子草好奇地望着他，开着紫色花朵的水芡和擎着咖啡色头颅的香附草贪婪地嗅着他满身的煤烟味儿。河上飘逸着水草的清香和鲹鱼的微腥，他的鼻翅扇动着，肺叶像活泼的斑鸠在展翅飞翔。河面上一片白，白里掺着黑和紫。他的眼睛生涩刺痛，但还是目不转睛，好像要看穿水面上漂着的这层水银般的亮色。后来，他双手提起裤头的下沿，试试探探下了水，跳舞般向前走。河水起初只淹到他的膝盖，很快淹到大腿，他把裤头使劲捲起来，两半葡萄色的小屁股露了出来。这时候他已经立在河的中央了，四周的光一齐往他身上扑，往他身上涂，往他眼里钻，把他的黑眼睛染成了坝上青香蕉一样的颜色。河水湍急，一股股水流撞着他的腿。他站在河的硬硬的沙底上，但一会儿，脚下的沙便被流水掏走了，他站在沙坑里，裤头全湿了，一半贴着大腿，一半在屁股后飘起来，裤头上的煤灰把一部分河水染黑了。沙土从脚下卷起来，抚摸着他的小腿，两颗琥珀色的水珠挂在他的腮上，他的嘴角使劲抽动着。他在河中走动起来，用脚试探着，摸索着，寻找着。

"黑孩！黑孩！"

他听到小铁匠在桥洞前喊叫着。

"黑孩，想死吗？"

他听到小铁匠到了水边，连头也不回，小铁匠只能看到他青色的背。

"上来呀！"小铁匠挖起一块泥巴，对准黑孩投过去，泥巴擦着他的头发梢子落到河水里，河面上荡开椭圆形的波纹。又一坨泥巴扔过来，正打着他的背，他往前扑了一下，嘴唇沾到了河水。他转回身，"唿唿隆隆"地蹚着水往河边上走。黑孩遍身水珠儿，站在小铁匠面前。水珠儿从皮肤上往下滚动，一串一串的，"嘟噜噜"地响。大裤头子贴在身上，小鸡子像蚕蛹一样硬邦邦地翘着。小铁匠举起那只熊掌一样的大巴掌刚要扇下去，忽然觉得心脏让猫爪子给剐了一下子，黑孩的眼睛直盯着他的脸。

"快去拉火。师傅我淬出的钢钻，不比老家伙差。"他得意地拍拍黑孩的脖颈。

铁匠炉上暂时没有活儿，小铁匠把昨夜剩下的生地瓜放在炉边烤着。黄麻地里的风又轻轻地吹进来了。阳光很正地射进桥洞。小铁匠用铁钳翻动着烤出焦油的地瓜，嘴里得意地哼着："从北京到南京，没见过裤裆里拉电灯。黑孩，你见过裤裆里拉电灯吗？你干娘裤裆里拉电灯哩……"小铁匠忽然记起似的对黑孩说："快点，拔两个萝卜去，拔回来赏你两个地瓜。"黑孩的眼睛猛然一亮，小铁匠从他肋条缝里看到他那颗小心儿使劲地跳了两下，正想说什么没及开口，孩子就像家兔一样跑走了。

黑孩爬上河堤时，听到菊子姑娘远远地叫了他一声。他回过头，阳光捂住了他的眼。他下了河堤，一头钻出黄麻地。黄麻是散种的，不成垅也不成行，种子多的地方黄麻秆儿细如手指，铅笔；种子少的地方，麻秆如镰柄，手臂。但全都是一样高矮。他站在大堤上望麻田时，如同望着微波荡漾的湖水。他用双手分拨着粗粗细细的麻秆往前走，麻秆上的硬刺儿扎着他的皮肤，成熟的麻叶纷纷落地。他很快就钻到了和萝卜地平行着的地方，拐了一个直角往西走。接近萝卜地时，他趴在地上，慢慢往外爬。很快他就看到了满地墨绿色的萝卜缨子。萝卜缨子的间隙里，阳光照着一片通红的萝卜头儿。他刚要钻出黄麻地，又悄悄地缩回来。一个老头正在萝卜垅里爬行着，一边爬一边从口袋里往外掏着麦粒，一穴一穴地点种在萝卜垅沟中间。骄傲的秋阳晒着他的背，他穿着一件白布褂儿，脊沟溻湿了，微风扬起灰尘，使汗溻的地方发了黄。黑孩又膝行着退了几米远、趴在地上，双手支起下巴，透过麻秆的间隙，望着那些萝卜。萝卜田里有无数的红眼睛望着他，那些萝卜缨子也在一瞬间变成了乌黑的头发，像飞鸟的尾羽一样耸动不止……

遗憾

母亲病倒后，老家来了一位从未见过的表姐，要替她照顾母亲。那时正是她人生最忙碌的日子，便同意了。表姐天天守在医院里，尽心尽力。一个月后，母亲走了。办完丧事，她想好好谢谢表姐，表姐却不见了，只留下一封信：我其实是十年后的你，穿越来此，是为了弥补自己曾经的遗憾和愧疚……

沉思

晚上坐公交车回家的时候，注意到身边的一位男子。

他穿得干净、得体、简单、大方。脸庞上留下了少许岁月的痕迹。

他忧郁的眼神，时而静静地望着窗外，像是在思考过往的人生；时而双眼微闭，靠向座椅让疲倦的身体有片刻的歇息。

根据个人多年的行为科学研究、心理学研究以及近年群体行为社会经验判断：这人手机没电了！

任务三 西方小说鉴赏

西方的小说，都是以神话传说为渊源的。古时候，科学不发达，出于对大自然的敬畏，劳动人民想象出了许多主宰世间的"神"，对神人格化的描写，就是神话；将人神化的描写，就是传说。西方的希腊神话、罗马神话、北欧神话等都是其中的典型作品。

一、外国小说发展史简述

西方小说，是在"文艺复兴"后快速发展、成熟起来的。15世纪末西方出现了提倡思想自由和个性解放，以描写现实生活和刻画各阶层的人物形象为内容的人文主义小说，意大利伽丘的《十日谈》、西班牙塞万提斯的《堂·吉诃德》等是这类小说的代表作品。

随之出现的是古典主义小说，这种小说在17世纪的法国发展得最完备。代表作为高乃依的《熙德》，古典主义小说的兴起使西方小说语言得到了一次大幅的提高。18世纪开始流行以宣传科学知识、启蒙大众意识为目的的启蒙主义小说，其中比较著名的有德国歌德的《浮士德》、英国笛福的《鲁滨逊漂流记》、斯威夫特的《格列佛游记》等。

19世纪，浪漫主义小说、现实主义小说和批判现实主义小说交替占据小说领域的主导地位。浪漫主义小说如法国雨果的《巴黎圣母院》、歌德的《少年维特之烦恼》等，富于想象、构思奇特、语言奔放、感情炽烈。现实小说则着力反映生活的本质，描绘典型人物和典型生活现象，英国的狄更斯、法国的都德为这类小说的代表作家。批判现实主义小说着力暴露封建制度的腐朽没落和资本主义社会的黑暗，深刻批判现实的罪恶，法国的巴尔扎克、莫泊桑，英国的夏洛蒂·勃朗特，俄国的托尔斯泰、陀斯妥耶夫斯基，美国的马克·吐温等一大批作家的作品都属于这一类。时至今日，这三类小说仍是西方文坛最主要的三类小说。

19 世纪 80 年代出现了一种文学思潮，20 世纪 20 — 70 年代遍及欧美各国，这就是西方现代派文学，又称先锋派。在纵向上，前承古典主义文学、浪漫主义文学和现实主义文学，后接后现代主义文学。在横向上，包括表现主义文学、意识流文学、存在主义文学、魔幻现实主义文学和荒诞派文学等。代表作品有贝克特的《等待戈多》、乔尔斯的《尤利西斯》、马尔克斯的《百年孤独》、卡夫卡的《变形记》、伍尔夫的《墙上的斑点》等。

二、西方小说作品鉴赏

《麦琪的礼物》是欧·亨利公认的最佳作品，写了一件看似平庸无聊的小事，却感人至深，既写出了当时世道的艰难残酷，又刻画了男女主人公感人至深的爱情，一波三折，峰回路转，结局更是欧·亨利式的出人意料，不管是思想性还是艺术性，都堪称是欧·亨利短篇小说创作的巅峰。

麦琪的礼物

[美] 欧·亨利

一元八角七，就这么些钱，其中六毛是一分一分的铜板，一个子儿一个子儿在杂货店老板、菜贩子和肉店老板那儿硬赖来的，每次闹得脸发臊，深感这种掂斤播两的交易实在丢人现眼。德拉反复数了三次，还是一元八角七，而第二天就是圣诞节了。

除了扑倒在那破旧的小睡椅上哭嚷之外，显然别无他途。

德拉这样做了，可精神上的感慨油然而生，生活就是哭泣、抽噎和微笑，尤以抽噎占统治地位。

在这位家庭主妇逐渐平静下来之际，让我们看看这个家吧。一套带家具的公寓房子，每周房租八美元。尽管难以用笔墨形容，可它真正够得上乞丐帮这个词儿。

楼下的门道里有个信箱，可从来没有装过信，还有一个电钮，也从没有人的手指按响过电铃。而且，那儿还有一张名片，上写着"杰姆斯·狄林汉·杨先生"。

"迪林厄姆"这个名号是主人先前春风得意之际，一时兴起加上去的，那时候他每星期挣三十美元。现在，他的收入缩减到二十美元，"迪林厄姆"的字母也显得模糊不清，似乎它们正严肃地思忖着是否缩写成谦逊而又讲求实际的字母 D。不过，每当杰姆斯·狄林汉·杨先生，回家上楼，走进楼上的房间时，杰姆斯·狄林汉·杨太太，就是刚介绍给诸位的德拉，总是把他称作"吉姆"，而且热烈地拥抱他。那当然是再好不过的了。是呀，吉姆是多好的运气呀！

德拉哭完之后，往面颊上抹了抹粉，她站在窗前，痴痴地瞅着灰蒙蒙的后院里一只灰白色的猫正行走在灰白色的篱笆上。明天就是圣诞节，她只有一元八角七给吉姆买一份礼物。她花去好几个月的时间，用了最大的努力一分一分地攒积下来，才得了这样一个结果。一周二十美元实在经不起花，支出大于预算，总是如此。只有一元八角七给吉姆买礼物，她的吉姆啊。她花费了多少幸福的时日筹划着要送他一件可心的礼物，一件精致、珍奇、贵重的礼物——至少应有点儿配得上吉姆所有的东西才成啊。

房间的两扇窗子之间有一面壁镜。也许你见过每周房租八美元的公寓壁镜吧。一个非常瘦小而灵巧的人，从观察自己在一连串的纵条影像中，可能会对自己的容貌得到一个大致精确的概念。德拉身材苗条，已精通了这门子艺术。

突然，她从窗口旋风般地转过身来，站在壁镜前面。她两眼晶莹透亮，但二十秒钟之内她的面色失去了光彩。她急速地拆散头发，使之完全泼散开来。

现在，詹姆斯·迪林厄姆·杨夫妇俩各有一件特别引以自豪的东西。一件是吉姆的金表，是他祖父传给父亲，父亲又传给他的传家宝；另一件则是德拉的秀发。如果示巴女王也住在天井对面的公寓里，总有一天德拉会把头发披散下来，露出窗外晾干，使那女王的珍珠宝贝黯然失色；如果地下室堆满金银财宝、所罗门王又是守门人的话，每当吉姆路过那儿，准会摸出金表，好让那所罗门王忌妒得吹胡子瞪眼睛。

此时此刻，德拉的秀发泼撒在她的周围，微波起伏，闪耀光芒，有如那褐色的瀑布。她的美发长及膝下，仿佛是她的一件长袍。接着，她又神经质地赶紧把头发梳好。踌躇了一分钟，一动不动地立在那儿，破旧的红地毯上溅落了一两滴眼泪。

她穿上那件褐色的旧外衣，戴上褐色的旧帽子，眼睛里残留着晶莹的泪花，裙子一摆，便飘出房门，下楼来到街上。

她走到一块招牌前停下来，上写着"索弗罗妮夫人——专营各式头发"。德拉奔上楼梯，气喘吁吁地定了定神。那位夫人身躯肥大，过于苍白，冷若冰霜，同"索弗罗妮"的雅号简直牛头不对马嘴。

"你要买我的头发吗？"德拉问。

"我买头发，"夫人说，"揭掉帽子，让我看看发样。"

那褐色的瀑布泼撒了下来。

"二十美元。"夫人一边说，一边内行似的抓起头发。

"快给我钱。"德拉说。

呵，接着而至的两个小时犹如长了翅膀，愉快地飞掠而过。请不用理会这胡诌的比喻。她正在彻底搜寻各家店铺，为吉姆买礼物。

她终于找到了，那准是专为吉姆特制的，绝非为别人。她找遍了各家商店，哪儿也没有这样的东西，一条朴素的白金表链，镂刻着花纹。正如一切优质东西那样，它只以货色论长短，不以装潢来炫耀。而且它正配得上那只金表。她一见这条表链，就知道一定属于吉姆所有。它就像吉姆本人，文静而有价值——这一形容对两者都恰如其分。她花去二十一美元买下了，匆匆赶回家，只剩下八角七分钱。金表匹配这条链子，无论在任何场合，吉姆都可以毫无愧色地看时间了。

尽管这只表华丽珍贵，因为用的是旧皮带取代表链，他有时只偷偷地瞥上一眼。

德拉回家之后，她的狂喜有点儿变得审慎和理智了。她找出烫发铁钳，点燃煤气，着手修补因爱情加慷慨所造成的破坏，这永远是件极其艰巨的任务，亲爱的朋友们——简直是件了不起的任务呵。

不出四十分钟，她的头上布满了紧贴头皮的一绺绺小卷发，使她活像个逃学的小男孩。她在镜子里老盯着自己瞧，小心地、苛刻地照来照去。

"假如吉姆看我一眼不把我宰掉的话，"她自言自语，"他定会说我像个科尼岛上合唱队的卖唱姑娘。但是我能怎么办呢——唉，只有一元八角七，我能干什么呢？"

七点钟，她煮好了咖啡，把煎锅置于热炉上，随时都可做肉排。

吉姆一贯准时回家。德拉将表链对叠握在手心，坐在离他一贯进门最近的桌子角上。接着，她听见下面楼梯上响起了他的脚步声，她紧张得脸色失去了一会儿血色。她习惯于为了最简单的日常事物而默默祈祷，此刻，她悄声道："求求上帝，让他觉得我还是漂亮的吧。"

门开了，吉姆步入，随手关上了门。他显得瘦削而又非常严肃。可怜的人儿，他才二十二岁，就挑起了家庭重担！他需要买件新大衣，连手套也没有呀。

吉姆站在屋里的门口边，纹丝不动地好像猎犬嗅到了鹌鹑的气味似的。他的两眼固定在德拉身上，其神情使她无法理解，令她毛骨悚然。既不是愤怒，也不是惊讶，又不是不满，更不是嫌恶，根本不是她所预料的任何一种神情。他仅仅是面带这种神情死死地盯着德拉。

德拉一扭腰，从桌上跳了下来，向他走过去。

"吉姆，亲爱的，"她喊道，"别那样盯着我。我把头发剪掉卖了，因为不送你一件礼物，我无法过圣诞节。头发会再长起来——你不会介意，是吗？我非这么做不可。我的头发长得快极了。说'恭贺圣诞'吧！吉姆，让我们快快乐乐的。你肯定猜不着我给你买了一件多么好的——多么美丽精致的礼物啊！"

"你已经把头发剪掉了？"吉姆吃力地问道，似乎他绞尽脑汁也没弄明白这明摆着的事实。

"剪掉卖了，"德拉说，"不管怎么说，你不也同样喜欢我吗？没了长发，我还是我嘛，对吗？"

吉姆古怪地四下望望这房间。

"你说你的头发没有了吗？"他差不多是白痴似的问道。

"别找啦。"德拉说。"告诉你，我已经卖了——卖掉了，没有啦。这是圣诞前夜，好人儿。好好待我，这是为了你呀。也许我的头发数得清，"突然她特别温柔地接下去，"可谁也数不清我对你的恩爱啊。我做肉排吗，吉姆？"

吉姆好像从恍惚之中醒来，把德拉紧紧地搂在怀里。现在，别着急，先让我们花个十秒钟从另一角度审慎地思索一下某些无关紧要的事。房租每周八美元，或者一百万美元——那有什么差别呢？数学家或才子会给你错误的答案。麦琪带来了宝贵的礼物，但就是缺少了那件东西。

吉姆从大衣口袋里掏出一个小包，扔在桌上。

"别对我产生误会，德拉，"他说道，"无论剪发、修面，还是洗头，我以为世上没有什么东西能减低一点点我对妻子的爱情。不过，你只要打开那包东西，就会明白刚才为什么使我愣头愣脑了。"

白皙的手指灵巧地解开绳子，打开纸包。紧接着是欣喜若狂的尖叫，哎呀！突然变成了女性神经质的泪水和哭泣，急需男主人千方百计的慰藉。

还是因为摆在桌上的梳子——全套梳子，包括两鬓用的，后面的，样样俱全。那是很久以前德拉在百老汇的一个橱窗里见过并美慕得要死的东西。这些美妙的发梳，纯玳瑁做的，边上镶着珠宝——其色彩正好同她失去的美发相匹配。她明白，这套梳子实在太昂贵，对此，她仅仅是美慕渴望，但从未想到过据为己有。现在，这一切居然属于她了，可惜那有资格佩戴这垂涎已久的装饰品的美丽长发已无影无踪了。

不过，她依然把发梳搂在胸前，过了好一阵子才抬起泪水迷蒙的双眼，微笑着说："我的头发长得飞快，吉姆！"

随后，德拉活像一只被烫伤的小猫跳了起来，叫道："喔！喔！"

吉姆还没有瞧见他的美丽的礼物哩。她急不可耐地把手掌摊开，伸到他面前，那没有知觉的贵重金属似乎闪现着她的欢快和热忱。

"漂亮吗，吉姆？我搜遍了全城才找到了它。现在，你每天可以看一百次时间了。把表给我，我要看看它配在表上的样子。"

吉姆非但不按她的吩咐行事，反而倒在睡椅上，两手枕在头下，微微发笑。

"德拉，"他说，"让我们把圣诞礼物放在一边，保存一会儿吧。它们实在太好了，目前尚不宜用。我卖掉金表，换钱为你买了发梳。现在，你做肉排吧。"

正如诸位所知，麦琪是聪明人，聪明绝顶的人，他们把礼物带来送给出生在马槽里的耶稣。他们发明送圣诞礼物这玩艺儿。由于他们是聪明人，毫无疑问，他们的礼物也是聪明的礼物，如果碰上两样东西完全一样，可能还具有交换的权利。在这儿，我已经笨拙地给你们介绍了住公寓套间的两个傻孩子不足为奇的平淡故事，他们极不明智地为了对方而牺牲了他们家最最宝贵的东西。不过，让我们对现今的聪明人说最后一句话，在一切馈赠礼品的人当中，那两个人是最聪明的。在一切馈赠又接收礼品的人当中，像他们两个这样的人也是最聪明的。无论在任何地方，他们都是最聪明的人。

他们就是圣贤。

项目实践

校园微小说创作大赛

1. 活动目标与任务

（1）丰富学生的课余生活，发掘学生特长，鼓励学生展示自我风采；

（2）培养学生的写作兴趣，提升他们的写作能力和想象能力；

（3）促进学生的合作交流，全面提升学生文学素养。

2. 活动情景与内容

微小说以其短小精悍的篇幅，简洁有新意的语言，成功影响了现代人的生活，它既能节省读者的时间，也能丰富读者的生活。阿·托尔斯泰认为："小小说是训练作家最好的学校。"微小说的存在，为我们的生活增添了趣味。

此次校园微小说创作大赛，鼓励班级各小组成员每人提交一篇字数300字以内的校园微小说，教师统一审稿，并评选出一、二、三等奖，分别予以奖励；另外评选出优秀作品若干，进行表扬和鼓励；同时，对整体创作水平最高的学习小组予以奖励。教师将本班获奖学生作品打印张贴，供学生欣赏和学习；并将优秀的学生作品向校内外报纸刊物投稿。

3. 活动组织与实施

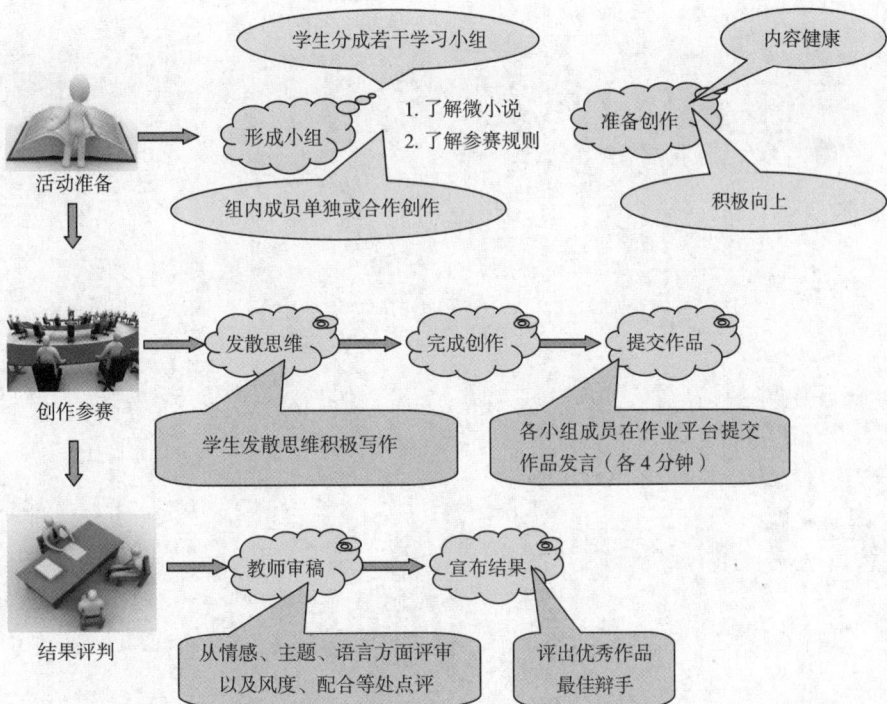

活动准备

形成小组
- 学生分成若干学习小组
- 组内成员单独或合作创作

1. 了解微小说
2. 了解参赛规则

准备创作
- 内容健康
- 积极向上

创作参赛

发散思维 → 完成创作 → 提交作品

学生发散思维积极写作

各小组成员在作业平台提交作品发言（各4分钟）

结果评判

教师审稿 → 宣布结果

从情感、主题、语言方面评审以及风度、配合等处点评

评出优秀作品最佳辩手

4.活动指导

（1）参赛作品征文要求。

①作品题材不限，主题鲜明，内容健康向上；

②字数必须在300字以内（包括标点符号）；

③征文作品内容必须健康积极，无不良内容，遵守国家法律法规；

④征文作品不得抄袭、剽窃，必须是原创作品；

⑤可以采用更新颖的表达方式，作品的内容有深度或者有教育意义都是加分的因素。

⑥短小精悍、语言简洁，结局出人意料或引人深思，有一定的内涵。

（2）参赛方式。学生登录蓝墨云班课，统一在作业平台提交作品。

（3）奖项设置。在班级提交的所有作品中评选出一个一等奖，两个二等奖，三个三等奖，分别予以奖励。并评选出优秀奖若干，进行表扬和鼓励。

项目八 戏剧与影视艺术

学习内容

本项目重点学习中国古代戏曲、中国现代戏剧、西方戏剧以及影视艺术的基本知识，了解戏剧和影视的发展历程，赏析重要作家作品。通过经典剧目的学习丰富学生的个人体验。通过本项目的学习以及完成项目中所设置的练习与活动，学生能够体味优秀戏剧作品的艺术魅力，提高个人素养和审美情趣。

学习目标

- 了解我国古代戏曲和西方戏剧的基本知识，提高学生戏曲艺术鉴赏能力；
- 增强学生对现代纷繁复杂、参差不齐的影视作品的甄别和鉴赏能力；
- 激发学生学习和传承中国传统文化的热情与兴趣；
- 引导学生锻炼自我表现能力，提高学生艺术修养。

案例导入

案例 大学生微电影创作大赛

根据《国家"十二五"时期文化改革发展规划纲要》相关精神，中国电影评论学会以"青春正能量，放飞中国梦"为主题，举办"中国大学生微电影大赛"（以下简称"大赛"），引导广大电影爱好者发现正能量，用微电影手段传播正能量，展现新时代青年大学生的责任与担当。

中国大学生微电影创作大赛是面向全国高校的大型影像创作比赛与人才培养活动，旨在鼓励、引导大学生进行微电影创作，发现微电影创意人才，积聚社会各界的力量帮助微电影创作群体，为他们提供必要的资金、技术支持，从而扶植一批在微电影领域具有影响力的创作者，在继续保持他们的创造力、创作独立性的基础上，提升他们的整体水平，推进微电影文化艺术产业化发展。

2016 年起，"中国大学生微电影创作大赛"，选择了山东省即墨市为主赛场，并确定即墨市成为大赛永久举办地。大赛按不同题材，设置各类微电影奖项及专项奖，充分调动参赛者积极性，激发参赛者的创作热情。评奖分为初选和终评两个环节，评委会由影视文化界权威专家、学者组成。组委会力争将大赛办成全国校园群体规模最大、最具影响力、评委实力最强的大型赛事之一。

大赛分为"剧本"和"作品"参赛两部分，分别设立"剧情、动画、纪实"三个单元，分为报名—初选—终选—创作拍摄—验收—评审—颁奖典礼几个阶段。大赛组委会将从参赛剧本中评选出优秀作品进行扶持拍摄，还将与各大电影节合作，设立相应入围奖项，全方位发现、扶植、培养新生代影像创作力量。

任务驱动

任务一　戏剧鉴赏能力的提升

一、中国传统戏剧的概念及其发展过程

以"戏"和"曲"为主要因素，故称"戏曲"。以演员表演为中心，以唱、念、做、打等手段为基础，融文学、音乐、舞蹈、美术、武术、杂技等为一体的综合性舞台艺术。

1. 中国戏曲的孕育与形成——起源于原始歌舞

汉代，在民间出现了具有表演成分的"角抵戏"，尤以《东海黄公》为著。到了南北朝时期，民间出现了歌舞与表演相结合的"歌舞戏"，具有了更为浓郁的表演成分，如《拔头》《代面》《踏摇娘》等。唐代，出现了由先秦时期的优伶表演发展来的以滑稽表演为特点的"参军戏"；民间的歌舞戏进入宫廷，得到了更大的发展；民间又出现了"俗讲"和"变文"等通俗说唱形式。宋代，城市商品经济得到长足发展，出现很多市民娱乐场所——"瓦舍"和"勾栏"；民间歌舞、说唱、滑稽戏有了综合的趋势，出现了"宋杂剧"。金代，在宋杂剧基础上，北方出现了"金院本"，南方出现了"南戏"。元代，北方形成"北杂剧"，南方南戏进一步发展成熟，戏曲形成。

2. 中国戏曲最早的成熟形式——宋元南戏

南戏，是中国戏曲最早的表现形式，它形成于南北宋之交的浙江温州（古称永嘉）一带的民间。它是在宋杂剧的基础上，融和南方民间小曲、说唱等艺术因素形成的。以体制庞大、曲词通俗质朴为其特点，粗具戏曲的基本艺术特征。剧目多表现民间故事。

3. 中国戏曲的第一个繁盛期——元杂剧

元杂剧又称北杂剧，是元代用北曲演唱的汉族戏曲形式。形成于宋末，繁盛于元大德年间（13世纪后半期—14世纪）。其主要内容以揭露社会黑暗，反映人民疾苦为主。现实主义与浪漫主义相结合，主线明确，人物鲜明。其结构上最显著的特色是"四折一楔子"和"一人主唱"。杂剧里的角色包括旦、末、净、杂。

4. 中国戏曲的第二个繁盛期——明清传奇

传奇，源于宋元南戏，是其成熟化与规范化的结果。明中叶以后，传奇代替杂剧成为戏曲舞台上的主角。其剧本文学曲词典雅，体制庞大，名篇佳作不胜枚举，表演上则日趋成熟，多用昆曲演唱。

5. 近代、现代的京剧和各种地方戏

京剧的形成是中国戏曲史上的大事。继徽班进京（乾隆五十五年，即 1790 年，为庆祝乾隆的八十寿辰，三庆班进京献艺，带来了与昆曲皆然不同的一种地方曲调徽调，给京城观众以耳目一新之感。之后又有四喜、启秀、霓翠、和春、春台等戏班相继进京。徽调以其通俗质朴之气赢得了京城观众的欢迎，从此在京城扎下了根）之后，湖北汉调艺人也于道光年间（1828 年前后）进京与徽班艺人同台献艺，他们同徽调艺人一样唱皮黄腔，只是更具湖北风格。徽、汉皮黄在京城合流，经过数十年的发展，终于在 1840 年前后，形成一种独具北方特色的皮黄腔京剧。

6. 中国五大戏曲剧种

中国五大戏曲剧种一般均表述依次为：京剧（有"国剧"之称）、越剧（有"中国第二大剧种""第二国剧"之称）、黄梅戏、评剧、豫剧。

二、元杂剧

1. 元杂剧与元曲的关系

唐诗、宋词、元曲并举。元曲包括元杂剧□□□□。元散曲包括小令和套数。

2. 元杂剧是用北曲（北方的曲调□□□□□□□□形式

杂剧于金末元初产生于中国北□□□□□□□以及诸宫调的影响下发展起来的。作为一种新型的完整的戏剧形式，元□□□□□□□□□严格的体制，形成了歌唱、说白、舞蹈等有机结合的戏曲艺术形式，并□□□□□□□□合的、结构完整的文学剧本。

在结构上，一本杂剧通常由四折组□□□□□

在音乐上，杂剧的每折用同一宫调□□□曲牌组成套曲。宫调，即调式，相当于现代音乐的 C 调 D 调等。曲牌，是曲调的名称，每个曲牌都属于一定的宫调。剧本中每套曲子的第一支曲子前面都标明宫调。

杂剧角色分为末、旦、净（俗称花脸，扮演性格刚烈或粗暴的男子）三大类。末类又可分为外末、副末、冲末、大末、小末；旦类又可分为正旦、外旦、贴旦、老旦、花旦；净有副净、二净等。其中正末为男主角，正旦为女主角。

杂剧的舞台演出由"唱""白""科"三部分组成。唱是杂剧的主要部分。白，即宾白，是剧中人的说白，因"唱为主，白为宾，故曰宾白"。剧本还规定了主要动作、表情和舞台效果，称"科范"，简称"科"，如"再跪科""鼓三通、锣三下科"。

3. 作家作品

元曲四大家：关汉卿、郑光祖（代表作《倩女离魂》）、白朴（代表作《墙头马上》）、马致远。

元杂剧四大悲剧：关汉卿《窦娥冤》、马致远《汉宫秋》、白朴《梧桐雨》、纪君祥《赵氏孤儿》。

《窦娥冤》：是元代戏曲家关汉卿的杂剧代表作，也是元杂剧悲剧的典范，该剧剧情取材自东汉"东海孝妇"的民间故事,讲述了一位穷书生窦天章为还高利贷将女儿窦娥抵给蔡婆婆做童养媳,不出两年窦娥的夫君早死。张驴儿要蔡婆婆将窦娥许配给他不成,将毒药下在汤中要毒死蔡婆婆结果误毒死了其父。张驴儿反而诬告窦娥毒死了其父,昏官桃杌最后做成冤案将窦娥处斩,窦娥临终发下"血染白绫、天降大雪、大旱三年"的誓愿。窦天章最后科场中第荣任高官,回到楚州听闻此事,最后为窦娥平反昭雪。

《汉宫秋》:汉元帝因后宫寂寞,听从毛延寿建议,让他到民间选美。王昭君美貌异常,但因不肯贿赂毛延寿,被他在美人图上点上破绽,因此入宫后独处冷宫。汉元帝深夜偶然听到昭君弹琵琶,爱其美色,将她封为明妃,又要将毛延寿斩首。毛延寿逃至匈奴,将昭君画像献给呼韩邪单于,让他向汉王索要昭君为妻。元帝舍不得昭君和番,但满朝文武怯懦自私,无力抵挡匈奴大军入侵,昭君为免刀兵之灾自愿前往,元帝忍痛送行。单于得到昭君后大喜,率兵北去,昭君不舍故国,在汉番交界的黑龙江里投水而死。单于为避免汉朝寻事,将毛延寿送还汉朝处治。汉元帝夜间梦见昭君而惊醒,又听到孤雁哀鸣,伤痛不已,后将毛延寿斩首以祭奠昭君。

《梧桐雨》:安禄山有一次未能完成军令,幽州节度使张守圭本欲将他斩首,惜其骁勇,将他押至京城问罪。丞相张九龄奏请明皇杀掉安禄山,明皇不从,反而召见授官。此时贵妃正受宠幸,奉明皇命收安禄山为义子,赐洗儿钱。后来安禄山因与杨国忠不和,出京任范阳节度使。七月七日,贵妃与明皇在长生殿欢宴。明皇将金钗钿盒赐给贵妃,酒酣之际,二人深感牛郎织女的坚贞,对星盟誓,愿生生世世为夫妇。好景不长,天宝十四年(755),贵妃正在品尝她喜爱的荔枝,安禄山谋反的消息传到,明皇携贵妃仓皇入蜀。驻扎马嵬驿时,军队起了骚乱。龙武将军陈元礼请明皇诛杀祸国殃民的杨国忠,明皇依言而行。但军队仍不肯前进,陈元礼又请诛媚惑君王的杨贵妃。明皇无奈,令高力士将杨贵妃带到佛堂中,由她自尽。这样,军队得到了安抚,保护明皇逃亡。肃宗收复京都后,太上皇(明皇)闲居西宫,悬挂贵妃像,与之朝夕相对,追念不已。一夜,明皇正在梦中与贵妃相见,却被梧桐雨惊醒。他追思往日与贵妃欢爱的情景,惆怅万分。

《赵氏孤儿》:晋灵公时,武臣屠岸贾与文臣赵盾不和,设计陷害赵盾,在灵公面前指责赵盾为奸臣。赵盾全家因此被满门抄斩,仅有其子赵朔驸马与公主得以幸免。后屠岸贾又假传灵公之命,迫使赵朔自杀。公主被囚禁于府内,生下一子后托付于赵家门客程婴,亦自缢而死。程婴将婴儿放在药箱里,负责看守的韩厥同情赵家,放走程婴与赵氏孤儿后亦自刎。程婴携婴儿投奔赵盾老友公孙杵臼。此时屠岸贾急欲斩草除根,为搜出孤儿便假传灵公之命,要将人国半岁以下一月以上的婴儿杀绝。程婴与公孙杵臼商议,要献出自己亲生儿子以保全赵家命脉。后程婴便向屠岸贾告发公孙杵臼私藏赵氏孤儿,屠岸贾信以为真,派人搜出婴儿,三剑剁死,程婴见亲子惨死,忍痛不语。公孙杵臼大骂屠岸贾后触阶而死。屠岸贾心事已了,便收程婴为门客,将其子(实为赵氏孤儿)当作义子,教他武功。二十年后,赵氏孤儿长大成人,却一直不知自己的身世。程婴见时机成熟,准备告诉他详情，便绘一手卷，将赵家仇详述给他听。赵氏孤儿悲愤不已，决意报仇。此时悼公在位，因屠岸贾兵权太重欲除掉他，便命赵氏孤儿暗中捉拿屠岸贾，酷刑处死，全家满门抄斩。赵家大仇得报，赵氏孤儿被赐名赵武，救护赵家的众人受到封赏。《赵氏孤儿》全名《冤报冤赵氏孤儿》或《赵氏孤儿大报仇》。

元杂剧四大爱情剧：王实甫《西厢记》、关汉卿《拜月亭》、白朴《墙头马上》、郑光祖《倩女离魂》。

《西厢记》：唐代洛阳书生张珙，欲往长安应试，寄居蒲州普救寺，与已故崔相国之女莺莺一见钟情。恰逢乱军首领孙飞虎兵围古寺，强索莺莺为妻。莺莺之母崔夫人许诺："无论何人，退得贼兵，情愿倒赔妆奁，将莺莺许配于他。"张珙挺身而出，修书招来白马将军杜确，杀退孙飞虎，不料崔夫人变卦，竟让张珙与莺莺兄妹相称。二人不甘忍受礼教束缚，在丫鬟红娘的热情帮助下，几经挫折，终成眷属。

《拜月亭》：书生蒋世隆父母双亡，与妹瑞莲相依为命。时金朝丞相陀满海牙遭奸臣陷害，满门抄斩，其子陀满兴福脱逃。为摆脱金兵追捕，逃至蒋世隆家，得世隆救助，二人结为兄弟。不久北方蒙古军队侵犯金朝，金朝无力抵抗，便迁都汴梁，世隆、瑞莲随着难民逃往南方。时兵部尚书王镇出使蒙古，夫人与女儿瑞兰在家中无人照应，只好杂在难民的队伍中一起逃奔。途中世隆与瑞莲、瑞兰与母亲因逃避蒙古兵的追杀而失散。在互相寻呼中，世隆与瑞兰相遇，而瑞莲与王镇夫人相遇，被收为义女。世隆与瑞兰结伴而行，互相产生了爱慕之情，行至一旅店，店主人做媒，两人结为夫妇。不料世隆因路途劳顿，染病在身。瑞兰请来医生，细心调护。此时，王镇出使蒙古返回汴京，也来客店投宿。发现女儿也在此处，并得知瑞兰已与世隆结为夫妻，王镇大怒，便不顾世隆重病在身，硬逼女儿撇下世隆随自己回去。临别前，世隆与瑞兰立下盟誓，决不重婚再嫁。回家后，瑞兰日夜思念世隆，月夜，在花园中摆设香案，拜月祈祷，祈求能与世隆早日团圆。不料被在旁偷听的瑞莲听见，道出真情，两人遂更加亲密。世隆自瑞兰走后，病体逐渐痊愈，后与陀满兴福相遇，两人便上京应试。世隆得中文状元，兴福则中武状元。王镇奉旨为瑞兰与瑞莲招亲，遣官媒去文武状元处递丝鞭。世隆不知对方是瑞兰，便信守盟誓，坚决拒绝。瑞兰也誓死不相从，坚守贞节。王镇便把世隆、兴福请到府中，在宴席上，世隆与瑞兰相见，于是夫妻兄妹团聚。

三、明清传奇

1. 兴起和发展

传奇在明初并不发达。明代中叶以后，嘉靖、万历年间，社会经济有明显的发展，传奇创作的题材也因之逐渐开阔，出现了一批抨击时政，歌颂青年男女突破封建礼教藩篱，追求个性解放的剧作。明初阶段仍然勉力维持统治地位的杂剧，此时已经衰微，而从"村坊小曲""里巷歌谣"基础上产生的南戏，却深得群众的喜爱与支持，获得了蓬勃的发展。诸腔的竞胜和各阶层对演剧的强烈兴趣，激发了剧作者的创作热情，大量传奇是在这种情况下诞生的。各种声腔都有一定数量的剧目，昆山腔自梁辰鱼按本系统声律的要求创作《浣纱记》获得成功之后，在文人士大夫中掀起了创作的热潮。明末清初，昆山腔因统治阶级的提倡和昆、弋争胜形势下表演艺术的精进，仍能维持领袖剧坛的余势；弋阳诸腔则在民间广泛流传，发展为许多新的地方戏曲声腔。康熙时期的洪昇和孔尚任运用历史题材，总结为人们所关心的国家兴亡的历史教训，写出了《长生殿》和《桃花扇》，成为清代传奇的压卷之作。乾隆以后，清朝统治者进一步加强了对士大夫的思想控制，大兴文字狱，传奇创作日趋式微，它的地位被蓬勃兴起的各种地方戏曲所取代。中国戏曲又跨入另一个崭新的阶段。

2. 作家和作品

传奇是南戏系统各剧种剧本的总称。明清传奇指当时活跃在舞台上的海盐、余姚、弋阳、昆山等声腔及由它们流变的诸腔演出的剧本，数量约有 2 600 种。明代初年，元末涌现的《琵琶记》《荆钗记》《白兔记》《拜月亭》和《杀狗记》等南戏，已经通过改编在民间广泛流传。明代后期的传奇创作盛极一时，汤显祖的《牡丹亭》便是其中杰出的代表。知名的作家有李开先、梁辰鱼、冯梦龙、阮大铖等 200 余人。各类传奇可考者不下 700 种，内容广泛，风格多样。这时期的作品对社会的黑暗与统治集团的暴虐、贪婪，作了比较深入的揭露和批判，还从个性解放的要求出发，对封建礼教与专制主义作了激烈的批评。《鸣凤记》《磨忠记》《焚香记》《织锦记》《牡丹亭》《玉簪记》《红梅记》都是其中的优秀剧目。然而，即使是这些具有积极意义的优秀作品，在思想内容上也并不完美。对清官和帝王抱有幻想，对人民的反抗行动摆脱不了固执的阶级偏见，表现男女爱情大多数不脱才子佳人的俗套。

明末清初的大动荡，使传奇创作有了新的发展。以李玉为代表的苏州地区作家，继承了《鸣凤记》等传奇反映现实斗争的优良传统，写出了《清忠谱》《万民安》《一捧雪》《人兽关》《永团圆》《占花魁》《千钟禄》等昆曲作品。入清以后，社会矛盾发生了急剧的变化。一些作家写出了讴歌民族英雄、表彰民族气节的作品。洪昇的《长生殿》、孔尚任的《桃花扇》不仅以深刻的主题和强烈的现实感震动了剧坛，而且以精巧的结构、妥帖的宫调与曲牌、优美的文辞，形成了传奇创作的又一高峰。

四、中国古代戏曲的基本特点

1. 综合性

中国戏曲是一种高度综合的汉民族艺术。这种综合性不仅表现在它融汇各个艺术门类（诸如舞蹈、杂技等）而出以新意方面，而且还体现在它精湛涵厚的表演艺术上。各种不同的艺术因素与表演艺术紧密结合，通过演员的表演实现戏曲的全部功能。其中，唱、念、做、打在演员身上的有机构成，便是戏曲的综合性的最集中、最突出的体现。唱，指唱腔技法，讲究"字正腔圆"；念，即念白，是朗诵技法，要求严格，所谓"千斤话白四两唱"；做，指做功，是身段和表情技法；打，指表演中的武打动作，是在中国传统武术基础上形成的舞蹈化武术技巧组合。这四种表演技法有时相互衔接，有时相互交叉，构成方式视剧情需要而定，但都统一为综合整体，体现出和谐之美，充满着音乐精神(节奏感)。中国戏曲是以唱、念、做、打的综合表演为中心的富有形式美的戏剧形式。

2. 程式性

程式是戏曲反映生活的表现形式。它是指对生活动作的规范化、舞蹈化表演并被重复使用。程式直接或间接来源于生活，但它又是按照一定的规范对生活经过提炼、概括、美化而形成的。此中凝聚着古往今来艺术家们的心血，它又成为新一代演员进行艺术再创造的起点，因而戏曲表演艺术才得以代代相传。戏曲表演中的关门、推窗、上马、登舟、上楼，等等，皆有固定的格式。除了表演程式外，戏曲从剧本形式、角色当行、音乐唱腔、化妆服装等各个方面，都有一定的程式。优秀的艺术家能够突破程式的某些局限，创造出具有自己个性化的规范艺术。程式是一种美的典范。

3. 虚拟性

虚拟是戏曲反映生活的基本手法。它以演员的表演，用一种变形的方式来比拟现实环境或对象，借以表现生活。中国戏曲的虚拟性首先表现为对舞台时间和空间处理的灵活性方面，所谓"三五步行遍天下，六七人百万雄兵"，"顷刻间千秋事业，方丈地万里江山"，"眨眼间数年光阴，寸烛香千秋万代"这就突破了西方歌剧的"三一律"与"第四堵墙"的局限。其次是在具体的舞台气氛调度和演员对某些生活动作的模拟方面，诸如刮风下雨，船行马步，穿针引线，等等，更集中、更鲜明地体现出戏曲虚拟性特色。戏曲脸谱也是一种虚拟方式。中国戏曲的虚拟性，既是戏曲舞台简陋、舞美技术落后的局限性带来的结果，也是而且主要是追求神似、以形写神的民族传统美学思想积淀的产物。这是一种美的创造。它极大地解放了作家、舞台艺术家的创造力和观众的艺术想象力，从而使戏曲的审美价值获得了极大的提高。

五、中国话剧

话剧指以对话方式为主的戏剧形式。与传统舞台剧、戏曲相区别，话剧主要叙述手段为演员在台上无伴奏的对白或独白，但可以使用少量音乐、歌唱等。话剧是一门综合性艺术，剧本创作、导演、表演、舞美、灯光、评论缺一不可。为与传统舞台剧、戏曲相区别，被称为话剧。因此中国传统戏剧均不属于话剧。

话剧是19世纪末20世纪初移植到中国的外来戏剧样式。中国话剧大体经历了五个发展阶段：

1. 最早出现在辛亥革命前夕

当时称作"新剧"或"文明戏"。1906年，王钟声等在上海组织春阳社，演出《黑奴吁天录》，这就是"话剧在中国的开场"。1907年，由中国留学日本东京的曾孝谷据美国小说改编的《黑奴吁天录》，是中国早期话剧的第一个剧本。

2. 新剧于辛亥革命后逐渐衰落

"五四"运动以后，欧洲戏剧传入中国，中国现代话剧兴起，当时称"爱美剧"和"白话剧"。它通过人物性格反映社会生活。话剧中的对话是经过提炼加工的口语，必须具有个性化，自然，精练，生动，优美，富有表现力，通俗易懂，能为群众所接受。到1928年，经著名的戏剧家洪深提议，将这种主要运用对话和动作表情来传情达意的戏剧样式定名为"话剧"。从此，这个由西方传入中国的剧种，才有了一个大家认可的正式名称。

3. 左翼戏剧时期

在中国共产党领导下，1929年上海艺术剧社成立，提出"无产阶级戏剧"的口号。1931年1月中国左翼戏剧家联盟成立，从此中国话剧进入以左翼戏剧运动为主的发展阶段。这一时期成立了一批剧团和专门戏剧学校，涌现出夏衍、于伶、陈白尘、宋之的等一批新剧作家，演出了《血衣》《乱钟》《怒吼吧，中国》等大量进步话剧。1934—1937年，青年剧作家曹禺的剧作《雷雨》《日出》《原野》问世，标志着中国话剧正式走向成熟。

4. 抗日战争与解放战争时期

抗日战争爆发后，话剧演出剧场化，中国万岁剧团、中电剧团、中央青年剧社等有影响的专业剧团成立，《一年间》（夏衍）、《国家至上》（老舍、宋之的）、《夜上海》（于伶）、《雾重庆》（宋之的）等一批优秀剧目诞生，为中国取得抗日战争胜利起到巨大的宣传作用。解放战争时期，话剧活动处于低潮。《清明前后》（茅盾）、《升官图》（陈白尘）、《丽人行》（田汉）的上演是这一时期的重要收获。

5. 中华人民共和国时期

党和政府重视话剧事业的发展，中国话剧开始了新的发展阶段。《龙须沟》《茶馆》《蔡文姬》《万水千山》《马兰花》《关汉卿》（田汉）等优秀剧目大量涌现。改革开放以来，中国话剧在突破旧舞台局限、革新戏剧观念、丰富话剧艺术表现力方面，进行了广泛而深入的探索。戏剧创作上的无场次结构、意念化形象塑造、时空跳跃情节、模糊主题等尝试，舞台艺术上的运用面具、中性服装、几何图形布景道具，激光灯光以及打破第四堵墙，缩短与观众的距离，四面观众等形式革新，引起戏剧理论界的关注，出现了一场戏剧观念与形式革新的讨论。北京人艺的《茶馆》多次在欧、美、日演出，《鸟人》《旮旯胡同》等剧的上演获得好评。中央戏剧学院的《俄狄浦斯王》出访希腊获得成功，是中国话剧走向世界的良好开端。

郭沫若的《屈原》、老舍的《茶馆》、曹禺的《雷雨》、苏叔阳的《丹心谱》等，都是我国著名的话剧。

中国话剧具有四大特性：

一是舞台性：古今中外的话剧演出都是借助于舞台完成的，舞台有各种样式，目的有二：一利演员表演剧情，一利观众从各个角度欣赏。

二是直观性：话剧首先是以演员的姿态、动作、对话、独白等表演，直接作用于观众的视觉和听觉；然后用化妆、服饰等手段进行人物造型，使观众能直接观赏到剧中人物形象的外貌特征。

三是综合性：话剧是一种综合性的艺术，其特点是与在舞台塑造具体艺术形象、向观众直接展现社会生活情景的需要相适应的。

四是对话性：话剧区别于其他剧种的特点是通过大量的舞台对话展现剧情、塑造人物和表达主题的。其中有人物独白，有观众对话，在特定的时、空内完成戏剧内容。

案例分析

雷雨（节选）

午饭后，天气很阴沉，更郁热。低沉潮湿的空气，使人异常烦躁。

……

周朴园　（点着一支吕宋烟，看见桌上的雨衣，向侍萍）这是太太找出来的雨衣吗？

鲁侍萍　（看着他）大概是的。

周朴园　（拿起看看）不对，不对，这都是新的。我要我的旧雨衣，你回头跟太太说。

鲁侍萍　嗯。

周朴园　（看她不走）你不知道这间房子底下人不准随便进来么？

鲁侍萍　（看着他）不知道，老爷。

周朴园　你是新来的下人？

鲁侍萍　不是的，我找我的女儿来的。

周朴园　你的女儿？

鲁侍萍　四凤是我的女儿。

周朴园　那你走错屋子了。

鲁侍萍　哦。——老爷没有事了？

周朴园　（指窗）窗户谁叫打开的？

鲁侍萍　哦。（很自然地走到窗户，关上窗户，慢慢地走向中门）

周朴园　（看她关好窗门，忽然觉得她很奇怪）你站一站，（鲁妈停）你——你贵姓？

鲁侍萍　我姓鲁。

周朴园　姓鲁。你的口音不像北方人。

鲁侍萍　对了，我不是，我是江苏的。

周朴园　你好像有点无锡口音。

鲁侍萍　我自小就在无锡长大的。

周朴园　（沉思）无锡？嗯，无锡。（忽而）你在无锡是什么时候？

鲁侍萍　光绪二十年，离现在有三十多年了。

周朴园　哦，三十年前你在无锡？

鲁侍萍　是的，三十多年前呢，那时候我记得我们还没有用洋火呢。

周朴园　（沉思）三十多年前，是的，很远啦，我想想，我大概是二十多岁的时候。那时候我还在无锡呢。

鲁侍萍　老爷是那个地方的人？

周朴园　嗯，（沉吟）无锡是个好地方。

鲁侍萍　哦，好地方。

周朴园　你三十年前在无锡么？

鲁侍萍　是，老爷。

周朴园　三十年前，在无锡有一件很出名的事情——

鲁侍萍　哦。

周朴园　你知道么？

鲁侍萍　也许记得，不知道老爷说的是哪一件？

周朴园　哦，很远的，提起来大家都忘了。

鲁侍萍　说不定，也许记得的。

周朴园　我问过许多那个时候到过无锡的人，我想打听打听。可是那个时候在无锡的人，到现在不是老了就是死了，活着的多半是不知道的，或者忘了。

鲁侍萍　如若老爷想打听的话，无论什么事，无锡那边我还有认识的人，虽然许久不通音信，托他们打听点事情总还可以的。

周朴园　我派人到无锡打听过。——不过你也许凑巧会知道。三十年前在无锡有一家姓梅的。

鲁侍萍　姓梅的？

周朴园　梅家的一个年轻小姐，很贤慧，也很规矩，有一天夜里，忽然投水死了，后来，后来，——你知道么？

鲁侍萍　不敢说。

周朴园　哦。

鲁侍萍　我倒认识一个年轻的姑娘姓梅的。

周朴园　哦？你说说看。

鲁侍萍　可是她不是小姐，她也不贤慧，并且听说是不大规矩的。

周朴园　也许，也许你弄错了，不过你不妨说说看。

鲁侍萍　这个梅姑娘倒是有一天晚上跳的河，可是不是一个，她手里抱着一个刚生下三天的男孩。听人说她生前是不规矩的。

周朴园　（苦痛）哦！

鲁侍萍　这是个下等人，不很守本分的。听说她跟那时周公馆的少爷有点不清白，生了两个儿子。生了第二个，才过三天，忽然周少爷不要她了，大孩子就放在周公馆，刚生的孩子抱在怀里，在年三十夜里投河死的。

周朴园　（汗涔涔地）哦。

鲁侍萍　她不是小姐，她是无锡周公馆梅妈的女儿，她叫侍萍。

周朴园　（抬起头来）你姓什么？

鲁侍萍　我姓鲁，老爷。

周朴园　（喘出一口气，沉思地）侍萍，侍萍，对了。这个女孩子的尸首，说是有一个穷人见着埋了。你可以打听到她的坟在哪儿么？

鲁侍萍　老爷问这些闲事干什么？

周朴园　这个人跟我们有点亲戚。

鲁侍萍　亲戚？

周朴园　嗯——我们想把她的坟墓修一修。

鲁侍萍　哦——那用不着了。

周朴园　怎么？

鲁侍萍　这个人现在还活着。

周朴园　（惊愕）什么？

鲁侍萍　她没有死。

周朴园　她还在？不会吧？我看见她河边上的衣服，里面有她的绝命书。

鲁侍萍　不过她被一个慈善的人救活了。

周朴园　哦，救活啦？

鲁侍萍　以后无锡的人是没见着她，以为她那夜晚死了。

周朴园　那么，她呢？

鲁侍萍　一个人在外乡活着。

周朴园　那个小孩呢？

鲁侍萍　也活着。

周朴园　（忽然立起）你是谁？

鲁侍萍　我是这儿四凤的妈，老爷。

周朴园　哦。

鲁侍萍　她现在老了，嫁给一个下等人，又生了个女孩，境况很不好。

周朴园　你知道她现在在哪儿？

鲁侍萍　我前几天还见着她！

周朴园　什么？她就在这儿？此地？

鲁侍萍　嗯，就在此地。

周朴园　哦！

鲁侍萍　老爷，你想见一见她么？

周朴园　不，不，谢谢你。

鲁侍萍　她的命很苦。离开了周家，周家少爷就娶了一位有钱有门第的小姐。她一个单身人，无亲无故，带着一个孩子在外乡什么事都做，讨饭，缝衣服，当老妈，在学校里伺候人。

周朴园 她为什么不再找到周家？

鲁侍萍 大概她是不愿意吧？为着她自己的孩子，她嫁过两次。

周朴园 以后她又嫁过两次？

鲁侍萍 嗯，都是很下等的人。她遇人都很不如意，老爷想帮一帮她么？

周朴园 好，你先下去。让我想一想。

鲁侍萍 老爷，没有事了？（望着朴园，眼泪要涌出）老爷，您那雨衣，我怎么说？

周朴园 你去告诉四凤，叫她把我樟木箱子里那件旧雨衣拿出来，顺便把那箱子里的几件旧衬衣也拣出来。

鲁侍萍 旧衬衣？

周朴园 你告诉她在我那顶老的箱子里，纺绸的衬衣，没有领子的。

鲁侍萍 老爷那种纺绸衬衣不是一共有五件？您要哪一件？

周朴园 要哪一件？

鲁侍萍 不是有一件，在右袖襟上有个烧破的窟窿，后来用丝线绣成一朵梅花补上的？还有一件——

周朴园 （惊愕）梅花？

鲁侍萍 还有一件绸衬衣，左袖襟也绣着一朵梅花，旁边还绣着一个萍字。还有一件——

周朴园 （徐徐立起）哦，你，你，你是——

鲁侍萍 我是从前伺候过老爷的下人。

周朴园 哦，侍萍！（低声）怎么，是你？

鲁侍萍 你自然想不到，侍萍的相貌有一天也会老得连你都不认识了。

周朴园 你——侍萍？（不觉地望望柜上的相片，又望望鲁妈）

鲁侍萍 朴园，你找侍萍么？侍萍在这儿。

周朴园 （忽然严厉地）你来干什么？

鲁侍萍 不是我要来的。

周朴园 谁指使你来的？

鲁侍萍 （悲愤）命！不公平的命指使我来的。

周朴园 （冷冷地）三十年的工夫你还是找到这儿来了。

鲁侍萍 （愤怨）我没有找你，我没有找你，我以为你早死了。我今天没想到到这儿来，这是天要我在这儿又碰见你。

周朴园 你可以冷静点。现在你我都是有子女的人，如果你觉得心里有委屈，这么大年纪，我们先可以不必哭哭啼啼的。

鲁侍萍 哭？哼，我的眼泪早哭干了，我没有委屈，我有的是恨，是悔，是三十年一天一天我自己受的苦。你大概已经忘了你做的事了！三十年前，过年三十的晚上我生下你的第二个儿子才三天，你为了要赶紧娶那位有钱有门第的小姐，你们逼着我冒着大雪出去，要我离开你们周家的门。

周朴园　从前的恩怨，过了几十年，又何必再提呢？

鲁侍萍　那是因为周大少爷一帆风顺，现在也是社会上的好人物。可是自从我被你们家赶出来以后，我没有死成，我把我的母亲可给气死了，我亲生的两个孩子你们家里逼着我留在你们家里。

周朴园　你的第二个孩子你不是已经抱走了么？

鲁侍萍　那是你们老太太看着孩子快死了，才叫我抱走的。（自语）哦，天哪，我觉得我像在做梦。

周朴园　我看过去的事不必再提起来吧。

鲁侍萍　我要提，我要提，我闷了三十年了！你结了婚，就搬了家，我以为这一辈子也见不着你了；谁知道我自己的孩子个个命定要跑到周家来，又做我从前在你们家做过的事。

周朴园　怪不得四凤这样像你。

鲁侍萍　我伺候你，我的孩子再伺候你生的少爷们。这是我的报应，我的报应。

周朴园　你静一静。把脑子放清醒点。你不要以为我的心是死了，你以为一个人做了一件于心不忍的事就会忘了么？你看这些家具都是你从前顶喜欢的东西，多少年我总是留着，为着纪念你。

鲁侍萍　（低头）哦。

周朴园　你的生日——四月十八——每年我总记得。一切都照着你是正式嫁过周家的人看，甚至于你因为生萍儿，受了病，总要关窗户，这些习惯我都保留着，为的是不忘你，弥补我的罪过。

鲁侍萍　（叹一口气）现在我们都是上了年纪的人，这些傻话请你不必说了。

周朴园　那更好了。那么我们可以明明白白地谈一谈。

鲁侍萍　不过我觉得没有什么可谈的。

周朴园　话很多。我看你的性情好像没有大改——鲁贵像是个很不老实的人。

鲁侍萍　你不明白。他永远不会知道的。

周朴园　那双方面都好。再有，我要问你的，你自己带走的儿子在哪儿？

鲁侍萍　他在你的矿上做工。

周朴园　我问，他现在在哪儿？

鲁侍萍　就在门房等着见你呢。

周朴园　什么？鲁大海？他！我的儿子？

鲁侍萍　他的脚趾头因为你的不小心，现在还是少一个的。

周朴园　（冷笑）这么说，我自己的骨肉在矿上鼓励罢工，反对我！

鲁侍萍　他跟你现在完完全全是两样的人。

周朴园　（沉静）他还是我的儿子。

鲁侍萍　你不要以为他还会认你做父亲。

周朴园　（忽然）好！痛痛快快地！你现在要多少钱吧？

鲁侍萍　什么？

周朴园　留着你养老。

鲁侍萍　（苦笑）哼，你还以为我是故意来敲诈你，才来的么？

周朴园　也好，我们暂且不提这一层。那么，我先说我的意思。你听着，鲁贵我现在要辞退的，四凤也要回家。不过——

鲁侍萍　你不要怕，你以为我会用这种关系来敲诈你么？你放心，我不会的。大后天我就会带四凤回到我原来的地方。这是一场梦，这地方我绝对不会再住下去。

周朴园　好得很，那么一切路费，用费，都归我担负。

鲁侍萍　什么？

周朴园　这于我的心也安一点。

鲁侍萍　你？（笑）三十年我一个人都过了，现在我反而要你的钱？

周朴园　好，好，好，那么你现在要什么？

鲁侍萍　（停一停）我，我要点东西。

周朴园　什么？说吧？

鲁侍萍　（泪满眼）我——我只要见见我的萍儿。

周朴园　你想见他？

鲁侍萍　嗯，他在哪儿？

周朴园　他现在在楼上陪着他的母亲看病。我叫他，他就可以下来见你。不过是——

鲁侍萍　不过是什么？

周朴园　他很大了。

鲁侍萍　（追忆）他大概是二十八了吧？我记得他比大海只大一岁。

周朴园　并且他以为他母亲早就死了的。

鲁侍萍　哦，你以为我会哭哭啼啼地叫他认母亲么？我不会那么傻的。我难道不知道这样的母亲只给自己的儿子丢人么？我明白他的地位，他的教育，不容他承认这样的母亲。这些年我也学乖了，我只想看看他，他究竟是我生的孩子。你不要怕，我就是告诉他，白白地增加他的烦恼，他自己也不愿意认我的。

周朴园　那么，我们就这样解决了。我叫他下来，你看一看他，以后鲁家的人永远不许再到周家来。

鲁侍萍　好，希望这一生不至于再见你。

周朴园 （由衣内取出皮夹的支票签好）很好，这一张五千块钱的支票，你可以先拿去用。算是弥补我一点罪过。

鲁侍萍 （接过支票）谢谢你。（慢慢撕碎支票）

周朴园 侍萍。

鲁侍萍 我这些年的苦不是你那钱就算得清的。

周朴园 可是你——

外面争吵声。鲁大海的声音："放开我，我要进去。"三四个男仆声："不成，不成，老爷睡觉呢。"门外有男仆等与大海的挣扎声。

周朴园 （走至中门）来人！（仆人由中门进）谁在吵？

仆　人 就是那个工人鲁大海！他不讲理，非见老爷不可。

周朴园 哦。（沉吟）那你叫他进来吧。等一等，叫人到楼上请大少爷下楼，我有话问他。

仆　人 是，老爷。（仆人由中门下）

周朴园 （向鲁妈）侍萍，你不要太固执。这一点钱你不收下，将来你会后悔的。

鲁侍萍 （望着他，一句话也不说）

仆人领着大海进，大海站在左边，三四仆人立一旁。

鲁大海 （见鲁妈）妈，您还在这儿？

周朴园 （打量鲁大海）你叫什么名字？

鲁大海 （大笑）董事长，您不要向我摆架子，您难道不知道我是谁么？

周朴园 你？我只知道你是罢工闹得最凶的工人代表。

鲁大海 对了，一点儿也不错，所以才来拜望拜望您。

周朴园 你有什么事吧？

鲁大海 董事长当然知道我是为什么来的。

周朴园 （摇头）我不知道。

鲁大海 我们老远从矿上来，今天我又在您府上大门房里从早上六点钟一直等到现在，我就是要问问董事长，对于我们工人的条件，究竟是允许不允许？

周朴园 哦，那么——那么，那三个代表呢？

鲁大海 我跟你说吧，他们现在正在联络旁的工会呢。

周朴园 哦——他们没告诉旁的事情么？

鲁大海 告诉不告诉于你没有关系。——我问你，你的意思，忽而软，忽而硬，究竟是怎么回事？

周萍由饭厅上，见有人，即想退回。

周朴园 （看萍）不要走，萍儿！（视鲁妈，鲁妈知萍为其子，眼泪汪汪地望着他）

周　萍 是，爸爸。

周朴园 （指身侧）萍儿，你站在这儿。（向大海）你这么只凭意气是不能交涉事情的。

鲁大海　哼，你们的手段，我都明白。你们这样拖延时间不就是想去花钱收买少数不要脸的败类，暂时把我们骗在这儿。

周朴园　你的见地也不是没有道理。

鲁大海　可是你完全错了。我们这次罢工是团结的，有组织的。我们代表这次来并不是来求你们。你听清楚，不求你们。你们允许就允许；不允许，我们一直罢工到底，我们知道你们不到两个月整个地就要关门的。

周朴园　你以为你们那些代表们，那些领袖们都可靠吗？

鲁大海　至少比你们只认识洋钱的结合要可靠得多。

周朴园　那么我给你一件东西看。

　　　　朴园在桌上找电报，仆人递给他；此时周冲偷偷由左书房进，在旁偷听。

周朴园　（给大海电报）这是昨天从矿上来的电报。

鲁大海　（拿过去看）什么？他们又上工了。（放下电报）不会，不会。

周朴园　矿上的工人已经在昨天早上复工，你当代表的反而不知道么？

鲁大海　（惊，怒）怎么矿上警察开枪打死三十个工人就白打了么？（又看电报，忽然笑起来）哼，这是假的。你们自己假作的电报来离间我们的。（笑）哼，你们这种卑鄙无赖的行为！

周　萍　（忍不住）你是谁？敢在这儿胡说？

周朴园　萍儿！没有你的话。（低声向大海）你就这样相信你那同来的代表么？

鲁大海　你不用多说，我明白你这些话的用意。

周朴园　好，那我把那复工的合同给你瞧瞧。

鲁大海　（笑）你不要骗小孩子，复工的合同没有我们代表的签字是不生效力的。

周朴园　哦，（向仆）合同！（仆由桌上拿合同递他）你看，这是他们三个人签字的合同。

鲁大海　（看合同）什么？（慢慢地，低声）他们三个人签了字。他们怎么会不告诉我就签了字呢？他们就这样把我不理啦？

周朴园　对了，傻小子，没有经验只会胡喊是不成的。

鲁大海　那三个代表呢？

周朴园　昨天晚上就回去了。

鲁大海　（如梦初醒）他们三个就骗了我了，这三个没有骨头的东西，他们就把矿上的工人们卖了。哼，你们这些不要脸的董事长，你们的钱这次又灵了。

周　萍　（怒）你混账！

周朴园　不许多说话。（回头向大海）鲁大海，你现在没有资格跟我说话——矿上已经把你开除了。

鲁大海　开除了？

周　冲　爸爸，这是不公平的。

周朴园　（向冲）你少多嘴，出去！（冲由中门走下）

鲁大海　哦，好，好，（切齿）你的手段我早就领教过，只要你能弄钱，你什么都做得出来。你叫警察杀了矿上许多工人，你还——

周朴园　你胡说！

鲁侍萍　（至大海前）别说了，走吧。

鲁大海　哼，你的来历我都知道，你从前在哈尔滨包修江桥，故意叫江堤出险——

周朴园　（低声）下去！（仆人们拉他，说："走！走！"）

鲁大海　（对仆人）你们这些混账东西，放开我。我要说，你故意淹死了二千二百个小工，每一个小工的性命你扣三百块钱！姓周的，你发的是绝子绝孙的昧心财！你现在还——

周　萍　（忍不住气，走到大海面前，重重地打他两个嘴巴）你这种混账东西！（大海立刻要还手，倒是被周宅的仆人们拉住）打他。

鲁大海　（向萍高声）你，你（正要骂，仆人一起打大海。大海头流血。鲁妈哭喊着护大海）

周朴园　（厉声）不要打人！（仆人们停止打大海，仍拉着大海的手）

鲁大海　放开我，你们这一群强盗！

周　萍　（向仆人）把他拉下去。

鲁侍萍　（大哭起来）哦，这真是一群强盗！（走至萍前，抽咽）你是萍——凭——凭什么打我的儿子？

周　萍　你是谁？

鲁侍萍　我是你的——你打的这个人的妈。

鲁大海　妈，别理这东西，您小心吃了他们的亏。

鲁侍萍　（呆呆地看着萍的脸，忽而又大哭起来）大海，走吧，我们走吧。

　　　　大海被仆人们拥下，侍萍随下。

任务二　西方戏剧鉴赏能力的提升

一、古希腊悲剧

　　悲剧是戏剧的主要体裁之一。由酒神节祭祷仪式中的酒神颂歌演变而来，表现崇高壮烈的英雄主义思想。悲剧主人公遭受挫折，受尽磨难甚至失败丧命，但他们的理想、激情预示着胜利的到来。古希腊悲剧是整个西方戏剧的起源，所以悲剧是最古老的戏剧题材。古希腊三大悲剧诗人是欧里庇得斯、索福克勒斯和埃斯库罗斯。著名的古希腊悲剧有《被缚的普罗米修斯》《俄狄浦斯王》《美狄亚》等。

　　索福克勒斯（前496—前406）大致生活于雅典奴隶主民主制的全盛时期。古希腊悲剧的代表人物之一，其中以《俄狄浦斯王》最为出名。

作品赏析：《俄狄浦斯王》

俄狄浦斯是忒拜王拉伊奥斯的儿子。拉伊奥斯预知儿子会杀父娶母惊恐万分。因此，俄狄浦斯一出生就被抛弃，被科林斯王发现收为养子。他长大后知道自己可怕的命运，便逃了出去，恰好来到了忒拜。狮身人面像的斯芬克斯给每一个过路人出了一个谜语："什么东西早晨四只脚走路，中午用两只脚走路，傍晚用三只脚走路？"猜不对的过路人将会被斯芬克斯吃掉。俄狄浦斯答对了。斯芬克斯羞愧坠崖而死。俄狄浦斯当上了国王，娶了前国王的妻子。城里发生瘟疫，人心惶惶。神说只有找出杀害前王的凶手，瘟疫才能停止。而当地的预言家说凶手就是俄底浦斯，他不信，认为是有人陷害。王后告诉他前王是被人杀害的，俄狄浦斯怀疑自己，他确实在一个三叉路口杀害过一个老人。经过调查，事情真相大白。他受到命运惩罚，亲手刺瞎了双眼，并把自己放逐。

二、喜剧

喜剧作为一种戏剧体裁，起源于农民收获葡萄时节祭祀酒神时的狂欢游行，最早产生于古希腊，古希腊喜剧之父是阿里斯托芬。喜剧用夸张手法讽刺和嘲笑丑恶、落后的现象，突出这种现象本身的矛盾和它与健康事物的冲突，台词风趣，往往引人发笑，结局大多轻松圆满。文学创作上要求"三一律"，即时间、地点、事件的一致性；用诗的语言写戏。

莫里哀（1622—1673），法国古典主义时期最著名的喜剧作家，也是世界戏剧史上与莎士比亚共同彪炳千秋的伟大戏剧家。代表作有《太太学堂》《唐·璜》《伪君子》《吝啬鬼》。

作品赏析：《伪君子》

流落巴黎的没落贵族答尔丢夫伪装成虔诚的天主教徒，骗取了富商奥尔贡和他母亲的信任。母子俩把他当作"良心导师"留在家里，待若上宾。奥尔贡还要把女儿嫁给他。甚至把关乎性命的秘密都告诉了他。不料答尔丢夫却得寸进尺，想占有奥尔贡年轻美貌的后妻艾尔密尔。这事被奥尔贡的儿子发现。他向父亲告发。答尔丢夫巧言诡辩，致使奥尔贡不仅不相信儿子，反而将儿子赶出家门，并立下字据，将家产继承权送给答尔丢夫。后来伪君子的面貌暴露，他居然利用字据霸占奥尔贡的家产，还向国王告发奥尔贡私藏政治犯的秘密文件。奥尔贡陷入绝境。幸亏国王洞察一切，宽恕了当年勤王有功的奥尔贡，并拘捕了答尔丢夫。

三、英国戏剧

英国戏剧起源于教堂的礼拜仪式。9世纪复活节弥撒中有一段被称为"你找谁"的插曲，一位教士装扮天使守护基督的坟墓，另外3位教士装扮成3个叫玛丽的妇女来朝拜圣墓，他们对话性的轮唱和表演动作，已具有戏剧的雏型，并由此发展成一种作为教堂礼拜仪式组成部分而演出的戏剧，称为"礼拜剧"。威廉·莎士比亚（1564—1616)是英国文艺复兴时期伟大的戏剧家和诗人、欧洲文艺复兴时期人文主义文学的集大成者。全部作品的基本思想是人文主义或称人道主义。其最高成就在于戏剧，按内容可分为历史剧、悲剧、喜剧三大类。代表作有四大悲剧：《哈姆雷特》《奥赛罗》《李尔王》《麦克白》。四大喜剧：《第十二夜》《仲夏夜之梦》《威尼斯商人》《皆大欢喜》等。

作品赏析：《哈姆雷特》

《哈姆雷特》反映了16世纪末和17世纪初的英国社会现实，揭露了英国封建贵族地主阶级与新兴资产阶级之间为了争夺权力而进行的殊死较量，批判了王权与封建邪恶势力的罪恶行径。丹麦王子哈姆雷特在德国威登堡大学就读时突然接到父亲的死讯。回国奔丧时，接连遇到了叔父克劳迪斯即位和叔父与母亲乔特鲁德在父亲葬礼后一个月匆忙结婚的一连串事变，这使哈姆雷特充满了疑惑和不满。紧接着，在霍拉旭和勃那多站岗时出现了父亲老哈姆雷特的鬼魂，说明自己是被克劳迪斯毒死并要求哈姆雷特为自己复仇。随后，哈姆雷特利用装疯掩护自己并通过"戏中戏"证实了自己的叔父的确是杀父仇人。由于错误地杀死了奥菲莉亚的父亲波罗涅斯，克劳迪斯试图借英王手除掉哈姆雷特，但哈姆雷特趁机逃回丹麦，却得知奥菲莉亚自杀并不得不接受了与其兄雷欧提斯的决斗。决斗中哈姆雷特的母亲乔特鲁德因误喝毒酒而中毒死去，哈姆雷特和雷欧提斯也双双中了毒剑，得知中毒原委的哈姆雷特在临死前杀死了克劳迪斯并嘱托朋友霍拉旭将自己的故事告诉后来人。

四、社会问题剧

社会问题剧是指挪威戏剧家易卜生响应丹麦评论家勃兰克斯"文学要有生气，就必须提出问题来"的号召，用现实主义方法描写现实生活的一系列戏剧。易卜生（1828—1906），挪威著名的戏剧家、诗人，被誉为"欧洲现代戏剧之父"。面向社会，面向现实的人生是他的剧作的最大特点。他是在1848年的国际革命浪潮和挪威国内的民族解放运动的推动下开始创作的。易卜生的现实主义倾向的剧作是最有价值的部分，他开创的"社会问题剧"真实地反映了挪威现实生活，用犀利的笔锋饱含着愤激的热情，戳穿了道德、法律、宗教、教育以及家庭关系多方面的假面具，揭露了整个社会的虚伪和荒谬。代表作有四大名剧：《社会支柱》《玩偶之家》《群鬼》《人民公敌》。

作品赏析：《玩偶之家》

海尔茂律师刚谋到银行经理一职，正欲大展宏图。他的妻子娜拉请他帮助老同学林丹太太找份工作，于是海尔茂解雇了手下的小职员柯洛克斯泰，准备让林丹太太接替空出的位置。娜拉前些年为给丈夫治病而借债，无意中犯了伪造字据罪，柯洛克斯泰拿着字据要挟娜拉。海尔茂看了柯洛克斯泰的揭发信后勃然大怒，骂娜拉是"坏东西""罪犯""下贱女人"，说自己的前程全被毁了。待柯洛克斯泰被林丹太太说动，退回字据时，海尔茂快活地叫道："娜拉，我没事了，我饶恕你了。"但娜拉却不饶恕他，因为她已看清，丈夫关心的只是他的地位和名誉，所谓"爱""关心"，只是拿她当玩偶。于是她断然出走了。

五、歌剧

歌剧是一门西方舞台表演艺术，简单而言就是主要或完全以歌唱和音乐来交代和表达剧情的戏剧。歌剧在 1600 年前后才出现在意大利的佛罗伦萨，它源自古希腊戏剧的剧场音乐。歌剧的演出和戏剧的所需一样，都要凭借剧场的典型元素，如背景、戏服以及表演等。

摩·普契尼是 19 世纪末 20 世纪初最有成就的真实主义歌剧作曲家，与罗西尼和威尔第一起并称为"意大利歌剧三杰"。他的歌剧题材大多数源于现实生活题材，创造出了许多鲜活生动的人物。共有作品 12 部，著名的有《艺术家的生涯》《托斯卡》《蝴蝶夫人》《图兰朵》等。

作品赏析：《图兰朵》

图兰朵的故事始见于 17 世纪的《一千零一夜》。1910 年前后，普契尼的一位朋友给他带回一首中国民歌《茉莉花》。他听到后决定将这一美妙曲子用进卡罗·哥兹的寓言剧，创造成《图兰朵》。可惜写到第三幕时普契尼因病逝世，剩下的部分由他的学生根据他的草稿完成。

《图兰朵》讲述的是元朝时的公主图兰朵为了报祖先暗夜被掳走之仇，下令：如果有个男人可以猜出她的三个谜语，她会嫁给他；如猜错，便处死。流亡元朝的鞑靼王子卡拉夫与父亲帖木儿和侍女柳儿在北京城重逢后，即看到猜谜失败遭处决的波斯王子和亲自监斩的图兰朵。卡拉夫王子被图兰朵公主的美貌吸引，不顾父亲、柳儿和三位大臣的反对来应婚，答对了所有问题，原来谜题的答案分别是"希望""鲜血"和"图兰朵"。但图兰朵拒绝认输，向父皇耍赖，不愿嫁给王子，于是王子出了一道谜题，只要公主能在天亮前得知他的名字，卡拉夫不但不娶公主，还愿意被处死。公主捉到了王子的父亲帖木儿和侍女柳儿，并且严刑逼供。柳儿自尽以示保守秘密。卡拉夫借此指责图兰朵十分无情。天亮时，公主尚未知道王子之名，但王子的强吻融化了她冰般冷漠的心，而王子也把真名告诉了公主。公主也没公布王子的真名，反而公告天下下嫁王子。

六、荒诞派戏剧

荒诞派戏剧，现代戏剧流派之一，起源于法国。从思想内容和艺术表现方法上对传统戏剧进行了大胆的试验和创新，创作出了一批离奇怪诞异于传统戏剧的作品，因此被戏剧评论家们称为"先锋派"。荒诞派戏剧艺术上的特点包括：反对戏剧传统，摒弃结构、语言、情节上的逻辑性、连贯性；通常用象征、暗喻的方法表达主题；用轻松的喜剧形式来表达严肃的悲剧主题。代表作有贝克特的《等待戈多》、尤内斯库的《秃头歌女》、热内的《女仆》等。

塞缪尔·贝克特（1906—1989），20 世纪法国作家。荒诞派戏剧的重要代表人物。小说和戏剧上继承了乔伊斯、普鲁斯特和卡夫卡的文学传统。1969 年，他因"以一种新的小说与戏剧的形式，以崇高的艺术表现人类的苦恼"而获得诺贝尔文学奖。代表作有《等待戈多》《普鲁斯特》等。

作品赏析：《等待戈多》

第一幕：两个身份不明的流浪汉戈戈和狄狄（弗拉季米尔和爱斯特拉冈），在黄昏小路旁的枯树下，等待戈多的到来。他们为消磨时间，语无伦次，东拉西扯地试着讲故事、找话题，做着各种无聊的动作。他们错把前来的主仆二人波卓和幸运儿当作了戈多。直到天快黑时，来了一个小孩，告诉他们戈多今天不来，明天准来。

第二幕：次日黄昏，两人如昨天一样在等待戈多的到来。不同的是枯树长出了四五片叶子，又来的波卓成了瞎子，幸运儿成了哑巴。天黑时，那孩子又捎来口信，说戈多今天不来了，明天准来。两人大为绝望，想死没有死成，想走却又站着不动。

七、音乐剧

音乐剧是 20 世纪出现的一门新兴的综合舞台艺术，集歌唱、对白、表演、舞蹈为一体，通过歌曲、台词、音乐、肢体动作等的紧密结合，把故事情节以及其中所蕴含的情感表现出来。音乐剧广泛地采用了高科技的舞美技术，不断追求视觉效果和听觉效果的完美结合。音乐剧在全世界各地都有上演，但演出最频密的地方是美国纽约市的百老汇和英国的伦敦西区。一些著名的音乐剧包括《悲惨世界》《猫》《歌剧魅影》《音乐之声》等。

作品赏析：《猫》

《猫》是英国作曲家安德烈·洛伊特·韦伯根据托马斯·斯特尔那斯·艾略特的诗集谱曲的音乐歌舞剧。剧中故事来自托马斯·斯特尔那斯·艾略特于 1939 年出版的诗集《老负鼠讲讲世上的猫》，剧中主题曲《回忆》更成为音乐剧音乐经典。

故事讲述的是一年中最特殊的午夜，杰里科猫族在一个巨大的垃圾场团聚，歌颂猫族的永恒。他们等候着猫族的领袖——智慧的老杜特洛诺米的到来：他将从杰里科猫族中选出一只猫，送上九重天获得重生。葛丽泽贝拉是曾经的魅力猫。多年前，她离开猫族到外面的世界闯荡，现在疲惫不堪地想要回来，期待能够回到这个大家庭。可猫儿们都避开了她。月光下，孤独的葛丽泽贝拉回忆起自己年轻时的幸福时光，唱起动人心弦的"回忆"。她向前伸出手，期待会有人牵起她。但是她还是没有被接受，失望中，她只能黯然离开。老杜特洛诺米将决定出谁将获得杰里科重生。这时，葛丽泽贝拉又出现了。再一次，她悲哀地回忆着过去，同时盼望能够获得新的生活。这回杰里科猫们终于原谅了她，接纳她回到族中。最终，葛丽泽贝拉被选为将获得重生的猫，在猫儿们的祝福声中，她登上了通往九重天之路，消失在五彩缤纷的云彩里。

案例分析

等待戈多（节选）

乡间一条路。一棵树。

黄昏。

爱斯特拉冈坐在一个低低的土墩上，想脱掉靴子。他用两手使劲拉着，直喘气。他停止拉靴子，显出精疲力竭的样子，歇了会儿，又开始拉靴子。

如前。

弗拉季米尔上。

爱斯特拉冈 （又一次泄了气）毫无办法。

弗拉季米尔 （又开两脚，迈着僵硬的、小小的步子前进）我开始拿定主意。我这一辈子老是拿不定主意，老是说，弗拉季米尔，要理智些，你还不曾什么都试过哩。于是我又继续奋斗。（他沉思起来，咀嚼着"奋斗"两字。向爱斯特拉冈）哦，你又来啦。

爱斯特拉冈 是吗？

弗拉季米尔 看见你回来我很高兴，我还以为你一去再也不回来啦。

爱斯特拉冈 我也一样。

弗拉季米尔 终于又在一块儿啦！我们应该好好庆祝一番。可是怎样庆祝呢？（他思索着）起来，让我拥抱你一下。

爱斯特拉冈 （没好气地）不，这会儿不成。

弗拉季米尔 （伤了自尊心，冷冷地）允不允许我问一下，大人阁下昨天晚上是在哪儿过夜的？

爱斯特拉冈 在一条沟里。

弗拉季米尔 （羡慕地）一条沟里！哪儿？

爱斯特拉冈 （未作手势）那边。

弗拉季米尔 他们没揍你？

爱斯特拉冈 揍我？他们当然揍了我。

弗拉季米尔 还是同一帮人？

爱斯特拉冈 同一帮人？我不知道。

弗拉季米尔 我只要一想起……这么些年来……要不是有我照顾……你会在什么地方……？（果断地）这会儿，你早就成一堆枯骨啦，毫无疑问。

爱斯特拉冈 那又怎么样呢？

弗拉季米尔 光一个人，是怎么也受不了的。（略停。兴高采烈地）另一方面，这会儿泄气也不管用了，这是我要说的。我们早想到这一点就好了，在世界还年轻的时候，在九十年代。

爱斯特拉冈 啊，别啰唆啦，帮我把这混账玩意儿脱了吧。

弗拉季米尔 手拉着从巴黎塔顶上跳下来，这是首先该做的。那时候我们还很体面。现在已经太晚啦。他们甚至不会放我们上去哩。（爱斯特拉冈使劲拉着靴子）你在干吗？

爱斯特拉冈 脱靴子。你难道从来没脱过靴子？

弗拉季米尔	靴子每天都要脱，难道还要我来告诉你？你干吗不好好听我说话？
爱斯特拉冈	（无力地）帮帮我！
弗拉季米尔	你脚疼？
爱斯特拉冈	脚疼！他还要知道我是不是脚疼！
弗拉季米尔	（愤怒地）好像只有你一个人受痛苦。我不是人。我倒想听听你要是受了我那样的痛苦，将会说些什么。
爱斯特拉冈	你也脚疼？
弗拉季米尔	脚疼！他还要知道我是不是脚疼！（弯腰）从来不忽略生活中的小事。
爱斯特拉冈	你期望什么？你总是等到最后一分钟的。
弗拉季米尔	（若有所思地）最后一分钟……（他沉吟片刻）希望迟迟不来，苦死了等的人。这句话是谁说的？
爱斯特拉冈	你干吗不帮帮我？
弗拉季米尔	有时候，我照样会心血来潮。跟着我浑身就会有异样的感觉。（他脱下帽子，向帽内窥视，在帽内摸索，抖了抖帽子，重新把帽子戴上）我怎么说好呢？又是宽心，又是……（他搜索枯肠找词儿）寒心。（加重语气）寒——心。（他又脱下帽子，向帽内窥视）奇怪。（他敲了敲帽顶，像是要敲掉沾在帽上的什么东西似的，再一次向帽内窥视）毫无办法。

爱斯特拉冈使尽平生之力，终于把一只靴子脱下。他往靴内瞧了瞧，伸进手去摸了摸，把靴子口朝下倒了倒，往地上望了望，看看有没有什么东西从靴里掉出来，但什么也没看见，又往靴内摸了摸，两眼出神地朝前面瞪着。

爱斯特拉冈	什么也没有。
弗拉季米尔	给我看。
爱斯特拉冈	没什么可给你看的。
弗拉季米尔	再穿上去试试。
爱斯特拉冈	（把他的脚察看一番）我要让它通通风。
弗拉季米尔	你就是这样一个人，脚出了毛病，反倒责怪靴子。（他又脱下帽子，往帽内瞧了瞧，伸手进去摸了摸，在帽顶上敲了敲，往帽里吹了吹，重新把帽子戴上）这件事越来越叫人寒心。（沉默。弗拉季米尔在沉思，爱斯特拉冈在揉脚趾）两个贼有一个得了救。（略停）是个合理的比率。（略停）戈戈。
爱斯特拉冈	什么事？
弗拉季米尔	我们要是忏悔一下呢？
爱斯特拉冈	忏悔什么？
弗拉季米尔	哦……（他想了想）咱们用不着细说。
爱斯特拉冈	忏悔我们的出世？

弗拉季米尔放声大笑，突然止住笑，用一只手按住肚子，脸都变了样儿。

| 弗拉季米尔 | 连笑都不敢笑了。 |

爱斯特拉冈　真是极大的痛苦。

弗拉季米尔　只能微笑。（他突然咧开嘴嬉笑起来，不断地嬉笑，又突然停止）不是一码子事。毫无办法。（略停）戈戈。

爱斯特拉冈　（没好气地）怎么啦？

弗拉季米尔　你读过《圣经》没有？

爱斯特拉冈　《圣经》……（他想了想）我想必看过一两眼。

弗拉季米尔　你还记得《福音书》吗？

爱斯特拉冈　我只记得圣地的地图，都是彩色图，非常好看，死海是青灰色的。我一看到那图，心里就直痒痒。这是咱们俩该去的地方，我老这么说，这是咱们该去度蜜月的地方，咱们可以游泳，咱们可以得到幸福。

弗拉季米尔　你真该当诗人的。

爱斯特拉冈　我当过诗人。（指了指身上的破衣服）这还不明显？（沉默）

弗拉季米尔　刚才我说到哪儿……你的脚怎样了？

爱斯特拉冈　看得出有点儿肿。

弗拉季米尔　对了，那两个贼。你还记得那故事吗？

爱斯特拉冈　不记得了。

弗拉季米尔　要我讲给你听吗？

爱斯特拉冈　不要。

弗拉季米尔　可以消磨时间。（略停）故事讲的是两个贼，跟我们的救世主同时被钉死在十字架上。有一个贼——

爱斯特拉冈　我们的什么？

弗拉季米尔　我们的救世主。两个贼。有一个贼据说得救了，另外一个……（他搜索枯肠，寻找与"得救"相反的词汇）……万劫不复。

爱斯特拉冈　得救，从什么地方救出来？

弗拉季米尔　地狱。

爱斯特拉冈　我走啦。（他没有动）

弗拉季米尔　然而……（略停）怎么——我希望我的话并不叫你腻烦——怎么在四个写福音的使徒里面只有一个谈到有个贼得救呢？四个使徒都在场——或者说在附近，可是只有一个使徒谈到有个贼得了救。（略停）喂，戈戈，你能不能回答我一声，哪怕是偶尔一次？

爱斯特拉冈　（过分地热情）我觉得你讲的故事真是有趣极了。

弗拉季米尔　四个里面只有一个。其他三个里面，有两个压根儿没提起什么贼，第三个却说那两个贼都骂了他。

爱斯特拉冈　谁？

弗拉季米尔　什么？

爱斯特拉冈　你讲的都是些什么？（略停）骂了谁？

弗拉季米尔　救世主。

爱斯特拉冈　为什么？

弗拉季米尔　因为他不肯救他们。

爱斯特拉冈　救他们出地狱？

弗拉季米尔　傻瓜！救他们的命。

爱斯特拉冈　我还以为你刚才说的是救他们出地狱哩。

弗拉季米尔　救他们的命，救他们的命。

爱斯特拉冈　嗯，后来呢？

弗拉季米尔　后来，这两个贼准是永堕地狱、万劫不复啦。

爱斯特拉冈　那还用说？

弗拉季米尔　可是另外的一个使徒说有一个得了救。

爱斯特拉冈　嗯？他们的意见并不一致，这就是问题的症结所在。

弗拉季米尔　可是四个使徒全在场。可是只有一个谈到有个贼得了救。为什么要相信他的话，而不相信其他三个？

爱斯特拉冈　谁相信他的话？

弗拉季米尔　每一个人。他们就知道这一本《圣经》。

爱斯特拉冈　人们都是没知识的混蛋，像猴儿一样见什么学什么。

　　他痛苦地站起身来，一瘸一拐地走向台的极左边，停住脚步，把一只手遮在眼睛上朝远处眺望，随后转身走向台的极右边，朝远处眺望。弗拉季米尔瞅着他的一举一动，随后过去捡起靴子，朝靴内窥视，急急地把靴子扔在地上。

弗拉季米尔　呸！（他吐了口唾沫）

　　爱斯特拉冈走到台中，停住脚步，背朝观众。

爱斯特拉冈　美丽的地方。（他转身走到台前方，停住脚步，脸朝观众）妙极了的景色。（他转向弗拉季米尔）咱们走吧。

弗拉季米尔　咱们不能。

爱斯特拉冈　咱们在等待戈多。

爱斯特拉冈　啊！（略停）你肯定是这儿吗？

弗拉季米尔　什么？

爱斯特拉冈　我们等的地方。

弗拉季米尔　他说在树旁边。（他们望着树）你还看见别的树吗？

爱斯特拉冈	这是什么树？
弗拉季米尔	我不知道。一棵柳树。
爱斯特拉冈	树叶呢？
弗拉季米尔	准是棵枯树。
爱斯特拉冈	看不见垂枝。
弗拉季米尔	或许还不到季节。
爱斯特拉冈	看上去简直像灌木。
弗拉季米尔	像丛林。
爱斯特拉冈	像灌木。
弗拉季米尔	像——你这话是什么意思？暗示咱们走错地方了？
爱斯特拉冈	他应该到这儿啦。
弗拉季米尔	他并没说定他准来。
爱斯特拉冈	万一他不来呢？
弗拉季米尔	咱们明天再来。
爱斯特拉冈	然后，后天再来。
弗拉季米尔	可能。
爱斯特拉冈	老这样下去。
弗拉季米尔	问题是——
爱斯特拉冈	直等到他来为止。
弗拉季米尔	你说话真是不留情。
爱斯特拉冈	咱们昨天也来过了。
弗拉季米尔	不，你弄错了。
爱斯特拉冈	咱们昨天干什么啦？
弗拉季米尔	咱们昨天干什么啦？
爱斯特拉冈	对了。
弗拉季米尔	怎么……（愤怒地）只要有你在场，就什么也肯定不了。
爱斯特拉冈	照我看来，咱们昨天来过这儿。
弗拉季米尔	（举目四望）你认得出这地方？
爱斯特拉冈	我并没这么说。
弗拉季米尔	嗯？
爱斯特拉冈	认不认得出没什么关系。
弗拉季米尔	完全一样……那树……（转向观众）那沼地。
爱斯特拉冈	你肯定是在今天晚上？
弗拉季米尔	什么？

爱斯特拉冈　是在今天晚上等他？

弗拉季米尔　他说是星期六。（略停）我想。

爱斯特拉冈　你想。

弗拉季米尔　我准记下了笔记。

　　　　他在自己的衣袋里摸索着，拿出各色各样的废物。

爱斯特拉冈　（十分凶狠地）可是哪一个星期六？还有，今天是不是星期六？今天难道不可能是星期天！（略停）或者星期一？（略停）或者星期五？

弗拉季米尔　（拼命往四周围张望，仿佛景色上写有日期似的）那绝不可能。

爱斯特拉冈　或者星期四？

弗拉季米尔　咱们怎么办呢？

爱斯特拉冈　要是他昨天来了，没在这儿找到咱们，那么你可以肯定他今天决不会再来了。

弗拉季米尔　可是你说我们昨天来过这儿。

爱斯特拉冈　我也许弄错了。（略停）咱们暂别说话，成不成？

弗拉季米尔　（无力地）好吧。（爱斯特拉冈坐到土墩上。弗拉季米尔激动地来回踱着，不时刹住脚步往远处眺望。爱斯特拉冈睡着了。弗拉季米尔在爱斯特拉冈面前停住脚步）戈戈！……戈戈！……戈戈！

　　　　爱斯特拉冈一下子惊醒过来。

爱斯特拉冈　（惊恐地意识到自己的处境）我睡着啦！（责备地）你为什么老是不肯让我睡一会儿？

弗拉季米尔　我觉得孤独。

爱斯特拉冈　我做了个梦。

弗拉季米尔　别告诉我！

爱斯特拉冈　我梦见——

弗拉季米尔　别告诉我！

爱斯特拉冈　（向宇宙做了个手势）有了这一个，你就感到满足了？（沉默）你太不够朋友了，狄狄。我个人的恶梦如果不能告诉你，叫我告诉谁去？

弗拉季米尔　让它们作为你个人的东西保留着吧。你知道我听了受不了。

爱斯特拉冈　（冷冷地）有时候我心里想，咱们是不是还是分手比较好。

弗拉季米尔　你走不远的。

爱斯特拉冈　那太糟糕啦，实在太糟糕啦！（略停）你说呢，狄狄，是不是实在太糟糕啦？（略停）当你想到路上的景色是多么美丽。（略停）还有路上的行人是多么善良。（略停。甜言蜜语地哄）你说是不说，狄狄？

弗拉季米尔　你要冷静些。

爱斯特拉冈　（淫荡地）冷静……冷静……所有的上等人都说要镇静。（略停）你知道英国人在妓院里的故事吗?

弗拉季米尔	知道。
爱斯特拉冈	讲给我听。
弗拉季米尔	啊,别说啦!
爱斯特拉冈	有个英国人多喝了点儿酒,走进一家妓院。鸨母问他要漂亮的、黑皮肤的还是红头发的。你说下去吧。
弗拉季米尔	别说啦!

弗拉季米尔急下。爱斯特拉冈站起来跟着他走到舞台尽头。爱斯特拉冈做着手势,仿佛作为观众在给一个拳击家打气似的。弗拉季米尔上,他从爱斯特拉冈旁边擦身而过,低着头穿过舞台。爱斯特拉冈朝他迈了一步,煞住脚步。

爱斯特拉冈	(温柔地)你是要跟我说话吗?(沉默。爱斯特拉冈往前迈了一步)你有话要跟我说吗?(沉默。他又往前迈了一步)狄狄……
弗拉季米尔	(并不转身)我没有什么话要跟你说。
爱斯特拉冈	(迈了一步)你生气了?(沉默。迈了一步)原谅我。(沉默。迈了一步。爱斯特拉冈把他的一只手搭在弗拉季米尔的肩上)来吧,狄狄。(沉默)把你的手给我。(弗拉季米尔转过身来)拥抱我!(弗拉季米尔软下心来。他们俩拥抱。爱斯特拉冈缩回身去)你一股大蒜臭!
弗拉季米尔	它对腰子有好处。(沉默。爱斯特拉冈注视着那棵树)咱们这会儿干什么呢?
爱斯特拉冈	咱们等着。
弗拉季米尔	不错,可是咱们等着的时候干什么呢?
爱斯特拉冈	咱们上吊试试怎么样?

弗拉季米尔向爱斯特拉冈耳语。爱斯特拉冈大为兴奋。

弗拉季米尔	跟着就有那么多好处。掉下来以后,底下还会长曼陀罗花。这就是你拔花的时候听到吱吱声音的原因。你难道不知道?
爱斯特拉冈	咱们马上就上吊吧。
弗拉季米尔	在树枝上?(他们向那棵树走去)我信不过它。
爱斯特拉冈	咱们试试总是可以的。
弗拉季米尔	你就试吧。
爱斯特拉冈	你先来。
弗拉季米尔	不,不,你先来。
爱斯特拉冈	干吗要我先来?
弗拉季米尔	你比我轻。
爱斯特拉冈	正因为如此!
弗拉季米尔	我不明白。

爱斯特拉冈　用你的脑子，成不成？

　　弗拉季米尔用脑子。

弗拉季米尔　（最后）我想不出来。

爱斯特拉冈　是这么回事。（他想了想）树枝……树枝……（愤怒地）用你的头脑，成不成？

弗拉季米尔　你是我的唯一希望了。

爱斯特拉冈：（吃力地）戈戈轻——树枝不断——戈戈死了。狄狄重——树枝断了——狄狄孤单单的一个人。可是——

弗拉季米尔　我没想到这一点。

爱斯特拉冈　要是它吊得死你，也就吊得死我。

弗拉季米尔　可是我真的比你重吗？

爱斯特拉冈　是你亲口告诉我的。我不知道。反正机会均等，或者差不多均等。

弗拉季米尔　嗯！咱们干什么呢？

爱斯特拉冈　咱们什么也别干。这样比较安全。

弗拉季米尔　咱们先等一下，看看他说些什么。

爱斯特拉冈　谁？

弗拉季米尔　戈多。

爱斯特拉冈　好主意。

弗拉季米尔　咱们先等一下，让咱们完全清楚咱们的处境后再说。

爱斯特拉冈　要不然，最好还是趁热打铁。

弗拉季米尔　我真想听听他会提供些什么。我们听了以后，可以答应或者拒绝。

爱斯特拉冈　咱们到底要求他给咱们做些什么？

弗拉季米尔　你当时难道没在场？

爱斯特拉冈　我大概没好好听。

弗拉季米尔　哦……没提出什么明确的要求。

爱斯特拉冈　可以说是一种祈祷。

弗拉季米尔　一点不错。

爱斯特拉冈　一种泛泛的乞求。

弗拉季米尔　完全正确。

爱斯特拉冈　他怎么回答的呢？

弗拉季米尔　说他瞧着办。

爱斯特拉冈　说他不能事先答应。

弗拉季米尔　说他得考虑一下。

爱斯特拉冈　在他家中安静的环境里。

弗拉季米尔　跟他家里的人商量一下。

爱斯特拉冈	他的朋友们。

爱斯特拉冈　他的朋友们。

弗拉季米尔　他的代理人们。

爱斯特拉冈　他的通讯员们。

弗拉季米尔　他的书。

爱斯特拉冈　他的银行存折。

弗拉季米尔　然后才能打定主意。

爱斯特拉冈　这是很自然的事。

弗拉季米尔　是吗？

爱斯特拉冈　我想是的。

弗拉季米尔　我也这么想。（沉默）

爱斯特拉冈　（焦急地）可是咱们呢？

弗拉季米尔　你说的什么？

爱斯特拉冈　我说，可是咱们呢？

弗拉季米尔　我不懂。

爱斯特拉冈　咱们的立场呢？

弗拉季米尔　立场？

爱斯特拉冈　别忙。

弗拉季米尔　立场？咱们趴在地上。

爱斯特拉冈　到了这么糟糕的地步？

弗拉季米尔　大人阁下想要知道有什么特权？

爱斯特拉冈　难道咱们什么权利也没有了？

　　弗拉季米尔大笑，像先前一样突然抑制住，改为咧着嘴嬉笑。

任务三　影视艺术鉴赏能力的提升

　　影视艺术是时间艺术与空间艺术的复合体，它既像时间艺术那样，在延续时间中展示画面，构成完整的银幕形象，又像空间艺术那样，在画面空间上展开形象，使作品获得多手段、多方式的表现力。影视艺术包括电影、电视及两者所表达的艺术效果。电影是影视艺术的起源，电视是影视艺术的衍生物之一。

一、影视简史

　　法国里昂照相器材制造商卢米埃尔兄弟，在前人和同时代人，尤其是爱迪生研制的基础上，制成了活动电影机，并摄制了《工厂的大门》《火车进站》《水浇园丁》等反映生活场景的实录。1895 年 12 月 28 日在巴黎大咖啡馆首次售票成功公映他们的作品。这一天被国际上公认为电影的诞生日。此时，电影只是一种新奇的杂耍。

1905 年初夏时节，北京丰泰照像馆经营者任庆泰（字景丰）主持拍摄了中国第一部影片——由京剧泰斗谭鑫培主演的《定军山》，奠定了中国电影的起始点。

20 世纪 20 年代中期，苏联蒙太奇学派把无声电影推向了成熟和完美的艺术高峰，形成了一个完整的、全新的视觉艺术体系。

1927 年，美国华纳兄弟公司终于在多年实验的基础上，推出世界上第一部有声电影《爵士歌王》。片中除了歌曲外，有几句简短的对话。《爵士歌王》标志着电影艺术一个时代的结束，另一个时代的开始。有声电影时代来临。

1930 年，英国广播公司（BBC）实验性地播出的皮兰德娄的《花言巧语的人》成为世界第一部电视剧。

1958 年 6 月 15 日，北京电视台播出我国第一部电视剧《一口菜饼子》。

二、影视艺术特征

（一）综合性特征

影视艺术在综合中创造了自己，吸收了绘画、摄影、戏剧、音乐等多种艺术形式的同时发展了自己，没有综合就没有影视艺术。

（1）影视艺术是一种视听感官综合的艺术。

（2）影视艺术是一种时空综合性的艺术。

（3）影视艺术是技术和艺术的综合。

（二）逼真性特征

影视作品讲究细节的真实性，时代氛围、情节展开的环境、演员表演以及人物的化妆、服饰等都要给人以真实感。

（三）假定性特征

影视艺术中假定性是多方面的。首先，影视画面本身就具有一定的假定性，它用平面的二维空间来表现立体的三维空间，在观看中就是一种假定性错觉。影视画面是现实的再现，不是现实本身的展现。其次，影视作品通过虚构故事来再现现实生活的形态。而这种虚构就是一种假定性创造。再次，影视作品中的空间构成往往也是假定的。

（四）幻觉性特点

影像幻觉性有四个不同层次：第一层次，影视语言是以模拟人的视听感知经验为基础。第二层次，二维平面的影像由于透视效果和人或物在纵深方向的运动使观众产生空间的幻觉。第三层次，蒙太奇的剪辑，空间的跳跃能使观众产生时间的幻觉。第四层次，声音的介入、场面调度等手段的运用也能够使观众产生画外的幻觉。

三、影视鉴赏的基本方法

（一）情节与结构鉴赏

情节鉴赏在于把握矛盾和理清情节线索。矛盾冲突作为叙事动力，往往表现为三种形态：一是人与环境的矛盾冲突；二是人与人的矛盾冲突；三是人与自身的矛盾冲突。

情节线索的梳理较为简单，一般来说，可以分为单线和复线两种，都是比较容易辨认的。单线是指影视作品以一条线索贯穿始终，描述事件进程，推演人物命运。复线是指影视作品中存在两条或两条以上相互平行或彼此交叉的线索。对于复线的处理也有不同的方式，可以讲多重线索同等并置，也可以是主副并行，明暗交替，相辅相成。

（二）画面与镜头鉴赏

影视画面是影视艺术语言最为基本也是最为重要的原始，它是指借助于电影摄影机或电视摄像机记录在胶片或磁带上，最后在银幕上还原出来的视觉形象。由此可见，影视画面的最终呈现也是摄影机或摄像机"描绘"的结果，所以，画面鉴赏应该与镜头鉴赏紧密结合在一起，包括构图、光线和色彩，也包括镜头运动方式。

（三）导演与表演鉴赏

导演艺术鉴赏的重点是通过对于影像语言的感受和理解，把握影视导演的艺术风格和美学思想。

影视表演是影视艺术最能吸引观众的地方，明星崇拜现象就是典型例证之一。但是，作为影视艺术鉴赏的一种方法，表演艺术鉴赏所关注的并非是演员个人，而是作为演员与角色复合体的人物。演员是否成功地塑造了角色才是表演艺术鉴赏的关键所在。

（四）电影中的蒙太奇

在电影的制作中，导演按照剧本或影片的主题思想，分别拍成许多镜头，然后再按原定的创作构思，把这些不同的镜头有机地、艺术地组织和剪辑在一起，使之产生连贯、对比、联想、衬托悬念等联系以及快慢不同的节奏，从而有选择地组成一部反映一定的社会生活和思想感情、为广大观众所理解和喜爱的影片，这些构成形式与构成方式，就叫蒙太奇。

作品赏析：《霸王别姬》

《霸王别姬》是汤臣电影有限公司出品的文艺片，该片改编自李碧华的同名小说，由陈凯歌执导，李碧华、芦苇编剧；张国荣、巩俐、张丰毅领衔主演。

影片集文艺性和观赏性于一身，在保留导演创作理念的同时，也很好地兼顾了观众的审美情趣，是一部近乎完美的经典电影。电影围绕两位京剧伶人半个世纪的悲欢离合，描述了中国文化积淀最深厚的京剧艺术以及京剧艺人的生活，展现了对传统文化、人的生存状态及人性的思考与领悟。《霸王别姬》不仅具有纵深的历史感，还兼具细腻的男性情谊与史诗格局，它将小人物的悲欢离合掺着半个世纪以来的中国历史发展盘旋交错地展现出来。

1993 年该片在中国内地以及中国香港上映，此后在世界多个国家和地区公映，并且打破了中国内地文艺片在美国的票房纪录。该片荣获法国戛纳国际电影节最高奖项金棕榈大奖，成为首部获此殊荣的中国影片；此外，这部电影还获得了美国金球奖最佳外语片奖、国际影评人联盟大奖等多项国际大奖，并且是唯一一部同时获得戛纳国际电影节金棕榈大奖、美国金球奖最佳外语片的华语电影。1994 年张国荣凭借此片获得第 4 届中国电影表演艺术学会特别贡献奖。2005 年《霸王别姬》入选美国《时代周刊》评出的"全球史上百部最佳电影"。

（杨远婴.电影理论读本［M］.北京：世界图书出版公司，2012.）

项目实践

经典再现——课本剧表演比赛

1.活动目标与任务

（1）丰富学生的课余生活，创建书香校园和提高学生综合素质，促进学生全面发展，培养学生健康的审美情趣与艺术修养；

（2）通过课本剧的编排，加深对课本、对生活的理解；

（3）提高学生的活动能力、组织能力、创新能力、口语表达能力和舞台表演能力，展现其丰富的创造力。

2.活动情景与内容

学生可分为四个小组参加课本剧表演比赛，选取出现在语文课本上的经典课本剧，根据自己的理解进行适当的改编。经过一段时间的排练之后集中表演，老师根据评分标准评选出表演最优小组和最佳演员给予奖励。

3.活动组织与实施

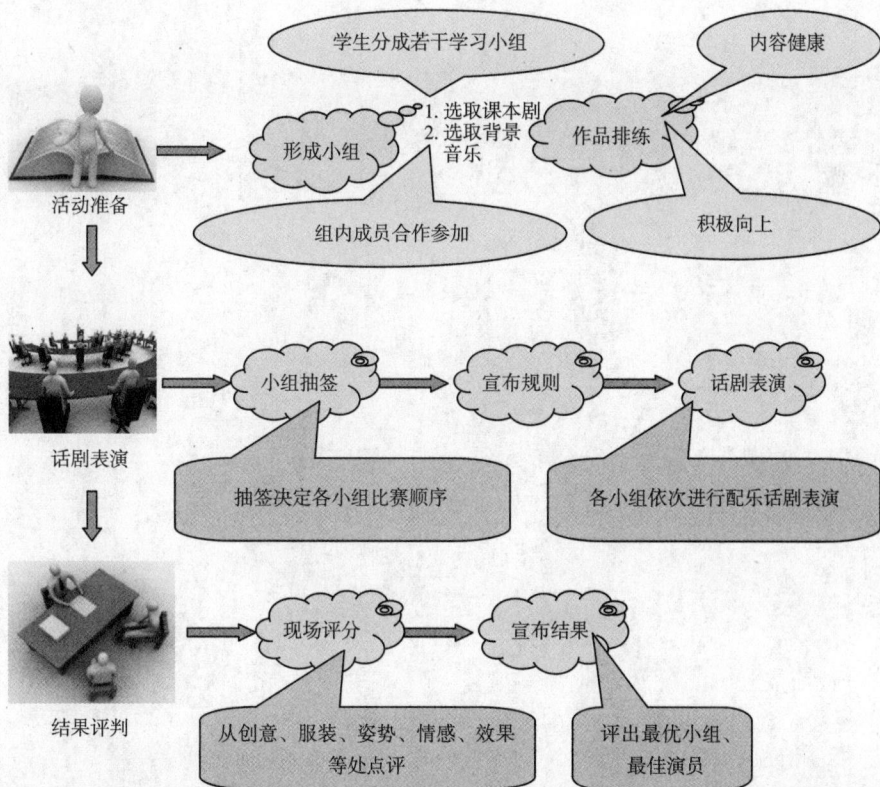

活动准备

学生分成若干学习小组　　内容健康

形成小组　　　1. 选取课本剧　作品排练
　　　　　　　2. 选取背景音乐

组内成员合作参加　　　积极向上

话剧表演

小组抽签　→　宣布规则　→　话剧表演

抽签决定各小组比赛顺序　　各小组依次进行配乐话剧表演

结果评判

现场评分　→　宣布结果

从创意、服装、姿势、情感、效果等处点评　　评出最优小组、最佳演员

4. 活动指导

（1）演出内容和形式。以课本中出现的经典剧为主，既忠实于文本，又可以在原文的基础上有所创新，内容要健康向上（每个节目表演时间为 10 ~ 15 分钟）。

（2）要求。

①舞台背景、道具以简练、明快为主，不能过于复杂和铺张，参赛的节目，如需要配音或配乐的，要自备 U 盘；

②服装、道具能够贴合时代特点；

③各参赛小组自行安排好上、下场更换布景道具的工作人员。

（3）评比标准。

①剧本创作：主题鲜明、故事情节完整（25 分），有创造性（10 分）；

②服装：符合剧情（15 分）；

③姿态：落落大方，自然，手势与内容相符，能表现人物性格（15 分）；

④情感：感情基调与故事内容相符，感情流露自然得体（20 分）；

⑤效果：有感染力，观众反应好（15 分）。

模块三 职业素养

项目九　培育工匠精神

学习内容

工匠精神，彰显出精益求精、精打细磨的坚韧品格，存留着严谨认真、不断创新的执业态度，继承了尊师重教、言传身教的传道风范，显现为敬业坚持、专注执着的做事风骨。现如今，"工匠精神"的倡导与呼唤无处不在。

职业院校无疑是培育工匠精神的前沿阵地，造就一大批具备工匠精神的高素质应用型人才来支撑"中国制造"走向"优质制造""精品制造"是当下高等职业教育的神圣使命。工匠精神的培育，职业教育责无旁贷、任重道远。

学习目标

- 掌握工匠精神的内涵及其历史溯源；
- 了解工匠精神的当代价值；
- 认识高职教育中培养学生工匠精神的必要性；
- 探讨高职院校培养工匠精神的途径。

案例导入

一、观赏纪录片：《大国工匠·匠心筑梦》

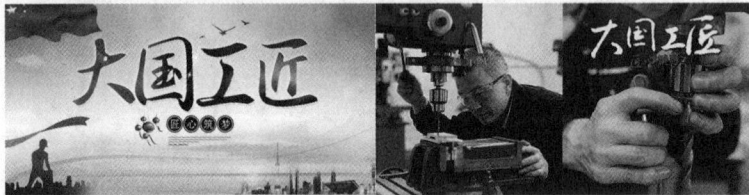

二、纪录片介绍

《大国工匠·匠心筑梦》是由中央电视台新闻频道在 2015 年五一期间推出的八集专题系列节目。它分别讲述了 8 个岗位的劳动者用灵巧的双手创造出属于自己，也属于中国的职业神话故事。这群不平凡的劳动者的成功之路，是数十年在平凡的岗位上默默坚守，孜孜以求，精益求精，最终脱颖而出，跻身国宝级技工行列的励志之路。他们靠着对中国传统技艺的传承和高新科学技术的钻研，凭着对职业的专注和坚守，用别样的风采完美地诠释了中华民族的工匠精神，生动地演绎了属于劳动人民的复兴中国梦。

1. 高凤林

焊工高凤林 35 年专注火箭发动机焊接工作，被称为焊接火箭"心脏"的人。130 多枚长征系列运载火箭在他焊接的发动机的推动下顺利飞入太空，其中就有送嫦娥卫星去月球的长征三号甲系列火箭。0.08 毫米，是高凤林焊接生涯里挑战过的最薄纪录。

2. 胡双钱

工作 30 多年来，胡双钱创造了打磨过的零件百分之百合格的惊人纪录。在中国新一代大飞机 C919 的首架样机上，有很多老胡亲自打磨出来的"前无古人"的全新零件。

3. 孟剑锋

北京 APEC 会议上，我国送给外国领导人及夫人的国礼之———"和美"纯银丝巾果盘，是孟师傅在只有 0.6 毫米的银片上，经过上百万次的精雕细琢才打造出来的"丝巾"。航天英雄、奥运优秀运动员、汶川地震纪念等奖章都是出自孟剑锋之手。

4. 张东伟

LNG 船是在 −162 ℃低温下运输液化气的专用船舶，现只有美国、中国、日本、韩国和欧洲的少数几个国家的 13 家船厂能够建造。

5. 顾秋亮

载人潜水器有十几万个零部件，其组装对精密度要求达到了"丝"级，在中国，能实现这个精密度的只有顾秋亮。成功把"蛟龙"送入海底后，他的新挑战是组装中国首个完全自主设计制造的 4 500 米载人潜水器。装配"蛟龙号"，实现 0.2 丝以下精密度。

6. 周东红

经他手捞出晒成的宣纸，每张重量误差不超过 1 克。30 年来，周东红始终保持着成品率 100% 的纪录，他加工的纸也成为韩美林、刘大为等著名画家及国家画院的"御用画纸"。2009 年 9 月，联合国教科文组织将宣纸传统制作技艺列入《人类非物质文化遗产名录》。

7. 管延安

在工作时，管延安要进入完全封闭的海底沉管隧道中安装操作仪器。按照规定，接缝处间隙误差要小于 1 毫米，他却能做到零缝隙。只有初中文化的他，全凭自学成为这项工作的第一人。他所安装的沉管设备，已成功完成 16 次海底隧道对接。

8. 宁允展

CRH380A 的首席研磨师，是中国第一位从事高铁列车转向架"定位臂"研磨的工人，被同行称为"鼻祖"。从事该工序的工人全国不超过 10 人。他研磨的转向架装上了 644 列高速动车组，奔驰 8.8 亿公里，相当于绕地球 22 000 圈。

他们是真正的匠人，是拥有顶尖技术的一线技术工人，他们来自五湖四海，来自各行各业，有着不同的文化背景，有着不同的生活阅历，但无一例外都有着别人难以替代的高超的技术水准以及强烈而深厚的职业道德意识。

三、学生谈体会

请学生谈观后感。只有那些爱岗敬业、恪尽职守、精益求精的人，才可能成就一番事业，才可望拓展人生价值，为实现民族复兴的中国梦贡献自己的力量。

任务驱动

任务一　认知工匠精神的现代内涵

2016年3月5日，国务院总理李克强在全国"两会"政府工作报告中首次提到工匠精神，3月29日，总理在国家质量奖颁奖晚会上再次提到工匠精神。同年5月中央电视台推出了系列节目《大国工匠·匠心筑梦》，讲述了8位大国工匠的成长故事。"工匠精神"一下子成了高频词汇，短期内密集地出现在治国安邦的会议上，出现在主流媒体的声音上，出现在老百姓的日常口头上。"工匠精神"以一种势不可当的力量回到了人们的视线，培育工匠精神已经成为国家和社会的普遍共识与意志。

工匠精神的强势回归，是"中国制造2025""一带一路"等国家倡议的迫切需要；是企业转型、产业升级的发展需要；是老百姓个性化消费和高品质生活的确切需要；是劳动者职业生涯发展和个人价值实现的现实需要。实现中国制造，需要有千千万万的普通劳动者来支撑，从"制造大国"向"制造强国"转变，更需要有默默坚守、孜孜以求、追求职业技能完美和极致的"大国工匠"和"工匠精神"。

要实现"中国制造"升级的中国梦，让更多的一线技术工人发展成为"大国工匠"，必定离不开培养生产一线技术技能型人才的高职院校。众所周知，科技进步、社会繁荣与企业发展离不开职业教育，培养"工匠精神"自然也离不开职业教育。高等职业教育培养的是面向生产、建设、服务和管理第一线的高素质技术技能型人才，这与"工匠精神"不谋而合，工匠专注的职业态度正是高素质的最好诠释。事实上，在高等职业教育中融入工匠精神顺应了国际制造业发展的趋势，符合国内经济转型升级的需要，也有利于学生综合素质的提升和未来职业的发展。

工匠精神的提及离不开以下几个关键词：

● 精益求精

对精品的执着坚持和追求，孜孜不倦，反复改进，不断完善，将品质从99%提高到99.99%。

● 注重细节

在对细节的处理上不惜花费时间和精力，把每个产品都做到极致，追求完美，注重品质。

● 一丝不苟

态度严肃、谨慎、细致、周全，追求完美，在最细微处下功夫，确保每个部件的质量，并采取严格的检测标准。

● 耐心、细心

不急不躁，持之以恒，专心注意产品和服务的质量，坚决保持对品质的高标准、严要求。

● 专业、敬业

为打造最优质产品，从业人员在专业领域里不懈努力，不断进步，对工作始终持认真、负责的态度。

具体而言，工匠精神的内容至少应该涵盖如下四个方面：

一、尊师重道——工匠精神的起源

古代技艺的传授主要有家庭式传授和师徒式传授。学徒制期间，师傅和徒弟同住、同吃、同劳动，师傅不仅教会徒弟谋生的技艺，而且通过言传身教，传授给徒弟一定的职业态度和职业操守，教会徒弟自立、自强。尊师重道是工匠精神的起源，尊师的本质就是尊重技艺、遵守职业操守。重道就是尊重规律，唯有尊重规律，运用规律才能成长为合格的工匠。庖丁解牛就是因为他熟悉牛的骨骼结构，刀刃游走于骨骼之间，才能轻松解牛。鲁班成为一代名匠也是建立在洞悉力学规律与建筑学规律的基础上。尊重技艺、遵守职业操守、尊重规律是工匠成长的必然路径，也是工匠精神的起源。

二、爱岗敬业——工匠精神的基础

爱岗敬业是工匠精神的力量源泉。《论语》曰：知之者不如好之者，好之者不如乐之者。乐业是最高境界，是最好的职业导师，也是最能够激发人类工作热情、奉献激情、创新灵感的境界。从《大国工匠·匠心筑梦》中可以看出，爱岗敬业是大国工匠们的共同特征，从他们的成长历程分析，有人是先天喜欢某个方面的工作，有人是后天源于某件事、某个人与某个职业结缘。爱岗敬业要求做到感性上热爱自己的岗位，理性上认识到自己职业的价值，客观上恭谦谨慎地对待自己的职业。爱岗敬业是工匠精神的基础，唯有打牢基础，工匠精神才能绽放出耀眼的光彩。

三、精益求精——工匠精神的表现

工匠精神通过具体的造物或服务过程表现，精益求精是工匠精神的直接表现，是动态的、漫长的过程，工匠们需要抵制外界的干扰，凭借专注与执着从平凡中脱颖而出。

精益求精的工匠精神主要源于工匠自身长期的技术实践积累和对技术技艺的理性思索，对前人的发明创造或技艺进行改良式的创新，以得到"青出于蓝而胜于蓝"的技术制品或技术服务。精益求精的工匠对工艺品有着永不满足的追求，以严谨的态度，规范的动作，完成好每一道工序。在这种精神的支撑下，工匠们愿意为某一项技艺的传承与发展贡献毕生的精力。精益求精的工匠精神体现了工匠对高品质创造和服务的追求；体现了工匠对消费者高度负责的精神；体现了工匠对生产技术和服务工艺永不满足的追求。

四、求实创新——工匠精神的灵魂

求实创新彰显工匠精神的时代气息。求实就是讲究实际，实事求是。创新指永不满足，与时俱进，追求新高。工匠们来自于生产与服务的第一线，是脚踏大地的技术技能劳动者，唯有在生产实践的过程中"求实"，洞悉客户需求掌握生产技艺，遵守生产规律，才能提供出合格的产品。工匠们永不满足，精益求精，不断改进生产技术，提高产品与服务的质量，提高生产与服务的效率，提升产品与服务人性化的程度。求实是创新的基础，创新是求实的体现，工匠精神需要有脚踏大地的务实，也需要有仰望天空的浪漫，求实创新是工匠精神的灵魂。

拓展阅读

我国古代的"工匠精神"

早在《诗经》中，就把对骨器、象牙、玉石的加工形象地描述为"如切如磋""如琢如磨"。对此，孔子在《论语》中十分肯定，朱熹《论语》注中解读为"治之已精，而益求其精也"。再看《庄子》中的"庖丁解牛，技进乎道"，《尚书》中的"惟精惟一，允执厥中"以及贾岛关于"推敲"的斟酌，都体现了古代中国的匠人精神。

古代中国曾是世界上最大的原创之国、匠品出口国及匠人之国。而中国的丝绸、瓷器、茶叶、漆器、金银器、壁纸等产品曾是世界各国王宫贵族和富裕阶层的宠儿。早在西周时期，就已设立了"百工制度"，古代的"中国制造"闻名远近。

最早的工匠

韩非子《五蠹》一文中提到了最早造房子的有巢氏、最早钻燧取火的燧人氏。

"上古之世，人民少而禽兽众，人民不胜禽兽虫蛇。有圣人作，构木为巢以避群害，而民悦之，使王天下，号曰有巢氏。民食果蓏蚌蛤，腥臊恶臭而伤害腹胃，民多疾病。有圣人作，钻燧取火以化腥臊，而民说之，使王天下，号之曰燧人氏。"

这就是最早的"匠人治国"的案例。

木匠的祖师

鲁班生活在春秋末、战国初，出身于世代工匠的家庭。从小，鲁班就参加了许多土木建筑工程劳动，逐渐掌握了生产劳动的技能，积累了丰富的经验，被尊奉为木匠的祖师。

木工师傅们用的手工工具，如钻、刨子、铲子、曲尺、画线用的墨斗，据说都是鲁班发明的，鲁班的名字已经成为古代劳动人民智慧的象征。

庖丁解牛

特别典型的还有前文提到的庖丁解牛。厨师给梁惠王宰牛。其手所接触的地方，肩膀所依靠的地方，脚所踩的地方，膝盖所顶的地方，哗哗作响；进刀时没有不和音律。梁惠王问："你解牛的技术如何高超到这种程度啊？"

厨师回答说，要依照牛体本来的构造去宰去解，他的刀刃始终像刚磨过一样锋利。厨师还说：每当碰到筋骨交错、很难下刀的地方，他便格外小心，提高注意力，动作缓慢，把视力集中到一点……

庖丁解牛的故事告诉人们一个道理：做任何事只有做到心到、神到、手到，才能达到出神入化的境界。而"工匠精神"的核心便是：不仅仅是把工作当作赚钱的工具，更要树立一种对工作执着，对所做事情、所造产品精益求精、精雕细琢的精神。

任务二　高职学生学习工匠精神的必要性和可行性

从古代"四大发明"、都江堰，到景德镇陶瓷、明清皇家园林，中国自古就不缺少"工匠基因"。中华人民共和国成立后，"两弹一星"和载人航天事业涌现出一大批追求卓越、忘我奉献的模范人物，也闪耀着"工匠精神"的光辉。近年来，中国在海外的铁路、公路等项目质量上广受认可，华为、海尔等企业的创新产品热销全球，都是新时期"匠人匠心"的代表。

放眼全球，"德国制造"从最初代表质量低劣的侮辱性标签到成为象征精致、可靠的"金字招牌"；"日本制造"从第二次世界大战废墟中后来居上，成就一批世界级企业和著名品牌；"美国制造"长年保持在全球工业创意、产品和商业模式创新的最前沿。它们的成功，不可一概而论，但在这些国家，以敬业专注、求精求新为核心的"工匠精神"都获得极大尊重、得到充分释放，无不成为它们工业进阶、产业升级征途上的精神指引和关键支撑。纵观日本、德国、美国等发达国家，其产品总体上都做工精细考究，其原因是企业的精品理念和从业人员工作的一丝不苟、追求完美的态度。这些国家的从业人员常将本职工作做得好坏与个人荣辱相联系，即便是十分不起眼的工作也力求尽善尽美。其实，这应归结于这些国家职业教育中对准职业人灌输的职业精神教育。

他们认识到了工匠精神的价值，并将其作为一项重要的职业精神纳入职业教育范围，塑造和培养准职业人的工匠精神，并在实践中传承和发展。对匠心、品质高度的重视，使得这些国家凭借其制造业，尤其是高端制造业立足世界。因此，发挥我国职业院校教育职能，为工匠精神的培育提供基础保障，高等职业教育责无旁贷。

高等职业教育中培养学生工匠精神的必要性分析：

一、工匠精神是中国经济转型升级发展的需要

弘扬工匠精神是实现中国经济转型升级、发展壮大中国制造业的现实需要。经济发展方式转型和产业结构升级是当前中国经济发展的重要任务。实现"转型升级"，既要不断寻求科技进步，也要培养、形成一支高素质的技工队伍。当前，职业教育在中国受到高度重视，其实也是产业结构向高端制造业转型升级的压力倒逼所致。

《国家中长期教育改革和发展规划纲要（2010—2020年）》（以下简称《纲要》）指出，"职业教育要着力培养学生的职业道德、职业技能和就业创业能力。到2020年，形成适应经济发展方式转变和产业结构调整要求……的现代职业教育体系，满足经济社会对高素

质劳动者和技能型人才的要求。"《纲要》强调要培养高素质的劳动者以适应经济发展转型升级的需要。

中国虽是制造业大国，但远非制造业强国。在未来几十年，中国将大力发展制造业，尤其是高端制造业，其产业结构将逐渐类似于德、日，相应地，人力资源模式也应向德、日模式靠拢，中国的职业人必须具备工匠精神。在当前劳动力成本优势逐渐消失的情况下，想要继续保持竞争优势，建立令世界尊敬的中国制造，就要培养中国的职业人，而这种职业人就必须具备工匠精神。唯此，中国才能由制造业大国迈向制造业强国。

二、工匠精神是企业生存、发展的重要保障

据统计，世界上延续 200 年以上的企业共 5 586 家，其中日本 3 146 家，德国 837 家，荷兰 222 家，法国 196 家。研究发现，长寿企业之所以扎堆出现在这些国家，是因为他们都传承着一种精神——工匠精神。工匠精神是德国家族企业历经百年而不倒的秘诀之一，也是日本品牌屹立世界之巅的利器，其核心价值在于精益求精，对匠心、精品的坚持和追求。

工匠精神对企业管理有着重要启示。如今，国内不少企业追求即时利益，而忽略产品的品质灵魂，产品品质差的最主要原因往往就是缺乏工匠精神。坚持工匠精神的企业，依靠信念、信仰，不断改进、完善产品，通过高标准、严要求历练之后，其产品就能最终赢得广大用户的认可，取得不斐的效益。日式管理最值得世人学习之处即是工匠精神。在日本人看来，工匠精神意味着热爱所做的事，精雕细琢，精益求精。对他们而言，把质量从 60% 提高到 99% 和从 99% 提高到 99.99% 是一个概念。他们不跟别人较劲，只跟自己较劲。

一家企业必须有一种精神的指引，一家长寿企业必须有一种精神的传承，一家受人尊敬的企业必须有一种精神的捍卫。工匠精神无疑是这个时代宝贵的精神财富，传播、实践工匠精神对企业而言有着很强的现实价值，是其基业长青、在竞争中立于不败之地的法宝。

三、工匠精神是高职院校自身生存、发展的需要

高职院校以市场为导向，以学生就业为目标，必须重视企业的人才需求。根据对国内 600 多家企业的调查，大部分企业对青年就业人员的最大希望和要求是：除了上岗必须的职业技能之外，还必须懂得做人的道理，具备工作责任心。他们几乎一致认为，经验、知识和能力可以在工作实践中逐步培养，但是为人、工作责任心等基本素质必须从学校抓起并逐步形成。

因此，高职院校在加强培养学生职业技能的同时，还应高度重视对学生职业精神的塑造和培养，而加强高职学生职业精神培养也是高职院校自身发展的需要。高职院校必须以市场为导向，重视对学生职业精神，尤其是工匠精神的培养，增强其就业竞争力，以毕业生的良好社会声誉实现高职院校的可持续发展。

事实证明，具备良好工匠精神的高职学生更受企业的青睐，他们在实现自身发展、企业发展的同时，也反过来促进了高职院校的生存和发展。

四、工匠精神是学生就业和个人发展的现实需要

作为一种职业精神，工匠精神对从业者的职业生涯至关重要。一个具备良好职业精神的人能增强自身的就业竞争力，能在未来的职业生涯中脱颖而出，取得成功。企业在人才招聘时往往强调"工作严谨负责、能吃苦，具有某项或多项特殊技能"。可见，严谨、负责的职业态度或职业精神对企业而言是至关重要的。

高等职业教育是培养市场所需要的应用型人才的教育。在塑造学生职业精神时，若能强化其工匠精神的培养，将极大地提高其人力资本的附加值，促进高职学生的就业和未来职业的发展。在日益激烈的人才市场竞争中，从业人员的职业精神显得越来越重要。作为准职业人的高职学生应该意识到，具有较强职业精神，具有良好工匠精神，和拥有较高专业知识技能一样，是其走向社会、立足社会的重要条件。

拓展阅读

代言中国制造　华为的工匠精神如何炼成

谁是中国最具有工匠精神的企业？记者近期采访了深圳多位科技企业负责人，他们给出的答案均是"华为"。2016年3月29日，中国质量领域最高政府性荣誉"中国质量奖"颁奖晚会上，华为获得了该奖项。

为什么是华为？为解决某款热销手机生产中的一个非常小的缺陷——一个在跌落环境下致损概率为三千分之一的手机摄像头的质量缺陷，华为荣耀曾经关停生产线重新整改，投入数百万元人民币测试，影响了数十万台手机的生产，最终找出了问题并解决。

华为不仅提倡以工匠精神来衡量产品，真正追求"零缺陷"，多年来更构建了一套坚实的大质量体系，用制度支撑"质量优先"战略在各个环节的落地。在成为业界标杆之后，每年依然要以20%的改进率去改进质量，培养员工追求极致体验的精神，致力于在企业上下形成共同的价值观，在制度和文化两方面"将质量进行到底"。

"华为公司最宝贵的是'无生命的管理体系'，以规则、制度的确定性来应对不确定性"。在2015年举办的华为质量工作汇报会上，创始人任正非也曾指出，华为最重要的基础是质量，要从以产品、工程为中心的质量管理，扩展到涵盖公司各个方面的大质量管理体系。

1.一场自我批判的"呆死料大会"

华为消费者业务CEO余承东1993年加入华为，那一年，华为的销售额才1亿多元。其时，创始人任正非已经意识到质量管理的重要性，他邀请日本质量管理专家给华为做品质方面的培训，并亲自带队到日本松下等优秀企业参观学习，在公司开展学习日本优异品质管理的顾问活动。

7年后，31岁的余承东收到了人生中最难以忘怀的一个"奖品"——一块不合格的电路板。在央视《焦点访谈》栏目中，余承东讲到了这个小故事：华为在创业早期就有严苛

的质量要求，在还未建立现代质量管理制度的年代，任正非已将产品质量视为企业底线。当时，他将不合格的电路板当作"奖品"发给团队成员，激发他们对质量不合格的强烈羞耻感。正是这种工匠精神的传承，成就了今天的华为。

那是2000年9月，华为研发系统在深圳市体育馆举办了一场"呆死料大会"。通过一个"隆重"的仪式，任正非把由于工作不认真、测试不严格、盲目创新造成的大量废料，以及研发、工程技术人员因此而奔赴现场"救火"的往返机票成盒成箱地包装成特殊的奖品，发给相关产品的负责人。

任正非在大会上说："华为还是一个年轻的公司，尽管充满了活力和激情，但也充塞着幼稚和自傲，我们的管理还不规范。只有不断地自我批判，才能使我们尽快成熟起来。"这一年，华为海外市场销售额首次达到1亿美元。

"如果没有那次'呆死料大会'，没有充满阵痛的质量体系建设，华为不可能走到今天。"2016年4月，加入华为20年的常务董事丁耘告诉记者，获得"中国质量奖"是华为人特别骄傲的事情。虽然华为拿奖拿到"手软"，但没有一个奖项在公司内部造成这么大的"刷屏"，丁耘自己也贡献了一次转载。

丁耘最近分享过一组数字：在国内去一次基站站点，人工成本是500～1 000元人民币；在欧洲，成本则是500～1 000欧元。过去10年，这个数字几乎没有变化。如果设备不稳定，在国内可以派人到站点进行修补，但如果派人远赴欧洲修补，可能会把所有赚的钱都赔进去。这就逼着华为必须把质量做好。

"28年来，华为一再强调要有战略耐性，要耐得住寂寞，扎扎实实把质量做好。要像长跑一样，坚持在注重质量这条道路上走下去。"余承东也曾公开表示，"华为视质量为企业的自尊和生命，华为一直坚持以'质量为企业的生命'，努力提升产品的质量和服务的质量，赢得了客户的信任，也构筑了华为今天的成功。"

数据显示，1987年以2.1万元资本起家的华为，2015年销售额达到3 950亿元人民币，其中近60%来自海外市场。华为的产品已销售到170多个国家和地区，服务全世界三分之一以上的人口。

2. 质量管理极致追求"零缺陷"

尽管华为内部流行着自1987年成立就坚持的精神——"质量好、服务好、运作成本低、优先满足客户"，但做好质量是一种能力，建立坚实的质量体系也需要时间和积累。也正是从这场标志性的"呆死料大会"开始，华为更加全面地加强整个质量体系的建设。

在1997年加入华为的Mars看来，华为的质量工作是在市场不断扩张的过程中学习和积累的，每进入一个市场都倒逼着华为不断完善质量管理的方法、提高质量管理的层次，不断吸收欧美、日韩先进经验的过程，对质量的认识也不断深入。

"华为把在欧洲、美国、日本、韩国拓展市场过程中学的东西综合，尝试完善自身的质量管理体系。质量意识这时才成为整个华为血液里流淌的核心理念。"Mars告诉记者，

"零缺陷"就是华为质量管理体系的核心。每年年初，华为所有部门、所有产品、每一个模块都会建立一个"零缺陷"目标，上一年达成了多少，今年要达成多少。随后，每半年评选"零缺陷"模块，让每个人把这几个模块的工作做到极致。

"什么叫零缺陷？我曾经的一位主管总结得很精辟，其实就是一个人的工作态度，要做到每个人都不给下游倒脏水，把从上游过来的脏水净化好。"Mars说，到了2008年前后，华为对质量的理解又进一步，形成了以客户满意为中心的质量改进闭环。因为关于质量有太多值得改进的东西，所以要抓客户最关心的东西。

学习过任正非几乎所有讲话的科学松鼠会成员、通信专业教师"奥卡姆剃刀"评价说，华为对"质量"的理解不再是速度快、待机时间长、更耐用这样的产品客观指标，而是上升到用户满意这样的用户主观感受，这是对落脚点在产品本身的质量管理理论的新超越。

3. 像对待产品一样对待用户体验

"要把产品、零售、渠道、服务，每一个消费者能体验和感知的要素都做好。"

华为建立了一套完整的流程管理体系，涵盖了消费者洞察、技术洞察、技术规划、产品规划、技术与产品开发、验证测试、制造交付、上市销售、服务维护等各个领域，有专门的队伍做持续优化和改进。

"其实我早年也一度怀疑过，在鱼龙混杂的市场，消费者未必能够感受到企业在质量上的巨大付出，而且手机质量再好也会有问题，照样会在网上被人骂。企业为了保证高质量，就要付出比普通企业更高的成本，值得吗？"Mars告诉记者，在与消费者的一次次接触后，他的疑问打消了，坚定地认为所有在质量上的付出都是值得的。

2015年，Mars在售前店偶遇一位美国消费者，他使用的华为老款手机至少已用了3年，还在澳门被车碾过，但还能正常使用。微博上也有粉丝主动告诉Mars，在俄罗斯旅游时他的华为P8手机摔得很惨但居然还能用，引起团友们围观。这些反馈都让Mars感受到质量带来的价值。

在大众消费者接触到的华为产品中，基本上都来自华为消费者业务的手机、智能手环、智能手表等。随着市场的扩展、产品线的增加，华为人对质量的认识也在逐渐加深：不仅要把产品本身做到耐用、不坏，还要持续不断地提升消费者的购买、使用和售后服务等体验。

Mars举例说，为了让用户的声音无损地传递给每一个相关的员工，华为甚至自己研发了一个舆情分析系统，搜索整理网络、热线等各个渠道关于华为的信息，将问题分类归纳，推送给工程师。相关部门也会分析用户的关注点，查出短板，确定产品改进计划。"这个系统主要是利用大数据挖掘用户的关注点，过去只用在国内，今年计划将搜集对象扩展至全球用户。"

曾在华为欧洲区工作过三年的余承东，对于欧洲很多高端产品的品牌理念有着很深刻的认识。在市场增速放缓、同质化严重等背景下，这种"工匠精神"就意味着品牌对客户在质量、体验、服务等方面作出的一个长期而持续的承诺。

4. 每年保持20%改进率的业界标杆

"我们在不断地分析行业问题，我们看行业有哪些风险和未来趋势，我们要比客户更早地想到行业有什么问题。"

大质量体系也是华为在企业发展转折的关键时期作出的重大战略决策。短短20多年，华为从2.1万元起家到成为世界通信行业领域领导者，面对快速变化、暗流涌动的国内外市场，大质量体系成为保障华为以规则、制度的确定性来应对不确定性，争夺大数据流量时代胜利的关键。

"如果公司从上到下没有建立这种大质量体系，你们所提出的严格要求则是不可靠的城墙，最终都会被推翻。"任正非在2015年年底曾指出，质量不仅是产品、技术、工程质量，而是一个一个更广泛的概念，大质量管理体系需要介入公司的思想建设、哲学建设、管理理论建设等方面，形成华为的质量文化。

5. 为构建竞争力十年磨一"芯"

"质量是一种能力的体现，芯片则是华为最核心的竞争力。如果不能自己控制芯片，改进产品只能依靠别人。"

近几年来，包括华为手机在内的消费者业务发展迅速，成为华为集团三大业务板块中增长最快的一个。2015年，华为消费者业务收入达1 291亿元人民币（199亿美元），同比增长73%。这主要得益于消费者对高品质手机体验需求的增长以及品牌影响力提升。

华为手机品质提升的"幕后推手"，正是华为在通信行业积累的供应链和研发实力。在P9、Mate8等多款热销的高端手机中使用的海思麒麟芯片，也是华为工匠精神的集中体现。

华为内部提倡的理念之一是"板凳要坐十年冷"，强调"工匠精神"中的"专注"。早在10年前，iPhone和安卓系统还没有诞生，华为基于对智能手机的发展判断，开始着手研发移动手机芯片，希望做出更好体验的智能终端，并通过掌握核心技术，构建移动时代持久的竞争优势。

10年来，华为手机芯片研发进行了全球布局。如今，华为遍布亚洲、欧洲和美洲等地11个国家和地区，在无线算法、射频技术、图像处理、设计工艺等各个核心技术领域，聚集了全球最优秀的人才进行协同创新。华为自主研发的麒麟系列处理器，性能上已不逊色于高通、三星等国际巨头的同类产品。

在华为高层看来，创新是一场"长跑"。华为每年将10%以上的销售收入投入研究与开发。2006—2015年，华为10年中的研发投入累计超过2 400亿元人民币（约370亿美元）。2015年，华为研发投入596亿元人民币（92亿美元），占销售收入的15%，同比增加45.9%。这个金额超过很多城市甚至一些省份的全年研发投入。

目前，华为的17.3万员工中，从事研究与开发的人员约7.9万名，约占公司总人数的45%。在国产手机品牌中，华为的中国专利持有量高达49 822件，占据国产手机专利的近半壁江山。

　　高强度的研发投入保障了华为产品的质量，也给华为在全球范围内带来了商业成功。在通信设备市场，华为已经成为全球持续领先的信息与通信解决方案供应商；在智能手机市场，华为在全球智能手机市场份额稳居前三，在中国市场份额持续领先，并在西欧多个发达国家的市场份额中跻身前三。

任务三　高职学子如何成为"大国工匠"

　　在高职院校中培育当代工匠精神，是当前我国高职院校教育教学工作的战略选择，是中国特色"大国工匠"精神塑造的新途径。工匠精神承载了对高职院校技能培养和高职教育的雄心壮志，为这个风云变化的时代注入了永恒的信念，从而有助于人们形成一种健康、合理的公共认知：匠能是效率，匠艺是品质，匠德是口碑，匠心是气度。崇尚匠能匠艺、强化匠德匠心正是高职教育独特的价值所在。归根结底，工匠精神回归高职教育，是时代的呼唤，具有工匠精神的人才培养是我国能不能成为制造业强国的关键所在。只有以工匠群体以及工匠精神作为动力支撑，我国制造业才能从中低端走向中高端，从"制造大国"转变为"制造强国"。这个重任理应由高职教育自觉承担。

　　在充分认识到培养学生工匠精神重要性的前提下，通过多种途径和方法，切实有效地培养学生的工匠精神。

一、专业教育是工匠精神融入课程教学的有效途径

　　职业精神的培养可以融入整个专业的素质培养中，与专业课程教学紧密结合，特别是与实训教学相结合，为高职生成功转化为职业人做好必要准备。专业教学和实训绝不只是简单地做出有形的产品，还应结合行业特点和院校的专业特点，分析本职业岗位应具备的职业精神，并将其融入专业学习的目标、内容及考核之中，通过专业教学使学生具备爱岗敬业、诚实守信等专业岗位的基本职业素质。同样，在专业教育中，应结合专业特点，将工匠精神渗透其中，使学生在潜移默化中感受工匠精神，逐渐认识到工匠精神在提升其专业能力和专业水平中的作用。

二、实践教育是培养学生工匠精神的重要途径

　　职业精神往往要通过实践才能内化为从业者的职业素质。当工匠精神与具体的职业场景相关联时，学生能更真切地体会到这一精神的实质与价值，并将其作为自己的职业信仰与追求。在职业精神的教育实践中，往往可以通过建立模拟场景的方式，激发并训练形成相关职业情感。在培养学生工匠精神时，必须将其放到现实情景中进行锻造。

　　首先，"心传身授"的实践教育有助于学生领会工匠精神。所谓"心传"是一种内在的精神熏陶和无形的心理传递，没有固定的范本和模式。对于传授之人来说，是一种默会的教学方式；对于受教者来说，学习的过程不仅靠单纯的技术继承就能达到学习目标，还

需要通过不断体会，需要施教与受教双方彼此之间心理的传授和领悟。

所谓"身授"是指亲身传授，施教与受教共同参与实践，施教承担传授者和指导者的责任，施教与受教双方共同讨论问题、钻研技术。

其次，"体知躬行"的实践教育有助于学生体验工匠精神。在中国古代艺徒制度和西方行会学徒制中，学徒都是在实践中不断磨炼技艺，体验并形成精雕细琢、精益求精、严谨、专注的职业精神的。学生只有在具体的实践教育中，才能真正感受、获得这种精神，并最终将其转化为一种内在的职业素养。

三、校园文化的熏陶是弘扬学生工匠精神的有效手段

高职院校应该以校园文化活动为引领，充分利用这一隐性教育资源，传播、弘扬工匠精神。可通过相关的演讲、比赛、展览等校园文化活动，为学生营造一种精神氛围。这样既丰富了学生的课余文化生活，又能拓展他们的知识面，磨炼其实践能力，还能对其职业精神的形成起到积极的助推作用。比如举办"我为工匠精神代言""品质是一种坚持和追求"等活动，能够提高学生的品质意识，而对品质的坚持和追求正是工匠精神的重要体现。校园文化活动可凭借其丰富的形式，寓教于各类活动中，以一种特殊的教育方式，使工匠精神得到进一步的传播与弘扬。

工匠精神的培养，让学生在获得工具性能力的同时又获得了与技术技能相关的精神力量，真正懂得技术技能的实质。这既遵循了高职教育的发展规律，又满足了时代的要求。在高职教育中重拾缺失已久的工匠精神，可以使我们更清醒地认识到高职教育的本质和意义，更清楚地看到高职教育的方向和未来。

拓展阅读

张永忠：从木工岗位走出来的汽修"老中医"

有人叫他"土专家"，依靠自制的工具，为成千上万的长安汽车用户排忧解难；也有人叫他"老中医"，将"望、闻、听、切"的独门绝技推广到全国汽车行业，名传四方；还有人称赞他为"活雷锋"，从他的身上，你能看到雷锋精神的存在和雷锋般的人格魅力。他就是全国劳动模范、重庆长安汽车（集团）有限责任公司江北发动机工厂发动机维修工张永忠。他用 30 多年的坚实步伐，向人们展示了他从一个木工到中国汽车行业发动机维修专家的蜕变。

木工成了"老中医"

1983 年，张永忠脱下一身"橄榄绿"，来到重庆长安汽车（集团）有限责任公司，并被分配到当时的 31 车间从事木工工作。次年，正值公司研制发动机之初，由于他踏实的工作作风和勤学好问的钻劲，领导和同事们推荐其从木工岗位调离，从事汽车发动机的组装调试工作。这便是张永忠与发动机"不解之缘"的起始。

在这个全新的领域里，他从一个个螺钉干起，从基本的零件名称学起，装配、磨合、调试，不分工种，什么都干，为长安汽车第一台"江陵"发动机的成功点火付出了无数的心血和汗水。

时光如梭，30多年来，张永忠始终"干一行，爱一行、钻一行"，经他手调修好的发动机已经数不清有多少台。在这期间，他先后被评选为工厂十佳能手、公司一级技能师、重庆市劳动模范、中国兵装集团技能大师、全国技术能手、中华技能大奖……

荣誉的背后，像"老黄牛"一样奋力行走了20多年的张永忠积劳成疾，双腿股骨头坏死。他忍着剧痛坚持上班，直到医院发出通牒：再不手术就瘫痪了！

术后不到1个月，张永忠再次返回工作岗位。尽管挂着双拐行动不便，他依然保持着昂扬的精神和勇往直前的干劲，哪里有问题，哪里就有他。他的足迹遍及祖国大江南北，哪里有发动机的"疑难杂症"，他就在第一时间赶到哪里，挽袖上阵直至故障排除。

"张永忠是中国汽车发动机维修的'老中医'。"张永忠的同事们告诉记者，他眼睛很亮。一次，他发现，即将发往南美的上千台发动机排气管状态错误。他在第一时间反映了问题，避免了工厂更大的损失。他耳朵很灵，总是能从撞击声音中察觉质量问题。有一次，他在巡查时听到，工人在撞击打力过程中的撞击声音似乎和标准力度下发出的声音有些出入。他赶紧查看仪器的显示，果然发现了连杆螺母力矩小的质量问题。

如今，张永忠自创的"望、闻、听、切"诊断方法，已经成为发动机维修宝典。这一方法被命名为"重庆市职工经典操作法"，为长安汽车品牌质量提升、中国汽车动力发展作出了不可磨灭的贡献。

赌气"赌"出专利来

因为工作职责的关系，发动机维修经常面对用户的抱怨甚至辱骂。每当遇到这种情况，他总是耐心解释，以事实让用户"抱怨而来满意而归"。

2013年3月4日，贵州维修站反馈一辆欧诺发动机异响，维修站多次维修无法排除。该用户强烈要求更换发动机总成，并说出"今天不把问题解决就砸了维修站"这样的过激言论。张永忠听闻后立即赶赴现场与之进行沟通，凭借多年的维修经验，他快速锁定原因：由于用户使用劣质汽油造成发动机工作异常、爆震异响。现场路试结果表明，张永忠发动机维修功夫确实了得，而这位用户也为自己最初出格的言行表示了歉意。

张永忠不仅是技术能手，还是创新的排头兵。在江北发动机工厂，大家都知道张永忠攻克G系列气门调整螺钉的故事：

在一次技术交流中，张永忠发现G系列气门间隙调整合格率低，调整螺钉和摇臂报废率高，且费时费力，严重影响生产速度。为提高生产效率，他首先找到日本厂向其商询问，是否可以提供调整气门间隙的专用工具，但对方提出需要将相关部件资料运回日本本土进行开发，且不保证完全解决问题，价格也相当昂贵。这让张永忠非常愤慨。"不求别人，我自己来！"有些"赌气"的张永忠日夜鏖战，自己动手设计，画图纸，试验，再修改，再推翻重来……通过反复的实践和摸索，一个又快又能保证质量的专用工具、工装终于研制成功并投入使用，其装配合格率达100%，报废率为零，不但突破了生产瓶颈，还获得了国家专利。

据不完全统计，从2002年至今，张永忠从事售后服务解决用户抱怨问题50余起；解决发动机疑难杂症400余起，解决发动机质量问题300余起；同时，张永忠还积极组织和参与各类技术攻关，其组织参与技术攻关70余起，创造经济价值5 000余万元，通过攻关的技术创新，其个人获得3个国家专利；此外，他还积极参与员工合理化建议活动，所提出的合理化建议为公司节约3 000多万元。

"全能"团队展风采

在一台发动机前，记者看到，一群工人簇拥着一位师傅，仔细聆听他讲解发动机装调知识。这位大师就是张永忠。

张永忠说，把自己多年掌握、练就的维修技巧传授给更多的青年员工，是他的最大愿望。为此，他与公司数几十名年轻员工签订了"名师带高徒"的配对协议，不但把技术技能传授给大家，还亲手带出了一支熟练掌握发动机调修的国家级全能团队。如今，他的全能团队中，有公司二、三级技能师5人，高级技师25人，技师100余人，在兵装集团技能大赛中屡获发动机装调项目一、二、三等奖。长安汽车现在的发动机调修一线技术骨干中，有80%接受过他的指点。

张永忠深知，仅凭一个人或几个人的力量远不能满足服务的需要，于是，在他的倡议和带领下，2006年公司组织成立"张永忠服务小分队"，走访了重庆近郊300多个服务站，解决问题400多起。

如今，全国各地维修站员工遇到棘手问题，都会向张永忠求教，张永忠不仅不嫌麻烦，而且很开心，因为，让每台发动机都拥有强健的心脏是他最大的心愿。

"人的生命是有限的，但为人民服务是无限的，我要把有限的生命，投入到无限的'为人民服务'之中去。"这是张永忠的座右铭，更是他一直追求的目标。

项目实践

"我为工匠精神代言"调研与展示活动

1. 活动目标与任务

（1）帮助学生认识工匠精神的价值。

（2）通过深入企业参观，与企业人员交流、采访等，深入了解企业对从业人员职业素养的要求。

（3）通过聘请相关人员讲解，对工匠精神的重要意义作全面、深入、细致地剖析，教育引导学生形成并具备这一职业精神。

2. 活动情景与内容

采用走出去（如采访、参观等）、请进来（如专家讲座等）的方式，帮助学生认识工匠精神这一职业素养在未来就业和职业发展中的重要性。选取本校优秀毕业生中最具说服力和感染力、能充分引起学生共鸣的案例，让学生进行总结与交流；根据自身学习经历和知识结构，结合本专业特点，依据实习、实训中的亲身经历开展的"我为工匠精神代言"的主题活动，对培养学生的工匠精神起到示范、引领的作用。

3. 活动组织与实施

"我为工匠精神代言"调研与展示活动→教师上传《大国匠心·匠心筑梦》等学习资料至蓝墨云班课，并提前布置学习任务→学生回顾课堂上所学知识→学生用蓝墨云向教师提出问题→教师解答学生的提问。

活动准备→上网查询相关工匠精神的资料→①深入企业参观，与企业人员交流、采访；②通过相关人员（可是企业或者优秀毕业生代表）的讲解、介绍→结合本专业特点，依据实习、实训中的亲身经历，形成本专业的"我为工匠精神代言"调研汇报材料→课堂展示。

分组活动→小组成员分工，完成相应的材料部分→制作成 PPT，将文字材料和 PPT，以及平时实习、实训活动照片上传至蓝墨云班课→课堂展示→学生互评、教师评分。

教师指导 → 现场巡视指导 → 分组指导、个别指导。

作品展示 → 用蓝墨云进行评比打分。

4. 评分参考标准

（1）汇报材料的主题紧扣专业，能突出自身优势，体现工匠精神（25分）。

（2）对调研活动等各个环节陈述完整、全面，陈述清晰，逻辑性强，详略得当、整体设计合理（25分）。

（3）表达自然、流畅，声音洪亮，富于激情，善于引导现场观众，肢体语言恰当、丰富，能够感染他人（10分）。

（4）精神饱满，有信心，有独立见解，能充分展现大学生朝气蓬勃的精神风貌，充分展示工匠精神（20分）。

（5）PPT 设计精巧，重点突出，简明扼要，能够精确地提炼本小组汇报材料的要点（20分）。

项目十   演讲与辩论

学习内容

　　卡耐基说：一个人的成功 85% 是靠他的人际沟通和演说能力，只有 15% 跟他的专业技能相关。语言不仅搭建起人与人之间沟通的桥梁，还将人类文明成果传承和发扬光大。现代社会，演讲、论辩等口语交际能力已成为各机构和组织选拔人才的一个重要依据。生活中，拥有良好的口头表达能力能帮助我们处理好人际关系，减少不必要的麻烦，在激烈的社会竞争中赢得更多的机会和赏识。掌握演讲与论辩技巧，应当成为每一位高职生必备的"职场武器"。

学习目标

● 了解演讲与论辩的基本理论；

● 提高演讲稿的写作技巧，学会演讲稿开头、结尾的结构设计等内容撰写；

● 提升学生的逻辑思维能力，掌握论辩技巧；

● 提高学生的口头表达能力，使学生毕业后在职场等各种场合发挥口才优势，促进本职工作。

案例导入

一、观看

　　观看《超级演说家》节目 2015-03-21 期选手陈铭讲述父亲。

图1

二、演说稿赏析

陈铭是《超级演说家》第一季的实力选手，也是一名高水准的国际辩手。再次登上了超演舞台的他，多了一个"父亲"的新头衔；他也开始重新理解自己的父亲。当日，他以自己的警察父亲为内容，有理有情地进行了一场精彩的演讲。他成为现场唯一一位让四位导师都选择的选手，更令窦文涛导师起立鼓掌，连续三次喊"好"。一向毒舌的金星也被陈铭所感动，鲜少谈到自己私生活的她自爆从小父爱缺失时，眼泛泪光。

任务驱动

任务一 演讲的概述

有人说，演讲是朗诵般的讲话，是艺术化的表演。那优美婉转的声音，那起伏跌宕的旋律，那美妙无声的停顿，那感人泪下的例子，无不在听众的脑海中留下深刻的印象。

一、演讲的内涵

演讲，又称讲演或演说。演讲的内涵指个人面对听众，以有声语言为主要表达手段，借助态势语言直接发表意见、抒发情感的一种表达艺术。演讲是人类交流思想、阐述观点、抒发情感的一种手段。当这一手段被社会普遍使用并总是与社会内容密不可分时，演讲就成为一种社会实践活动。

当这种社会实践活动带上政治背景时，演讲就成为一种政治宣传形式。

演讲作为一门艺术是很古老的。远在古代的埃及、亚述、巴比伦、印度及我国就已高度发展，成为一种相当普遍的社会现象，演讲术甚至被认为是"艺术之女王"。

二、学习演讲的意义

（1）演讲是一种传播生产经验、社会生活经验、科学技术的重要教育手段。演讲作为一种社会实践活动，的确是由于社会的需要才产生的。一些自然科学家，如伽利略、布鲁诺、居里夫人、爱因斯坦等所作的著名演讲，都是由于社会的需要而进行的一种社会实践活动。

（2）演讲是一种为政治服务的宣传手段。迄今有文献可考的我国最早的演讲家盘庚，他之所以三次发表演说（《尚书·盘书庚》三篇），是为了顺利迁殷，而要达到这一目的，就要说服民众。严格说来，演讲的这种社会需要，实质就是政治的需要。尤其在社会处于激烈的变革年代及政治斗争的重要关头，演讲对社会的变动、政治的更替往往起着先导作用，演讲的社会作用更加突出。演讲作为一种政治宣传形式，更加受到社会的关注和重视，从而更显其重要性和必要性。

演讲作为唤起民众进行斗争的武器，曾经在各个历史阶段被各个阶段和阶层广为利用。春秋战国时期的百家争鸣、纵横游说；戊戌维新中梁启超的大量演讲；资产阶级民主浪潮中孙中山先生对民众的呼唤；"五四"时期革命先驱者的呐喊……这无一不显示出演讲在我国政治历史舞台上的地位和作用。英国首相丘吉尔受命于危难之时，以精辟感人的演说振奋英国人民的士气；美国总统罗斯福，运用自己的权力和说服力，引导美国人民参加反法西斯斗争，使美国渡过了战争威胁和经济危机的难关；俄国革命导师列宁，通过政治演说宣传革命真理，以惊人的说服力号召俄国人民起来推翻沙皇统治，战胜经济困难；美国的黑人牧师马丁·路德·金，以演讲为武器，反对种族隔离主义，获得1964年诺贝尔和平奖……

这些无一不显示出演讲在国际历史舞台上的地位和作用。政治家就职施政，争取民众，需要演讲；军事家发号施令，激励斗志，需要演讲；企业家管理工厂、安排生产，需要演讲；教师传道授业解惑，需要演讲……凡此种种，无一不显示出演讲在历史舞台上的地位和作用。茫茫世界，大海之上，高山之巅，墓地之前，法庭之内，大厦厅里，无不激荡着演讲者的激越洪钟。

（3）演讲是科学、艺术、武器。我国语言学家张志公先生在1984年全国演讲邀请赛闭幕式上讲话时说："演讲是科学，演讲是艺术，演讲是武器。"这种概括既全面又简练。之所以说演讲是科学，是因为演讲是有规律性的，而科学是对客观事物规律的认识；之所以说演讲是艺术，是因为演讲不仅诉诸人类逻辑思维，而且诉诸人类形象思维，不仅以理服人，还以事感人、以情动人、以美娱人；之所以说演讲是武器，是因为演讲捍卫、宣传真理，驳斥谬论。

诚然，演讲作为一种语言表达艺术，本身是没有阶级性的。但演讲的内容和表达演讲内容的人却是有阶级性的。演讲可以被任何政党、社团和个人利用。因此，演讲往往具有鲜明的倾向性和阶级性。它能够点燃正义的火花，也能煽动邪恶的毒焰；它能够唤起隽永的才智，也能散布惑人的谎言；它能够喝破愚蒙，也能够制造迷信。大量事实证明，如果演讲的内容低俗甚至反动，那么，演讲者的技巧越高，其煽动性和破坏力也就越大。因此，有志于献身演讲事业的人，在学习演讲学和听演讲时，应该以无产阶级世界观和方法论作指导，善于识别其内容的真善美和假恶丑，切不可被华丽的辞藻、离奇的情节和虚假的情感所迷惑。

在进行演讲时，我们应该站在党和人民的立场上，为正义而演讲，为真理而演讲，用满腔的热情，歌颂我们伟大的党、伟大的社会主义祖国和伟大的人民军队，抒发为共产主义献身的崇高情怀；我们应该用犀利的言辞，抨击那些损害社会主义事业的蛀虫；我们应该用富有逻辑力量的语言，唤醒那些意志消沉、看不到前途方向的青年伙伴；我们应该用凝练如诗的充满艺术色彩的演讲，激发起成百上千的人们去探索和追求真善美。

三、演讲的特征

演讲是一种独特的语言表达形式，构成这种独特的口语表达形式有它自己的特征。

（1）个人面对听众直抒己见。演讲总是在特定的环境中，以个人面对听众的形式直抒己见，表现为一人讲，多人听的外部特征。人们平时谈话、争论问题，可以你一言我一语，七嘴八舌，议论纷纷，以此达到联络感情、交流思想、协调行动的目的。而演讲则不同，演讲只允许一个人在台上讲，众人在台下听。即使是辩论性质的演讲，也只能是一个人讲完，另一个人再讲。所以，只要是演讲，就必然以"一人讲，多人听"为其基本特征。

（2）既"讲"又"演"，以"讲"为主，以"演"为辅，这是演讲的第二个特征。演讲不同于一般的语言表达形式，而具有一定的"表演"性质。演讲的"演"，其本义固然不是演戏的"演"，而是演绎的"演"。"讲"，即陈述，运用有声语言这一手段，把经过组织的思想内容有条不紊地表达出来；"演"，指辅助语言表达的表情、动作和姿态等态势语言。

（3）具有综合知识和多种艺术样式。演讲需要综合知识，它既需要演讲学本身的理论和经验，又需要运用社会科学中哲学、美学、逻辑学、心理学、教育学、语言学和写作学等学科的基本理论和知识。演讲的"表演"性质，虽然不同于纯粹的艺术活动，但却具有多种艺术形式的一些特点和因素。它需要借鉴、移植诗朗诵、话剧、相声、评书等表演艺术中的一些表达方法与技巧。

（4）具有强烈的吸引力、说服力、感染力和鼓动性。演讲最容易激发听众的情感，使听众的思想为之震动，精神为之感奋，情绪为之高昂，热血为之沸腾。

不论是古希腊演讲始祖智者派的侃侃而谈，还是春秋战国时期的百家争鸣；不论是莱比锡法庭里季米特洛夫的雄辩，还是第二国际舞台上列宁的风采，不论是林肯为黑奴解放的呐喊，还是"五四"青年的呼唤；也不论是李燕杰点燃青年心灯的魅力，还是曲啸启迪人们心扉的神韵，这一切无一不显示出演讲具有的强烈的吸引力、说服力、感染力和鼓动性。演讲的吸引力和说服力特征，要求演讲者演讲时必须具有明确的目的性和很强的针对性；演讲的感染力特征，要求演讲者演讲时必须感情真挚、有感而发，而不是哗众取宠、沽名钓誉；演讲的鼓动性特征，要求演讲者演讲时情绪饱满，慷慨激昂，催人奋发。

拓展阅读

赏析乔布斯2005年在斯坦福大学的演讲
经典原文重现

很荣幸能和你们，来自世界最好大学之一的毕业生们，一块儿参加毕业典礼。老实说，我大学没有毕业，今天恐怕是我一生中离大学毕业最近的一次了。

今天我想告诉大家来自我生活的三个故事。没什么大不了的，只是三个故事而已。

第一个故事，如何串联生命中的点滴。

我在里德大学读了六个月就退学了，但是在18个月之后——我真正退学之前，我还常去学校。为何我要选择退学呢？这还得从我出生之前说起。我的生母是一个年轻、未婚的大学毕业生，她决定让别人收养我。她有一个很强烈的信仰，认为我应该被一个大学毕业生家庭收养。于是，一对律师夫妇说好了要领养我，然而最后一秒钟，他们改变了主意，决定要个女孩儿。然后我排在收养人名单中的养父母在一个深夜接到电话，

图2

"很意外，我们多了一个男婴，你们要吗？""当然要！"但是我的生母后来又发现我的养母没有大学毕业，养父连高中都没有毕业。她拒绝在领养书上签字。几个月后，我的养父母保证会让我上大学，她妥协了。

这是我生命的开端。十七年后，我上大学了，但是我很无知地选了一所差不多和斯坦福一样贵的学校，几乎花掉我那蓝领阶层养父母一生的积蓄。六个月后，我觉得不值得。我看不出自己以后要做什么，也不晓得大学会怎样帮我指点迷津，而我却在花去了父母一生的积蓄。所以我决定退学，并且相信没有做错。一开始非常吓人，但回忆起来，这却是我一生中做的最好的决定之一。从我退学的那一刻起，我可以停止一切不感兴趣的必修课，开始旁听那些有意思得多的课。

事情并不那么美好。我没有宿舍可住，睡在朋友房间的地上。为了吃饭，我收集五分一个的旧可乐瓶，每个星期天晚上步行七英里到哈尔—克里什纳庙里改善一下一周的伙食。我喜欢这种生活方式。能够遵循自己的好奇和直觉前行，后来被证明是多么的珍贵。让我来给你们举个例子吧。

当时的里德大学提供可能是全国最好的书法指导。校园中每一张海报，抽屉上的每一张标签，都是漂亮的手写体。由于我已退学，不用修那些必修课，我决定选一门书法课上上。在这门课上，我学会了"serif"和"sans-serif"两种字体，学会了怎样在不同的字母组合中改变字间距，学会了怎样写出好的字来。这是一种科学无法捕捉的微妙，楚楚动人，充满历史底蕴和艺术性，我觉得自己被完全吸引了。

当时我并不指望书法在以后的生活中能有什么实用价值。但是，十年之后，我们在设计第一台 Macintosh 计算机时，它一下子浮现在我眼前。于是，我们把这些东西全都设计进了计算机中。这是第一台有这么漂亮的文字版式的计算机。要不是我当初在大学里偶然选了这么一门课，Macintosh 计算机绝不会有那么多种印刷字体或间距安排合理的字号。要不是 Windows 照搬了 Macintosh，个人电脑可能不会有这些字体和字号。

要不是退了学，我绝不会碰巧选了这门书法课，个人电脑也可能不会有现在这些漂亮的版式了。

当然，我在大学里不可能从这一点上看到它与将来的关系。十年之后再回头看，两者之间关系就非常清楚了。你们同样不可能从现在这个点上看到将来；只有回头看时，才会发现它们之间的关系。所以你必须相信，那些点点滴滴，会在你未来的生命里，以某种方式串联起来。你必须相信一些东西——你的勇气、宿命、生活、因缘，随便什么——因为相信这些点滴能够一路连接会给你带来无与伦比的自信，它使你远离平凡，变得与众不同。

第二个故事是关于爱与失的。我很幸运，很早就发现自己喜欢做的事情。我二十岁的时候就和沃茨在父母的车库里开创了苹果公司。我们工作得很努力，十年后，苹果公司成长为拥有四千名员工，价值二十亿美元的大公司。我们刚刚推出了最具创意的产品——Macintosh操作系统，在这之前的一年，也就是我刚过三十岁，我被解雇了。你怎么可能被一个亲手创立的公司解雇？事情是这样的，在公司成长期间，我雇佣了一个我们认为非常聪明，可以和我一起经营公司的人。一年后，我们对公司未来的看法产生分歧，董事会站在了他的一边。于是，在我三十岁的时候，我出局了，很公开地出局了。我整个成年生活的焦点没了，这很要命。一开始的几个月我真的不知道该干什么。我觉得我让公司的前一代创建者们失望了，我把传给我的权杖弄丢了。我与戴维德·帕珂德和鲍勃·诺埃斯见面，试图为这彻头彻尾的失败道歉。我败得如此之惨以至于我想要逃离硅谷。但有个东西在慢慢地叫醒我：我还爱着我从事的行业。这次失败一点儿都没有改变这一点。我被开除了，但我仍爱着我的事业。我决定重新开始。

当时我没有看出来，但事实证明"被苹果开除"是发生在我身上最好的事。成功的重担被重新起步的轻松替代，对任何事情都不再特别看重，这让我感觉如此自由，进入一生中最有创造力的阶段。接下来的五年，我创立了一家叫NeXT的公司，接着又创立了Pixar，然后与后来成为我妻子的女人劳琳相爱。Pixar出品了世界第一部电脑动画电影《玩具总动员》，现在它已经是全世界最成功的动画制作工作室了。

在一系列的成功运作后，苹果收购了NeXT，我又回到了苹果。我们在NeXT开发的技术在苹果的复兴中起了核心作用，另外劳琳和我组建了一个幸福的家庭。

我非常确信，如果我没有被苹果炒掉，这些就都不会发生。这个药的味道太糟了，但是我想病人需要它。有些时候，生活会给你迎头一棒，但不要丧失信心。我确信唯一让我一路走下来的是我对自己所做事情的热爱。你必须去找你热爱的东西，对工作如此，对你的爱人也是这样的。工作会占据你生命中很大的一部分，只有相信自己做的是伟大的工作，你才能怡然自得。如果你还没有找到，那么就继续找，不要停。全心全意地找，当你找到时，你会知道的。就像任何真诚的关系，随着时间的流逝，只会越来越紧密。所以继续找，不要停。

我的第三个故事是关于死亡的。我十七岁的时候读到过一句话："如果你把每一天都当作最后一天过，有一天你会发现你是正确的。"这句话给我留下了深刻的印象。从那以后，过去的三十三年，每天早上我都会对着镜子问自己："如果今天是我的最后一天，我会不会做我想做的事情呢？"如果连着一段时间，答案都是否定的话，我就知道我需要改变一些东西了。提醒自己就要死了是我遇见的最大的帮助，帮我作了生命中的大决定。因为几乎任何事——所有的荣耀、骄傲、对难堪和失败的恐惧——在死亡面前都会消隐，留下真正重要的东西。提醒自己就要死亡是我知道的最好的方法，用来避开担心失去某些东西的陷阱。你已经赤裸裸了，没有理由不听从于自己的心愿。

大约一年前，我被诊断出患了癌症。我早上七点半作了扫描，清楚地显示在我的胰腺有一个肿瘤。我当时都不知道胰腺是什么东西。医生们告诉我这几乎是无法治愈的，我还有三到六个月的时间。我的医生建议我回家，整理一切。在医生的辞典中，这就是"准备死亡"的意思。就是意味着把要对你小孩说十年的话在几个月内说完；意味着把所有东西搞定，尽量让你的家庭活得轻松一点；意味着你要说"永别"了。

我整日都想着那诊断书的事情。后来有天晚上我做了一个活切片检查，他们将一个内窥镜伸进我的喉咙，穿过胃，到达肠道，用一根针在我的胰腺肿瘤上取了几个细胞。我当时是被麻醉的，但是我的妻子告诉我，那些医生在显微镜下看到细胞的时候开始尖叫，因为发现这竟然是一种非常罕见的可用手术治愈的胰腺癌症。我做了手术，现在，我痊愈了。

这是我最接近死亡的时候，我也希望是我未来几十年里最接近死亡的一次。这次死里逃生让我比以往只知道死亡是一个有用而纯粹书面概念的时候更确信地告诉你们，没有人愿意死，即使那些想上天堂的人们也不愿意通过死亡来达到他们的目的。但是死亡是每个人共同的终点，没有人能够逃脱。也应该如此，因为死亡很可能是生命最好的发明。它去陈让新。现在，你们就是"新"。但是有一天，不用太久，你们也会慢慢变老，然后死去。抱歉，这很戏剧性，但却是真的。你们的时间是有限的，不要浪费在重复别人的生活上。不要被教条束缚，那意味着会和别人思考的结果一块儿生活。不要让其他人的喧嚣观点掩盖自己内心真正的声音。你的直觉和内心知道你想要变成什么样子。所有其他东西都是次要的。

我年轻的时候，有一份叫作《完整地球目录》的好杂志，是我们这一代人的圣经之一。它是一个叫斯纠华特·布兰、住在离这不远的曼罗公园的家伙创立的。他用诗一般的触觉将这份杂志带到世界。那是 20 世纪 60 年代后期，个人电脑出现之前，所以这份杂志全是用打字机、剪刀和偏光镜制作的。有点像软皮包装的 Google，不过却早了三十五年。它理想主义，全文充斥着灵巧的工具和伟大的想法。斯纠华特和他的小组出版了几期"完整地球目录"，在完成使命之前，他们出版了最后一期。那是 70 年代中期，我和你们差不多大。最后一期的封底是一张清晨乡村小路的照片，如果你有冒险精神，可以自己找到这条路。下面有一句话，"保持饥饿，保持愚蠢"（Stay hungry, stay foolish.）。这是他们的告别语。我常以此勉励自己。现在，在你们即将踏上新旅程的时候，我也希望你们能这样，保持饥饿，保持愚蠢。

任务二　演讲稿写作技巧的提升

演讲稿是演讲者就某一问题进行认真的思考研究后，对所形成的思想认识和经历的感情波澜的真实记录，也是演讲者面对听众充分表达思想感情、发挥演讲才能的重要保障。

对于演讲者来说,演讲稿质量的高低直接影响着演讲的成败,只有巧妙设计、精心准备好演讲底稿,才能使演讲者具备良好的基础和成功的潜质。

一、把握夹叙夹议的文体特征,以充实生动的叙事吸引人,以恰当精辟的议论启发人

除公务报告类、学术研讨类和政治动员类等专业性较强的演讲外,我们最常见的社会问题类的演讲通常都以夹叙夹议作为基本的文体特征,即以事实为主体,以议论为核心,通过对典型生动的事实的叙述,吸引、打动听众,在此基础上引发自然恰当的议论和抒情,引导听众思考,加深其认识。

演讲稿中对事实的叙述,一般都应带有一定的情节性、故事性,在叙事过程中也应注意对人、事、景、物的声、色、形、貌或情态的细致描摹。这些都会对听众形成较强的吸引力和感染力,加深他们对演讲内容的印象和理解。此外,从演讲这一实践活动的特征来看,演讲主要是通过有声语言传达思想感情,其稍纵即逝的特点,要求演讲内容必须具体、鲜明、形象,听众才可能在极短的时间内迅速理解并认同,使讲听双方的交流更便捷自然,沟通更容易。

演讲中的议论应该是从对感人事件的叙说中自然引发的。这种议论不是逻辑论证、抽象推理,而是以具体事实为触发点,紧贴人物事件发感慨议论,亦即是一种渗透情理的形象说理。由于有具体可感的事实为基础,因而议论显得有理有据、合情合理;又因为适时恰当的议论,会使所叙述的人物事件具有深刻的蕴意,使一些平凡的事例具有启迪人心的力量,从而达到事理相依、情理相彰的目的。

曲啸的著名演讲《心底无私天地宽》虽然已经过去多年,但他演讲的感人力量和启迪作用始终令人难忘。这篇演讲以朴实的语言叙述了自己及家庭在那个动乱年代所遭遇的各种磨难打击,所遭受的妻离子散的痛苦。全篇注重以事实说话,深深牵动了听众的心。但演讲如果仅仅沉陷于对不堪往事的叙述,其演讲的效果和意义就会大大降低。曲啸在感人的叙述中总是适时插入自己的感受、认识、评论,使所述事件成为其思想产生的土壤,使议论和认识成为所述事件的点睛之笔,从而使事实具有了深刻的思想意义。

二、注重表达方式的调整变化,求得内容的丰富多彩,获得文势的起伏变化

表达方式是对某一事物的不同方面采取的不同的表述方式。"文势"是指由于表达方式的转换,在段落或篇章中所体现出来的思想情感发展的趋向和态势。这种趋向和态势虽然较直观和鲜明地通过演讲者的情绪、语气、声调等有声语言形式体现出来,但从根本上说是由演讲稿的基本内容和表达方式的不同所决定的。

常见的表达方式有叙述、描写、议论、抒情、说明五种。不同的表达方式对同一事物表述的侧重点各不相同,其表现风格各有特点,在口语形式方面也就呈现出各不相同的特色。叙述以表现事件过程或人物经历为主,其口语特色一般表现为语调低平自然,语气平稳舒缓。描写以描摹人、事、景、物的形象或情状为主,语气较轻,语速较慢,语调一般

也不易高扬。抒情重在表达人的主观感情,一般语气较强烈,声调高扬。但因情感的性质不同、强烈程度有异,因而,有时声调高昂,热情洋溢;有时含蓄温婉、亲切感人;有时声调低沉,凝重沉郁,表现出多样的风格。

《我最珍爱的一次获奖》是荣获"演讲与口才杯"全国新闻界"作文与做人"演讲比赛一等奖的作品。作者以朴实动情的语言生动记录了身为一名记者,在抗洪救灾一线所经受的一场特殊的人生考验,以及由此获得的思想认识上的飞跃。例如,这篇演讲稿的第四段,文字不算太长,但各种表达方式的交互应用,使内容非常丰富饱满:有危急时刻作者毅然奔赴抢险一线,并冒险抢拍抗洪勇士照片的过程的叙述;有对武警官兵舍生忘死英勇抢险行动的描写;有对不顾个人安危关怀记者的善良灾民的语言的描写;有面对无情的洪水和英勇的救灾官兵,作者真情的抒发和细腻的心理描写;有彼情彼景之下作者真实的思想、深沉的议论;还有他们共同组成的一幅感人泪下的军民同心抗洪魔的感人画面。再从口语表达的效果来看,在朴实的叙述后抒发真实的情感,表现出平静中蕴藏的激情;在细致的描写之后引发精辟的议论,突出了情感宣泄后冷静的思考;在富有启发性的议论抒情后又转入对事件的叙述,将听众的情绪从高峰带回到平稳舒缓的节奏中,为下次高潮的出现做好了铺垫。如此,表达方式的转换,就像电影镜头的转换,让我们看到了事件的各个方面,同时也影响着演讲者声调、语气、节奏的高低升降变化,紧紧地抓住听众的心灵,给听众留下了深刻的印象。

三、巧用不同的句式,以增强内容的表现力度,突出语言的抑扬顿挫

俗话说:"话有三说,巧说为妙。"这里的巧说既包含了撰写演讲稿时对词语的推敲选用,也包括了对不同句式的选择。不同的句式所传达的语气、声调、情感、节奏感等都有所不同,因而表达效果各异。同一个意思,用陈述句与用反问句,表达力度和情感倾向就不同;同一种说法,用短句与用长句,语气和节奏就会有明显的差别;同一种情绪或思想,用整齐句与用散句,其感染力就大有区别。一般地说,陈述句语气比较平稳,反问句语气较为强烈,感叹句语气较重,疑问句语气委婉。肯定句直截了当,语气坚决;否定句委婉曲折,语气较弱;双重否定句比一般肯定句的语气强烈得多,主动句比被动句直接明了等。

闻一多的《最后一次的讲演》是一篇战斗性和鼓动性极强的演讲稿。他以火一样的革命激情怒斥敌人的卑鄙凶残,字字千钧,淋漓尽致地表达了自己的满腔义愤,强烈地抒发了人民的战斗热情。文中火山突发般的战斗气势固然来源于作者深沉、真切的情感,但如果不是那一组组精湛凝练的短句和斩钉截铁的肯定句,以及咄咄逼人的反问句和鼓动性极强的感叹句,就很难积蓄起如此巨大的力量,作者义愤填膺的感情也就不可能表达得如此痛快淋漓。

四、善用比喻,使抽象的事理形象化,使呆板的事物生动化

比喻是在两个有相似点的事物中,使用一个事物去比方另一事物的一种修辞手法。它

的作用是通过比喻使难以理解的抽象事物形象化、通俗化，便于人们理解；它能够使呆板的事物变得生动、活泼、有趣，给人以无穷的回味。比喻的手法非常适用于演讲稿的写作，因为演讲是面对听众的有声语言的交流，声音稍纵即逝，言出之时，需要听众即刻明白其意。而且，好的比喻还具有幽默的潜质，用得好可以充分调动演讲会场的气氛，取得意想不到的效果。

美国记者爱德文·史路森在他的一篇演讲中谈到利用能源时有这样一段表述：我们知道，美国境内有几百万穷人吃不饱穿不暖，然而在尼加拉瀑布这儿却平均每小时浪费相当于 25 万条的面包……每小时有 60 万枚新鲜的鸡蛋从悬崖上掉下去，在漩涡中制成一个大蛋卷。如果印花布不断从一架像尼加拉河一样宽的织布机上织出来，那也就表示同样数量的布料被浪费掉了。如果卡耐基图书馆放在瀑布底下，大约在 1 或 2 小时之内就能使整座图书馆装满各种好书……这些充满比喻的句子使枯燥乏味的数字都变成了鲜活的形象闪动在听众的眼前，为演讲带来了无限活力，也为演讲者赢得了众多的听众。

演讲稿写作中需要注意的技巧还有很多，如选题技巧、选材技巧、突出主题的技巧、修辞技巧等。以上只是从表达的角度选取了几个主要方面提出了一些见解。在实际写作中我们应根据主题的需要，根据演讲的不同性质、不同场合、不同对象，确定需要重点突出的内容和相应的技法，使演讲更加生动感人，获得最好的社会效应。

拓展阅读

"5·12"汶川地震赈灾募捐——演讲稿

敬爱的老师们，亲爱的同学们：

大家好！您还记得吗？ 2008 年 5 月 12 日下午 14 点 28 分。您还记得吗？中国——四川——汶川县。那一刻，汶川大地震爆发！其能量相当于 400 颗广岛原子弹！顷刻之间，汶川震动，四川震动，重庆震动，湖北震动，上海震动，北京震动，中国震动，世界震动！汶川震颤了，四川震颤了，大地震颤了！

在这生死时刻，温总理来了。垮塌的废墟上，留下了总理匆匆的脚步；被掩埋在断壁残垣中的伤者，听到了总理关切的话语。在这生死时刻，抢险部队来了。步兵师被切断去路，便在暴风雨中徒步前行！地面交通受阻，空军运输机、民航客机将数千吨抗灾物资空投到灾区。在这生死时刻，东北的医疗队来了，北京的医疗队来了，海军的医疗队来了，武警的医疗队来了。救援队从四面八方来了！在这生死时刻，各省市捐款雪花般飞来。上海 1 200 万元，山西 1 000 万元，辽宁 1 000 万元，江苏 1 000 万，浙江 1 000 万元……在这生死时刻，成都市，献血的群众排成了长龙；清华校园，献血的数千名师生排成了长龙；大洋彼岸，捐款的华人华侨排成了长龙……你的心灵震颤了，我的心灵震颤了，炎黄子孙的心灵震颤了！

"一方有难，八方支援"，是中华民族的传统美德。亲爱的同胞们，当我们在家里静享天伦的时候，你是否还记得那数以万计流离失所的兄弟？亲爱的同胞们，当我们在饭店饱食美味的时候，你是否还记得那饥肠辘辘的受难姐妹？亲爱的同胞们，当我们在挑选名牌服装的时候，你是否还记得那些衣不蔽体的父老乡亲？伸出你的手，伸出我的手，伸出我们大家的手，捞起衣袖，为灾区的兄弟姐妹献几滴鲜红的血液吧！打开你的衣柜，打开我的衣柜，打开我们大家的衣柜，选几件过时了的干净衣服，为灾区的兄弟姐妹送上我们的一片温暖吧！省下一包烟，省下一盒糖，省下一桶面，省下一杯奶，为灾区的兄弟姐妹送上我们的一份爱心吧！

我们坚信，"众人划桨开大船"。有了你的参与，有了我的参与，有了我们大家的参与，破败的家园一定会变成美好的花园！我们坚信，"人心齐，泰山移"。有了你的付出，有了我的付出，有了我们大家的付出，那无数张愁苦的脸上定会绽放出甜美的笑靥。我们坚信，"众人拾柴火焰高"。有了你的爱，有了我的爱，有了我们大家的爱，灾难的五月一定会变成爱的春天！谢谢大家。

找优点谈体会：

这篇演讲稿感人肺腑，催人泪下。文章用充满激情的语言，陈述了"5·12"汶川地震灾难和人们抗震救灾的英雄壮举。比喻手法、排比手法的巧妙使用，使文章增色不少。这篇演讲稿富有感染力、号召力，使人读了热血沸腾，激动不已。

任务三　论辩能力的提升

论辩，又称辩论（argue，debate），俗称争辩、打嘴仗。讨论分辩的意思，它指见解不同的人彼此阐述理由，辩驳争论。

论辩是口才表达的全能形式，古今中外对论辩这一口语表达的技能技巧的极致运用都非常重视。我国诸子百家游诸侯，说人主，或搬是非于盟国之间，或息纷争于阵前，翻手为云，覆手为雨，操纵国际局势，凭口舌之力、唾液之功得俸禄封邑，获高官尊位，其中张仪、苏秦，皆由平民而至卿相，贵极一时。从《三国演义》中诸葛亮舌战群儒，到当今的国际大专辩论会，无一不体现出论辩的魅力。

国外从古希腊、罗马的辩才导师苏格拉底、德摩斯梯尼到当今的卡耐基，从日常生活的争执对白到法庭陈词的交锋，从寓言故事到莎翁戏剧，无一不显示出论辩在人类社会活动中的极为重要的作用与地位。

一、良好的道德修养

复旦大学俞吾金教授在他的《论辩中的十大关系》一文中说："辩论员犹如一棵树，如果他的人格力量是树干的话，他的辩论技巧不过是树叶。只有根深才能叶茂，只有具有光彩照人的人格力量，其辩论技巧才能臻于游刃有余的上乘境界。正是基于这样的思考，我们在训练队员的过程中始终坚持如下原则：先学会遵守辩论的规则。这里的'先'

不是时间在先的'先'，而是逻辑在先的'先'。也就是说，不论是在台上还是在台下，不论是在何时何地参加何种辩论赛，尊重他人人格、保持自己人格的完美都是先决条件或绝对命令。"

因此，要想成为辩才就必须具有满腔正义，浑身正气，应有坚定的信念，善恶是非界线明，在辩论中才不会胡搅蛮缠，无理取闹，才会在论辩的言谈举止中体现出良好的气质和迷人魅力。

二、完善的知识结构

社会学科的知识背景科目非常多，如哲学、历史、伦理、政治、经济、宗教、艺术、逻辑、修辞、生态、社会学、医学、文字等，要想在短时间内实现精研每一学科是不可能的。复旦辩论队采用"知识快餐"的方式，调动学校三十多位专家为队员做了讲座，并开列必读书清单，大大地拓宽了队员的知识视野；同时针对可能入选为辩题的当代热点问题，重点清理有关方面的知识，使队员对这些问题尽快获得感性知识。

一位辩论者知识结构合理、知识面宽广，在相关论题上可调引，滔滔不绝，才能挥洒自如，游刃有余。

三、严密的思维方式

论辩中的思维的根本特征是表达的严密性、一贯性和明晰性。论辩中的逻辑设计是一个骨架，是论辩的灵魂，因而必须运用逻辑思维透彻地分析问题，明了辩论双方的真实的逻辑地位和逻辑困难；其次在表达上必须讲究逻辑层次，使论辩语言错落有致。要想成为一名出色的辩才，就需要通过有意识的训练，培养思辨的品质，可从如下方面入手：

（一）观察力的培养

观察力强的人，意味着他随时会把进入感官的东西进行处理，留下深刻印象，而在谈到这些东西时，语言表达清楚，思维清晰，层次分明。相反，观察力弱的人，因没有处理过到达心灵中的东西，记忆、印象均不清新，语言表达就含糊，思维也会显得凌乱。另外，观察力强的人在对话、交谈、演讲、论辩中，由于善于察知对方的反应情况，而能够随时调整自己的讲话方式和讲话内容，或能做好应答或反驳的思想准备。通过对外部现象的敏锐观察，迅速发掘出事物的本质价值和意义，这样才能讲出有新意、有深度的话，给人们耳目一新的感觉。

（二）思维方式的训练

思维有许多不同的类型，论辩中常用的除逻辑思维与形象思维之外，还有收敛思维和发散思维。借助于概念的判断、推理反映观点的过程，是用科学的抽象概念揭示事物的本质，表述认识现实的结果。在论辩中，逻辑思维起着重要的作用，它使思维显得严谨有条理，使立论变得牢不可破。论辩中逻辑思维能力还体现在分析、推理能力上。因而在论辩思维的训练中应有意识地运用逻辑思维去审视一个辩论对方的论证，同时寻找对方力论的破绽和论证过程的非理性，从而赢得论辩的胜利。

（1）形象思维。形象思维又称"艺术思维"，是文学艺术创作者从观察生活、吸引创作材料到塑造艺术形象这一整个创作过程所进行的主要的思维活动和思维方式。论辩中如果形象思维没有与逻辑思维相配合，语言状态就会缺乏活力和幽默感。

（2）发散性思维。发散性思维方式就是在论辩中通过联想和想象把问题撒出去，离开枯燥晦涩的专业语言，扩散到日常生活、历史事实、文学作品、典故轶事、奇闻趣事上去，大大地打开知识视界，从而使论辩汪洋恣肆。

（3）收敛性思维。所谓收敛性思维方式就是在论辩中必须始终扣住论辩的主题和基本问题，避免论辩滑到细节问题或主题无关的问题上去，可采用归纳文章、书籍的主题思想等方法来进行训练。

四、坚强的心理素质

人们的任何活动都与丰富多彩、生动复杂的心理活动密切相关。心理素质主要包括感觉、知觉、注意、记忆、思维与意志等方面，论辩心理素质中较为重要的是如下心理素质：

（一）集中的注意力

注意是心理（意识）对一定客体的指向性，是以提高感性的、理性的或运动的积极性水平为目的的心理（意识）的集中。注意这一心理现象对于论辩，特别是口头论辩有着重要影响。论辩中对方的动作和神态的每一个细小变化都可以反映出其隐藏的思想感情，这就需要集中注意力才能观察出对方的细微变化。同时论辩中还要克服种种干扰，使自己的注意力保持高度集中。

（二）稳定的情绪

人对客体是否符合自己的需要而产生的体验称为情绪。情绪是人们完成动作的内在精神因素。在一些情况下它可以组织活动，而在另一些情况下则可以破坏活动，因而它直接影响论辩的胜败。论辩情绪，诸如愉快、赞叹、激愤、忧虑、畏惧等不同形态的体验，是在论辩实践过程中产生的。情绪能大大增强思维能力，但也会为论辩技巧的发挥带来干扰。富有经验的辩者始终喜怒不形于色，不为激情所左右。恼羞成怒，惊慌失措，就会使论敌窥破你内心的秘密。

（三）坚定的意志

论辩的意志是否坚强与在论辩能否取胜中有直接关系，特别是在一些持续时间长、难度较大的论辩中，意志的作用尤为突出。坚定的意志体现在以下几个方面：

（1）独立性。独立性的实质在于不屈服于周围的压力，不因偶然的外界因素改变自己的信念、观点和思想，而是按照自己对问题的理解去认识问题。

（2）果断性。在论辩中指有能力及时而毫不动摇地提出有充分根据的观点，然后经周密的论证去确立自己所提出的观点。

（3）坚持性。论辩中坚持性体现在深思熟虑之后，对自己所提出的观点坚信不移，并且不屈不挠地为自己的观点辩护。

（4）必胜的信心。这是一种对自己能力确信的机能，经过充分的准备后，自信心的有无在论辩中就成为影响论辩成败的重要因素之一。

（四）良好的临场感觉

培养良好的临场感觉，也是提高论辩心理素质不可或缺的一环。有了良好的感觉，即可带动起亢奋的情绪，把顾虑和压力置之度外，把沉重的思想包袱甩给对方。论辩时，辩手应尽量扩展自己的思维领域和知识视野，让自己的心理活动进入最佳感觉状态，这样，思辨体系才会像剑一般，从对方的阵线中顽强地寻找哪怕是极小的缝隙，钻进去，把它撕大，作为攻击的缺口。

五、综合口语表达能力

论辩语言不同于演讲那样可以长篇大论。由于论辩是发散性思维、收敛性思维和急智三要素综合组织的思辨体系，所以在语言上，不求精雕细琢，娓娓道来，只求有相当的严密性和攻击性，言简意赅，言之有物，极具杀伤力。如果论辩语言也摹仿古人作诗赋词那样，动辄用一大堆辞藻堆砌修饰，论辩的本来要旨就会大打折扣，更有甚者被对方抓住破绽予以有效反击，那就"玩火自焚"，贻人笑柄了。

论辩口语表达应注意以下要求：

（一）语音标准，口齿清晰

论辩语言（特别是辩论赛语言）应尽量使用标准语音。我们以普通话作为标准语言，论辩时应做到发音准确、吐字清晰、音色优美。方言区的人要想说一口标准而流利的普通话需要较长时间，成系统地专门训练，这不是一朝一夕可拥有的能力。即使吐字发音不那么准确，辩手的发言至少也应做到口齿清楚，词能达意，否则，论辩就无法进行下去。

（二）语速适当，节奏鲜明

论辩语速不同于朗读，也不同于演讲，由于论辩的对抗性和时间性，往往对战机的把握以及时间的长短都有严格的要求，因此，语速应快于日常口语的速度，但应快而有当。如果为快而快，如打机关枪，让人听不清说些什么，会严重影响表达效果，外观上也显得急躁，可谓欲速则不达。太慢会贻误战机，浪费时间，也给人反应迟钝的印象。在咬字吐句清晰的前提下，采用什么语速合适要因人、因事、因景而异。活泼热情的选手语速可快一点，关键字眼可一字一顿号加以突出；反击进攻时语速可快一点。同一场论辩，同一位辩手，语速快慢也应有所变化，形成顿挫有致的节奏美。

（三）语调起伏，抑扬顿挫

语调是句子各种音节的变化模式。论辩时使用平板呆滞的语调，易使人昏昏欲睡，信息的传递就易被其他因素所干扰。因而论辩中应根据论辩内容把握好语调，把握句子音节的各种升降变化，增强语言形式的表现力。一般来说，陈词说理要慷慨激昂，以示立论基础的扎实；反击进攻要坚决有力，以示信心和力量；暂避对手锋芒或应对时语调要干脆利落，不能显露出犹豫或无把握的心态。

（四）内涵形式，一致相宜

语言的外部技巧都是为内容的表达服务的。不管使用什么外在的方法技巧，都要结合语言的内涵，才能做到言之有理、词能达意、紧扣辩题、不讲废话、言而有序。同时遣词造句要得当，适当运用成语、诗词、格言、警句有利于增强表现力，但形容词不宜太多，过多则流于浮华和堆砌，莎士比亚曾说："充实的思想不在乎言语的富丽，只有乞儿才能够计数他的家私。"

（五）幽默风趣

论辩中，语言幽默首先可以鲜明地表达自己的观点，让听众在轻松舒畅的心情中认同你的观点。其次，可以营造气氛，获得优势。再次，会给对方产生压力。语言幽默风趣在针锋相对的论辩中具有奇特的功效，不仅可以增强说服力，巧妙地反驳对方，而且可以赢得听众的兴趣和赞同。反应机敏的幽默语言，以轻松的态度反驳对手，活跃气氛且显示出辩手的洒脱自如、才华横溢的形象。但要注意幽默的品位与格调，幽默不同于滑稽，也不同于讽刺，而是一种言简意赅、饶有情趣的传递艺术和豁达而机敏的为人处事的风度。

（六）态势语，稳重大方

语言表达不仅要充分运用口头语言表达的魅力，同时表情动作、仪表仪态在口头论辩中也起着极为重要的作用。人的动作表情是思想与语言内涵的自然流露。演员可根据情节的需要设计适当的动作与表情进行表演，一位训练有素的辩手也应对身体语言进行适当的针对性训练。但这又与对演员的要求不同，只需稳重、大方、机智、灵活、衣着得体，不必专门设计什么动作、表情进行"表演"，只需自然而不夸张，训练有素而不做作即可。

拓展阅读

论辩口语表达训练

根据下列论辩实例，理清各种技法具体运用的思路，然后进行模拟练习。

1. 明朝有个曹知府，自称是三国时曹操的后代，以此为荣。一日，当地请来一个有名的戏班子，演《捉放曹》，曹知府也前往观看。扮演曹操者，演技出色，把曹操的奸诈阴险表演得惟妙惟肖，淋漓尽致地表现了曹操的奸雄本色。曹知府觉得自己的祖先受到了侮辱，当场不便发作，回府后立即派人将扮演者赵生治罪。赵生一进府，曹知府便拍案大怒："大胆刁民，给本府跪下！"赵生从公差处得知其中原委，立即瞪眼答道："大胆府官，既知曹丞相前来，怎么不降阶相迎？！"曹知府气得脸色铁青："你，你，你是何人？谁认得你是曹丞相？你是唱戏的假扮的！"赵生闻后冷笑一声接道："哼！大人既知我是演戏假扮者，那又为何以假当真，为何要抓我进府治罪呢？"曹知府听了张口结舌，无话可说，只得送走赵生。（反证归谬）

2. 一个地主要长工去买酒，长工接过酒壶说："酒钱呢？"地主说："用钱打酒算什么本事？"长工没再说什么，拿着酒壶就走了。过了一会儿，长工端着酒壶回来了。地主暗自高兴，接过来就往酒杯里斟酒，可倒了半天也没倒出半滴酒，原来酒壶还是空的。地主冲长工喊道："壶里怎么没有酒？"这时，长工不慌不忙地回答道："壶里有酒能倒出酒来算什么本事？"（类比）

3. 丹麦著名童话作家安徒生一生俭朴，常常戴顶破旧的帽子在街上溜达，有个大家伙嘲笑道："你脑袋上边的那个玩艺是个什么东西，能算顶帽子吗？"安徒生回敬道："你帽子底下那个玩艺是个什么东西，能算个脑袋？"（针锋相对）

4. 美苏关于限制战略武器的 4 个协定在莫斯科刚签署，基辛格就在一家旅馆里向随行的美国记者介绍这方面的情况。基辛格微笑着说："苏联生产导弹的速度每年大约 250 枚。先生们，如果在这里把我当间谍抓起来，我们知道该怪谁啊！"记者们开始接过话题，探美国的秘密，一位记者问："我们美国的情况呢？我们有多少潜艇导弹在配置分导式多弹头？有多少'民兵'导弹在配置分导式多弹头？"基辛格耸耸肩："我不确切知道正在配置分导式多弹头的'民兵'导弹有多少。至于潜艇，我的苦处是，数目我是知道的，但我不知道是不是保密的。"记者立即说："不是保密的。"基辛格反问道："不是保密的吗？那你说是多少呢？"全场哄堂大笑。（避实就虚）

5. 20 世纪 30 年代中期，香港有一起诉讼案子：美国商人威尔斯向中方茂隆皮箱行订购 3 000 只皮箱，到取货时，威尔斯却说，皮箱内层有木材，不能算是皮箱，因此向法院起诉，要求赔偿百分之十五的损失。在威尔斯执理强言、法官偏袒威尔斯的情况下，律师罗文锦出庭为被告辩护。罗文锦站在律师席上，取出一只金怀表问法官："法官先生，这是什么表？"法官说："这是伦敦名牌金表。可是，这与本案没有关系。"罗律师坚持说与本案有关，他继续问："这是金表，事实没有人怀疑。但是，请问，内部机件都是金制的么？"法官已经感觉到中了"埋伏"。律师又说："既然没有人否定金表的内部机件可以不是金做的，那么茂隆行的皮箱案，显然是原告无理取闹，存心敲诈而已。"（诱敌深入）

6. 苏联诗人马雅可夫斯基曾与反对苏维埃政府的人进行论辩。反对者问："马雅可夫斯基，你和混蛋差多少？"马雅可夫斯基怒而不遏，不慌不忙地走到反对者跟前说："我和混蛋只有一步之差！"在场的人听了都哈哈大笑起来，而那些反对者只好灰溜溜地跑了。（幽默风趣）

项目实践

"我的青春我做主"演讲比赛

1. 活动目标与任务

（1）为学生提供一个展现自我、互相切磋、互相学习的舞台。

（2）指导学生掌握演讲方法，提高学生口语表达能力。

（3）培养自主学习、团队合作的能力。

（4）在活动中，掌握演讲稿写作的方法。

2. 活动情景与内容

此次演讲比赛是一次以展现个性为主题的活动，每一位参赛选手可组成自己的代表队，分工协作。分别完成讲稿策划、撰写、PPT制作以及表演、演说等任务。同学们可以结合自己的专业特点，以独特的语言和方式来表现自己团队的个性。每个代表队都需围绕主题展开演讲，读稿、PPT里呈现的内容都需思想健康，积极向上。同学们可依照各方面的综合素质（如仪表、风格姿态的展现、动作表情、语言表达能力、语言渲染力、内容等）通过蓝墨云班课软件互相评分，选出心目中完美的获胜团队。

3. 活动组织与实施

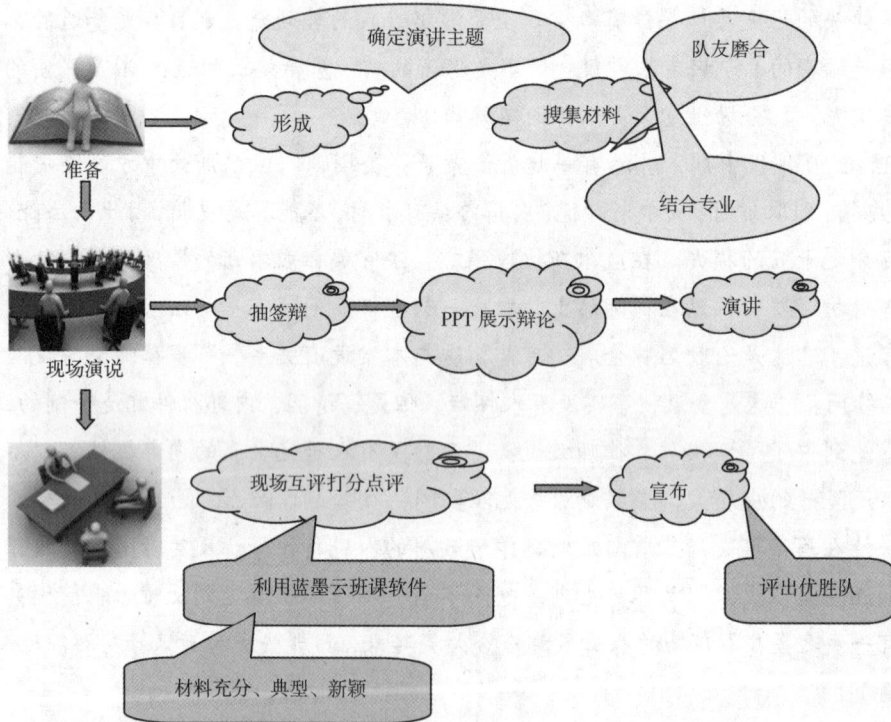

（1）活动准备阶段。确立主题，正确理解题意，广泛搜集资料。结合专业特点，准备相关演讲内容，为PPT的制作积累素材。

（2）现场比赛阶段。每个代表队派出的选手按照抽签顺序决定上场顺序，完成演讲内容。教师可在赛前做出相应的指导和帮助。

（3）结果评判阶段。全班同学通过打分或投票的方式判定优胜队和最佳演说家。

4. 评分标准 (100 分)

（1）内容（30分）。

①主题（15分）：主题明确、深刻，观点正确、鲜明，见解独到。

②材料（15分）：材料真实、典型、新颖，反映客观事实，具有普遍意义。

（2）表达（70分）。

①语音（20分）：语音规范20分，较规范17分，不够规范14分，不规范不得分。

②感染力（20分）：语速恰当，声音洪亮，表达自然流畅，节奏张弛符合思想感情的起伏变化，具有感染力。

③熟练程度（15分）：避免不熟练，如停顿、重复。

④态势语（15分）：自然得体，端庄大方。

项目十一　职场礼仪与职业形象设计

学习内容

中国自古以来以"文明古国"和"礼仪之邦"著称于世。由此可知,礼仪对于我国的社会历史文化发展起了广泛而深远的影响,它是中国古代文化的精髓,引领中国走向世界以至更美好的未来。礼仪可以说是一个人的内在修养和素质的外在表现,所以它可以体现人的文化程度和道德修养。知书达理,待人以礼,应当是当代大学生的一个基本素养。拥有良好的礼仪,不仅可以展示个人风采,赢得机遇,更能获得他人的尊重,迈向成功的康庄大道。

学习目标

- 了解社交礼仪,学会在职场中使用社交礼仪;
- 掌握职场礼仪,促进职业操守的提升;
- 通过领会职业形象设计的要领,为同学们顺利进入职场打下基础;
- 帮助同学们提高践行职业礼仪的自觉性。

案例导入

案例一　《华尔街》

《华尔街》是一部被众多商学院指定的教学经典影片。影片中的主人公福巴德通过与股市大亨盖葛的一次商务拜访,抓住了难得的五分钟机会,从而赢得了事业的一个转机。

图1

他在拜访中的表现，不卑不亢，有礼有节，既体现了拜访礼仪的运用技巧，又实现了自己"五分钟改变一生"的计划。

案例二　《泰坦尼克号》

《泰坦尼克号》这部经典的爱情电影，给大家展示了华丽的社交场景。出身贫寒的杰克，第一次出席规格高档的晚宴，凭借自己的机智，在晚宴中的表现俨然像是受过专业的西餐礼仪培训，他的表演实实在在给我们上了一堂西餐礼仪培训课。他的那句"make it count（把握光阴）"我想很多人至今都记忆犹新。

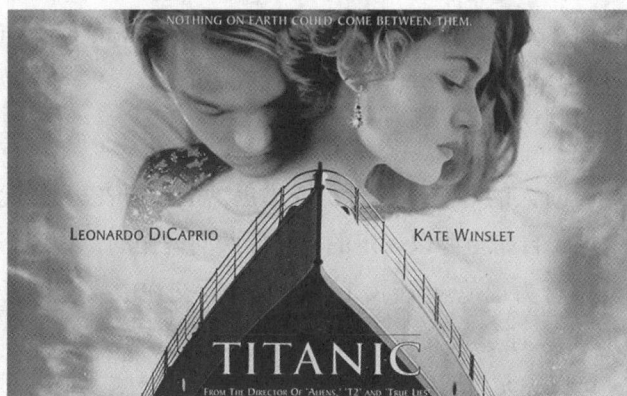

图2

案例三　《杯酒人生》

《杯酒人生》历来就是一部葡萄酒知识及葡萄酒饮用礼仪普及的经典电影。片中的男女主人公迈尔斯、玛雅在葡萄酒知识上的造诣让人望尘莫及，特别是他们透过葡萄酒的品鉴，表达出来的人生态度，让我们在学习葡萄酒礼仪的同时，多了一分对人生的思考："让生命在舌尖跳跃。"

图3

任务驱动

任务一　认知社交礼仪

中华民族素有"礼仪之邦"的美称，讲文明、讲礼貌是我国人民的传统美德。古人云："不学礼，无以立""人无礼则不生，事无礼则不成，国无礼则不宁"。这些都很好地揭示了社交礼仪的内涵与重要性。懂礼貌、讲礼仪是对高校大学生的基本素质要求。很多用人单位进行招聘时，不仅注重专业知识，也注重应聘者的个人素养，一个人的修养包含多方面内容，而礼仪修养是个人综合素质的重要组成部分。大学生在日常工作学习中，重要的就是要学礼、知礼、守礼、讲礼，做任何事都要把礼字摆在前，尤其是在求职就业的关键时刻更应该展现个人的礼仪修养，才能在众多的求职者中脱颖而出，赢得用人单位的尊重与青睐，获得更多的就业机会。

一、社交礼仪的含义

礼者，敬人也，是对人的尊重；仪者，仪式也，是礼的表达形式。礼仪是人类社会为了维系正常生活秩序，自始至终以一定的，需要共同遵循的，约定俗成的程序、方式来表现律己、敬人的完整行为规范。涉及个人以及人际交往中仪容仪表、言谈举止等方面的行为规范和惯用形式。通过社交，人们可以交流信息，资源共享，建立诸如商业合作等关系；通过社交，可以充实自我，丰富人生阅历和人性情感。

二、社交礼仪的内容

礼仪涵盖了各种大型、正规场合隆重举行的仪式和人们在社交活动中的礼貌礼节。随着时代的发展和社会的进步，礼仪内容不断完善、合理。大学生是祖国未来的建设者和接班人，加强大学生的社交礼仪教育，使其更好地尊重他人、善于表达并形成规范。

什么是社交礼仪？社交礼仪作为一种文化，是人们在社会生活中处理人际关系，用来对他人表达友谊和好感的符号。讲礼仪可以使一个人变得有道德，讲礼仪可以塑造一个理想的个人形象，讲礼仪可以使一个人的事业成功，讲礼仪可以使得社会更加安定。礼仪是个人乃至一个民族素质的重要组成部分。

社交礼仪是在社会交往中使用频率较高的日常礼节。一个人生活在社会上，要想让别人尊重自己，首先要学会尊重别人。掌握规范的社交礼仪，能为交往创造出和谐融洽的气氛，建立、保持、改善人际关系。

三、礼仪的基本规范

（一）个人礼仪规范

主要包括仪容仪表、言谈举止、动作表情、服饰配饰等礼仪。具体来讲，主要包括以下几方面内容：头面仪容、妆容原则；手姿、坐姿、站姿、走姿、蹲姿；大方得体的表情、眼神；男女服饰穿着的基本礼仪原则及禁忌、配饰搭配规范等。

（二）商务礼仪

商务礼仪是指在商务活动中，为了体现相互尊重，需要通过一些行为准则去约束人们在商务活动中的方方面面。这包括着装礼仪、仪态礼仪、接待礼仪、书信来往、电话沟通技巧等，从商务活动的场合又可以分为办公礼仪、宴会礼仪、迎宾礼仪等。

（三）餐饮礼仪

餐饮礼仪是指人们在赴宴进餐过程中，根据一定的风俗习惯、约定俗成的程序和方法，在仪态、餐具使用、菜品食用等方面表现出的自律和敬人的行为，是餐饮活动中需要遵循的行为规范与准则。主要包括出席时间地点、入座的位置、上菜顺序、餐具、进餐礼仪、餐桌气氛、进餐结束等。

（四）应聘礼仪

大学生的应聘礼仪主要是大学生在找工作应聘面试时需要用到的礼仪规范。主要包括求职材料的准备、个人形象、面试应聘时的基本礼仪、面试应聘后的必备礼仪等。

四、社交礼仪的重要性

人们在创造优美物质环境的同时还应创造和谐的人际环境。生活的意义在于不断创造和进取。同时，还应在复杂的人际关系中表现、欣赏和发展自己，从中享受无尽的乐趣。一个人能否对现实社会或周围环境有良好的、积极的适应是衡量他心理健康状况的重要标准。随着社会发展，礼仪的内涵也更加丰富、新潮、多元。能够娴熟地掌握和得心应手地运用社交礼仪，是一个人成功的重要因素。从交际的角度来看，礼仪可以说是人际交往中适用的一种艺术，一种交际方式或交际方法，是人际交往中约定俗成的示人以尊重、友好的习惯做法；从传播的角度来看，礼仪可以说是在人际交往中进行相互沟通的技巧。现代人不能不学社交礼仪，现代人不可不接受社交礼仪教育。于是，现代社交礼仪教育更加必要。

（一）社交礼仪在人际交往中的重要性

（1）良好的社交礼仪有益于信息交流。

（2）良好的社交礼仪有益于增进感情。

（3）良好的社交礼仪有益于建立关系。

（二）社交礼仪在当今社会中的重要性

（1）学习社交礼仪是适应对外开放的需要。

（2）学习社交礼仪是适应市场经济发展的需要。

（3）学习社交礼仪是适应现代信息社会的需要。

（4）学习社交礼仪是争做现代文明人的需要。

五、社交礼仪对当代大学生的作用

（一）社交礼仪教育有利于大学生与他人建立良好的人际关系，形成和谐的心理氛围，促进大学生的身心健康

任何社会的交际活动都离不开礼仪，而且人类越进步，社会生活越社会化，人们也就越需要礼仪来调节社会生活。礼仪是人际交往的前提条件，是交际生活的钥匙。当代大学生随着年龄的增长和生活环境的变化，自我意识有了新的发展，他们十分渴望获得真正的友谊，进行更多的情感交流。大学生一般都远离家乡父母，过着集体生活，与其他同学处在平等位置，失去了以前那种对父母的"血缘上的""无条件的"依赖。因此，通过人际交往活动，并在交往过程中获得友谊，是大学生适应新的生活环境的需要，是从"依赖于人"的人发展成"独立"人的需要，也是大学生成功地走向社会的需要。事实上，在大学期间，能否与他人建立良好的人际关系，对一个人的成长和学习有着十分重要的影响。

（二）社交礼仪教育有利于促进大学生的社会化，提高其社会心理承受力

人在社会化过程中，需要学习的东西很多，而社交礼仪教育是一个人在社会化过程中必不可少的重要内容。因为，礼仪是整个人生旅途中的必修课。任何一个生活在某一礼仪习俗和规范环境中的人，都自觉或不自觉地受到该礼仪的约束。自觉地接受社会礼仪约束的人，就被人们认识为"成熟的人"，符合社会要求的人。反之，一个人如果不能遵守社会生活中的礼仪要求，他就会被该社会中的人视为"警世骇俗"的"异端"，就会受到人们的排斥，社会就会以道德和舆论的手段来对他加以约束。

大学生堪称"准社会人"，还不是真正的社会人。他们有一种强烈地走向社会的需要，同时又普遍存在一些心理困惑。比如，走上工作岗位后如何与领导、同事打交道，如何建立良好的人际关系，如何进行自我形象设计，如何尽快地适应社会生活等社会交往问题。然而大学生的社会心理承受力直接影响到交际活动的质量。一个具有良好的心理承受力的人，在交际活动中遇到各种情况和困难时，都能始终保持沉着稳定的心理状态，根据所掌握的信息，迅速采取最合理的行为方式，化险为夷，争取主动。相反，一些缺乏良好的心理承受力的人，在参加重大交际活动前，常会出现惊慌恐惧、心神不定、坐卧不安的状况，有的在交际活动开始后，甚至会出现心跳加快、四肢颤抖、说话声调不正常的现象。

（三）社交礼仪教育有利于对大学生进行思想道德教育，提高其思想道德素质

目前，在不少高校中存在着这样的现象：学生学的是高层次的道德规范，实际行为上却往往达不到基础道德的水平。这是与社交礼仪教育的缺乏分不开的。因为，礼仪是一种社会规范，是调整社会生活成员在社会中相互关系的行为准则。社会规范主要包括法律规范和非法律规范两大类别。礼仪是一种非法律规范，它主要包括道德规范、宗教规范、习俗、共同生活准则等。

其中，道德规范具有特殊的地位和作用，因为它是从社会生活中概括提炼出来的一种自觉的社会意识形态，它是依靠社会舆论、传统习惯和个人的内心信念来维持的。社会礼

仪反映了人们在共同生活、彼此交往中最一般的道德关系，是保证交往活动顺利进行和社会生活正常秩序的重要因素。社交礼仪是一门具有较强的实践性和实用性的学科。

（四）社交礼仪教育有利于对大学生进行人文知识教育

社交礼仪提高大学生的人文素质，文化素质教育主要是指通过人文学科的教育去塑造和培养大学生的内在品格和修养，也就是促使大学生具有高尚的精神境界和高品位的文化境界。人文教育有明显的教化功能。它作用于人的情感状态，影响和改变人的价值观、人生观、个性等，最终目标是教会大学生学会与他人相处，学会做文明人。

社交礼仪教育有利于强化大学生文明行为，提高文明素质，促进社会主义精神文明建设。社交礼仪教育是社会主义精神文明教育体系中最基础的内容。因为讲文明、讲礼貌是人们精神文明程度的实际体现。普及和应用礼仪知识，是加强社会主义精神文明建设的需要。通过社交礼仪教育，让大学生明确言谈、举止、仪表和服饰能反映出一个人的思想修养、文明程度和精神面貌。然而每个人的文明程度不仅关系到自己的形象，同时也影响到整个学校的精神面貌乃至整个社会的精神文明。通过社交礼仪教育进一步提高大学生的礼仪修养，培养大学生应对酬答的实际能力，使其养成良好的礼仪习惯，具备基本的文明教养。让文明之花在我们校园遍地开放。如果人人讲礼仪，我们的社会将充满和谐与温馨。

礼仪何等重要，任何人对礼仪都要认真学习。不学会礼仪的知识，就会在涉世交往中多走弯路。在与朋友、亲人的交往中出现错误或许影响不大，但也会让人不好意思或被人认为缺少修养。如果在一些重要场合，如商务会议洽谈、外交事务、公务事务中出现了差错，则会给别人、集体乃至国家带来损失或造成严重的后果，因此，礼仪的学习是不可或缺的。

（绵阳师范学院礼仪教研室《大学生礼仪》西南财经大学出版社）

拓展阅读

案例一 修养是第一课

有一批应届毕业生22人，实习时被导师带到国家某部委实验室里参观。全体学生坐在会议室里等待部长的到来，这时有秘书给大家倒水，同学们表情木然地看着她忙活，其中一个还问了句："有绿茶吗？天太热了。"秘书回答说："抱歉，刚刚用完了。"小林看着有点别扭，心里嘀咕："人家给你水还挑三拣四。"轮到他时，他轻声说："谢谢，大热天的，辛苦了。"秘书抬头看了他一眼，满含着惊奇，虽然这是很普通的客气话，却是她今天唯一听到的一句。

门开了，部长走进来和大家打招呼，不知怎么回事，静悄悄的，没有一个人回应。小林左右看了看，犹犹豫豫地鼓了几下掌，同学们这才稀稀落落地跟着拍手，由于不齐，越发显得零乱起来。部长挥了挥手："欢迎同学们到这里来参观。平时这些事一般都是由办公室负责接待，因为我和你们的导师是老同学，非常要好，所以这次我亲自来给大家讲一些相关情况。我看同学们好像都没有带笔记本，这样吧，王秘书，请你去拿一些我们部里印的纪念手册，送给同学们作纪念。"接下来，更尴尬的事情发生了，大家都坐在那里，很随意地用一只手接过部长双手递过来的手册。部长脸色越来越难看，来到小林面前时，已经快要没有耐心了。就在这时，小林礼貌地站起来，身体微倾，双手握住手册，恭敬地说了一声："谢谢您！"部长闻听此言，不觉眼前一亮，伸手拍了拍小林的肩膀："你叫什么名字？"小林照实作答，部长微笑点头，回到自己的座位上。早已汗颜的导师看到此景，才微微松了一口气。

两个月后，同学们各奔东西，小林的去向栏里赫然写着国家某部委实验室。有几位颇感不满的同学找到导师："小林的学习成绩最多算是中等，凭什么推荐他而没有推荐我们？"导师看了看这几张尚属稚嫩的脸，笑道："是人家点名来要的。其实你们的机会是完全一样的，你们的成绩甚至比小林还要好，但是除了学习之外，你们需要学的东西太多了，修养是第一课。"

案例二　迟来的尊敬

我们公司的场地构造有点特殊，进门的玄关旁边有一个座位，因为我是财务，不用和项目组的同事坐在一起，所以玄关旁边的位子就是我的座位。公司前几个月新来了一个大学毕业生，每次进门首先看见我，招呼不打一声、头也不点一下不说，还直瞪瞪看我一眼就走进去了。我怀疑她可能以为我只是一个前台的阿姨，所以如此不屑一顾。后来过了几天，大概她终于搞清楚我并非什么接接电话、收收快递的阿姨，而是掌管她每个月工资的"财政大臣"，猛地就开始殷勤了起来，一进门"刘老师"叫得山响。可是，我心里的感受却不一样了，即使她现在对我再怎么尊敬，毕竟是有原因的，我对她也生不出什么好感来。我就很纳闷，怎么一个堂堂大学生，刚进社会就学会了势利？如果我真的是前台阿姨，是不是她这辈子都不打算跟我打招呼？新人刚进职场，礼貌很关键，人际关系一定要妥善处理，不能以貌取人或者想当然，要记得地位低下的员工同样也是前辈或者长辈。哪怕是打扫卫生的阿姨，如果正好清理到自己的纸篓什么的，不忘记说一声"谢谢"，就会为自己平添很多的亲和力和人缘。刚刚毕业的大学生真的需要好好树立自己在公司的第一印象，这可不是闹着玩的。

【分析】上面两则案例都与大学生礼仪素养不高、行为失范有关。尊重他人正是礼仪的核心价值。因此，作为当代大学生，急需补上这人生的第一课。

任务二　认知职场礼仪

中国是礼仪之邦，是世界公认的文明古国之一，也是人类文明发源地之一，周公的"制礼作乐"、孔子哀叹"礼崩乐坏"均说明了我国礼仪起源之早和对礼仪的重视程度。经历几千年的继承与发展，当代人们给了礼仪更多层次的内涵："从个人修养角度，礼仪是内在修养和素质的外在表现；从道德角度，礼仪是为人处世的行为规范、准则或标准做法；从交际角度，礼仪是人际交往的艺术，是一种交际方式；从民俗角度，礼仪是在人际交往中，约定俗成的、待人以尊重、友善的习惯做法；从传播角度，礼仪是一种人际交往中进行的相互沟通的技巧；从审美角度，礼仪是一种形式美，它是心灵美的必然外化。"

在竞争日趋激烈、就业形势日益严峻的今天，大学生就业问题已经成为国家、社会和各大媒体关注的热点问题之一。大学生就业难的原因是多方面的，大学生自身就业竞争力不足无疑是重要的原因之一。大学生就业竞争力是毕业生在就业市场上，战胜竞争对手、找到适合自身才能发挥和实现自身价值的适当工作岗位的能力，即全面满足社会和用人单位对人才需求的能力。就业竞争力的强弱不仅与大学生自身专业知识相关联，也是个人综合能力的体现，融合了心理素质、语言表达能力、逻辑思维能力、个人修养等因素。如何有效提高大学生就业竞争力成为一项亟待解决的问题。这就需要提前给大学生朋友们灌输职场礼仪的知识，通过职场礼仪的教育，使其成长为一个有素养的合格大学生，增强就业的竞争力，在就业应聘中、工作实习中受到用人单位的青睐，促进大学生就业，并在以后的工作中走得更远、更好。

一、职场礼仪的定位及作用

职场礼仪是指人们在职场中应当遵循的一系列礼仪规范，是指根据自己的专业、职业特点及自身气质、举止、外形等形成的工作及待人接物的方式方法，可以体现自己的个性、能力。职场礼仪把握得好则会让自己在职场中游刃有余，帮助自己的职业生涯取得成功。

职场礼仪是职业生涯取得成功的助力，职场礼仪所赋予人的外在与内在的素质使人能够自信、从容地面对职场中的竞争、机遇和挑战，不断地争取成功。职场礼仪使人具有的这种"魅力"不一定是漂亮，而是一个人由内向外所展示的性格、职业能力、综合素质等，是一种亲和力。有"魅力"的人会打动面试官，为事业的起步起到推动作用；会得到同事喜爱，能融入群体，获得更好的团队合作；会有自信，有良好的心态和精神面貌来处理挫折与失败，推动职业生涯走向成功。

二、初探职场礼仪

（一）仪容

仪态从衣着容貌、行为举止、言语辞令等几个方面体现出来。外在形象是一种无声的语言，它反映出一个人的道德修养，也向人们传递着一个人对生活的态度。具有优雅的仪表，无论走到哪里，都会得到人们的好感和尊敬。

（二）介绍

进行介绍的正确做法是将级别低的人介绍给级别高的人。例如，你需要将 A 公司的公关经理 Susan 介绍给 B 公司的市场总监 James。你需要先征得 James 的意见："James，我想介绍您认识 Susan。"然后再将 James 介绍给 Susan。

（三）握手

握手需要人与人的身体接触，能够给人留下深刻的印象。当与某人握手感觉不舒服时，我们常常会联想到那个人消极的性格特征。强有力地握手、眼睛直视对方将会搭起积极交流的舞台。同时需要注意的是：男性与女性握手时，女性先伸出手为宜；同性别之间握手时，则由级别高的人决定伸出手的时机。

（四）沟通

现今，许多电子邮件的签名栏充斥着笑话和私人便条，当将电子邮件作为职业信件的一种时，是不应该有不严肃内容的。传真内容中应当在醒目位置体现出你的联系信息、传真日期和页数。未经对方允许不要擅自发送传真，那样既会浪费对方纸张，占用对方的线路，更致命的是会引起对方的反感。手机的礼仪常识就不列举了，简单说一点就是，它在沟通中扮演着"救生员"的角色。需要联系对方时，最好先打固定电话，除非情况紧急，方可启动这条"私人专线"。

（五）电梯

在电梯中相处虽然时间短暂，但是也有一些需要注意的礼仪。伴随客人或者上司来到电梯门前，先按电梯按钮，电梯到达时，先行进入，一手按住"开门"按钮，一手挡住电梯侧门，礼貌有请。按下他们要去的楼层按钮。如有他人进入，可主动询问楼层，帮忙按下。视电梯内情况决定是否略作寒暄。尽量侧身面对客人。到达目的楼层后，一手按住"开门"按钮，一边请客人先出电梯。

（六）洽谈

与客户见面洽谈时，如果坐在沙发上，不要坐在离客户较远的对面，而是坐在客户的侧面。如果对方有几人，需要长时间保持良好的坐姿，在尊敬对方的同时，心态平和地与对方进行交流。

（七）酒桌

酒桌是最能体现出让人"几家欢喜几家愁"的场合。因个人对酒的敏感度不同，所以喜好也就不同。因地区、地域不同，习惯也不尽相同，但大部分情况下采取"入乡随俗"的做法。

首先是落座，级别高者坐在主位，主位一般正对着门。然后沿着主位两边按级别顺次排下。其次是敬酒，要先等级别高的人都敬完之后自己再敬。敬酒要站起来，先讲几句事先想好的礼貌话，然后"先干为敬"。酒过三巡后杯子里要留少许残酒，这是为最后主位上的人在"收杯"时留用的。在酒桌上切忌贪杯留恋、言辞不得要领。另外，还有许多细节问题都会在实践中逐渐积累经验，这里就不一一列举。

（八）酒会

除了要掌握在酒桌上的礼仪，还要戒骄戒躁，安静等待主办方的安排。不要大声喧哗，去邻桌敬酒时要诚恳有礼，不要让别人跟你喝完酒还不知道你是谁。

（九）道歉

即使在社交礼仪上做得完美无缺，也会不可避免或在不经意间冒犯了别人。如果发生这样的事情，真诚地道歉就可以了，不必太动感情。表达出想表达的歉意，然后继续工作。而将所犯的错误当成件大事，只会扩大它的破坏作用，使得接受道歉的人更加不舒服。

（十）节日

在节日到来时，要给重要的客户、同事、朋友发送节日祝福。可以是短信、电子贺卡、电子邮件等，依个人习惯而定。同时要记得"礼尚往来"，"职"责所在，"场"合驱使，"仪"尚适宜，"礼"貌待人，是谓职场礼仪。

三、培养职场礼仪的方法

（一）注重学生专业知识的培养

有内涵的人才会有魅力，这个内涵是以自己专业为基础的。但目前大学生们投机心理严重，注重于外表形象的包装，等到了毕业，在企业的录取笔试中专业成绩不过关，只能眼睁睁看着工作擦肩而过。因此大学生要深入学习专业知识，通过校企合作，熟练掌握专业技能及行业标准、规范等。在重视职业礼仪培养的同时不能放松对专业素质的培养。

（二）关注职业道德素质的培养

英国思想家洛克在《教育漫话》中写道："要成为一名绅士，首先需要美德和礼仪，品德加上礼仪，犹如钻石经过琢磨，更能使人喜爱。"目前除了重视专业培养以外，对就业技巧等也有所关注，但对于大学生职业道德的培养就有所忽视。目前，由于就业形象严峻，大学生急功近利，在考试中也有作弊、替考等现象，同时由于目前的大学生群体中独生子女比例较大，以自我为中心、自尊自大现象严重，不关心他人，公共道德意识薄弱。大学生的这种职业道德修养在职业面试与工作中都会显示出来，造成无法就业或就业后又失业的后果。因此，需强化个人的职业道德意识，辅以各种形式的活动，如多听讲座、多参加社团等校园活动、多加入一些访谈活动等，培养我们的职业道德。

（三）学习环境中注重职业礼仪氛围

职场环境有助于职场礼仪的养成。大学生在学习过程中，除了课程学习以外，还有大量的实习实训。在实习实训中，不仅要注重个人工作技能的培养，而且要注重实习实训中个人职场礼仪的培训。这要求实习实训不仅在设备上能满足工作技能培训，而且在环境操作上要有职业现场感，把现场学习当作就业环境来看，以职业氛围来增加职业礼仪意识，培养职业礼仪习惯。在人际交往与各种校园活动中，要注重培养自己遵守职场礼仪，因为真正的职场礼仪是以彼此尊重、团结协作为基本核心的，是适应人际交往与社会生活的。

（四）在专业学习中关注职业礼仪的学习

除了专业的职场礼仪课以外，专业课教学中也应该注意大学生职场礼仪的学习，只有与专业课结合的职场礼仪教育，才能起到事半功倍的效果。在学习中有意识地融入职业礼仪知识，课后可主动向老师请教，使个人的专业知识与职业素质彼此促进。

（五）在心理健康教育中培养职场礼仪

我们开设了心理健康方面的课程，配备了专业辅导员。因为职场礼仪很多时候是一个认识问题，也就是一个心理问题。只有观念正确了，行为才可以得到纠正，职业礼仪自然得到培养。因此，在心理健康教育中有意识地引导自身认识学校和职场的区别、学习生活与工作的区别，引导自身正确地认识人的心理、认识自我，正确地面对困难、增强自信，都有助于培养个人的职场礼仪。

完美的职场礼仪是职业生涯取得成功的助力，需要同学们努力打造、精心培养，通过学习职业道德、心理健康、礼仪、声乐等课程培养职业礼仪，强化自身职业礼仪修养，在专业课学习中融入职业礼仪学习，为就业、发展做好各方面的准备，为踏入社会练好一身本领。

拓展阅读

谈《穿普拉达的女王》中的职场礼仪

《穿普拉达的女王》讲述了一个职场新人安迪从一个青涩的丑小鸭到游刃有余的职场女强人的故事。该片的女主角年轻女孩 Andrea Sachs 有着想当记者的梦想，在经过多次寻找工作后终于进入一家时尚杂志 RUNWAY 当总编 Miranda Priestly(米兰达) 的助手。然而在面试的第一天，她就发现她的上司是一个尖酸刻薄且嗜工作如命的工作狂。在经历过无数次看似不可能的工作任务后，靠个人的勤奋努力她从一个朴实的小助理，成长为一个专业干练的首席助理。见识了各种职场变迁，也历经了各种职场磨炼，安迪成为米兰达最得力和最信任的助手，甚至取代了曾经的首席助手艾米莉。这部电影不仅让我们了解了职场竞争的残酷，看到了安迪在职场中的努力和快速晋升，更让我们学到了宝贵的职场礼仪。

一、电话礼仪

职场新人进入工作状态，首先要面对的难关就是电话关。作为企业的第二形象，接电话时是否得体，是否符合礼仪规范，这在一定程度上反映了职场人的职业素质。安迪上班的第一天，艾米莉就告诉了她一个最重要的电话原则：每次响铃都必须接，不能有任何理由离开自己的办公桌，因为这样很可能会错失掉老板的重要电话。"上次的一个女助手，手被开信刀划伤，离开了桌子，导致米兰达错过了与拉格费尔德（时尚设计师）的见面……现在那个倒霉蛋，她在干电视导购。"从艾米莉的这段话中可以看出，错过了任何一个电话，都会有辞退的后果。

可能电影里面的这个事例过于严重，但是随时坚守岗位，不要轻易地错过任何一个电话，却是我们每个职场中人都必须遵守的电话礼仪规范。而且，在有电话进来时，响铃几声后接听都是有讲究的。国际上的很多公司或外企都有规定，请在电话铃声响到第二声时拿起听筒，因为太快或快慢接听电话都是不合适的。响铃一声就接电话，显得自己无所事事，所有的工作好像就只是为了接听电话而已；响铃超过四声后才接电话，会有怠慢对方之嫌，如果实在忙不过来，第四声电话铃声响起才接听电话，应该要向对方道歉。拿起电话，在问候语之后，应主动报出公司或部门的名称，而且这个名称最好是全称，如果是简称，那么所有的简称应该让对方听得明白清楚。

安迪在跟对方打完招呼后，说自己这边是 Priestly's office。实际上 Priestly 只是一个姓，有很多的 Priestly，对方有可能会不清楚这个 Priestly 是不是自己所要找的那个 Priestly，所以在对方表达了疑问后，安迪认识到自己的失误，改口为 Miranda Priestly' office，才和对方顺利地交谈下去。

在电话礼仪方面，我们还应该注意到一个问题。安迪第一次接电话，她问对方：Gabbana 怎么拼？对方挂了电话。对方当然要挂电话，在一家时尚杂志里，居然不知道 Gabbana 是谁，这怎么可以被容忍！没摔电话就是态度很好了！ Gabbana 就是著名时尚品牌 D&G 的 G：Stefano Gabbana，意大利著名的时装设计师。Dolce & Gabbana 这个品牌是以这两位设计师 Domenico Dolce 和 Stefano Gabbana 的名字共同命名的。因此，想要真正做好接电话这个工作，除了遵守必要的电话礼仪之外，还必须要做好基本功，对从事的行业要有所了解，这样接电话的时候才会顺利地捕捉到对方的信息。

二、如何与上司相处

安迪上班的第一天，就见识到了她未来上司是一个怎样难缠的角色。不管是对下属的颐指气使和无理刁难，对工作的专注专业和霸气自信，还是处理危机时的老谋深算和心狠手辣，再配上她那头银色的头发、凌厉的眼神、得体百变的穿着，这一切都说明要在这样的"女魔头"手下做事，肯定不是一件容易的事情。

首先就是要学会尊重上司，懂得去学习上司的长处。一个人能够成为领导，肯定有她的过人之处。米兰达的敬业程度和专业是超乎想象的，"米兰达把试选会提前了半小时，她总会早到 15 分钟"，这样的领导对自己要求很严格，对下属的要求就更加严格。同时，米兰达在时尚界眼光十分独到，她在工作之时也非常专注，对每个细节都要细细斟酌。

安迪原本不太了解时尚圈，她不明白为什么时尚圈的人士对于细节都非常关注。因此，第一天上班的安迪，才会在看到米兰达和一大堆员工，反复比试一条腰带而感到不解和有趣。她不小心地发笑和解释"我还是在尝试学习这种玩意"，引来米兰达对她的一番教训之词："那种蓝色代表了上百万美元和难以计量的心血。说起来像个笑话，你认为是你自己作了选择，但其实你穿的毛衣，是别人替你选的——就像我们这些人，从一堆'玩意'里。"从米兰达的话中，我们能看得出米兰达的业务能力是非常过硬的。她对色彩、款式了如指掌，甚至对每种服饰的设计历史和流行过程都清清楚楚。米兰达是一个专业水准非常高的领导，她对自己做的事情无比专注，对周围的下属也挑剔万分。米兰达忍受不了下属不能完美地完成任务，更加忍受不了下属不够敬业。

因此对于这样的领导，除开她的管理风格不说，她的敬业态度和专业精神还是值得每位职场新人尊敬的。

其次就是要正确对待上司的批评。影片进行到30分钟左右的时候，出现了这样一个情节：由于天气原因，米兰达乘坐的班机被取消了，但她坚持要让安迪再为她联系另一个航班，以赶回来参加她女儿的演出。米兰达在电话中提出的要求是不容置疑的："拜托，我现在就要赶回去！一定有人能出去的，找多娜特拉，要她的飞机！不管你找谁！都一定要买到票。这是你的职责，这是你的工作，让我回家！"可是这个任务的难度实在是太大了，安迪未能满足上司的要求。于是第二天一早，在办公室有了这样一段对话。米兰达："你知道我为什么会录取你吗？以前总是雇佣类似的女孩，时髦、苗条，当然还有崇拜这本杂志。但是她们总变得让人失望，让人愚蠢。而你有漂亮的简历，还夸夸其谈说自己是工作狂，我以为你会不一样，我有过希望。但是，你却比其他任何蠢女孩都更让我感到失望。"安迪（呜咽）："我真的做了我能做的，我……"米兰达："行了，就这样吧。"安迪受了委屈之后，去找奈吉尔申诉。"我不知道还能怎么做事，做对了，她连谢谢都不说。但如果事情做错了，她就是个巫婆。"安迪觉得米兰达对她不公平，觉得自己在工作中尽了最大的努力却还是要受到批评，但是奈吉尔的一番话让她认识到了事情的实质。"安迪，现实点，你根本没有努力，你在抱怨。你希望我对你说什么？要我可怜你吗，米兰达又欺负你了？醒醒吧，她只是在做她的工作。你知道吗？你工作的这个地方，负责出版近百年来顶尖艺术家的作品。Halston，Lagerfeld，他们的作品、创作比艺术更伟大。你以为这不过是一本杂志吗？这不仅仅是杂志，这是希望的灯塔。你不知道这里员工的艰辛，更糟糕的是，你根本不在乎。在这里，更多的人是热爱这份工作，而你是被迫的，你还抱怨她为什么不亲吻你的额头。"经过这件事情，安迪明白了自己其实并没有真正融入这份工作，甚至她一直都在嘲笑时尚，而不是热爱。就是从这件事情以后，安迪才意识到了她正在从事的这份行业的魅力以及对她的意义。

所以，在面对上司的批评和指责时，必须首先检讨自己，切忌找一大堆的理由为自己推托，相反，适当地做些自我批评，重新纠正自己的工作态度，会在以后的工作中更进一步。最后的一点，就是要充分地尊重上司的隐私。在上班的第一天，艾米莉就告诉过安迪："米兰达很注重隐私，不喜欢陌生人闯入她的住处，直到她确认你不是什么变态……"所以每次米兰达要看的设计书都是由艾米莉送到她的家里去。但是有一次，安迪去送书的时候，却不小心错入了米兰达的私人空间，更要命的是，她正好碰见了米兰达与丈夫的争吵。作为女强人的米兰达，尽管事业上取得了很大的成功，婚姻生活却并不尽如人意。她有过一次失败的婚姻，与现任丈夫的婚姻也岌岌可危，但是在人前，她并不希望别人知晓她的难言之隐。所以，下属去她家里送材料，一般都是放在她指定的地方——走廊旁的桌子上。安迪第一次上门，不了解情况，直接冒冒失失地闯到米兰达的卧房，从米兰达发现她的那个惊愕的眼神可以看出，米兰达对于她的这种冒失感到非常生气以及难以置信。因此，在和上司相处的时候，一定要把握一个度，不能随意冒犯上司的隐私，以免给自己带来不利的后果。

《穿普拉达的女王》这部电影带给我们的关于职场礼仪的启示有很多，要想从一个什么都不懂的职场新人成长为一名身经百战的"白骨精"，从而得到上司与同事的认可，还需要我们不断地进行修炼。职场，是我们最好的修炼场所，而职场礼仪，就是最能助我们一臂之力的武器。

任务三　高职学生职业形象设计

职业形象和职场礼仪是职场新人和高职学生必须掌握的关键要素，特别是对于高职阶段将要毕业的学生，更应该通过职场礼仪的掌握和职业形象的建立来实现自身发展，进而提升自身就业能力和应对实际工作的水平。

在严峻就业形势下，高职院校学生如何扩大就业范围，实现对市场和企业的广泛适应就成为当前教育教学的关键。从发展和当前社会来看，有良好的职业形象和商务礼仪的高职院校学生无疑会有独特的竞争力，职业形象的建立可以使高职生迅速实现职业身份的转化，而商务礼仪的掌握无疑可以提高学生适应社会交际和商务活动的能力。目前高职院校应该将职业形象设计工作作为重点，加快商务礼仪方面知识和技能的学习，这样就可以达到高职院校学生竞争力和素质的全面保障。

一、职业形象设计的概念

职业形象是职业人员从事本项工作时所必须具备的素养、特征、气质，这种职业形象可以表现出专业的身份和仪表，在展示人格魅力的同时表现出职业的特点。而职业形象设计就是将职业形象的构成元素、管理理论、养成方法和设计理论进行整合，通过系统性设计和习惯养成使被设计者能够从职业气质、职业素养等方面达到职业的需求，进而达到辅助职业发展，展示职业者特质，增长成功潜力的目的。

现代的职业形象设计还包括职业思想的渗透、职业价值观的建立、职业文化的培养等方面，是从思想、文化、制度等全方位对职业者进行的有针对性、有目的性、系统性的设计。

二、职业形象设计对于大学生就业的重要作用

大学生身上有很多的优点，他们年轻、好学、积极、充满朝气，但同时也会给人稚嫩、幼小、不稳重、不可靠的感觉，如何扬长避短，亦是职场新人必须学习的一项技能。什么样的性格适合什么样的职业，什么样的职业需要什么样的穿着打扮行为举止等，这些都是大学生需要了解和学习的。专业的职业形象设计对于职场成功具有重要意义，正是基于这一点，职业形象设计已经成为大学生职业生涯教育中不可或缺的重要环节。

首先，职业形象设计让大学生有更加明确的职业目标。每一种职业都有其需要具备的、希望职业人表现出来的职业形象，因此职业形象设计可以让大学生更加了解每一种职业的要求，同时也能更加了解自身素质、自身形象是否具备相关职业形象的需求，在"知己知彼"的基础上能够使大学生确定更加明确、更加准确的职业目标。

其次，职业形象设计使大学生能够在求职面试过程中表现得更好。职业形象设计可以使得大学生给人良好的"第一印象"。现代商业社会里，人们的工作压力大，生活节奏快，对于职场新人来说，大部分人没有时间去了解你，人们对你"第一印象"的好坏往往决定面试的成败。因此，"第一印象"在人们的工作生活，尤其在大学生的求职面试和职业成长过程中起着举足轻重的作用。

再次，职业形象设计使大学生能够更加自信地面对职场。相对求职初期的迷茫、无助，在大学的专业学习期间，学习职业形象设计的理论和知识，掌握职业形象设计的技能，给自己打造优秀的职业形象，会使大学生能够充满自信地走上社会，能够更好地适应社会，同时将给初入职场的大学生带来更多的机会。

三、在高职院校中，如何提高大学生职业形象设计水平

（一）加强素质教育，提升人格魅力

大学生的素质教育一直备受关注，素质虽然是一种内在的修养，但是可以通过有意识的训练和自我暗示达到把握与控制。因此，加强"大学生心理健康""思想品德"等素质教育课程的学习，同时通过大量的第二课堂的教育活动，加强学生自身的修养，使其建立高尚的价值观，培养积极乐观的心态，拥有良好的职业操守。这样就会使这些职场新人展示出动人的人格魅力，内在的修养会通过外在的形象自然表达与展示，为职业形象增添迷人的色彩。

（二）注重知识技能，提高专业素养

现如今，要想跟上时代的步伐，就要培养不断学习的习惯。既要学习和积累丰富的生活经验，增加个人阅历，提升个人生活的质量，也要学习专业的知识和技术。成功的职业形象毕竟是以职业为基础，具备良好的职业素养和技能水平是职业形象的基本特征，所以掌握一定的专业技能，培养自己的职业素养，养成良好的职业行为规范，是塑造成功职业形象不可缺少的途径。要重视个人实践能力的培养，根据专业的不同，实践课程的内容和更多的社会企业实习的机会，使我们更好地提高专业素养。

（三）精心包装自我，打造个人品牌

要给人留下良好的印象，首先就要对自己的外在形象进行设计和包装，在高职院校的教育教学过程中，《就业指导》课程的学习给了我们宏观的指导。同时更要注意细节指导，所谓"细节决定成败"，个人的修养、内涵、品位，往往在不经意的细节中体现出来。在学习思想政治教育课程的过程中，应该注重细节学习，注重平时的上课出勤、纪律、应

有的衣着打扮和各种行为规范；以"第二课堂"为平台，培养自己为人处事、语言表达及审美能力。职业形象设计，不是单一的、独立的过程，要经营好自己的形象品牌，必须结合社会环境、职业要求，要从内到外、从大到小，全方位不断地充实、调整和完善自我。

四、高职院校学生职业形象设计的思路

高职院校学生在学习阶段就应该思考如何进行职业形象设计，这不但是同学们适应职业生涯的第一步，也是高职院校教育改革的关键举措。通过不断地对高职在校生进行职业形象设计的引导和教育，以不断完善的职业形象设计理念，达到对职业形象设计进一步深入到高职院校学生的学习和发展之中的目的。

（一）树立合理的形象，做好自身的定位分析

对一个职业者进行合理的恰如其分的职业定位，能够节省很多求职时间，并且节省求职成本，在职场中能最大限度地发挥自己的职业专长，获得成就感与幸福感，从而使自身的职业生涯规划发展得又快又好。众多的现实情况告诉我们，职场新人们感到十分困惑的原因就是找不到一个具体的对自身的定位。他们往往通过很多次的以身试场或不断跳槽来获得职场的定位。这样，不但失去很多宝贵的机会，往往还使自己在职场中处处碰壁，大大打击了自己在职场中的信心。因此，职场新人应该准确地对自身职业形象进行定位，从而进行合理的职业设计。

职场新人在进行职业形象设计时，首先要对行业、社会以及岗位的实际需求进行分析，并且结合自身的特点、兴趣爱好，对自身的优势以及劣势进行分析，结合面临的风险与机会，合理地做好职业形象定位，从而为职业形象设计打下良好的基础。大学生刚刚走出校门，对于行业的实际需求了解较少，并且对于不同企业的文化背景认识不深，难以合理并且准确地对自身职业形象进行定位。大学生在进行职业形象设计时，要做好规划，将自身与企业的需求进行合理的批评，从而达到职场新人与企业形象相适应的目的。职业形象设计的过程，也是大学生走入社会、适应社会的过程，也是毕业生不断成长、完善自我、发挥个人优势的过程。职业形象的合理性，是职场新人成长的重要标准，只有保证合理的职业形象，才可以保证日后的发展过程顺利。以往的职业形象设计主要注重对职场新人的外形方面的修饰，在定位上缺乏对职业方向的关注，忽略了相关行业的具体职业需求。目前，很多大学生在工作的过程中，由于缺乏足够的锻炼，在工作上不注重团结协作，沟通交流不足，缺乏足够的奉献精神与服务意识，难以符合企业和用人单位的实际需求，这一点也是职场新人在进行职业形象设计时，需要注意的。

（二）建立良好的第一印象，顺利走入职场

现代社会职场竞争十分激烈，严峻的就业形势对刚毕业的求职者提出了更高的要求，如何在众多的求职者中脱颖而出，获得用人单位的青睐，是求职者需要考虑的重要内容。第一印象是求职者展示自身的第一步，也影响了用人单位对求职者的具体看法，以后对求职者的评估，也会受到第一印象的影响。因此，加强第一印象，对于求职者是非常必要的。

职业形象设计毋庸置疑，是为求职者表达第一印象的重要方式，也是决定了求职者的职场生活。面对众多的求职者，职场新人必须从自身的服装打扮、行为举止、仪态表情等方面入手，展示出自身健康、善于沟通、自信等特点，获得更好的第一印象得分，从而达到面试成功的目的。

（三）将职业形象设计与自身职业生涯相结合

职业形象设计是一项综合性的学科，其中包括了美学、心理学、营销学、传播学等。职业形象设计工作不仅仅是对外表的设计，更需要达到对自身整体进行包装的目的。职场新人需要通过良好的形象设计，对自身进行包装，从而更好体现出自身的价值，提高自身的职业形象。职场新人在自身职业生涯发展的过程中，需要不断对自身形象进行提升，并且形成个人形象品牌，达到职业形象设计的最终目标。形象设计贯穿了职场人的整个职场生涯，形象设计需要从职场新人的阶段进行监理，并且从战略高度上重视职业形象设计的重要性。

五、高职院校学生职业形象设计和职场礼仪的关系

（一）服饰礼仪与职业形象

同学们在参加面试和进入职场之初，应该了解服饰选择和搭配的技巧，学习服饰礼仪，为顺利开展工作做足准备。同时，服饰礼仪可以提高高职院校学生的职业形象，起到对企业文化和行业理念的认知，进而达到高职院校学生就业能力的提高的目的。

（二）仪态礼仪与职业形象

同学们在面试时应该更为主动，要采用积极的态度回应企业和面试官员，留给面试主考官一个精神饱满、生机勃勃、充满自信的印象。面试过程中，站立时应挺胸收腹、稳重挺拔，入座时动作轻缓、身体端正、手脚放置规范，行走时平稳从容、步伐均匀，全身姿态灵活而不轻浮，庄重而不呆滞，给面试官职业成熟和职业发展的良好感觉。

（三）语言礼仪与职业形象

礼仪是一座桥，不是一堵墙，是沟通人与人之间心灵的桥梁。从传播学的角度来解读礼仪，可以说礼仪是人际交往中相互沟通的技巧。语言是人际沟通和交往的重要载体，恰当地运用语言礼仪可以帮助职场新人在面试求职中占得先机。比如问候语、应答语、道歉语、致谢语、道别语等礼貌用语的使用和准确地运用称呼礼仪能为沟通营造良好的氛围，见面的问候和招呼应照顾到面试过程的每一个人，包括主考官和其他工作人员，也包括一起参加面试的其他面试者。认真倾听是语言礼仪的重要内容，谈话时要尽量避免打断别人，听取关键词和重要信息时要及时回应，对谈话者的观点尽量认同有助于建立和谐的关系。同学们还应该掌握商务交往中待人接物的基本礼节，如遵时守约、准时到达、独自前往、不结伴而行、面试全程关闭手机等，这些都有助于塑造良好的面试形象和职业形象。

综上所述，高职院校学生应该通过职业形象设计来实现对社会和企业的适应，同时也应该通过合理的职场礼仪来扩大企业和社会的接受度；通过全面学习和重点掌握，提高高职院校学生在未来从容应对各种商务和社交场合的能力，推动高职院校学生的就业和发展。

拓展阅读

案例　自尊心被自己重重地伤了一回

（张小姐 26 岁 杂志社记者 讲述）

说起穿衣礼仪，有一段至今让我无法忘记的尴尬经历，从某种程度上来讲甚至是一种屈辱。记得我刚进杂志社不久，领导安排我去采访某民营企业的老总，女性。听说这是一个既能干又极有魅力的女性，对工作一丝不苟，对生活却是极其享受，最关键的是，即使再忙，她也不会忽视身边美好的东西，尤其对时尚非常敏感，对自己的衣着及礼仪要求极高。这样的女性，会让很多人产生兴趣，还未见到她，仅仅是介绍，我已经开始崇拜她了，所以自己非常高兴能做这个专访。我事先做了大量的准备工作，采访纲要修改了多次，内心被莫名的激动驱使着。那几天，我始终处于兴奋状态。到了采访当天，穿什么衣服却让我犯愁。要面对这样一位重量级的人物，尤其是位时尚女性，当然不能太落伍了。

说实在的，我从来就不是一个会打扮的女孩，因为工作和性格关系，平时穿衣都是怎么舒服、方便就怎么穿。时尚杂志倒也看，但也只是凑热闹而已。现在，还真不知道应该穿什么衣服才能让我在这样一位女性面前显得更时尚些。终于在杂志上看到女孩穿吊带装，那清纯可人的形象打动了我，于是迫不及待地开始模仿起来。那天采访，我穿了一件紧身小可爱，热裤（虽然我的腿看起来有点粗壮），打了个在家乡极其流行的发髻，兴冲冲地直奔采访目的地。当我站在该公司前台说明自己的身份和来意时，我明显看到了前台小姐那不屑的眼神。我再三说明身份，并拿出工作证来，她才勉强带我进了老总的办公室。

眼前的这位女性，高挑的身材，优雅的举止，得体的穿着，让我怎么看怎么舒服。虽然我不是很精通衣着，但在这样的场合，面对这样的对象，我突然感觉自己的穿着就像个小丑，来时的兴奋和自信全没了。还好，因为采访纲要准备还算充分，整个采访过程还比较顺利。结束前，我问她日常生活中是如何理解和诠释时尚、品位和魅力的。她告诉我，女人的品位和魅力是来自内心，没有内涵的女人，是散发不出个人魅力，也无法凸显品位的。而时尚不等同于名牌、昂贵和时髦，那是一种适合与得体。说完这话，她微笑地看着我。此时我的眼睛看到的只有眼前自己那两条粗壮的双腿，心里纳闷：这腿为什么会长得如此结实，做热裤的老板一定很赚钱，因为太省布料了……我感觉自己无法正视她，采访一结束，我逃似的奔离了她的办公室。

任务四　职业素养的提升

人的职业生涯发展，大的方向有两个：一是不断提高专业水准，二是培养职业素养。前者比较容易被大家关注，后者可能不明显，但是对人的要求很高，它无时无刻不在，最能显示出一个人的道德层次和精神境界。

丁俊晖打台球，有一场球本来胜局已定，他仍然认真打，最后打出了 147 分的满分。这就是一种职业素养。所以从这可以看出职业者应有的特点：冷静、理智、高水平、高标准。冷静、理智体现在胜不骄、败不馁，不为一点成绩而沾沾自喜，不为一点失败而气馁。高水平、高标准体现在真正的功夫，超乎寻常的水平。

一般人都把自己的职业看作一种谋生的手段，仅仅当作一项工作而已，很少有人把它作为一种神圣的职业去看待。这就是普通人和职业者的最大区别。作为一个职业人，就要做到敬业、专注。从基本目标来说，是挣一份工资而谋生；从高标准来说，是一种自我价值的实现。所以一个职业人，要清楚自己不同于一般的社会闲散人员和普通的家庭妇女。职业者要从各方面严格要求自己；要通过自己的职业工作塑造自我；要清楚"你非你、我非我"的道理。即每一个人作为社会的一分子，不是孤立的一个人，每个人都在自己的工作岗位上，承担着一份社会赋予你的职责。

一个人的综合素质，体现在很多细小的方面。比如平时走路是否遵守交通规则，文档材料是否规整，是否注意保护环境卫生，等等。

一、提高自身品德修养

（一）严于律己

该是自己承担的工作就不要让别人帮忙。一个人的工作，如果自己应该做的却没有做好，总是需要别人来帮忙才能完成任务，就说明不称职。久而久之，自己的工作能力上不去，在别人心目中的形象也立不住。长此以往，别说是向上发展，就是在原来的工作岗位上能否站稳都不好说。一个不能胜任本职工作的人，就离脱离本职不远了。

该别人"露脸"的事自己不要抢着"露脸"。每个人的工作都有自己辛苦的时候，也都有自己展示的时候。当不属于自己"露脸"时，一定不能去抢别人的风头。不然的话，必然要受到别人的抱怨与责难。

注意做好"边际"工作。什么是"边际"工作？就是从职责划分上不是十分明确，你干也行，他干也可。换句话说，你也应该做，他也应该做的工作。不论谁做了，工作任务就完成了。但是如果都不去做，造成工作失误，两个都有责任。而能主动做好这类工作的人，才是受欢迎的。

做一个肯"吃亏"的人。从工作的分配上来说，领导基本上是尽可能掌握一个公平。但是任何事都没有绝对的公平。所以如果比别人多做了，少得了，不要斤斤计较，要肯于吃点小亏。平时一点亏都不肯吃的人，有了好事领导也不愿意给他。因为领导也是人，从心理上来说也要找个平衡，有好事也要给那些平时不计较而肯于吃点亏的人。鸡蛋之所以要有个壳，是因为内瓤太软。只有吃不起亏的人，才不肯吃一点亏。

可自我解嘲但不要自我显示。在各种场合下，尤其是在做报告、搞培训时，要少谈自己多谈事。一个人的经历很多，有成功的，也有失败的事例，不反对拿出来作为案例。但是对于一些成功的案例，尽可能不要说是自己的。可以提这件事，实在要让人感觉是现实中的事，可以说成是在你身边的某个朋友或同事身上发生的。这样可以避免有自我吹嘘之嫌。一旦让人家感觉你是在自我吹嘘，那案例的作用便会大打折扣。反之，一些大众化的问题，则可以自己为例。通过一些常见的小错误自我解嘲，非但不会影响你的个人形象，反而拉近了你与听众之间的距离。

要"善为人师"不要"好为人师"。每个人都不是万能的，有时候需要别人的帮助与指导，在别人需要的时候，要主动帮助别人。这里有两点：一是要有能力帮别人，二是要肯于帮别人。特别是在别人不懂不会的时候，不要"拿拿把把"，要给人以及时指导。但是反之，对别人已经会的东西，就要注意不要再指手画脚，那样不仅对别人起不到帮助作用，反而给别人增添了麻烦，引起人家的反感。

要"内方外圆"。做任何事都要有自己的原则，不能人云亦云。一个没有主见的人，必将一事无成。但是还要掌握一个"度"。有些事未必就是你正确，如果不正确的话，就不要固执己见。无论什么事，一味地固执己见和盲目地听从别人都是不可取的。要审时度势，根据事物的性质去判断什么时候该坚持，什么时候该听从，而不要为了计较个人的得失而偏执。在方式上要注意，即使坚持自己的正确意见，也不要让别人下不来台。处事要融合一些。

"圆"你自己，不和别人攀比。别人能做到的你未必能做得到，别人做不到的可能你会做得很好。所以自己要"圆"好自己。一味地和别人攀比，往往容易丧失自我。要根据自己的长处与短处去发展，长处要进一步发扬，短处要及时进行弥补。别人的长处只是你发展的一个参考和借鉴，世界上没有两片完全一样的叶子，同样，这世上也没有两个完全一样的人生。你是世界的唯一，要活出你的精彩。

助人不留痕迹。人生在世总有需要别人帮助的时候，也总有帮助别人的时候。对于别人的帮助，应该抱以"受人滴水之恩当涌泉相报"的感恩胸怀。但是在帮助别人的时候，则当施恩不图报。如果把经济学原理用在人生，每个人都希望自己的"生存成本"越小越好。如果你让人家觉得欠你的"人情"比你帮助人家的事还大，人家宁可不用你帮。我想这也许是方便袋为什么流行的原因吧。反之，帮人一点忙就天天挂在嘴边，谁还敢用你呀？更有甚者，把别人的成绩，夸大其词地声称是自己帮助的结果，或贪天之功，或居功自傲，便令人尤恐避之不及了。

（二）宽以待人

人的敌人只有自己。在工作环境中，人与人之间难免有各种各样的矛盾。人没有外在的敌人，人的敌人只有自己。别人反对你，正说明你身上存在着某种不足。所有的人都是助你成功的阶梯，有扶你的，有绊你的。助你的如阶梯旁的扶手，在你需要的时候使你借力，或稳住，或向上，给你以安全，给你以辅助。而绊你的，恰如使你向上攀登的台阶，每当你克服一次困难的时候，你便把问题踩在脚下，从而又上升到一个新的高度。这种锻炼，是一个人成长过程中的重要一环。

不要对别人过于苛求。认为领导或下属都是绝对的理性而过于苛刻要求别人，是十分错误的。无论是领导还是下属，每个人都是凡人，都会犯错误。对于领导来说，我们不能要求领导什么事都做得十分正确。如果领导有做得不恰当的地方，我们可以和领导进行沟通，表明自己的观点。这样不仅有利于工作的开展，而且增加了相互间的理解与信任，同时可能还维护了适当的个人利益，何乐而不为呢？对待下属也是一样，你安排的工作，下属未必能做得令你十分满意，但是只要是他用心去做了，就不要求全责备。即使他没尽全力去做，也应该从深层次上去分析原因，对之施以影响，令其在以后的工作中尽心尽力，而不是只对此次的成败进行没完没了的追究。

宽容你的上、下、左、右。对你的上级你应该学会宽容，这要从两个方面：一个是能力上，一个是素养上。从能力上，领导的业务能力未必比你强。或可能是你属于"韩信将兵，亦多亦善"，而领导属于"不善将兵，而善将将"。或可能你是某一方面的业务尖子，而领导是抓全面的。因此要容许领导在某一方面不如你精尖。在素养上，也不要苛求领导有多高。因为现实社会中，一个人坐上领导岗位有很多因素，能力、资历、机遇、人际关系等。而毫无质疑的事实是，他是你这一段时期的现任领导。因此，你能容得下他，这个工作环境就容下了你。

同样，对于你的下属，也应该学会宽容。因为谁成为你的下属，往往不是你自己所能决定的。即使是你自己能决定，又怎么可能是个个完美无缺？重要的不是他们现在的水平如何，而是你将如何使他们将来的水平提高。

除了上级下属，我们对横向交往的同事也要宽容。由于工作关系，在我们的周围少不了和各部门的同事打交道。人多了，各种各样的人都有，人的素养、能力参差不齐。同时由于各种因素的巧合，也会产生一定的误会。因此，相互间的沟通与宽容就显得尤为重要。当你宽容了别人，也为别人宽容你预留了空间。

在陌生的环境，对不熟悉的人，也应该宽容。或许一般人会不在意这点，因为你对你环境中的人宽容，一是为了便于相互间的交往，二是给别人留下良好的印象。但是对于其他环境中的一个陌生人，还有必要宽容吗？其实十分有必要。你觉得别人都不认识你，或许经过这次事件以后一辈子不会再有相见的可能。但是不要忘了，还有一个一辈子都和你在一起的人，时刻都在你的旁边，那就是你自己。你自己的心永远和你在一起。因此，宽容别人，会让你的心更加坦然。可能这正是孟子所言"吾善养吾浩然之气"之道理吧。

如何对待领导的优缺点？领导的优点就是你效仿的榜样，领导的不足就是锻炼你的机遇。都说学生有"向师性"，其实一个单位的人，时间长了也会受领导潜移默化的影响。领导的工作方法、工作作风等，都会在无形中对属下施以影响。善于学习的人，就会在日常工作与学习中，从领导身上学到很多东西。但是，领导也是人，不可能什么都会做，他们也有其自身的不足。领导的不足，一是给你提供了一个借鉴的机会，更重要的是给了锻炼你的机遇。能够弥补领导的不足，正说明你的价值所在。只有能做领导所做不到的事，你才更有存在的必要。

理解别人，守住自我。凡事都要尽可能地理解别人。别人做的事，可能是很通情达理的，也可能看起来不可理喻，其实这些都无所谓。之所以这么做，自有这么做的道理。或可能人家本来就做得对，只是你不了解情况，或可能是虽然这么做不对，但是有其深层次原因。因此，你要做的只是守住自我。一是不为其所左右，二是不被其伤害。如果有可能，协助其化解矛盾是最好的。强行干涉别人根本于事无补，可能还会起反作用。

杜绝非理性想象。凡事往最坏处想象，然后做出偏激的行为，是极为不理智的。有时候发生了什么事，人们往往容易往最坏处想象："如果……，将……"，没有那么多"如果"。很多时候，事情并不像我们想象的那么坏，因此，也没必要做出十分偏激的事。防微杜渐只是从理智上进行必要的防范，而不是遇事冒失和冲动。

人是社会关系的总和。每个生活在世上的人，都不是一个孤立的人，人是社会关系的总和。一个人的一举一动、一言一行，无不呈现着其历史、环境等各方面因素的综合反映。因此，人没有绝对的好坏之分，只不过是各方面的综合因素促成了其各种言谈举止、行为习惯、价值取向及利害取舍等。所以，没必要对一个个体的人有好恶之感，只要理智去对待便是了。

二、提高职业道德素养

人要注意"慎独"。一个人在人前表现如何并不能反映其真实的自我，而在自己独处时才能表现其原有本质。诚然，在人前应该注意自己的形象，但在没有别人在的时候培养自己的个性品质更为重要。有这样一个故事：某公司新来一批员工，大家忙的时候都积极工作，但当闲下来时，有人便上网聊聊天、打打电子游戏。这天，某打字员在室内无事，进来一个衣着朴素的老员工，他说自己办公室的打字机出点毛病，要用她的机器出一份材料。打印的时候老员工和她闲聊：你怎么不在网上聊天打游戏呢？她说：在上班时间，不太好吧？老员工没有说什么。过了不长时间，该打字员被调到了总经理办公室做秘书。原来，那个老员工是公司的总经理。就是这么一件小事，让总经理看到了一个人的品质。

多给你工作是对你的信任。领导多给你工作，那是对你的信任，而且给你的工作越多，对你的能力越是肯定。在职责之外，领导多分配你工作，一方面是对你能力的一种认可，另一方面是对你品质的一种信任。因为把工作交给你，你能保质保量地完成任务，让领导放心。而领导不肯多给你一点工作，那就说明你还有待于提高。或是你的能力不能让人放心，或是你还对工作过于计较。总之，不要觉得工作少了轻松自在，想想你哪些方面做得还不够，应该抓紧时间改正。不然的话，你永远不会进步。

对工作要有一种敬畏。你的工作不是给领导干的，工作是自己的，这是一种职责所在。对待工作，要有一种敬畏，把它看成是你心中神圣的东西。表面上看是领导分配给你工作，其实你对工作完成的好坏，决定了你的未来。因此，不用做工作给领导看。你工作的所有成绩，都会在你未来的生活中得到回报。如果工作辛苦，那是你在为自己的成就进行的体力和脑力"投资"，不用对别人报怨什么。你唯一要做的，就是不论在人前人后，做好你的本职。因为这是在为你自己而做，而不是为了别人。

拓展阅读

职场中的聚与距

进公司的第一天，部门经理带我和同事们认识。每个人都对我微笑、握手，空气暖融融的，让我着实激动了一把。

可没想到经理一走，办公室里立刻露"真容"。经理让小李当我师傅带我熟悉业务，可她只顾埋头写计划书，对手足无措的我根本不予理睬。

我天性内向，朋友不多，非常渴望能在集体中找到归属感，获得关注。于是，我下决心改变自己，可越变越崩溃。比如我看了许多星座的书，然后专找星座一样的同事聊天，觉得彼此有缘。"徐姐，你好年轻啊，看起来就像三十多岁。"结果人家脸一黑："我就是三十多岁啊！"我臊了个大红脸。

我非常沮丧，觉得职场人际的水好深啊。

我有个亲戚在单位是中层领导，在职场上经历过大风大浪。她说职场中每个人每天跟同事在一起的时间远远超过家人，如果不能和大家和睦相处，日子会过得很灰暗，对事业影响很大。

她说在职场上保持自我个性，不要强行改变自己，不必学交往技巧，那会给人圆滑的感觉。"在职场中真诚最重要。"她建议我说话要讲究分寸，让对方感觉舒服；要学会补台，不要拆台；有成绩时说"我们"，犯错误时说"我"；同事聊天插不上话就微笑倾听，"因为倾听也是一种参与"。

我从小住校，一直不会做饭，但心里非常渴望做大厨。后来发现和女同事聊烹饪，是和她们亲近的一个重要途径。只要我咨询红烧肉和各式炒菜的做法，年长的女同事就两眼发光，大谈她的厨艺和营养观，给我出谋划策，好像是我妈。我暗爽，终于在办公室找到像家一样的温暖了。

年底联欢会，我为每一位上台唱歌的同事鼓掌。不是刻意拍马屁，而是我五音不全，我觉得每个能唱到调上的都是人才，好美慕他们。没想到这个友善的举动让大家非常感动，有时我工作中出错了，同事都愿意替我兜着，不向上司汇报。

对不好相处的同事，我会在 MSN、QQ 和邮件上说事或发个短信，事儿就解决了。既没有争执，还不用看他的臭脸，办事效率颇高。

在职场上要善待每一位同事，但不必拿每一个人当朋友，合则聚，不合则距。

【分析】大千世界，芸芸众生，有的人能够平步青云，扶摇直上，有的人却怀才不遇，郁郁而终。知识与智慧固然是重要的因素，但也不是决定性的因素。在这个交往日益频繁、竞争日趋激烈的信息社会中，成功必须要有良好的公共关系作为前提和保证。良好的公共关系是你前途和事业的润滑剂；糟糕的公共关系则会成为你生活和事业的绊脚石。

生活中常有人抱怨"工作好做人难做"，处理人际关系是职场中最需要智慧的一项工作。尤其是秘书人员，在职场中处于人际关系的漩涡中心。上司与上司之间、同事与同事之间，关系错综复杂。对你的顶头上司你必须要服从；对下属你必须要关心；对同僚你得要有真诚相待的平常心。这些说起来容易，但是真正做起来就没有那么容易了。

案例中的"我"是个性格内向，刚走上工作岗位的大学生，职场对于她来说既充满了新鲜感，又充满了恐惧感。上班第一天她就已经领略了职场的"世态炎凉"。她下决心要改变自己，可是，越变却越别扭。因为她采用笨拙的方式去刻意迎合别人，不仅没有好的效果，反而招来了白眼。

通过反思，她明白了一个道理，与人相处最重要的是真诚，真心相待，而不是矫揉造作的刻意逢迎。那样，会让人觉得你油滑，会让人对你产生不踏实的感觉。当道理明白了以后，她也就能摆正自己与他人的位子，与人相处也就自然了，终于在职场中找到了"家"的感觉。正如她的一个亲戚所说的那样："职场中每个人每天跟同事在一起的时间远远超过家人，如果不能和大家和睦相处，日子会过得很灰暗，对事业影响很大。"

项目实践

大学生职场礼仪表演活动

1. 活动目标与任务

（1）引起同学们对职场礼仪的关注和促进其综合素养的提升。

（2）为日后走上职场、走入社会打下坚实的基础。

（3）培养自主学习、团队合作的能力。

2. 活动情景与内容

由各团队按照专业特色自设场景。按照事先准备好的职业场景进行展示，包括最基本的礼仪姿态，如坐、走、行、站等。要求仪态端庄、肢体语言协调、精神饱满，展示本团队的礼仪风采和专业特色。

3. 活动组织与实施

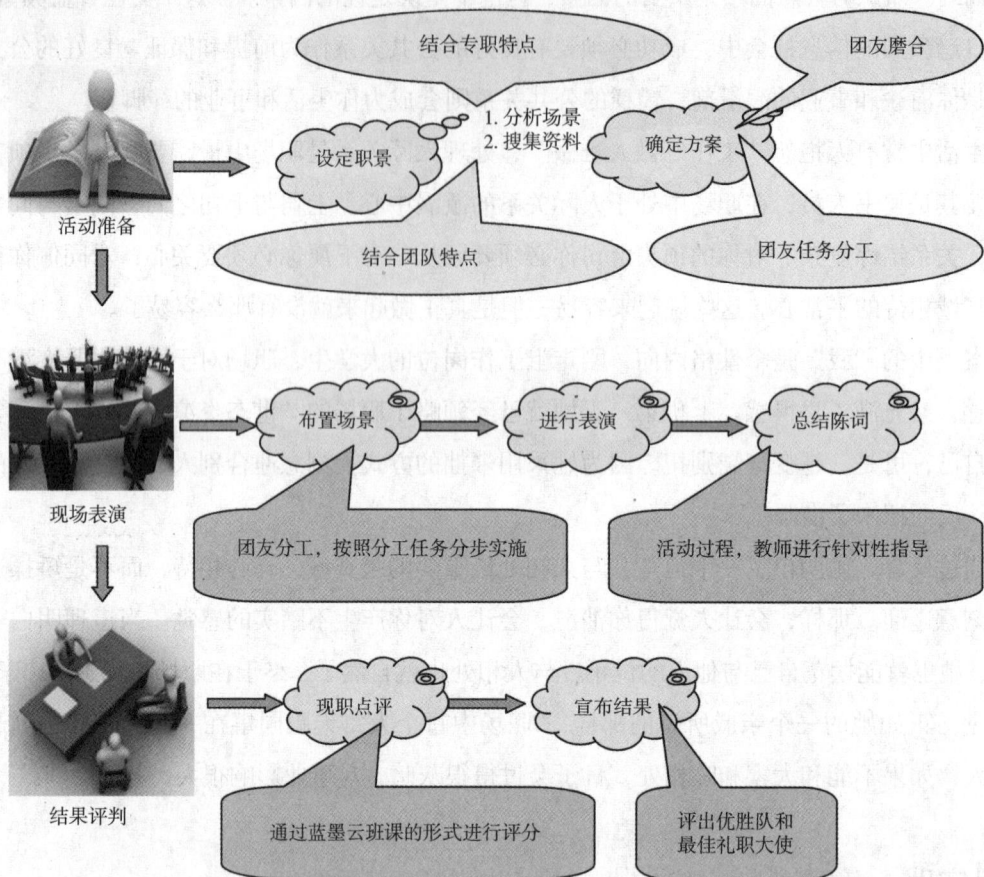

4. 活动指导

（1）活动准备阶段。首先，要确定表演场景，根据专业结构和团队成员特点，广泛收集资料。其次，确定主体，安排分工，发挥最大主观能动性。队友之间充分进行磨合联系。

（2）现场表演阶段。由每队推选出的代表进行表演，时间控制在 4 分钟以内。表演结束后，由团队中的一名选手进行总结，指出表演场景中运用到礼仪技巧的地方。

（3）结果评判阶段。通过蓝墨云现场打分，评出优胜队和最佳礼仪大使。

（4）评分标准

①语言展示（30 分）

要求：使用普通话，语音标准，声音洪亮，吐字清晰。

②礼仪展示（40 分）

要求：a. 服装统一、整洁、端庄、协调、美观（10 分）。

b. 精神饱满、亲切、有感染力（10 分）。

c. 站姿方面（5分）。

● 头正颈直，双眼平视，下额微收，表情自然，面带微笑。

● 挺胸、收腹，两肩外展。

● 双臂自然下垂，放于身体两侧，中指对准裤缝。

● 两腿直立，贴紧，脚跟靠拢或两腿开立，脚尖外展成45°夹角。

d. 坐姿方面（5分）。

● 上身挺直或稍向前倾，挺胸、抬头，双肩平正。

● 男：双膝并拢，两手自然放于腿上或扶手上，小腿垂直于地面，脚尖朝正前方，脚分开成45°，或右腿叠放在左膝上，脚尖下点。

● 女：两臂自然弯曲，手交叉叠放在两腿中部并靠近小腹，小腿垂直于地面，脚尖朝正前方，双膝靠拢或向一侧倾斜。

e. 走姿方面（5分）。

● 眼平视，挺胸、收腹，肩放松。

● 双肩平稳，两臂自然摆动，幅度以30°为宜。

● 步态协调、稳健。

● 全身协调，匀速前进，两脚内侧踏在一条直线上。

f. 其他（5分）。

③风采展示（30分）

要求：a. 内容健康、积极向上，动作高雅。

b. 整体编排具有合理性、连贯性、完整性。

c. 表演形式新颖有创意。

d. 表演符合文明礼仪规范，台风端正，有一定的现场气氛。

e. 表演自然，精神饱满，动作处理得当，现场反映良好。

f. 表演过程中姿态优美，流露出艺术气质，营造出良好的舞台效果。

g. 表演者在表演过程中真情流落，姿态优美，形象气质良好，充分展现自己的魅力与才艺。

项目十二　求职与面试

学习内容

　　本项目以模拟招聘会为切入点，重点学习计划类、启事类、通知类、总结类、海报类、简历类等应用文体的写作，了解应用文体的基本知识和求职面试的基本知识，以提高学生求职面试的基本技巧和职业技能，为今后学生顺利就业和适应岗位技能打下坚实基础。

学习目标

- 能够正确写作和使用常用的应用文；
- 能够制作精美的求职简历；
- 能够了解求职面试的基本流程和注意事项；
- 能够掌握求职面试的基本技巧。

案例导入

案例　求职真人秀——"非你莫属"

　　《非你莫属》由2010年6月18日成立的天视卫星公司打造，于2010年10月30日在天津卫视开播，每周日晚21:21、周一晚22:05播出。专业性和娱乐性兼具，为受众树立健康积极的求职观，引导正确价值观，并在节目中制造最大限度的良性精彩冲突！每期12名一流企业高管组成波士团现场招聘，具有不凡身世背景及奋斗经历的他们，将对应聘者进行最犀利的评判和最严格的挑选。

　　由央视多档社会类节目主持人涂磊、黄健翔担任主持人，以机智犀利的主持方式掌控节目，为受众树立健康积极的求职观，引导正确价值观。每期12名企业高管现场招聘，对4位应聘者进行挑选。他们敢于挑战，敢于展示，拥有难以想象的特长，同时每个人都希望能从事自己喜欢的工作。节目中的2名国内资深职场人士及心理专家，将用专业知识给应聘者真实的就业指导、心理把握和职场忠告。

　　《非你莫属》有一定的娱乐性但又兼顾了职场人生、职场话题与争议等一系列"冲突"元素，直指全球的热点和难题、中国社会婚恋之外的热点——就业问题。

　　《非你莫属》有多年海外求学经历且踌躇满志却一直苦于找不到工作的"海待"；有因学历问题一直被各单位拒之门外至今还在依靠父母的"啃老族"；有曾因"护士门"事件饱受争议的网络红人"仙女焰焰"等，话题不断。为了得到工作，应聘者在现场使尽招数，甚至有外籍求职者为显示中文水平现场狂飙西安方言。

《非你莫属》分"自我介绍""天生我有才""别对我说谎""谈钱不伤感情"等环节进行。"自我介绍"通过 VCR 展示应聘者基本资料，包括工作内容、背景故事及家人朋友领导推荐等，"天生我有才"应聘者展示与就业相关的才艺及特长表演，"别对我说谎"源自职场黄金标准——真诚度！通过对童年往事、同事关系、职场观念、财务问题等一系列尖锐精彩的直面提问，考验应聘者的人性最真实一面。

最具关注度的要数"谈钱不伤感情"环节，因为在目前的求职压力下，许多求职者在应聘的过程中为增加成功度对待遇问题都采取了模糊态度，这也使得用人单位得以利用这种模糊以最小的工资成本获得最优秀的人才。所以《非你莫属》为保证应聘者和公司代表各自的利益与权力，将要求双方在节目现场直接进行工资待遇谈判：底薪、奖金、加班费、交通费、通讯费、餐费、五险一金……求职者的能力在这些一流企业的高管中究竟价值几何？全国观众将共同见证求职者的待遇问题！

任务驱动

任务一　认知应用文

应用文是单位或个人处理公私事物、沟通信息时经常使用的具有惯用格式的文体。它是人们传递信息、处理事务、交流感情的工具。

一、应用文的四要素

（一）主题

每篇应用文都要围绕着一个主题展开。主题越是具体专一，应用文就越容易写出。

（二）为谁而写

私人信件为家人、朋友、爱人而写；商务信件为生意伙伴而写；广告为一般大众而写；海报为某一群人而写。了解了为谁而写，就可以使应用文的内容适度而得体，使你的信息能全面地传达给对方。

（三）写作目的

为什么要写这篇应用文？是要把你的信息提供给对方，还是要求对方给你提供信息？是洽谈生意还是联络感情？一篇应用文尽管确定了主题，有时却达不到目的，这是为什么？目的不明确，就会造成内容不确切，造成费解。

（四）文章的格式和结构

不同类型的应用文其格式和结构是不相同的。信件有信件的格式和结构，广告有广告的格式和结构。不了解各类应用文的格式和结构，就写不好应用文。

二、应用文的特点

（一）广泛性

应用文是人类社会赖以处理事务、沟通关系的书面工具。在现代社会中，人际关系日益密切，交往日益频繁，在日常工作、生活、学习中，几乎随时随地都要应用到它。在各种文体中，应用文可以说是使用范围最广，使用频率最高的文体。

（二）实用性

应用文是为了处理事务、解决实际问题而写的。它内容务实，对象具体，要求明确，旨在应用。

（三）程式性

各类应用文一般都有惯用的格式，这种比较固定的格式，有的是约定俗成的，即人们在长期的实际使用中形成的；有的应用文的格式，则是有关部门为了实际需要而统一规定的。

（四）时效性

应用文要在传递信息、解决实际问题方面取得好的效果，必须注意时间、效率，讲究时效性。一般来说，应用文往往是在特定的时间来处理特定的问题，尽快地传递相关信息，因此时效性很强。不及时发文，拖拖拉拉，或时过境迁再放马后炮，使信息失败，就会失去其实用价值。

三、应用文的分类

（一）日用文类

它是单位和个人在日常生活中所运用的各种应用文。如书信、条据、启事、海报等。

（二）机关事务文书类

它是机关、团体、企事业单位处理公务时使用的文书。用于内部事务的主要有：计划、总结、调查报告、经济活动分析、会议记录、规章制度等；用于对外事务的主要有：意向书、协议、合同、招标通告等。

（三）公文类

它也是机关、团体、企事业单位处理公务的文书，是传达、贯彻党和国家的方针、政策，发布法规，请示和答复问题，指导和商洽工作，报告情况和交流经验的重要书面工具。按国务院 2000 年 8 月 24 日颁布的《国家行政机关公文处理办法》的规定，行政机关公文的种类主要有：命令、决定、公告、通知、通报、议案、报告、请示、批复、意见函、会议纪要等。

四、应用文的语言特点

任何文体都有语言风格，应用文也不例外。应用文是为了"实用"而写作的，"实用"要求把问题说明白即可，不需要拖泥带水的修饰，更不能佶屈聱牙、晦涩难懂。应用文的语言风格具体来说有以下几点：

（一）简洁凝练

应用文写作语言的简洁凝练，就是要做到文约事丰，言简意赅，用尽可能少的文字表达尽可能多的信息量。这就要做到：

（1）简化内容，直截了当，抓住要害，力戒浮文，有话则长，无话则短。

（2）注意推敲词语，力戒堆砌、重复、累赘。

（3）酌情使用文言词语，既有利于文章简练，又能增强表现力。

（4）恰当使用简缩词，可使行文简练。但要遵循以下原则：一是简缩词必须约定俗成，具有规范性，为社会所公认；二是简缩词有多种含义时，应在第一次出现时加以注明，还要注意不能同已有的或流行的简称雷同，以免混淆。

（二）平实质朴

应用文不为欣赏，而为实用，其最终目的在于说明原委、介绍情况、陈述事实、总结规律。要求作者客观地、朴实地把事情的来龙去脉交代清楚，不必迂回铺陈、修饰渲染，要注意用语的浅显易懂，避免用生僻的词语，尽量不用冗长的复句。质朴的语言应达到"三易"的要求，那就是易看、易读、易懂。

（三）得体规范

应用文体一般都有特定的读者对象，其语言还要讲究得体。

由于受写作目的、行文对象、专业、范围等条件的制约，通常要使用一些规范化的事务性用语和专业性用语。比如，公文写作各部分都有一些专业用语：表示称谓的有"本部、贵厂、该单位"；表示请示的有"拟请、恳请、特请"；表明态度的有"迅速处理、存案备查、遵照执行、准予备案"；表示询问的有"当否""如无不妥""是否可行"；开头词有"近查、根据、遵照、兹因、为了"；结束语有"特予公布、为荷、为盼"等。此外，应用文有时还涉及具体的专业领域，比如经济应用文、法律应用文，常会用到一定数量的、与这些专业相适应的业务术语，要想写好专业应用文就必须在通晓专业的前提下，了解这些术语的含义，准确规范地加以使用。

总之，应用文体的语言讲什么和怎样讲，往往受到对象、场合、具体内容的制约，必须准确把握分寸，尽量做到规范得体。

五、应用文的写作

应用文写作的原理与一般文章是基本相同的，但也有它的特殊性。应用文是用以处理实务的，对语言材料的选择和组织，在长期的使用中，形成了以明确、简要和有一定的程式为特征的事务性语言规范。

（一）观点

观点要以党和国家方针政策为依据，意图鲜明。应用文必须观点正确，也就是必须以党和国家的方针政策为依据。在表述机关意图和要求、反映情况和问题、总结经验或教训时，既有提示事物的客观规律，又符合党和国家的方针政策的基本精神。应用文要求观点鲜明，就是是非清楚，态度鲜明，表述单位的意图明确，提出的措施、办法切实可行。

（二）材料

应用文要概括性地使用客观、可靠的材料。应用文是用来解决实际问题的工具，因此必须准确反映客观实际。这就要求使用的材料，包括引用的事例、数据、文字、群众意见等，都真实可靠，准确无误，不夸大，不缩小，即使是细节也不允许虚构，更不能搞"合理想象""移花接木"。对重要的材料，还必须反复查证、核实。应用文直接的功用性，决定了材料的概括性，它以能说明情况、观点为准则，不要求具体生动。因此，对引用的材料，一般要以综合、概括的方法来表述。即使是对典型事例的引述，也不需要像记叙文那样交代清楚"六要素"。总之，应用文只要求用真实的材料，对观点作概括说明。

（三）结构

结构要以纲统目，尊卑就序。文章结构的安排，是为主题服务的。"以纲统目，尊卑就序"，整篇文章的结构才合情合理，一环扣一环，条理清晰。在不同的文种写作过程中，其结构安排的方式也是不同的，随着时代的进步和社会的发展，应用文的种类还将日益增多，每一种都有特定的适用范围，有特定的格式，相互之间不能混同。应用文的基本结构形式有纵向式（以事物的自然发展为顺序或按时间先后为顺序进行的结构方式）、横向式（以事物的类别、特点、性质和不同的出发点，分条列项而并列安排的结构方式）、纵横式（纵式横式交错运用的结构方式）三种。

（四）文风

应用文旨在应用，讲究实效，文风朴素、平实。这就要有诚实的写作态度，做到"文质相称，语无旁溢"；要杜绝溢美不实之词，反对套话、大话、空语、假语；不用文学中的艺术表现手法，如气氛烘托、细节点染、铺陈繁饰、形象刻画等，修辞中的夸张、比拟、双关等一般也不宜采用。叶圣陶说："它不一定要好文章，但必须写得一清二楚，十分明确，句稳词妥，通体通顺，让人家不折不扣地了解你谈的是什么。"

应用文的重要作用已被实践证明，在改革开放、讲究实效的今天，它的实用价值越来越为人们所认识。古人说这类文章"虽艺文之末品，而政事之先务"（刘勰《文心雕龙·书记》）。若从艺术的角度来衡量，这类文章也许是"末品"，但就其在政治、经济生活方面的实用价值看，的确是不容忽视的"先务"。

六、计划类应用文写作

计划是为完成一定时期的任务而事前对目标、措施和步骤做出简要部署的事务文书。制订计划，是我们完成工作、生产、学习等任务所运用的一种科学工作方法。制订出来的计划，又是检查各项任务完成情况的指标。它对指导、推动和保证各项任务的完成有着重要的作用。

（一）计划的种类

计划，包括设想、规划、打算、安排、意见、要点、方案等。只是由于内容等方面的不同，往往选用不同的名称。

按时间分，有远景规划，年度、季度、月份计划，旬、周计划等；按性质分，有综合计划、专题计划等；按内容分，有生产计划、工作计划、学习计划、实习计划等；按范围分，有个人计划、单位计划、地区计划等。

（二）计划的格式与写法

一般地说，一个完整的计划，通常有标题、正文、署名和日期三个部分组成。

（1）标题。通常由单位名称、期限和计划的种类三个要素组成。

（2）正文。正文是计划的主题，一般包括三个方面的内容：

①任务和要求。这是计划的核心，解决的是"做什么"和"做到什么程度"的问题。

②措施和方法。这是执行计划的保证，解决的是"如何做"和"如何才能做好"的问题。

③时间和步骤。这是计划的分解，解决的是"分几步做"和"什么时候做好"的问题。

（3）署名和日期。标题如已有单位名称，就不必重复署名。日期一般在结尾的右端。

最后，是与计划相关的一些问题的说明。在正文中不便表述的材料，可以作为附件放在文后。

（三）计划的写作要求

计划的制订要遵循下列原则：

（1）周密性。就是要围绕计划的目标和要求，把有关的各种因素都考虑到，做到瞻前顾后，统筹兼顾，防止片面性和局限性。

（2）时间性。时间性是计划的一个鲜明特色。任何工作必须有一个时限，没有明确的时间要求，计划就可能会落空。

（3）可行性。就是目标、要求、措施、步骤等计划构成的要素要写得具体、明确、肯定，便于理解和执行。更重要的是计划要求实事求是，不能说假话、大话、空话。

案例分析

2014 年 ×××公司招聘计划书

随着企业规模不断扩大，人才需求日益增加，本着发扬企业文化，提高企业员工素质的目的，以获取企业发展所需人才，为企业发展提供强大的人力支持为宗旨，结合公司2014 年度发展战略及相关计划安排，特制订公司 2014 年度招聘计划。

一、2013 年度招聘情况回顾及总结

2013 年度是公司发展壮大的一年，面对严峻的人员招聘问题，人事行政部通过不同渠道为企业招聘人员，然而多方面原因导致新员工流失率相当严重，但基本保障了企业大规模的用人需要。

二、2014 年度岗位需求状况分析

经反复统计与核算，2014 年岗位需求涵盖各部门现有人员空缺、离职补缺、新上项目人员配备等方面，具体分析如下：

1. 根据各部门人员缺口及预计流失率以及新增岗位，经初步分析 2014 年度招聘岗位信息如下：

（1）公司中层干部：各部门经理、副经理等。

（2）一线岗位：站长、站长助理、司机、配送员、理货员、收银员等。

（3）后勤人员：O2O 广告招商专员、人事行政专员、稽查专员、销售专员、销售内勤、办公室助理等。

（4）2014 年计划招聘总人数：15 人左右（含销售人员）。

2. 招聘原则：员工招聘严格按照公司既定的招聘流程，以面向社会公开招聘、择优录用为原则，从学识、品德、体格、符合岗位要求等方面进行审核。确保为企业选聘充分的人力资源。

3. 各部门关键岗位选聘，根据个岗位职务不同按内部选聘办法与程序：（1）自愿报名；（2）单位推荐；（3）集中面试；（4）分类考核；（5）调查摸底；（6）统一研究决定。

三、2014 年度招聘需求

根据公司 2014 年年度经营计划及战略发展目标，各部门需提报年度人员需求计划。

四、人员招聘政策

1. 招聘原则

（1）聘得起的；（2）管得了的；（3）用得好的；（4）留得住的。

2. 选人原则

（1）合适偏高；

（2）目前公司迫切需要的人才。

3. 招聘方式

（1）以网络招聘为主，兼顾报刊、猎头、内部推荐等。网络招聘主要以前程无忧人才网、智联招聘、58 同城、赶集网、中华英才网、百姓网、百才招聘、百伯网、手递手、腾讯微博、新浪微博、搜狐微博、微信等（具体视情况另定）；

（2）现场招聘：以石景山区人才市场、海淀区人才市场为主；

（3）其他方式（海报、传单）：在公司附近主要小区、公寓发放传单，张贴海报；

（4）补充招聘途径：社会上组织的一些免费招聘会、内部员工推荐、人才中介。

五、招聘的实施

1. 第一阶段

2014 年 3 月中旬至 4 月初是招聘高峰阶段，以现场招聘会为主，高度重视网络招聘，具体方案如下：

（1）积极参加现场招聘会（保持每周一场）；

（2）积极参加各人才市场的专场和各相关学校的免费招聘会；

（3）联系北京市各大专业学校的老师负责推荐和信息告知；

（4）发动公司内部员工转介绍；

（5）坚持每天更新网络招聘信息及简历筛选与联系，每周集中候选人进行集体面试，此阶段完成年度招聘计划的45%。

2. 第二阶段

4月中旬至7月，此阶段现场招聘会逐渐冷淡，新增应聘人员较少，同时各高校在陆续开学后将积极筹备校园招聘会，以保证学生就业，因此，这段时间以网络招聘和校园招聘为主，具体方案如下：

（1）坚持每天更新网络招聘信息及简历筛选与联系，确保人员面试质量；

（2）积极参与省内部分院校的大型招聘会，组织校园招聘会或专场招聘会，每场招聘会将有现场公司介绍、现场初试、现场复试几个环节，建议能有1~2位公司高层领导参加，现场复试确定录用结果；

（3）联系前期面试人员进行招聘信息的转告及代介绍。此阶段完成年度招聘计划的25%。

3. 第三阶段

7月底至10月底，此阶段整体求职人员数量较少且分散，故此段时间以网络招聘为主，减少或不参加收费型现场招聘会，具体如下：

（1）坚持每天更新网络招聘信息及简历筛选与联系；

（2）每周坚持2次以上，网络人才主动搜寻联系，补充少数岗位的空缺及离职补缺；

（3）组织部门架构的了解分析、在岗人员的了解分析；

（4）对当年新入职人员进行关注、沟通、培训、统计分析；准备申报下半年的校园招聘会。此阶段完成年度招聘计划的15%。

4. 第四阶段

11月初至12月底，此阶段各大高校都将陆续举办校园招聘会，此阶段主要以校园招聘会为主，主要招聘各部门的储备性人才，具体如下：

（1）建立校园招聘小组，积极参加各校园综合招聘会，对各类院校筹备公司单独举办专场招聘会；

（2）网络招聘平台及论坛等信息正常刷新关注。此阶段完成年度招聘计划的15%。

5. 第五阶段

12月底至2015年1月，此阶段整体招聘环境不理想，主要联系招聘公司高层人才，以年度人力资源规划、总结报告及统计分析为主要工作，非紧急新增岗位，不重点做招聘工作，具体如下：

（1）公司年度招聘效果分析、公司人力资源分析、协助公司战略分析与讨论；

（2）编制年度人力资源规划；

（3）部门工作总结、讨论、分析，沟通确定新年个人工作计划及目标制订；

（4）建立、编制公司人才培养体系，建立人才成长计划；

（5）建立并完善人力资源管理制度、流程及体系。

六、录用决策

企业根据面试的综合结果，将会在最后一轮面试结束当天或3天内告知应聘者结果，并告知录用者办理相关入职手续等信息。

七、入职培训

1. 新人入职必须证件齐全有效；

2. 新人入职当天，人事行政部应告知基本日常管理规定；

3. 办理好入职手续后，即安排相关培训行程（通常由部门培训），培训计划要求应由各部提出并与人力资源部讨论确定；

4. 转正时，人事行政部应严格按培训计划进行审核把关，对培训效果不理想或不能胜任者，可以沟通后延迟转正。

八、招聘效果统计分析

1. 人事行政部应及时更新员工花名册，每半年做一次全面的招聘效果统计分析；

2. 根据效果分析的结果，调整改进工作；

3. 定期对新入职不足1年的员工作沟通了解，并采取相应的管理措施和方法。

九、招聘原则及注意事项

1. 做到宁精毋烂，认真筛选，部门负责人不允许以尝试的态度对待招聘工作。

2. 对应聘者的心态要很好地把握，要求应聘者具备敬业精神和正确的金钱观。

3. 招聘人员应从培养企业长期人才考虑（明确考虑异地工作），力求受聘人员的稳定性。同等条件下，可塑性强者优先。

4. 要注重受聘者在职业方面的技能，不要被头脑中的职位要求所限制。

5. 在面试前要做好充分的准备工作（有关面试问答、笔试等方面），并要求注意个人着装等整体形象。

6. 接待前来应聘人员须热情、礼貌、言行得体大方，严禁与应聘人员发生争执。

7. 招聘过程中若有疑问，请向人事行政部经理咨询。

2014年1月8日

七、启事类应用文写作

启事是机关、企事业单位、团体或个人，需要向公众说明某事或希望公众协助办理某事时使用的一种应用文。启事的本意是公开陈述事情。"启"，即叙说、陈述之意；"事"，即事情。启事是面向大众告知事宜，所以它只具有知照性，而没有强制性和约束力。

（一）启事的种类

按内容分，启事有征文启事、招聘启事、招生启事、征订启事、开业启事、迁址启事、征婚启事、寻人启事、寻物启事、遗失启事等；按公布的形式分，启事有报刊启事、电视启事、广播启事、张贴启事等。

（二）启事的格式和写法

启事通常由标题、正文、结尾三部分组成。

（1）标题。启事的标题有两种形式：

①性质加文种作标题，如："××启事"。

②直接用文种"启事"作标题。

（2）正文。不同种类的启事，其正文有不同的写法。有的详写，像"遗失启事"不但要写明遗失物件的名称、数量和详细特征，还要把丢失的时间、地点以及表示感谢的心意、酬谢方式等写清楚。招聘启事要把招聘的目的、招聘对象及应聘办法写清楚。

（3）结尾。启事的结尾一般包括联系地址、电话、联系人姓名或者签署启事者姓名、时间等。

（三）写作要求

（1）内容要简明。启事要求写得简洁明了，无论是登报、广播、电视或张贴，启事都必须写得十分简明。有的启事三言两语，有的启事用单行单句排列内容，竭力做到一目了然。

（2）用语得体，讲求礼貌。

案例分析

湖北×××学院招聘启事

根据教学需要，我院拟面向社会公开招聘工程造价专业教师1名。现将有关事项公告如下：

一、学历：全日制本科及以上毕业的往届生。

二、专业：工程管理（建筑造价方向）、工程造价专业。

三、年龄：四十周岁以下（1976年1月1日及以后出生）。

四、健康：无残疾，体检指标达到或符合国家公务员体检标准。

五、考核：采取试讲和实操的方式进行。

六、身份及工资待遇：经学校录用后，试用期半年。期满后，经考核合格，与学校签订聘用合同，按国家标准交纳"五险一金"。二至五年工程造价从业经历，参照专技十一级岗位工资标准；五年以上不足十年从业经历，且具有工程师证书的，参照专技十级岗位工资标准；十年以上从业经历，且具有高级工程师证书的，参照专技七级岗位工资标准。

七、报名截止时间：2016年3月2日。

欢迎电话咨询。具备条件的有意者，请携带相关证件（毕业证、身份证、资格证、个人简历）到湖北×××学院人事处报名。

联系电话：0714-×××××× 或 ×××××××××××

邮箱：××××@163.com

联系人：陈老师

湖北 ××× 学院

2016 年 2 月 26 日

八、通知类应用文写作

通知是上级对下级、组织对成员或平行单位之间转发公文、部署工作、发布规章、传达事情或召开会议等所使用的一种应用文。通知是最常用的一种公文，使用频率很高，运用范围广泛。

（一）通知的特点

（1）执行性。通知的事项一般是要求下级机关予以办理或执行，有时也用于不相隶属的同级机关。

（2）时效性。通知的事项一般都有一定的时间限制，不容拖延。有的只有在一段时间内有效，如会议通知。

（3）广泛性和灵活性。通知的应用不受等级限制，一切机关、单位、团体都可用通知来告知、传达某种意向或事项。在所有公文中，通知的应用范围最广，使用频率最高。

（二）通知的种类

根据性质和作用，通知分为：事项性通知、会议通知、批示性通知、任免通知、批转性通知和一般事务性通知等。

（三）通知的格式与写法

类型不同的通知，既有共同的写作格式和要求，又有不同的内容和表述方式。根据教学实际要求，在这里侧重介绍一般事务性通知的格式与写法。一般事务性通知内容具体、单一。

（1）标题。在第一行居中写"通知"二字，或加上通知的内容，如"关于 ×× 的通知"。特殊情况应在文种"通知"二字前标明有关的特殊内容，如"重要通知""紧急通知""补充通知""联合通知"等。

（2）正文。另起一行顶格写通知对象的名称，如果在正文中写明通知对象，这里可以省略。通知的正文由通知缘由、具体事项、执行要求三部分组成。通知的缘由后面通常有承启语"现将有关事项（事宜）通知如下""为此，特作如下通知""特紧急通知如下"等领起下文。有些通知，最后须多用结语，如"特此通知"等，提行左侧空两格写。

（3）结尾。另起一行后半行写明通知人（单位）和日期。如果"通知人"是有公章的部门，可以不写"通知人"，但要在"日期"上加盖部门全称清晰的公章。

（四）写作要求

通知要求言简意赅、措辞得当、时间及时。需要注意的问题：一是正文中应该写清楚通知的内容，即通知的具体事情。一般在具体事情前要加注事情的成因或目的、意义。二是要写清楚通知的具体事项，特别是要注意相关的时间一定要写清楚。

案例分析

××集团来校招聘的通知

各教学系：

宝钢湛江钢铁××集团将于 2017 年 5 月 19 日、24 日来校招聘。招聘流程为：宣讲—在线测评—面试。请相关系和年级的主管辅导员到招聘现场协助组织安排。具体事项安排如下：

一、宣讲

时间：2017 年 5 月 19 日（星期五）13:00

地点：教学楼 A1-205

二、在线测评

时间：2017 年 5 月 19 日（星期五）下午，宣讲环节后

地点：机械楼 208、404、406（具体请听从现场工作人员安排）

三、面试

时间：2017 年 5 月 24 日（星期三）上午 9:00

地点：在线测评后另行通知

××集团

2017 年 4 月 30 日

九、海报类应用文写作

海报是主办单位向公众报道举行文化、娱乐、体育等活动的一种应用文。我们可以利用海报进行产品、电影之类的广告宣传，也可以用来宣传自己或者自己的亲朋好友，甚至还可以宣传一些我们想要表达的思想等。

（一）海报的种类

从内容分，海报有演出海报、讲演海报、比赛海报、展览海报等；从形式分，海报有文字海报和美术海报两种。

（二）海报的格式和写法

（1）标题。海报的写法多种多样，标题的位置也可根据排版设计随意摆放。可用文种、内容或主办单位的名称作标题。

（2）正文。海报的正文写作形式、风格多样，可采用一段式，也可分项排列成文。但都必须用简洁的文字写清楚活动内容、时间、地点、参加办法等，同时可以配上必要的图画和标语。为了更好地吸引观众，语言可带鼓动性，图画还可以夸张一点，但要遵守真实的原则，不能哗众取宠，招摇撞骗。

（3）结尾。结尾的内容有主办单位名称、海报制作时间等。若正文已把有关内容写清楚了，可以不设结尾。有的结尾还加上一些吸引人的口号，如"售完即止！勿失良机"之类的语句。

案例分析

十、总结类应用文写作

总结，是通过回顾对前段事情整个工作或单项任务进行分析、研究，找出经验、训练，用来指导今后工作的一种应用文。具体地说，就是要对工作任务、工作过程、工作方式方法以及工作结果和收效，进行系统的、实事求是的、一分为二的检查，分清成绩和缺点，得出经验和教训，并加以条理化，使之由感性认识上升到理性认识，从中得出规律性的东西，以便在今后的工作中发扬成绩，纠正错误，增强工作的自觉性。

（一）总结的种类

总结的种类因划分的标准不同而不同。按性质分，有工作总结、生产总结、学习总结；

按范围分，有部门总结、单位总结、个人总结；按时间分，有年终总结、半年总结、季度总结、月份总结、阶段总结等。不管哪一类总结，都可以按内容分为全面总结和专题总结。

（二）总结的格式与写法

总结的格式，通常由标题、正文、署名和日期三个部分组成。

（1）标题。通常由单位名称、期限和总结的种类三个要素组成。

（2）正文。正文是总结的主体，一般包括四个方面的内容：

①基本情况，概括介绍工作活动背景、利弊条件和主要成绩等，也可用导语来表示。

②主要经验，这是总结的核心，要侧重说明在什么思想指导下，采取哪些措施，取得哪些成绩和经验，并把感性认识上升到理性认识，提炼出几条规律性的东西来。每个方面要有理有据，用典型的事例说明道理，夹叙夹议是它的主要表达方式。

③指出存在的问题，不必展开，但要写得实在。

④指明今后努力的方向和打算。

（3）署名和日期。如果标题有单位名称，则不可署名，只写日期就行了。

写总结要注意的问题：第一，不能写成流水账；第二，观点和材料要一致；第三，不能夸大其词，更不能弄虚作假。

案例分析

×××公司2016年上半年招聘工作总结

2016年上半年，按照公司年度既定计划部署，招聘工作有序开展，现将半年度招聘工作总结如下。

（一）招聘工作总体情况

上半年，人力资源部组织参加现场招聘80余次，参加校园招聘9场，收集各类简历信息3 000余条，组织集团面试11场；共面试大专以上管理人员249人，录用82名，实报到72人，签订劳动合同（参保）29人。基本完成了上半年的用工需求计划，满足了各单位对管理人员的需求。

在一线人员招聘方面，人力资源部积极协助、配合各单位招聘一线操作人员，基本满足各单位对一线操作人员的需求。公司接下轻轨项目后，面临着保洁员缺口较大的问题，人力资源部从4月中下旬开始，通过网络、报纸、劳务市场等多种渠道，积极招聘保洁员，到4月28日轻轨项目正式接管后，保洁员已基本满足项目运行。

为规范招聘工作流程，做好与各单位的衔接，人力资源部5月着手对《招聘管理制度》进行修订，目前修订版本已基本定稿，进入试运行和征求意见阶段，后续将组织相关人员进行学习并贯彻执行。

（二）招聘渠道的维护与拓展

2016年上半年，人力资源部在充分利用各种原有渠道的基础上，进一步拓展招聘渠道，深化校企合作。

1. 在利用常规人才市场进行招聘的同时，积极关注价位更为低廉或免费的劳务市场，比如旧学前人才市场、平江区职业介绍所等，这类劳务市场定位于学历低、年龄偏大、就业面窄的低端劳动力，能更好地满足公司对一线操作人员的招聘需求。

2. 进一步拓展校园招聘。在维护扬州大学、扬州商校、苏州经贸学院、园区服务外包职业学院等既有的校园招聘渠道以外，今年积极拓展并参加了苏州农业职业技术学院、工业园区职业技术学院的校园招聘，另外与苏大应用技术学院和苏州卫生职业技术学院进行了接洽。

3. 深化校企合作。5月，完成了与扬州商校新一年度的校企合作协议，并邀请负责学生就业处的老师来公司实地参观；6月，与职业学院签订了"东吴班"的定向培养三方协议书，在去年签订的校企合作协议的基础上，进一步明确了学校、公司和学生的权利与义务。

4. 充分利用赶集网、58同城、百姓网等免费的信息网站发布招聘信息，必要时通过置顶服务，吸引求职者关注公司，获取有用的简历信息和人力资源。

（三）招聘费用统计分析

上半年共发生招聘费用 55 940 元。从现场招聘发生的费用来说，数额略高于上年同期水平。一方面由于娄葑人才市场价格提高，另一方面则是因为今年参加的现场招聘绝大部分是园区、市区、新区和娄葑的常规收费场次，而一些免费或收费较少的场次参加得较少。

（四）招聘工作中的问题和不足

1. 一线操作人员仍有较大缺口，部分项目一线人员需求比较紧急。下半年工作中，要进一步加大一线人员的招聘力度，加强与各分部的协作配合。针对现场招聘一线人员效果不好的情况，积极探索行之有效的招聘渠道。

2. 兼职招聘员队伍建设尚不完善，流程环节的衔接仍不太顺畅，制度的贯彻落实也有不到位的地方。

3. 树立招聘工作的成本意识，加强对招聘工作的成本收益分析，探索符合公司情况、性价比优良的招聘模式，杜绝招聘工作的盲目性，最大限度地减少资源浪费。

4. 管理人员的笔试、面试工作有待完善，从目前的开放式、主观性强的面试考核方式，向结构化、专业化的面试考核方式转变，在岗位分析的基础上，提取每个岗位的关键胜任特征，使面试考核有法可依，有章可循。这也是今后开展招聘工作的一大课题。

2016年上半年的招聘工作，有一定的阶段性成果，也有很多问题和不足，在今后的工作中，我部要继续投入饱满的热情，发挥优势，改进不足，进一步做好公司招聘工作，为各单位及时输送合适的人力资源。

2016 年 9 月 3 日

任务二　求职简历制作技巧提升

求职信是求职人向用人单位介绍自己情况以求录用的专用性文书。求职信的概念，就跟推销一样，目的都是要引起顾客（雇主）兴趣，达到成功推销自己的效果。很多求职者没有写求职信（Caver Letter）的习惯或根本不知道求职信的重要性。求职信就是用文字语言推销自己，是简历的一个重要组成部分。

多数用人单位都要求求职者先寄送求职材料，在他们通过求职材料对众多求职者有一个大致的了解后，再通知面试或面谈人选。因此，求职信写得好坏将直接关系到求职者是否能进入下一轮的角逐。求职信的格式有一定的要求，内容要求简练、明确，切忌模糊、笼统、面面俱到。

一、求职信的格式与写法

求职信在格式上一般包括标题、称谓、正文、署名、日期及附件几个部分。

1. 标题

在第一行正中写"求职信"；如果是针对招聘广告而写，则标题改为"应聘信"。

2. 称谓

在第二行顶格写"尊敬的领导"或者"尊敬的总经理"等，一般不能直呼其名，也不宜程"先生"或者"女士"，但可以直接写单位名称。

3. 正文

这是求职信的主体，要针对用人单位的特点和你所了解到的信息客观地介绍自己，也就是"自我推销"，需要注意的是，这种"自我推销"既不能过分谦虚，也不能夸大其词。在表达上，语言要简洁、得体，要善于运用客观材料来增强"自我推销"的说服力。还要注意详略得当，突出重点。求职信、应聘信的内容是用人单位是否录用你的重要依据，一般写作时应明确以下几项内容：

（1）求职目标。你选择什么公司或什么单位工作。你愿意从事的工作这一点必须明确，决不能含糊、似是而非。在确定求职目标之前，你应对求职的单位、想做的工作有比较深的了解，做到心中有数。

（2）求职的原因。要交代清楚求职的理由，说明为什么要到该公司或者单位工作，你想要获得那份工作的原因是什么。陈述时应明确简洁，既要实事求是，又要机制灵活。

（3）求职条件。将自己的学历、资历、专长实事求是地介绍给对方，而且要尽可能根据用人单位的需求去介绍自己。拟写时，要善于扬长避短，针对求职目标，多角度、多层次、多方位地表现自我。

4. 署名、日期

正文写完后署上自己的姓名，并在姓名前写上"求职（应聘）者"字样以示对对方的尊重，最后在姓名下一行写明写信的日期。还要写明求职（应聘）者的通信地址、邮政编码、电话号码或电子邮箱等联系方式。

5.附件

如果需要，还须随信附上毕业证书、成绩单、获奖证书、任职证明、身份证等复印件。

二、求职信的写作要求

1.叙述简明扼要

拟写求职信、应聘信时，应开门见山，简明扼要，切忌转弯抹角，模棱两可。作者首先表明此信息由何种渠道得知，然后介绍自己的基本情况。在介绍中，作者直接了当地表明自己毕业的学校、所学的专业以及在技能特长方面等都符合招聘单位要求。

2.措辞讲究分寸

推销自己应不卑不亢。过于谦虚，自贬身价，就会给人以碌碌无为的不良感觉；过于高傲，狂妄自大，就会给人轻佻浮夸的恶劣印象，两者都不能达到求职的目的。求职者介绍完自己骄傲的成绩后，用"但这一切均已成为过去……恳请……不管在什么岗位，爱岗敬业都是我追求的目标"，给人以谦虚、有能力却又不张狂的感觉，因此，求职信和应聘信的措辞既要实事求是，又要恰到好处。结尾表达请求和感谢用语谦恭有礼。如"此致敬礼""如录用，请赐回信""期盼福音"等。

3.突出重点，切忌啰唆

写求职信前务必要尽可能多地了解用人单位的基本情况、企业文化、岗位需求，求职信的内容务必根据岗位需求和人才需求来写，突出重要信息，切忌面面俱到，啰啰唆唆。

求职信大都是通过概括地叙述求职者的求职愿望、求职原因、求职条件，使读信人在未见其人而先见其信时，读其信如见其人、如闻其声，最终实现写信人的求职目的。因此，拟写时应紧紧抓住读信人的心理，使之过目难忘，从而产生先声夺人的良好效果。最后还应注意详细写明回信地址，以便对方回复。

案例分析

求职信

尊敬的刘经理：

您好！

我叫刘×，今年22岁，是湖北×××学院模具设计与制造专业应届毕业生。贵公司是我市知名企业，对员工的素质要求很高。我思虑再三，最终还是鼓足勇气，向贵公司求职。

我在校读的是5年制高职班，每门功课的学习成绩均为优良。现已获得钳工高级工等级证书，具备模具设计与制造的基本技能。此外，我有着较强的写作能力和组织协调能力。近两年来，我已在市报发表通信报告、竞赛作文11篇；独立组织校际学生文学社团联谊活动5次；现任市报特约通信员、校学生会通联部部长和学校"耘梦文学社"社长等职。5

年中，我被评为校级三好学生 6 次，校级优秀学生干部 3 次，市级优秀学生干部 1 次和市级三好学生标兵 4 次；在校、市两级专业理论、专业技能竞赛中获奖 4 次。但这一切均已成为过去，在即将踏上社会之际，我更憧憬未来，希望自己在工作岗位上做出成绩。恳请贵公司能给我一次机会，让我将理想的种子播撒在贵公司肥沃的土地上，生根、开花、结果。

尊敬的领导，如果我能有幸成为贵公司的一员，我的第一目标就是争取做一名优秀员工，不管在什么岗位，爱岗敬业都是我追求的目标，如果我暂时不能进入贵公司，贵公司对员工的素质要求也将是我今后不断加强职业修养的基本标准。随信附上本人的相关资料并时刻期盼贵公司的回复。

此致

敬礼！

求职者：湖北×××学院　刘×

××年×月×日

联系地址：黄石市广州路×××号

邮政编码：××××××

电话号码：139××××7570

电子邮箱：×××@yahoo.com.cn

三、求职简历的基本格式

在求职信后面往往还需附上个人简历。简历是对自己的生活经历，包括学历、工作经历等有选择地、重点地加以概括叙述的一种常用应用文体。简历的内容有很强的目的性，求职简历重点应放在学历、专业特长、能力业绩上。

网络上有各种求职简历的样式，是大家可以借鉴和使用的素材，但是每个人的经历和偏好各不相同，谋求的企业和岗位各不相同，所以制作简历还要在借鉴的基础上，结合自身实际和企业的特点，设计符合自身需求的简历。求职简历的结构由标题、正文和落款三部分构成。

1. 标题

简历多用"简历""个人简历"作标题。

2. 正文

正文有一段式和多段式两种结构方法。

（1）一段式。从姓名、籍贯、出生年月、民族、团体党派写起，按时间顺序叙述主要学习、工作经历，主要成绩、贡献。

（2）多段式。适用于经历比较丰富、年岁较大的人。写法是：先总叙主要经历，再分段叙述各阶段或各方面主要经历。

写简历的要求是，不夸大不缩小，概括集中，语言朴素，真实可信。

3. 落款

在右下方注明简历人姓名，并在姓名下面注明年、月、日。

案例分析

个人简历

姓名	××××	性别	女	出生年月	1982 年 3 月
专业	建筑环境与能源工程	学历	大学本科	政治面貌	共产党员
毕业学校	西南农业大学工程职业技术学院			联系电话	023-6825××××（校）
通讯地址	西南农业大学 76#（400716）				0839-420×××（家）
E-mail	×××××××××@qq.com				
家庭住址	四川省××市××县××局家属院（628200）				
工作意向	建筑设计、概预算、房地产以及各种与专业有关的工作				
语言能力	英语六级，英语口语流利，普通话标准流利				
计算机能力	国家计算机二级（Foxbase），熟练操作 AutoCAD 2000、天正建筑等建筑设计软件				
获奖情况	1999—2000 年获专业奖学金二等奖 2001—2002 年获专业奖学金三等奖 1999 年工程技术学院"求索杯"辩论赛冠军 1999 年工程技术学院"新生杯"演讲比赛第一名 2000 年获校"优秀团干"称号 2000 年纪念校庆五十周年辩论赛获"最佳辩手"称号 2000 年获校马列主义研究会"优秀会员"称号				
大学担任学生干部职务	大一学年担任班宣传委员、院生活部干事、宣传部干事 大二学年担任班宣传委员、院团总支学生会办公室主任、校马列主义研究会常务理事				
兴趣爱好与特长	爱好音乐、文学，擅长写作、演讲、辩论、主持。				
各种获奖、证书等材料附后					

任务三　求职面试技巧提升

一、面试概述

面试是一种经过组织者精心设计，在特定场景下，以考官对考生的面对面交谈与观察为主要手段，由表及里测评考生的知识、能力、经验等有关素质的一种考试活动。面试是公司挑选职工的一种重要方法。面试给公司和应招者提供了进行双向交流的机会，能使公司和应招者之间相互了解，从而双方都可更准确地做出聘用与否、受聘与否的决定。一般来说，面试有以下几个目的：第一，考核求职者的动机与工作期望；第二，考核求职者仪态、性格、知识、能力、经验等；第三，考核笔试中难以获得的信息。

二、面试的形式

面试有很多形式，根据不同的标准，有不同的分类形式。

（一）依据面试的内容与要求

1.问题式面试

由招聘者按照事先拟订的提纲对求职者进行发问，求职者回答。其目的在于观察求职者在特殊环境中的表现，考核其知识与业务，判断其解决问题的能力，从而获得有关求职者的第一手资料。

2.压力式面试

由招聘者有意识地对求职者施加压力，就某一问题或某一事件作一连串的发问，详细具体且追根问底，直至求职者无以对答。此方式主要观察求职者在特殊压力下的反应、思维敏捷程度及应变能力。

3.自由式面试

即招聘者与求职者海阔天空、漫无边际地进行交谈。气氛轻松活跃，无拘无束，招聘者与求职者自由发表言论，各抒己见。此方式的目的为：于闲聊中观察求职者谈吐、举止、知识、能力、气质和风度，对其做全方位的综合素质考察。

4.情景式面试

由招聘者事先设定一个情景，提出一个问题或一项计划，请求职者进入角色模拟完成，其目的在于考核其分析问题、解决问题的能力。

5.综合式面试

招聘者通过多种方式考查求职者的综合能力和素质，如用外语与其交谈，要求即时作文，或即席演讲，或要求写一段文字，或操作一下计算机，或展示一段才艺等等，以考查其外语水平、文字能力、书法及口才表达等各方面的能力。

（二）依据面试的组织形式

1.单独面试

即由一名面试官和一名求职者，在面试官的办公室或者招聘企业的会议室等工作场合内，进行一对一的面试。面试期间，往往15~30分钟，其间主要测试重点在于对求职者的基本素质和工作能力进行判断。

2.个别面试

即由2~3名，有的企业甚至多达5名面试官，对1名求职者进行测试。测试时间往往在30~45分钟，期间不同的面试官可以就各自感兴趣的问题，对求职者进行提问，也可以就一个问题，由不同的面试官从不同的侧面反复提问。测试的重点是对求职者的综合能力以及个人特性进行判断。

3. 集体面试

即由几个面试官，同时对几名求职者进行测试，在面试期间，面试官各自根据事前分工，无顺序地对求职者进行测试，测试时间通常在 30~60 分钟。其目的是通过对同时应聘同一职位的人员进行面试，更容易比较出各自的长处及补足，也更容易了解被面试者处于竞争和无序状态下的心理素质。

4. 讨论式面试

即由招聘企业组织一定数量的应聘者，就设定的某个主题进行讨论，面试官则在旁观察讨论过程中的求职者各自的表现，从而对求职者进行判断。一般而言，讨论主题表面上看似与求职者将从事的岗位无关，但实则存在内在联系。这种面试方法，可以看到求职者较容易出现的工作状态以及工作方式和个性。也有的企业，让企业正式员工混杂于求职者中，参与求职讨论，从而感受与求职者共同工作时的工作状态。

5. 主题演讲式面试

由企业提前一段时间，给求职者指定一个与其应聘岗位具有强相关性的主题，让求职者根据这个主题，准备一个类似工作方案式的演讲，并接受在场面试官的现场提问，从而判定应聘者的工作思路和问题解决能力。这主要是针对企业中高层职位的求职者采用的一种面试方法。

三、面试的特点

（一）面试以谈话和观察为主要工具

谈话是面试过程中的一项主要工具。在面试过程中，面试官会向求职者不断地提出各种问题，以考查求职者的专业知识、口头表达能力和反应能力。观察是面试过程中的另一项主要工具。在面试中，面试官会特别善于运用自己的感官，特别是视觉和听觉，去捕捉求职者语言之外的东西。运用视觉主要是观察求职者的非语言行为，包括面部表情和身体语言，从而明确求职者的行为类型，进而借助于人的表象层面推断其深层心理。在面试过程中，听觉的功用也十分重要。在面试过程中，面试官会倾听求职者的谈话，对求职者的回答进行适度地反应，从而对求职者的谈话进行分析，比如是否听懂了面试官的提问，是否抓住了问题的要害，语言表达的逻辑性、层次性、准确性等。还会根据求职者讲话的语音、语速、腔调等来判断求职者的性格特征等。比如声音粗犷、音量较大者多为外向性格；讲话速度快者，多为性格急躁者；爱用时髦、流行词汇者大多虚荣心较强等。

（二）面试是一个双向沟通的过程

面试是面试官和求职者之间的一种双向沟通过程。在面试过程中，求职者并不是完全处于被动状态。面试官可以通过观察和谈话来评价求职者，求职者也可以通过面试官的行为来判断面试官的价值判断标准、态度偏好、对自己面试表现的满意度等，来调节自己在面试中的行为表现。同时，求职者也可以借此机会了解自己应聘的单位、职位情况等，以此决定自己是否可以接受这一工作等。所以说，面试不仅是面试官对求职者的一种考查，也是主客体之间的一种沟通、情感交流和能力的较量。面试官通过面试，从求职者身上获取尽可能多的有价值的信息。求职者也应抓住面试机会，获取那些关于应聘单位及职位、自己所关心、所需要的信息。

（三）面试内容的灵活性

面试内容对于不同的求职者来说是相对变化的、灵活的。具体表现在：面试内容因求职者的个人经历、背景等情况的不同而不同；面试内容因工作岗位不同而不同；面试内容因求职者在面试过程中的面试表现不同而不同；有的面试题目是事先拟定的，求职者根据既定题目作答即可。但也有的面试题目是事先拟好，面试官只作参考，他们可以根据求职者回答某一问题的情况，来决定下一个问题问什么，怎么问；如果求职者回答问题时引发出与拟定的题目不同的问题，面试官还可顺势追问，而不必拘泥于预定的题目。

（四）面试时间的持续性

面试与笔试的一个显著区别是面试不是在同一个时间展开，而是逐个地持续进行。笔试是不论报考人数的多少，均可在同一时间进行，甚至不受地域的限制。这是因为笔试的内容有统一性，且侧重于知识考查，考查内容具体，答案客观标准，主观随意性较小。面试则不同，因人而异，面试官提出问题，求职者针对问题进行回答。考查内容不像笔试那么单一，既要考查求职者的专业知识、工作能力和实践经验，又要考查其仪态仪表、反应力、应变力等，因此只能因人而异、逐个进行。

（五）面试交流的直接互动性

与笔试、心理测验等甄选方式不同，面试中求职者的语言及行为表现，与面试官的评判是直接相连的，中间没有任何中介转换形式。面试中面试官与求职者的接触、交谈、观察也是相互的，是面对面进行的。主客体之间的信息交流与反馈也是相互作用的。而笔试、心理测验中，一般对命题人、评分人严加保密，不让求职者知道。面试的这种直接性提高了面试官与求职者间相互沟通的效果与面试的真实性。

（六）面试的平等性

在传统的观念中，面试的双方似乎总是不平等的。面试官总是掌握着主动权，他有权选择要或者不要你。在这样的压力下，求职者总是抱着被选择的心态，争取自己的最佳表现，以得到面试方的赏识。于是，很多求职者常常表现得过于卑躬、拘谨和严肃。其实过分拘谨的态度，结结巴巴的讲话，夸张恭维的语言，不吭一声的表现，这既是对自身的否定，也是对面试方不够尊重的表现。在面试中，展现自己的个性，真诚自信应对，和面试官之间形成一种平等的对话，这才是一个成功的面试者正确的做法。

四、面试时双方的侧重点

面试官往往期待求职者无论在外表还是行为上都表现出他最好的一面。求职者应对招聘单位进行初步研究，并能就应聘岗位所涉及的自己的技能和目标进行问答。面试官在面试过程中的侧重点包括以下几个方面：

（1）观察求职者所具备的和应聘岗位相关的专长、知识和技能。在求职者的简历上总是明白地列出了本人的教育背景和以前的工作经历，所以求职者应该已经达到了招聘岗位的基本要求，否则就不会被邀请参加面试。但是面试官想要了解的信息不仅包括这些，他们更想了解求职者简历之外的东西。

（2）面试官有兴趣了解求职者的主动性。专长是一个重要的考虑方面，但你的干劲和活力使你异于别人，并使你在招聘过程中获得优势。所以面试过程中，招聘单位更想要了解你的发展潜力。

（3）求职者的人际技能也受到关注。能干好工作但无法融入工作环境的人不是有价值的员工。和同事相处的能力并不总是很容易识别，但面试官会尽力评估。你能接受上级的管理吗？你能听从命令吗？如果你应聘后逐渐在工作岗位上成为一名领导，你的领导才能也很重要。

（4）对于很多岗位而言，求职者的决策能力和解决问题的能力将非常重要。如果你在工作中遇到不同寻常的事情，你将怎样处理？你能否区分两种不同的形势，在一种形势下需要进行创新，而在另一种形势下必须遵守既定的程序。你能否迅速地应付状况，即分析问题的本质并快速采取合适的行动？

（5）面试官将会评估你对这项工作和公司的真正兴趣。你是真的想要这个工作吗？你会做一个敬业忠诚的员工吗，或者你只是把这份工作看成一块跳板？

（6）面试官也很关注你的个性或者受欢迎程度。他们爱和他们喜欢的人一起工作。能和别人合得来的人往往被人喜欢。面试官喜欢充满活力的个性，因为这样的人会把活力投入到工作中。

求职者也有和面试情境相关的具体侧重点。求职者的主要侧重点是获得关于工作、面试官以及招聘单位的信息，同时展现自己的技能、知识和能力，并思考如何满足招聘单位的需要。求职者要给面试官留下深刻印象来获得工作机会。

五、面试官的心理特点

1.重视最初印象

据国外学者研究，至少有85%的面试官会在面试之前，根据求职者的个人简历等应聘资料对其产生初印象，并且初印象会影响面试官对求职者的判断。如果大学生求职者通过简历给面试官留下良好的印象，面试效果会比较好，但是如果留下糟糕的印象，那么你在面试中表现的任何一点小失误都会被无限放大，有着负面加重的倾向。

2.雇佣压力和暗示

不要以为只有大学生求职者有择业的压力，对于面试官而言，他们也有着工作上的压力，也就是雇佣压力。招聘合适的人才是他们的工作任务，假如招聘工作难以完成，迟迟找不到理想的求职者，那么对求职者的要求就会适当降低。假如在面试中自信观察，发现面试官流露出这么一点儿倾向，那么只要及时借助面试官给予的暗示，面试成功的可能性会加大。

3. 重视互动

面试官每天应聘那么多人，或者是宣传了好多天终于来了应聘者，他们在无聊的重复的等待或工作中，如果遇到一个令自己赏心悦目的大学生求职者，如果遇到一个很有共同话题、沟通积极的大学生求职者，精神就会比较振奋。因此，在面试过程中，应该善于用眼睛、神情、动作来与面试官进行适当的交流互动。另外，求职者要善于用"第二语言"进行交流。数据显示，那些善于用眼睛、面部表情，甚至是简单的小动作来表现自己情绪的求职者的成功率远高于那些目不斜视、笑不露齿的人。

4. 优势心理

是指面试官因处于主导地位而产生的居高临下的心理倾向。求职者应该以一种不卑不亢的平衡心态去对待，充分发挥自己的才能。

5. 愿当"伯乐"

面试官对于求职者来说，都希望自己是伯乐，能挑选出真正的人才，能够发现真正的千里马。这就促使考官对自己的工作认真、负责，谨慎考核、细致询问，尽量从考生中择优录取。所以，当面对面试官的仔细"盘问"时，求职者应积极应对，展现自己的优势和面试官感兴趣的一面。

6. 定势心理

面试官由于长期以来已经形成了一种固定的思维模式，因而对求职者进行评价时，较少关注他们的实际表现，而是不自觉地将求职者与自己印象中的某类人相比，使面试官的判断带有主观色彩，降低了面试评价的客观性。针对这种情况，求职者要能在较短的时间内，感悟到面试官的心理定势，抓住他的心理，随机应变，方可对答如流，让面试官满意。

7. "喧宾夺主"倾向

有的面试官不是让求职者尽量表现自己，而是以自己为中心，说话太多，没有对自己的角色准确定位。这个时候求职者要有耐心，不能抢话，应该表现出自己很有兴趣在听他说话，要学会倾听，做一个好听众。

六、求职面试技巧与基本礼仪

（一）时间观念是第一道题

守时是职业道德的一个基本要求，提前 10~15 分钟到达面试地点效果最佳，可熟悉一下环境，稳定一下心神。如果面试迟到，不管有什么理由，也会被视为缺乏自我管理和约束能力，即缺乏职业能力，给面试官留下非常不好的印象。迟到几分钟，就很可能永远与这家公司失之交臂了，因为这是面试的第一道题。

但是也不宜早到。早到后不宜提早进入办公室，最好不要提前 10 分钟以上出现在面谈地点，否则面试官很可能因为手头的事情没处理完而觉得很不方便。尤其是外企，往往是说几点就是几点，一般绝不提前。对面试地点比较远、地理位置也比较复杂的，不妨先跑一趟，熟悉交通线路、地形，甚至事先搞清洗手间的位置，这样就知道面试的具体地点，同时也了解路上所需的时间。

但是招聘工作人员是允许迟到的，这一点一定要清楚，对招聘人员迟到千万不要太介意，也不要太介意面试人员的礼仪、素养。如果他们有不妥之处，求职者应尽量表现得大度开朗一些，这样往往能使坏事变好事。因为面试也是一种人际磨合能力的考查，得体、周到的表现，自然是有百利而无一害的。

（二）进入面试单位的第一形象

到了办公区，最好径直走到面试单位，而不要四处张望，甚至被保安盯上；走进公司之前，口香糖和香烟都收起来，因为大多数的面试官都无法忍受在公司嚼口香糖或吸烟；进入面试单位，若有前台，则开门见山说明来意，经指导到指定区域落座，若无前台，则向工作人员求助。这时要注意用语文明，开始的"你好"和被指导后的"谢谢"是必说的，这代表一个人的教养。一些小企业没有等候室，就在面试办公室的门外等候。

（三）等待面试时表现不容忽视

到达面试地点后应在等候室耐心等候，并保持安静及正确的坐姿；不要询问单位情况或向其索要材料，且无权对单位作品评；如果有公司的介绍材料，是应该仔细阅读以先期了解其情况；不要来回走动显示浮躁不安，也不要与别的接受面试者聊天，因为这可能是你未来的同事，你的谈话对周围的影响是你难以把握的，这也许会导致你应聘的失败；不要驻足观看其他工作人员的工作，或在落座后对工作人员所讨论的事情或接听的电话发表意见或评论，以免给人肤浅嘴快的印象。更要坚决制止的是：在接待室恰巧遇到朋友或熟人，就旁若无人地大声说话或笑闹；吃口香糖，抽香烟、接手机。

（四）与面试官的第一个照面

要把握进屋时机：如果没有人通知，即使前面一个人已经面试结束，也应该在门外耐心等待，不要擅自走进面试房间。自己的名字被喊到，就有力地答一声"是"，然后再敲门进入，敲两三下是较为标准的。敲门时千万不可敲得太用劲，以里面听得见的力度即可。听到里面说"请进"后，再进入房间。开门关门尽量要轻，进门后不要用后手随手将门关上，应转过身去正对着门，用手轻轻将门合上。回过身来将上半身前倾 30° 左右，向面试官鞠躬行礼，面带微笑称呼一声"你好"，彬彬有礼而大方得体，不要过分殷勤、拘谨或过分谦让。

握手要专业。面试时，握手是最重要的一种身体语言。因为这是求职者与面试官的初次见面，这种手与手的礼貌接触是建立第一印象的重要开始，不少企业把握手作为考查一个应聘者是否专业、自信的依据。所以，在面试官的手伸过来之后就握住它，要保证自己的整个手臂呈L形（90°），有力地摇两下，然后把手自然地放下。握手应该坚实有力，有"感染力"，但不要太使劲，更不要使劲摇晃。而且手应当是干燥、温暖的。握手时长时间地拖住面试官的手，偶尔用力或快速捏一下手掌，这些动作说明你过于紧张而且缺乏信心；远距离在对方还没伸手之前，就伸长手臂去够面试官的手，表示你太紧张和害怕。

（五）无声胜有声的形体语言

加州大学洛杉矶分校的一项研究表明，个人给他人留下的印象，7%取决于用辞，38%取决于音质，55%取决于非语言交流。非语言交流的重要性可想而知。非语言交流主要包括：手势语、目光语、身势语、面部语、服饰语等。通过仪表、姿态、神情、动作来传递信息，它们在交谈中往往起着有声语言无法比拟的效果，是职业形象的更高境界。面试过程中要注意：

1. 坐姿

进入面试室后，在没有听到"请坐"之前，绝对不可以坐下。等考官告诉你"请坐"时才可坐下，坐下时应道声"谢谢"。坐姿也有讲究，坐椅子时最好坐满2/3，上身挺直，这样显得精神抖擞。保持轻松自如的姿势，身体要略向前倾，不要弓着腰，也不要把腰挺得很直，这样反倒会给人留下死板的印象，应该很自然地将腰伸直，并拢双膝，把手自然地放在上面。有两种坐姿不可取：一是紧贴着椅背坐，显得太放松；二是只坐在椅边，显得太紧张。切忌跷二郎腿并不停抖动，两臂不要交叉抱在胸前，更不能把手放在邻座椅背上，或加一些玩笔、摸头、伸舌头等小动作，否则容易给别人一种轻浮傲慢、有失庄重的印象。

2. 眼神

眼睛是心灵的窗户，恰当的眼神能体现出智慧、自信以及对公司的向往和热情。注意眼神的交流，这不仅是相互尊重的表示，也可以更好地获取一些信息，与面试官的动作达成默契。正确的眼神表达应该是：礼貌地正视对方，注视的部位最好是考官的鼻眼三角区（社交区）；目光平和而有神，专注而不呆板；如果有几个面试官在场，说话的时候要适当用目光扫视一下其他人，以示尊重；回答问题前，可以把视线投在对方背面墙上，约两三秒钟做思考，不宜过长，开口回答问题时，应该把视线收回来。

3. 微笑

微笑是自信的第一步。面试时要面带微笑，亲切和蔼、谦虚虔诚、有问必答。听对方说话时，要时有点头，表示自己听明白了，或正在注意听。同时也要不时面带微笑，当然也不宜笑得太僵硬，一切都要顺其自然。表情呆板、大大咧咧、扭扭捏捏、矫揉造作，都是一种美的缺陷，破坏了自然的美。

4. 手势

说话时做些手势，加大对某个问题的形容和力度，是很自然的，可手势太多也会分散人的注意力，需要时适度配合表达。交谈很投机时，可适当地配合一些手势讲解，但不要频繁耸肩，手舞足蹈。有些求职者由于紧张，双手不知道该放哪儿，而有些人过于兴奋，在侃侃而谈时舞动双手，这些都不可取。不要有太多小动作，这是不成熟的表现，更切忌抓耳挠腮、用手捂嘴说话，这样显得紧张，不专心交谈。

（六）发挥语言的魅力

语言艺术是一门综合艺术，如果说外部形象是面试的第一张名片，那么语言就是第二张名片，它客观反应了一个人的文化素质和内涵修养。谦虚、诚恳、自然、亲和、自信的谈话态度会让你在任何场合都受到欢迎。面试时切忌夸夸其谈、夸大其词。自我介绍是很好的表现机会，应把握以下几个要点：首先，要突出个人的优点和特长，并要有相当的可信度。语言要有概括性、简洁、有力，不要拖泥带水，轻重不分。重复的语言虽然有其强调的作用，但也可能使考官产生厌烦情绪，因此重申的内容，应该是浓缩的精华，要突出你与众不同的个性和特长，给考官留下几许难忘的记忆；其次，要展示个性使个人形象鲜明，可以适当引用别人的言论，如老师、朋友等的评论来支持自己的描述；第三，坚持以事实说话，少用虚词、感叹词之类；第四要符合常规，介绍的内容和层次应合理、有序地展开。要注意语言逻辑，介绍时应层次分明、重点突出，使自己的优势很自然地逐步显露；最后，尽量不要用简称、方言、土语和口头语，以免对方难以听懂。当不能回答某一问题时，应如实告诉对方，含糊其辞和胡吹乱侃会导致失败。

案例分析

某公司到某校招聘公关人员，负责招聘的王经理要求应聘的学生谈谈对公关工作的认识。下面是李芸同学的应答辞。

王经理：

感谢贵公司给了我一个机会，让我有可能从事我一心向往的公关工作。

公共关系传入我国的时间不是很长，但已经引起许多优秀企业家的关注。我认为公关工作的主要任务，是在公众面前树立企业的良好形象。因此，公关人员要能成为企业良好形象的代表，成为企业联系社会公众的桥梁，我之所以向往这个职业，就是因为它在企业中的作用非常重要，在这个岗位上可以为企业做比较大的贡献。我学的就是公关与文秘专业，有比较好的公关理论知识，我还是校学生会的通联部长，有一定的交际与沟通的能力。当然，像我这样一个尚未走出校门的女生，还缺乏公关工作的实际才干，不过我很乐意从最基础的工作做起，善于学习、勇于实践是我的特点。如果这次我能够被录用，我相信在公司的指导下，我一定能很快地进入角色，成为一个称职的员工，对此我有足够的信心。

这是我的英语四级等级证书和我发表过的几篇文章，请过目。还有一盘我在电视台作嘉宾主持的录像带，希望您能够抽空看一下，谢谢！

【分析】这篇应答辞采用较正式的口语语体，言简义丰，显示了李芸的才华和干练。李芸对公关工作的认识比较深刻，而且能坦率地正视自己的不足，并适当地表达自己的信心，容易被人接受。另外，李芸在言辞之中暗含对对方的赞美和恳求，说得不露声色，委婉得体，体现了较高的口语交际水平。

项目实践

模拟招聘会

1. 活动目标与任务

（1）让学生了解求职面试的基本流程和注意事项；

（2）让学生掌握基本的求职面试技巧；

（3）提升学生口语表达和自我表现能力。

2. 活动情景与内容

学生分招聘小组和求职小组。招聘小组学生扮演某企业人力资源部 HR 来招聘与专业相关的不同岗位，求职小组模拟毕业求职，依次上台求职面试。

3. 活动组织与实施

（1）活动准备阶段

把全班学生分成两个小组：招聘小组和求职小组，两个小组分工负责具体事项。招聘小组负责编制招聘计划、招聘启事，制作招聘海报和招聘流程。求职小组根据面试要求，制作求职简历，准备面试所需的着装及相关材料。

（2）现场招聘

招聘小组模拟某公司进行企业宣讲，展示招聘海报，然后介绍面试流程和规则。

求职学生依次上台，用 PPT 展示自己的求职简历，并作求职演讲和才艺展示。招聘小组的面试官现场提问。

（3）活动总结和考核

全体学生通过蓝墨云班课平台对求职者进行现场打分。招聘小组的面试官参考学生打分，对求职者是否录用进行综合裁决，并宣布结果。全体学生再次利用蓝墨云班课平台，给招聘小组打分，评选最佳面试官和最佳毕业生。最后老师上台，对此次活动进行点评，并以互评分作为学生本次活动课的成绩，纳入过程考核体系。

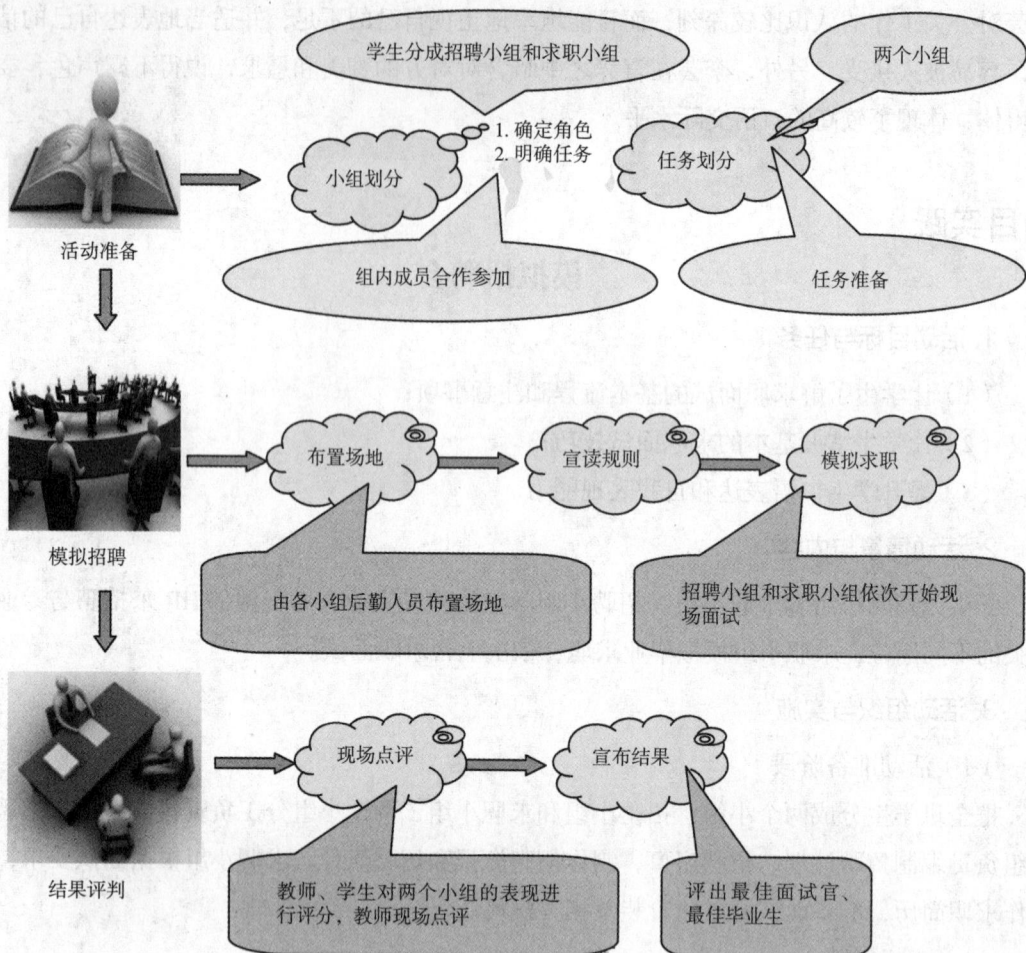

活动准备

学生分成招聘小组和求职小组

小组划分

1. 确定角色
2. 明确任务

组内成员合作参加

任务划分

两个小组

任务准备

模拟招聘

布置场地 → 宣读规则 → 模拟求职

由各小组后勤人员布置场地

招聘小组和求职小组依次开始现场面试

结果评判

现场点评 → 宣布结果

教师、学生对两个小组的表现进行评分，教师现场点评

评出最佳面试官、最佳毕业生

参考文献

[1] 栗洪武，冯静一．先秦儒家礼乐教化思想对当代教师培养的启示[J]．当代教师教育，2013,(6).

[2] 李程．老子的思想对大学生身心和谐的教育作用[J]．韩山师范学院学报，2014,(2).

[3] 吴全兰．庄子的耻观及其对培养当代大学生正确荣辱观的启示[J]．广西师范大学学报，2008,(10).

[4] 荆三隆，陈潇．谈禅宗文化的系统性特征——以禅宗人生观为中心[J]．五台山研究，2012,(3).

[5] 杨红荃，苏维．基于现代学徒制的当代"工匠精神"培育研究[J]．职教论坛，2016,(16).

[6] 王丽媛．高职教育中培养学生工匠精神的必要性与可行性研究[J]．职教论语，2014,(22).

[7]《乔布斯演讲的15个秘诀》——摘自《凤凰网文化综合》.2011年3月1日.

[8] 绵阳师范学院礼仪教研室．大学生礼仪[M]．成都：西南财经大学出版社，2008..

[9] 金正昆．职场礼仪[M]．北京：北京联合出版公司，2013.

[10] 杜瑾．谈《穿普拉达的女王》中的职场礼仪[J]．文学教育，2015.10.

[11] 杨昊．高职学生商务礼仪与职业形象设计[J]．改革探索，2017.

[12] 袁行霈．中国文学史[M]．北京：高等教育出版社，2005.

[13] 朱栋霖．中国现代文学史[M]．北京：高等教育出版社，2014.

[14] 王庆生．中国当代文学史[M]．北京：高等教育出版社，2016.

[15] 郑克鲁．外国文学史[M]．北京：高等教育出版社，2015.

[16] 齐裕焜．中国古代小说演变史[M]．兰州：敦煌文艺出版社，2009.

[17] 陈思和，等．中国现当代小说名作欣赏[M]．北京：北京大学出版社，2017.

[18] 麻文琦．中国戏曲史[M]．北京：文化艺术出版社，1998.

[19] 吴光耀．西方演剧史论稿[M]．北京：中国戏剧出版社，2002.

[20] 马丁·艾斯林．荒诞派戏剧[M]．石家庄：河北教育出版社，2003.

[21] 杨远婴：电影理论读本．世界图书出版公司，2012.

[22] 李静等．唐诗宋词鉴赏大全[M]．北京：华文出版社，2009.

[23] 王国维．人间词话[M]．北京：中华书局，2000.

[24]刘树元.中国现当代诗歌赏析[M].杭州:浙江大学出版社,2005.

[25]吴开晋.新诗的裂变与聚变——现代诗歌发展的历史轨迹[M].北京:中国文学出版社, 2003.

[26]王意强.外国诗歌品吟[M].北京:北京出版社,2013.

[27]朱栋霖.中国现代文学史[M].北京:高等教育出版社,2014.

[28]袁行霈.中国文学史[M].北京:高等教育出版社,2005.

[29]郑克鲁.外国文学史[M].北京:高等教育出版社,2015.

[30]沈治钧.中国古代小说简史[M].北京:北京语言文化大学出版社,2001.

[31]宋子俊.中国古代小说理论发展史[M].兰州:甘肃教育出版社,1998.

[32]曹清华.中国现当代小说十讲[M].桂林:广西师范大学出版社,2014.

[33]龚翰熊.文学智慧:走近西方小说[M].成都:巴蜀书社,2005.

[34]陈思和.中国现当代小说名作欣赏[M].北京:北京大学出版社,2017.

[35]麻文琦.中国戏曲史[M].北京:文化艺术出版社,1998.

大学
人文基础

DAXUE RENWEN JICHU

ISBN 978-7-5689-0792-7

9 787568 907927 >

定价：40.00元